Überleben im Dritten Reich

ÜBERLEBEN IM DRITTEN REICH
Juden im Untergrund und ihre Helfer

Herausgegeben von
Wolfgang Benz

Verlag C.H.Beck

Mit 28 Abbildungen im Text

© Verlag C.H.Beck oHG, München 2003
Gesetzt aus der Trump Mediäval
Druck und Bindung: Ebner & Spiegel, Ulm
Gedruckt auf alterungsbeständigem, säurefreiem Papier
(hergestellt aus chlorfrei gebleichtem Zellstoff)
Printed in Germany
ISBN 3 406 51029 9

www.beck.de

Inhalt

I Prolog
11 Wolfgang Benz
Juden im Untergrund und ihre Helfer

II Anständige Leute
51 Marion Neiss
Berlin Wielandstraße 18 – Ein ehrenwertes Haus
67 Cornelia Schmalz-Jacobsen
Donata und Eberhard Helmrich, zwei Helfer ohne Eigennutz
83 Marie-Luise Kreuter
«Können wir uns noch in die Augen sehen, wenn wir hier nicht das tun, was uns möglich ist?»
97 Karin Friedrich
«Er ist gemein zu unseren Freunden...»
Das Retternetz der Gruppe «Onkel Emil»

III Kräfte der Milieus
113 Beate Kosmala
Zuflucht in Potsdam bei Christen der Bekennenden Kirche
131 Andreas Mix
Hilfe im katholischen Milieu.
Das Überleben der Konvertitin Annie Kraus
143 Christina Herkommer
Rettung im Bordell
153 Dennis Riffel
Flucht über das Meer.
Illegal von Danzig nach Palästina
166 Mona Körte
Herzensfragen. Überleben im Nonnenkloster

IV Unterschiedliche Motive. Bezahlte Hilfe, Risiko und Eigennutz

185 *Isabel Enzenbach*
Die Vermieterin

198 *Marion Neiss*
«Herr Obersturmbannführer lässt daran erinnern, dass die Rate noch nicht da ist».
Eine Rettung auf Abzahlung

205 *Claudia Schoppmann*
Fluchtziel Schweiz.
Das Hilfsnetz um Luise Meier und Josef Höfler

220 *Wolfgang Benz*
Gegenleistungen. Stationen eines Kirchenasyls zwischen Weserbergland und Lausitz

229 *Christine Zahn*
Von einem Quartier zum nächsten.
Eine Odyssee im Berliner Untergrund

239 *Doris Tausendfreund*
«Jüdische Fahnder».
Verfolgte, Verfolger und Retter in einer Person

V Zivilcourage und Heldenmut. Vom Risiko der Helfer

259 *Frank Görlich*
Der Druckereibesitzer Theodor Görner.
Helfer aus antifaschistischer Gesinnung

278 *Peter Widmann*
Die Kunst der Frechheit.
Ein Maler und das Überleben in München

287 *Beate Kosmala*
Robert Eisenstädts Flucht aus dem KZ Majdanek.
Über Frankfurt am Main in die Schweiz

VI Epilog

301 *Juliane Wetzel*
Karriere nach der Rettung.
Charlotte Knoblochs Weg zur Vizepräsidentin der
Juden in Deutschland

Anhang
315 Anmerkungen
337 Literatur
345 Bildnachweis
347 Die Autoren

I Prolog

Wolfgang Benz

Juden im Untergrund und ihre Helfer

Diskriminierung und Verfolgung – Hilfe und Solidarität

Den sechs Millionen im Holocaust ermordeten Juden Europas stehen einige 10 000 gerettete gegenüber, die durch die Hilfe nichtjüdischer Mitmenschen überall im nationalsozialistischen Machtbereich überlebten. Eine bescheidene Bilanz, in der die Retter zunehmend zu Heroen verklärt werden, zu Symbolgestalten einer Moral, die nur von wenigen gelebt, aber zum Vorbild für die Nachwelt erhoben wurde. Dieses Buch will die Alltäglichkeit und Mühsal des Überlebens im Untergrund zeigen und dies durch Geschichten von Rettern und Geretteten exemplifizieren.

Die Geretteten erscheinen in dem Bild der heroischen Helfer, das einen Aspekt hervorhebt und die anderen darüber vernachlässigt, als Objekte der Fürsorge und Zuwendung, denen im Kontext der Katastrophe Gutes widerfuhr. Die Anstrengung, ihr Überleben zu organisieren, war freilich in erster Linie Sache der Juden selbst – ebenso der Mut und das Geschick, extreme Situationen zu meistern, die Todesangst, die Verzweiflung, die Isolation, die existentielle Not über einen langen Zeitraum hinweg. Der Versuch, in der Illegalität zu überleben, war vor allem Selbstbehauptung und jüdischer Widerstand gegen den Nationalsozialismus. Und nur wenige waren erfolgreich in ihrem Widerstand.

Es gab viele Formen von Hilfe für verfolgte Juden, und nach Zeitpunkt und Land unterschieden sie sich beträchtlich. Hilfe zur Flucht ins Ausland gehörte zu den frühesten Möglichkeiten, Solidarität mit Juden zu beweisen; je länger die nationalsozialistische Herrschaft dauerte und in den besetzten Territorien zumal wurde das Verbergen von Juden, die Schaffung falscher Identität, die

Nichtpreisgabe von Wissen um die echte jüdische Identität oder gar der energische Einsatz zur Rettung jüdischen Lebens zur gefährlichen Widerstandshaltung der Helfer. Trotz aller Hilfe blieben die Juden beim Überlebenskampf aber vor allem auf sich allein gestellt, selbst wenn sie sich auf die Solidarität nichtjüdischer Ehepartner («privilegierte Mischehen») verlassen konnten oder dank stabiler Beziehungen zur früheren Lebenswelt über ein Netz von Verbindungen verfügten. Im wesentlichen haben die Juden – als Individuen, als Gemeinden, als Kollektiv zuletzt in Gestalt der «Reichsvereinigung der Juden in Deutschland» – die Rettungsanstrengungen selbst finanziert. Die Unterstützung, die der Industrielle Robert Bosch leistete – z. B. durch Zahlungen an Leo Baeck, mit denen die Auswanderung von Juden finanziert wurde –, war ein Einzelfall.[1]

In Deutschland befanden sich, als das nationalsozialistische Regime im Herbst 1941 die Stigmatisierung mit dem Judenstern befahl und die Auswanderung verbot, noch etwa 170 000 Juden bzw. Menschen, die durch die Nürnberger Gesetze zu Juden erklärt worden waren. Ein erheblicher Teil von ihnen, etwa 73 000, lebte in Berlin, viele von ihnen waren erst kürzlich dorthin gezogen, weil die große Stadt besseren Schutz vor Diffamierung bot, weil Emigrationsabsichten wegen der ausländischen Vertretungen in der Metropole besser zu betreiben waren, weil jüdische Organisationen Rat und Hilfe boten. Die Mehrzahl der Rettungsversuche von Juden wird aber auch aus Berlin berichtet, weil in der Anonymität der Metropole die Chancen unterzutauchen, sich im Untergrund zu behaupten, mit Helfern, die Obdach und Nahrung boten oder gar Ausweise und Lebensmittelkarten beschaffen konnten, größer waren als in kleineren Orten.

Dieser Band, der die Vielfalt von Rettungsanstrengungen in den letzten Jahren des nationalsozialistischen Regimes in exemplarischen Darstellungen beschreiben will, enthält deshalb mehr Geschichten, die in Berlin als an anderen Orten spielen. Das ist nicht Ergebnis einseitiger Auswahl, sondern Abbild der historischen Realität. Die Darstellung konzentriert sich auf Überlebensversuche und Rettungsbemühungen im Deutschen Reich. Die Anstrengungen des Ehepaares Helmrich demonstrieren die Zusammenhänge zwischen Hilfeleistungen in besetzten Gebieten, wie sie auch Berthold Beitz und Oskar Schindler oder der Wehrmachts-Feldwebel Anton Schmid in Wilna[2] praktizierten, und der Reichshauptstadt. Das Schicksal der aus der Karpato-Ukraine stammenden Jüdin Ilona Mermelstein, die 1942 in Antwerpen geboren wurde und als kleines Mädchen im Kloster des Heiligen Herzens von Jesus und Maria von Nonnen in Belgien versteckt wird, gehört aber auch deshalb in den Zusammenhang dieses Buches, weil die Gerettete seither in Deutschland lebt, ihre Kinder und Enkel Deutsche sind.[3]

Im Herbst 1941 trat die Verfolgung der deutschen Juden in ihr letztes Stadium: Nach der Diskriminierung und Entrechtung durch Gesetze und Verordnungen wie dem «Berufsbeamtengesetz» von 1933 und den Nürnberger Gesetzen von 1935, den Berufsverboten, der Ausplünderung durch «Arisierung» der jüdischen Geschäfte und durch Kontributionen, begannen nach dem Beschluss zur «Endlösung», der im Sommer 1941 gefallen war, die Deportationen in die Ghettos, Vernichtungslager und Mordplätze in Polen, Weißrussland und im Baltikum. In Polen waren seit Herbst 1939 die Methoden auf dem Weg zum Mord – Kennzeichnung, Ghettoisierung, Zwangsarbeit, Verelendung – erprobt worden. Unmittelbar nach dem Überfall auf die Sowjetunion hatten die Massenmorde durch die Spezialkommandos der Einsatzgruppen begonnen; in Auschwitz wurde seit September 1941 mit dem Giftgas Zyklon B experimentiert; die «Aktion Reinhardt», in der das Generalgouvernement von Juden leergemordet wurde, lief im Herbst 1941 an und forderte in den Vernichtungslagern Belzec, Sobibor und Treblinka bis 1943 eine Million und 750 000 Opfer.

Mit dem Beginn der Deportationen und dem Auswanderungsverbot im Herbst 1941 blieb den deutschen Juden die Flucht in den Untergrund als einzige Option und zugleich als letzte Form des Widerstands. Statt sich den Vernichtungswünschen der Nationalsozialisten zu fügen – durch pünktliches Einfinden im Sammellager, durch Mithilfe bei der Auflösung der bürgerlichen Existenz und geordnete Übergabe des Eigentums – entschloss sich eine kleine Minderheit zum Risiko des Lebens in der Illegalität, ohne Ausweisdokumente, ohne Lebensmittelkarten, damit ohne Anrecht auf Nahrung, Kleidung, Obdach, Schutz vor Bomben.

Zu den Gefährdungen des Lebens in der Illegalität gehörte die Denunziation durch fanatische Nazis wie durch ängstliche Opportunisten oder Geldgierige, die auf Belohnung hofften. Die jüdischen «Greifer» in Diensten der Gestapo, die, um ihre eigene Haut zu retten, Juden im Untergrund aufspürten und ans Messer lieferten, machten das Überleben in Berlin noch gefährlicher als es ohnehin war. Aber auch Nachbarn und Freunde, denen die «U-Boote» vertrauten, denen sie Wertsachen übergaben, erwiesen sich oft als verführbar durch das Eigentum derer, die auf sie bauten, und wurden zu «Judenfledderern», die sich nicht mehr an untergestelltes Gepäck erinnern konnten oder nur so lange hilfreich waren, wie sie bezahlt wurden für ihr Schweigen und andere Leistungen.

Manche hatten, wie das Berliner Ehepaar Pineas, ihr Untertauchen im März 1943 monatelang sorgfältig geplant,[4] andere flüchteten spontan etwa anlässlich der «Fabrik-Aktion» Ende Februar 1943, als die jüdischen Zwangsarbeiter schlagartig am Arbeitsplatz in den Fabriken verhaftet und in Sammellager zur Deportation verschleppt wurden.[5] Es war die letzte große Razzia im Deutschen Reich, bei der 11 000 Juden verhaftet und 8650 von ihnen deportiert wurden. Die Privilegierten (Partner in «Mischehen» und «Geltungsjuden») wurden nach der Internierung wieder freigelassen. Wenig später, am 11. Juni 1943, befahl Heinrich Himmler als Reichsführer SS und Chef der deutschen Polizei die Liquidierung der Ghettos auf polnischem Boden, sechs Tage später erklärte Goebbels, als Gauleiter von Berlin, die Reichshauptstadt «judenfrei». Mit der 13. Verordnung zum «Reichsbürgergesetz», jenem der Nürnberger Gesetze, die 1935 Juden zu Staatsangehörigen minderen Rechts herabgestuft hatten, wurden Juden unter Polizeirecht gestellt, d.h. es gab keinerlei Instanz mehr, die ihnen irgendwelche Rechte garantiert hätte. Juden waren der Willkür der Polizei preisgegeben, und verfügt war weiter, dass nach dem Tod eines Juden sein Vermögen dem Reich anheim fiel. Das hieß, die Entdeckung eines versteckten Juden bedeutete unweigerlich dessen Untergang.

Rettungsversuche ausserhalb der Grenzen
des Deutschen Reiches
Die Chancen, den Juden zu helfen, die in den Ghettos auf polnischem Boden und weiter östlich Zwangsarbeit leisteten, ehe sie in Vernichtungslager deportiert wurden, waren begrenzt, aber es gab Möglichkeiten, wenn man sich engagieren wollte und die Risiken auf sich nahm. Das Ehepaar Donata und Eberhard Helmrich engagierte sich seit 1933 für jüdische Bekannte und Nachbarn in Berlin, weil sie das nationalsozialistische Regime verabscheuten und sich für diskriminierte Mitbürger verantwortlich fühlten.[6] 1941 wurde Eberhard Helmrich Kreislandwirt in Drohobycz in Ost-Galizien (damals im Generalgouvernement, heute in der Ukraine gelegen). Ein Vorgesetzter charakterisierte Eberhard Helmrich nach dem Krieg: «Herrn Helmrich unterstand auch die Versorgung der jüdischen Bevölkerung. Recht bald stellte ich fest, daß er mehr zuteilte, als gestattet war. Er war ein Mann, der menschlich aufgeschlossen war, den schönen Dingen zugetan, fast ein musischer Mensch. Er war kein Landwirt, der mit Stulpenstiefeln einherstampfte und nur von Kuhrücken und Schweinerücken sprach, sondern mehr ein theoretischer Landwirt, ein sehr feiner Mensch. Man konnte ihm keinen Tadel entgegenbringen, und in seiner Lebensführung war er bescheiden. Ich habe mich dann dazu entschlossen, seine Handlungen nicht nur zu billigen sondern bewußt als gut aufrechtzuerhalten und zu fördern.»[7]

Der Kreislandwirt in Drohobycz versuchte zu helfen, wo er nur konnte. Praktisch hieß das: Juden wurden versteckt, im Haushalt als «polnische» oder «ukrainische» Dienstmädchen getarnt beschäftigt, mit neuer Identität ausgestattet (gefälschten Ausweisen oder geliehenen echten Dokumenten) und nach Berlin geschickt, wo sie von Donata Helmrich betreut und mit Hilfe eines Netzes von Helfern versteckt und versorgt wurden.

Die Rettungsaktivitäten Eberhard Helmrichs in Drohobycz waren nicht die einzigen. In unmittelbarer Nachbarschaft betätigte sich im Auftrag des Reichswirtschaftsministeriums Berthold Beitz als Chef der «Karpathen Öl» seit Juli 1941 auf ähnliche Weise.[8] Die beiden Männer kannten sich, verkehrten miteinander, sprachen aber nicht von ihrer Nebenbeschäftigung. Den späteren deutschen Großindustriellen Berthold Beitz nannten sie den «Vater der Juden» und Eberhard Helmrich den «König der Juden». Die beiden Männer lebten zunächst in Drohobycz, Beitz zog dann etwas später mit seiner Frau und seiner kleinen Tochter in die Nachbarstadt, nach Borislaw. Der Gebietslandwirt Helmrich unterstützte den um vierzehn Jahre jüngeren Erdölmanager Beitz bei der Einrichtung einer eigenen Genossenschaft – «Zluka» –, die Verkaufsläden für dessen Belegschaft unterhielt. Offenkundig schätzten sie sich gegenseitig, aber man hielt sich bedeckt, wollte lieber kein unnötiges Risiko eingehen. Berthold Beitz erinnert sich an einen «besonnenen, sehr ruhigen Mann, der uns durch sein Schweigen vielleicht beide schützen wollte».

Eberhard Helmrich hatte im Frühjahr 1942 die Idee, eine Gartenfarm (in der zeitgemäßen Form des Arbeitslagers) einzurichten, die bis Sommer 1943 existierte. Sie versorgte die Gestapo und die örtliche SS mit Obst und Gemüse, diente aber vor allem der Beschäftigung und Rettung von Juden. In Berlin kümmerte sich Donata um die Schützlinge aus Drohobycz, reiste einmal auch dorthin, um ein jüdisches Mädchen abzuholen, und vermittelte als Ukrainerinnen oder Polinnen getarnte Frauen als Hausangestellte.

Die Zahl der Geretteten, die durch Donata und Eberhard Helmrichs Fürsorge überlebten, ist nicht zu bestimmen. Es mögen 300 oder 70 gewesen sein, in diesem Bereich bewegen sich die Schätzungen. Die Helmrichs waren sich ihrer Gefährdung bewußt und hatten sich die Devise zurechtgelegt, «wenn wir erwischt werden und nur zwei Menschen gerettet haben, sind wir mit Hitler quitt. Jedes darüber hinaus gerettete Leben ist schierer Gewinn».

Diplomaten hatten Möglichkeiten zur Hilfe, die anderen nicht zur Verfügung standen. Die Aktivitäten des Attachés an der schwedischen Botschaft in Budapest, Raoul Wallenberg, sind, auch wegen seines eigenen Schicksals, legendär. Er hatte in Verbindung mit anderen diplomatischen Vertretungen Ende 1944 in Budapest «geschützte Häuser» organisiert, Schutzpässe ausgestellt und alles mögliche zur Rettung der Juden im Budapester Ghetto unternommen. Im Januar 1945 nahmen die Sowjets den jungen Attaché in Gefangenschaft; danach gibt es keine Spur mehr von ihm. Das machte ihn zum geheimnisvollen und tragischen Helden.[9]

Tausende von Juden hat ein italienischer Geschäftsmann gerettet, der sich zum guten Zweck aller möglichen Mittel, nicht zuletzt der Hochstapelei, bediente. Wie Schindler starb er vergessen und von finanziellen Sorgen geplagt: Giorgio Perlasca hatte sich im Herbst 1944 der spanischen Gesandtschaft in Budapest als Organisator von Rettungsmaßnahmen für sephardische Juden spanischer Herkunft angeboten und war schließlich in die Rolle des spanischen Chargé d'Affaires geschlüpft, als dieser vor der heranrückenden Roten Armee floh. Mehr als fünftausend Juden hat Perlasca durch Amtsanmaßung und Hochstapelei unter dem Schutz der spanischen Mission retten können. Während er in der Nachkriegszeit in Italien in Not geriet, und zwar wegen Regreßforderungen infolge seiner Hilfsdienste in Budapest, schmückte sich das offizielle Spanien mit seinen Verdiensten. Perlasca wurde als Betrüger abgestempelt, und der echte Chargé d'Affaires, der damals aus Budapest geflohen und inzwischen spanischer Botschafter beim Vatikan geworden war, ließ sich Anfang der 80er-Jahre von Yad Vashem als Judenretter dekorieren. Die späten Ehrungen, die schließlich auch Perlasca noch erreichten, haben seine Not nicht gelindert. Der Fall Perlasca ist zwar Gegenstand eines Dokumentarfilms und literarischer Darstellung geworden, der Vergessenheit entrissen wurde der Italiener aber auch dadurch nicht.[10]

In Kaunas in Litauen nutzte Chiune Sugihara sein Amt als japanischer Generalkonsul, um für etwa 2000 jüdische Flüchtlinge aus Polen Transitvisa über die Sowjetunion und Japan auf die niederländische Antilleninsel Curaçao (für die es keiner Einreiseerlaubnis bedurfte) auszustellen. Das geschah 1940, und es widersprach den Anweisungen aus Tokio. Sugihara wurde nach Rumänien strafversetzt und dann aus dem diplomatischen Dienst entlassen. Erst auf Drängen Israels ist Sugihara später rehabilitiert worden.[11]

Ähnlich erging es dem eidgenössischen Vizekonsul Carl Lutz, der als Leiter der Abteilung «Fremde Interessen der Schweizer Gesandtschaft» in Budapest zwischen 1942 und 1945 Zehntausenden ungarischer Juden Schutzbriefe ausgestellt und ihnen damit das Leben gerettet hat. Seine Vorgesetzten in Bern haben ihm dieses

Bemühen nicht gedankt, ihn vielmehr im Avancement zurückgesetzt, und nach gründlicher Untersuchung rügte ihn im Jahre 1949 das Eidgenössische Politische Departement, weil er bei der Rettung von Juden seine Kompetenzen überschritten und das dienstliche Reglement übergangen hatte.[12]

Viel ärger noch wurde ein anderer Schweizer Bürger bestraft, der im Dienst der Menschlichkeit seine amtlichen Pflichten verletzte. Der St. Galler Kantonspolizeikommandant Paul Grüninger setzte sein Mitleid mit den jüdischen Flüchtlingen aus Österreich und Deutschland höher als die Anweisung, diese Menschen am Betreten eidgenössischen Bodens zu hindern. Durch falsche Datierung der Einreisestempel ermöglichte er etwa dreieinhalbtausend jüdischen Flüchtlingen die illegale Einreise und den Aufenthalt in der Schweiz. Im Januar 1939 wurde, vom deutschen Gesandten angezettelt, ein Verfahren gegen ihn eröffnet. 1940 zu einer Geldstrafe verurteilt, verlor er Anstellung und Pensionsanspruch, und die von engstirniger Justiz und kleinlichen Behörden vollzogenen Sanktionen dauerten über den Tod Grüningers hinaus an. Erst Ende 1995 wurde er auf Druck eines zu seiner Rehabilitierung gegründeten Vereins («Gerechtigkeit für Paul Grüninger») vom Bezirksgericht in St. Gallen posthum rehabilitiert und vom Makel des ungetreuen und pflichtvergessenen Beamten befreit.[13]

GRUPPENSCHICKSALE UND ORGANISIERTE ANSTRENGUNGEN

In der Geschichte der Rettung gibt es Gruppenschicksale, darunter besonders bewegend die von Kindern. Jüdische Kinder und Jugendliche erhielten ab Dezember 1938 die Möglichkeit, nach Großbritannien auszureisen. Mehrere Hilfsorganisationen hatten mit der Regierung in London unter Hinweis auf die «Reichskristallnacht» verhandelt und eine Quote von 10 000 Visa erreicht. Bedingung war, dass die Einreisenden nicht älter als 17 Jahre waren, dass sie in andere Länder weiterwandern sollten und dass alle Kosten aus privaten Mitteln bestritten würden. Die Auswahl der begehrten Asylplätze oblag der Reichsvertretung der Juden in Deutschland und der Israelitischen Kultusgemeinde in Wien (um die «nichtarischen Christen» kümmerten sich die Quäker und der Paulusbund); das Refugee Children's Movement war auf britischer Seite zuständig für die Unterbringung und die erforderlichen Bürgschaften.[14]

Ein einmaliges Beispiel von Solidarität mit Juden im Zusammenwirken von Hilfsorganisationen, Bevölkerung, kommunalen Behörden und kirchlichen Organisationen ist die Geschichte der Villa Emma. In einem Landhaus am Stadtrand von Nonantola bei Modena in Oberitalien fanden im Juli 1942 fast hundert jüdische Kinder zwischen acht und achtzehn Jahren Unterschlupf. Die meisten von ihnen waren Waisen, die beim Versuch, im Rahmen der Jugendalijah nach Palästina zu gelangen, in Jugoslawien gestrandet waren. Sie kamen u.a. aus Deutschland, Österreich, Polen, Jugoslawien. Trotz der faschistischen Rassengesetze lebten die Kinder unbehelligt in Nonantola in der «Villa Emma», bis sie nach der deutschen Besetzung Norditaliens in Lebensgefahr gerieten. Einwohner der Stadt gewährten ihnen Schutz, ehe sie, alle gerettet, auf verschiedenen Wegen im Herbst 1945 nach Erez Israel wandern konnten.[15] Die Finanzierung des Aufenthalts war organisiert durch die Hilfsorganisation der italienischen Juden Delasem, die der Union der Israelitischen Gemeinden Italiens nachgeordnet war und ihre karitativen Aufgaben durch Einwerben privater Spenden von jüdischen Mäzenen finanzierte.

Die Rettung der Kinder aus der Israelitischen Waisenanstalt am Röderbergweg in Frankfurt am Main nach dem Novemberpogrom 1938[16] und die Emigration der Kinder aus der «Anstalt zur häuslichen Erziehung armer israelitischer Knaben» in Frankfurt-Eschersheim nach Großbritannien und Palästina im Frühjahr 1939 sind Beispiele für die Anstrengungen, die in mehreren Ländern von privaten Mäzenen unternommen wurden, um jüdische Kinder aus Deutschland zu retten.[17]

Neben den individuellen Helfern haben Organisationen Solidarität mit den nach den Maximen der NS-Ideologie Verfolgten gezeigt, sie sind teilweise nur zu diesem Zweck ins Leben getreten, andere haben sich vorübergehend in den Dienst der Rettung von Juden gestellt. Das American Friends Service Committee (Hilfskomitee der Quäker) leistete schon ab Ende 1938 effektive Hilfe für jüdische Flüchtlinge, organisierte und finanzierte Kindertransporte aus Deutschland und ermöglichte vielen dadurch die Flucht vor rassistischer Verfolgung. Das Jewish Labor Committee (New York) bemühte sich mit großem Erfolg, Flüchtlingen aus dem deutschen Herrschaftsbereich zu helfen. Es ging dabei um die Beschaffung von Pässen und Visa, Ausreisegenehmigungen und Gewährung von Transit, insbesondere über die französische Grenze und weiter durch Spanien und Portugal nach Übersee.[18]

Amerikanische Bürger gründeten im Sommer 1940 ein Emergency Rescue Committee, als dessen Repräsentant Varian Fry in einem Hotelzimmer in Marseille Schiffspassagen und Reisepapiere organisierte. Die prominenten Flüchtlinge – Intellektuelle, Schriftsteller und Künstler, unter ihnen Lion Feuchtwanger, Franz Werfel, Marc Chagall – versah er, wenn nötig, auch noch mit Bargeld. Im gleichen Hotel knüpfte der amerikanische Journalist Frank Bohn im Auftrag der Gewerkschaftsbewegung (American Joint Labor Committee) die Fäden eines Rettungsnetzes für wichtige Angehörige der europäischen Arbeiterbewegung. Nutznießer der Aktivitäten von Varian Fry und Frank Bohn waren Prominente, die als Emigranten schon lange auf der Flucht aus Hitlerdeutschland waren.[19]

Strukturen und Veränderungen des Verhältnisses von Nichtjuden und Juden, die für Rettung oder Vernichtung ausschlaggebend waren, sind aufgrund äußerer Gegebenheiten in Deutschland wie in den besetzten oder abhängigen Gebieten ganz unterschiedlich. Politische, ökonomische und soziale Faktoren wirkten sich in Norwegen anders aus als in Lettland, die Haltung des dänischen Volkes ist mit der des polnischen nur vom Ergebnis her nicht ohne weiteres zu vergleichen. Mentalität und Traditionen haben in den vielen Ländern, die Schauplatz des Holocaust in irgendeiner Form waren, das Verhältnis zwischen Juden und Nichtjuden jeweils anders geprägt.

Es gab viele Formen von Hilfe für bedrohte und verfolgte Juden, und nach Zeitpunkt und Region unterschieden sie sich beträchtlich. Hilfe zur Flucht ins Ausland gehörte zu den Möglichkeiten, Solidarität mit Juden zu beweisen; Luise Meier und Josef Höfler knüpften ein Netz von Helfern, um insgesamt 28 Juden 1943/1944 in die Schweiz zu schleusen, das einzige neutrale Land, das an Deutschland angrenzte und – widerwillig genug – zur rettenden

Insel wurde, wenn man es schaffte, sie zu erreichen.[20] Kaum weniger schwer war es auch, nach Erez Israel zu gelangen, weil die britische Mandatsmacht den rettenden Zugang nach Palästina blockierte; den Schwierigkeiten der Ausreise aus Deutschland folgte die Abwehr an der Küste des Gelobten Landes.[21]

Ohne Beispiel war die Solidarität der Dänen gegenüber den Juden (auch wenn die Rettung mit Booten über den Öresund mit Geld bezahlt werden musste), beachtlich die Zahl der in französischen und belgischen Klöstern unter falscher Identität versteckten jüdischen Kinder,[22] nicht minder die Haltung einer großen Zahl von Bürgern der Niederlande gegenüber einheimischen und aus Deutschland und Österreich dorthin geflohenen Juden. Anne Frank steht als Symbol dafür. Der Solidarität und Hilfe von «unten», diesem lautlosen und unprätentiösen Widerstand, der nichtorganisierten Hilfe im privaten Bereich, der Unterstützung durch eigens dafür gegründete illegale Gruppen wie der polnischen Zegota oder Partisaneneinheiten, die für falsche Papiere, Fluchtmöglichkeiten über Grenzen oder sichere Verstecke sorgten, haben einzelne, aber auch ganze Familien ihr Leben zu verdanken.

Schicksale und Karrieren im Untergrund

Die frühesten Hilfeleistungen gab es naturgemäß in dem Land, von dem die Verfolgung ihren Ausgang nahm. Freilich erodierte die Bereitschaft zur Solidarität in Deutschland allmählich. Stand die Mehrheit den Boykottaktionen des Jahres 1933 noch deutlich ablehnend gegenüber, so erhob sich schon kein Protest mehr gegen die Nürnberger Gesetze von 1935 und gegen die Berufsverbote und «Arisierungen». Bei den Pogromen der «Kristallnacht» im November 1938 erfolgten die Sympathiebekundungen und Hilfen für jüdische Nachbarn und Kollegen meist nur noch im Verborgenen. Die Verfolgten mussten danach viel Glück haben, wenn sie auf Retter – Uneigennützige wie Gewinnsüchtige – angewiesen waren. Trotzdem gibt es Tausende von Fällen der Solidarität und Hilfe, die in Erlebnisberichten und autobiographischen Zeugnissen dokumentiert sind.

Viele «U-Boote», wie man die Untergetauchten auch nannte, hatten sich spontan entschlossen, den Weg der Illegalität zu wählen, andere hatten ihre «Flucht» lange geplant, sich falsche Papiere besorgt, Lebensmittelvorräte in verschiedenen Verstecken angelegt und die Lage mit den künftigen Helfern besprochen. Erste Anlaufstation waren oft in «Mischehe» lebende oder nichtjüdische Verwandte, aber auch ehemalige Hausangestellte. Viele jener, die zunächst Hilfe angeboten und einzelne Menschen, manchmal sogar Familien mit kleinen Kindern, aufgenommen hatten, wurden sich erst allmählich darüber klar, welcher Gefahr sie sich selbst und ihre Familien aussetzten. Die durch den Zuzug beengten Verhältnisse und die daraus resultierenden zwischenmenschlichen Spannungen sowie das Lauern auf jede drohende Gefahr machten das Leben für Helfer und Untergetauchte unerträglich. Ausweichverstecke, neue Helfer mussten gesucht werden, und die Untergetauchten wurden von einem zum anderen gereicht.

Es ist unbekannt, wieviele Juden im nationalsozialistischen Machtbereich durch die Solidarität, durch den Einsatz von nichtjüdischen Mitbürgern gerettet wurden. Die Geschichte solidarischen Handelns gegenüber der tödlich bedrohten jüdischen Minderheit unter der Diktatur des NS-Regimes entzieht sich systematischer Betrachtung, die durch Generalisierung Typisches und Allgemeingültiges zu fixieren versucht. Die Geschichte der Geretteten und ihrer Retter besteht vor allem aus einzelnen Schicksalen. Sie stehen jeweils für sich allein. Die Historie der Hilfe für die Juden ist deshalb eine Geschichte einzelner Menschen.[23]

Oskar Schindler, der Fabrikant, dem es in Krakau gelang, tausend Juden vor dem Holocaust zu retten, wurde nach Spielbergs Film zur Ikone.[24] Mit «Schindlers Liste» wurde nicht nur die Retterfigur, in der sich die Züge des guten Menschen mit weniger edlen Charaktereigenschaften mischen, populär, auch die Tatsache, dass es möglich war, Angehörige der verfolgten Minderheit vor dem Schicksal des Völkermords zu bewahren, wurde jetzt allmählich einem breiteren Publikum bewusst. Die Kenntnis hatte sich lange Zeit auf Aktionen einiger prominenter Helfer beschränkt, unter den Geretteten haben auch nur wenige öffentliche Aufmerksamkeit gefunden wie der Fernsehunterhalter Hans Rosenthal[25] oder die Publizistin Inge Deutschkron.[26]

Die Retter waren aber auch nicht immer und unbedingt Heroen

der Moral, die selbstlos den Verfolgten Obdach, Nahrung und Schutz boten. Hab und Gut der Juden wechselte oft gegen Hilfe den Besitzer, auch Arbeitsleistungen mussten erbracht werden, und wenn christliche Nächstenliebe das Motiv der Helfer war, wurde oft ganz selbstverständlich auch die Taufe als Gegenleistung für den Lebenserhalt erwartet. Helfer hatten nicht nur edle Beweggründe, auch auf diesem Feld der Geschichte des nationalsozialistischen Deutschlands herrschten vielfach andere Regungen als lautere Solidarität, Anstand und Hilfe für Verfolgte.

Unter allen möglichen Formen der Flucht vor der nationalsozialistischen Verfolgung war die Existenz in der Illegalität wohl der gefährlichste und mühseligste Ausweg. Das Leben im Untergrund, für das sich im Deutschen Reich annähernd 10 000 jüdische Menschen entschieden – etwa die Hälfte davon in der Metropole Berlin, auf ein paar Hundert schätzt man die Zahl der Untergetauchten in Wien –, war auf beinahe jede denkbare Art bedroht, und entsprechend gering waren die Überlebenschancen. In Berlin erlebten allerdings mehr als 1400 von ihnen das Ende der nationalsozialistischen Herrschaft.

Voraussetzung zur Flucht in den Untergrund war neben dem Mut zum Gesetzesbruch (aber was hatten Juden noch zu verlieren?) Mobilität und die Möglichkeit, eine falsche Identität zu erwerben, die bei den Kontrollen schützte und zum Erwerb von Bezugsscheinen und Lebensmittelkarten berechtigte. Die Flucht in die Illegalität bedeutete bei geringer Erfolgsaussicht oft auch die Erduldung von Zumutungen privater Art, die den offiziellen Diskriminierungen und Bedrohungen hinzugefügt oder vorgeschaltet wurden. Zur Verzweiflung und Einsamkeit kamen Hunger und Obdachlosigkeit, und in die Sorge um die Angehörigen – nuanciert danach, ob sie deportiert oder zurückgeblieben waren, im Ausland lebten oder ob man einfach keine Nachrichten mehr von ihnen hatte – mischte sich die Todesangst, die ständige Begleiterin aller Illegalen. Zu den Gefährdungen gehörte die Furcht vor Entdeckung, vor Denunziation durch nationalsozialistische Fanatiker oder durch unbarmherzig-gesetzestreue Normalbürger und Angst vor Gestapospitzeln (unter ihnen auch jüdische «Greifer»,[27] die auf diese Art ihre Haut retten wollten). Auch dem Luftkrieg und seinen Folgen waren die

Illegalen schutzloser ausgeliefert als die nichtjüdische Bevölkerung. Bedrohlich und niederschmetternd waren ferner Gemeinheit und Habgier ehemaliger Nachbarn und Mitbürger, die sich in den Stunden der Not als Erpresser und Nutznießer des Elends erwiesen. «Judenfledderer» nannte man sie, die zu Wucherpreisen kümmerliches und gefährliches Obdach boten, Wertgegenstände und Gebrauchsgüter unterschlugen, statt sie sicherzustellen.

Das Überleben wäre nicht möglich gewesen ohne die beträchtliche Schar nichtjüdischer Helfer, die sich solidarisch zeigten und ohne Rücksicht auf die eigene Gefährdung denen halfen, die ohne Ausweispapiere, ohne Kleiderkarte, ohne Lebensmittelkarten ihre Wohnung im verzweifelten Versuch verlassen hatten, das nackte Leben zu retten. Mit der Entfernung des Judensterns von der Kleidung mussten auch die Ausweise mit den verräterischen Zwangsvornamen Sara und Israel vernichtet oder versteckt und alle Hinweise auf die tatsächliche Identität mit höchstmöglicher Sorgfalt beseitigt werden.

Joachim (Jizchak) Schwersenz, der als Mitglied einer zionistischen Jugendgruppe 1942 in den Untergrund ging, beschreibt seine Verwandlung: «Am Abend des 27. August, meiner letzten ‹legalen› Nacht, ging ein schwerer Bombenhagel auf Berlin nieder. Doch kam ich mit Freunden, die mir beim Kofferschleppen halfen, heil davon. Der mir Nächste aus meiner Gruppe, Arje Dawidowitsch, begleitete mich am Nachmittag des folgenden Tages hinaus in den Vorort Pichelsberge, wodurch ich der für den Abend angekündigten Abholung durch die Gestapo entging. Ich verließ Berlin mit dem Judenstern und kehrte mit dem Hakenkreuz zurück. Im dichten Forst von Pichelsberge ging meine Verwandlung vor sich. Wir trennten den Judenstern von meiner Jacke ab und steckten ihr das vorsorglich beschaffte Abzeichen der ‹Deutschen Arbeitsfront› an. Nach Anbruch der Dunkelheit fuhr ich allein nach Berlin zurück und machte meinen ersten Versuchsbummel durch die Straßen der Stadt, um mich an die ‹Rolle› eines freien Durchschnittsbürgers ohne Judenabzeichen zu gewöhnen».[28]

Die Geschichte der Familie Orbach enthält alle Facetten jüdischen Schicksals. Der Vater, Gemischtwarenhändler in Falkenburg bei Stettin, geht 1942 im KZ Sachsenhausen zugrunde, die beiden älteren Söhne sind in die USA entkommen, die Familie war bald nach Hitlers Machterhalt nach Berlin gezogen, schließlich gehen die Mutter und Lothar Orbach, ihr gerade 18-jähriger jüngster Sohn, getrennt in den Untergrund. Lothar verschafft sich eine neue Identität und schlägt sich als Glücksspieler, Erpresser, Dieb, als Kohlenschlepper und Einbrecher knapp zwei Jahre durch, wird verraten und verhaftet, ist dann acht Monate lang Gefangener in Auschwitz und Buchenwald. Nach der Befreiung findet er die Mutter wieder. In die USA ausgewandert, beschreibt er, unterstützt von seiner Tochter, die Geschichte seiner Adoleszenz im Untergrund Berlins, in den zahlreichen Verstecken, abwechselnd gewährt von wohlanständigen Bürgern, politischen Gegnern des NS-Regimes und Gestalten der zwielichtigen Szene und des kriminellen Milieus.[29]

Konrad Latte stammte aus dem deutsch-jüdischen Bildungsbürgertum, er verbrachte die Kindheit behütet im wohlhabenden Breslauer Elternhaus. Mit Hitlers Machterhalt ging es mit der Familie bergab, aus dem Textilgroßhändler wurde ein Vertreter, der die Seinen über Wasser zu halten versuchte, der 1938 nach der «Kristallnacht» als «Aktionsjude» für Wochen ins KZ Buchenwald verschleppt wurde. Der Sohn Konrad, der Musiker werden will, wird zu Zwangsarbeit verpflichtet und kommt ins Gefängnis, weil er mit zwei jungen Mädchen befreundet ist, Anita und Renate Lasker, den Töchtern eines bekannten Breslauer Anwalts, die nach der Deportation ihrer Eltern nach Frankreich fliehen wollen und erwischt werden.[30]

Im März 1943 fährt die Familie Latte nach Berlin, um dort unterzutauchen. Einer von insgesamt 50 Helfern in Konrad Lattes Untergrundleben ist der Gefängnispfarrer der Strafanstalt Tegel, Harald Poelchau, der Unterkunft, Arbeit und gefälschte Ausweise vermittelt: den Vater als Träger von Eisbarren, die Mutter als Aufwartefrau. Konrad betätigt sich als Organist in evangelischen Kirchen und im Krematorium, dann auch als Korrepetitor an der Staatsoper, findet außerdem Möglichkeiten der Ausbildung, bei denen der Komponist Gottfried von Einem und der Pianist Edwin Fischer hilfreiche Rollen spielen. Schließlich ist Konrad Latte in Diensten des Propagandaministeriums als Kapellmeister auf

Tournee, eingesetzt zur Truppenbetreuung in Norddeutschland. In der jungen Sopranistin der Truppe findet er die Frau fürs Leben. Befreit wurde er in Bad Homburg, wo er im Elternhaus der Geliebten Unterschlupf fand. Zurück in Berlin gründete er das Barockorchester, das in den folgenden Jahrzehnten zur Berliner Institution wird. Die Geschichte des Überlebens von Konrad Latte, zu der die Verhaftung und die Deportation seiner Eltern gehören, liest sich wie das Who is who der prominenten Verfolgten und ihrer Retter.[31] Neben dem Tegeler Anstaltsgeistlichen Poelchau kommen auch Ruth Andreas-Friedrich und Karin Friedrich mit der Gruppe «Onkel Emil» vor, ebenso ein Deserteur der Wehrmacht, Wolfgang Harich, der als Philosoph und Regimekritiker später in der DDR berühmt werden sollte, Erich Kästner, Werner Krumme und viele andere, die auch in anderen Untergrundgeschichten vorkommen und zeigen, wie dünn das Netz der Retter in Wirklichkeit, wie eng begrenzt der Kreis der Helfer war.

Charlotte Joseph, die als Witwe allein in Berlin lebte – ihr halbwüchsiger Sohn war 1937 in die Tschechoslowakei, die damals vierzehnjährige Tochter im Juni 1939 mit einem Kindertransport nach England entkommen –, entging durch einen Zufall der «Fabrik-Aktion» in Berlin. Sie war am 27.Februar 1943 nicht in dem Betrieb gewesen, in dem sie seit 1.Juli 1941 mit etwa 200 anderen Juden zur Herstellung von Flugzeugmotoren zwangsverpflichtet war. An diesem 27. Februar hatte die Gestapo den größten Teil der noch in Berlin lebenden Juden verhaftet, die meisten von ihnen am Arbeitsplatz, das heißt in den Rüstungsbetrieben, die bis dahin wegen ihrer Kriegswichtigkeit den dort beschäftigten Juden noch einen gewissen Schutz geboten hatten.

«Ich war nur dadurch, daß ich am Sonnabend der Arbeitsstelle ferngeblieben war, der Verschickung entgangen. Als ich am Sonnabend Abend durch meinen Schwager von den Vorgängen erfuhr, packte ich meine Sachen zusammen in der Absicht, meine Koffer unterzustellen und selbst irgendwohin zu verschwinden. Die Nacht über blieb ich noch in meiner Wohnung. Sonntag Vormittag gegen 11 Uhr stürzte die mir sehr zugetane Portierfrau zu mir herein und veranlaßte mich, schleunigst über die Hintertreppe auf den Hausboden zu gehen und mich in einer Bodenkammer zu verbergen. Inzwischen hörte ich bereits an meiner Wohnungstüre rütteln. Ich erfuhr später, daß Gestapoleute bis 3 Uhr vor meiner Tür und vor dem Haus auf mich gewartet haben. Die Portierfrau sagte ihnen, ich sei ausgegangen und sie wüßte nicht, wann ich zurückkommen werde. Als ich von der Portierfrau hörte, daß die Gestapoleute fortgegangen seien, ging ich mit ihr in die Wohnung zurück, brachte die gepackten Koffer auf den Boden und verließ dann nur mit einer größeren Handtasche das Haus. Ich brachte die nächsten Tage in der Wohnung von Bekannten zu. Als diese nicht länger wagten, mich weiter zu beherbergen, suchte ich mir ein anderes Unterkommen, mußte aber auch hier bald wieder weg, als es auffiel, daß sich eine fremde Person im Hause aufhielt. Bis zum Juli 1943 habe ich immer wieder meine Wohnung wechseln müssen. Einige Leute, die mich gegen hohe Bezahlung aufgenommen hatten, verlangten, daß ich die Wohnung die ganze Zeit über nicht verlasse. Andere wieder brachten mich nur die Nächte über unter, während ich den Tag über mich auf den Straßen und auf den Bänken im Tiergarten aufhalten mußte. Ich konnte schließlich dieses Leben gar nicht mehr aushalten. Dazu kam, daß ich keine Lebensmittelkarten besaß und nur die Möglichkeit hatte, mir solche Karten auf dem Schwarzen Markt gegen sehr viel Geld zu beschaffen.

Inzwischen hatten in Berlin die schweren Luftbombardements eingesetzt. Ich machte mir das zunutze, suchte mir einen Bezirk, in dem sowohl das Polizeiamt wie auch die Lebensmittelkartenstelle ausgebombt waren, ging zum Bürgermeisteramt Schöneberg und gab dort an, ich sei in dem betreffenden Bezirk ausgebombt worden. Da meine Angaben nicht auf ihre Richtigkeit nachgeprüft werden konnten, erhielt ich ohne weiteres einen sog. Bombenschein als Ausgebombte. Mir war vorher von einer Dame geraten worden, nach Rüdnitz bei Bernau zu gehen und zu versuchen, in dem dort gelegenen Krankenkassenheim unterzukommen. Ich tat dieses auch und wurde tatsächlich in dem Heim aufgenommen. Die unverfänglichen Ausweise, die ich noch besaß, hatte ich auf den Namen Elsa Hohberg umgefälscht und meinen Judenausweis in das Futter meiner Kleider eingenäht. Auf meinen Bombenschein hin erhielt ich legale Aufenthaltserlaubnis für Rüdnitz und wurde auch wieder mit Lebensmittelkarten beliefert.

In Rüdnitz blieb ich bis April 1944. Der Aufenthalt in dem Heim war nicht angenehm. Ich wurde zwar nicht als Jüdin verdächtigt, mußte mir aber ständig stillschweigend anhören, wie die Juden von den übrigen Insassen beschimpft wurden. Mit der Zeit wurde der Aufenthalt aber doch gefährlich für mich. Die Gestapo hatte begonnen, zusammen mit jüdischen Greifern, die ein besseres Auge dafür hatten, wer Jude war, auch die kleineren Orte nach Juden abzusuchen. Ich suchte deshalb, von Rüdnitz wieder fortzukommen. Zu diesem Zwecke gab ich eine Anzeige in der ‹Deutschen Allgemeinen Zeitung› auf, daß eine Frau in den Vierzigern – ich hatte mich 10 Jahre jünger gemacht – einen neuen Wirkungskreis suche. Unter den vielen Angeboten war auch eines von einer Frau Benda in Zoppot. Ich schrieb dorthin, hatte eine Rücksprache mit Herrn Benda, der vorübergehend nach Berlin gekommen war, und wurde auch engagiert. Ich siedelte nun nach Zoppot über und hatte in dem großen Haus der Bendas die drei jüngsten der 6 Kinder zu betreuen.

Beide Eheleute Benda waren ausgesprochene Nazis. Zu den vielen Gesellschaften, die sie gaben, kamen hauptsächlich hohe SS-Offiziere und andere Größen der Partei und Staatsverwaltung. Auch Gauleiter Forster war ein Freund des Hauses. Ich mußte mich mit allen meinen Äußerungen sehr vorsehen, um nicht Anstoß zu erregen, kam aber nie in den Verdacht, nicht ‹Arierin› zu sein. Als der russische Vormarsch immer weitere Fortschritte machte, verließ Frau Benda mit den Kindern Zoppot. Ich blieb zurück und erhielt die Aufgabe, die ganze Wohnungseinrichtung zu verpacken.

Im März 1945 erreichten die Russen unsere Gegend. Es waren Truppen aus asiatischen Bezirken, die Danzig und Zoppot besetzten. In welcher rohen Weise sie sich benahmen, ist gar nicht zu beschreiben. Ich suchte mich vor ihnen zu verbergen, wurde aber aufgefunden und aller meiner Sachen beraubt. Jedes Zimmer unseres Hauses war schließlich von Flüchtlingen belegt, die ständig den Attacken der Russen ausgesetzt waren. Später übernahmen Polen die Besetzung des Ortes. Ich versuchte diesen unter Vorzeigung meiner bis dahin verborgen gehaltenen jüdischen Kennkarte klar zu machen, daß ich Jüdin sei. Sie wollten mich aber nicht als solche anerkennen, bis ich auf einen anscheinend jüdischen polnischen Soldaten traf, den ich mit «Sch'ma Jisroel» ansprach. Erst dieser verhalf mir zu meiner Anerkennung als Jüdin. Im September 1945 wurde ich dann mit einem internationalen Transport nach Berlin zurückgebracht. Damit war meine Leidenszeit abgeschlossen.»[32]

Schwieriger noch als für alleinstehende Personen war naturgemäß die Flucht von Ehepaaren oder ganzer Familien in die Illegalität. Das Ehepaar Rewald geht im Januar 1943 in den Untergrund, nachdem alle Verwandten deportiert worden sind und sie nicht mehr fürchten müssen, durch ihr Untertauchen Angehörige zu gefährden. Die Ausweispapiere, in denen sie durch den Stempel «J» gebrandmarkt sind, haben sie vergraben, um nach dem Ende der NS-Herrschaft ihre Identität beweisen zu können. Wegen der häufigen Kontrollen brauchen sie neue, unverfängliche Papiere.

Ein Betrüger, der vorgibt, falsche Ausweisdokumente besorgen zu können, prellt sie nach wochenlangem Warten um viel Geld. Ein Ausweg muss gefunden werden: «Der Reichsbahninspektor, der der Vorgesetzte meines Mannes war, als er noch Zwangsarbeit leistete, hat sich immer als Gegner der Nazis gezeigt. Mein Mann wurde in versteckten Andeutungen von ihm zum ‹Untertauchen› angeregt, so daß wir von ihm Hilfe erwarten dürfen. Am Abend fährt mein Mann zu ihm und erklärt, daß wir ohne irgendwelche Ausweise nicht mehr existieren können. Er hat unsere Fotos mitgenommen und bittet ihn, uns Reichsbahnpapiere zu besorgen. Nach zwei Tagen sind wir im Besitz von zwei Ausweisen der Deutschen Reichsbahn, die mit dem amtlichen Stempel versehen sind. Wir haben unsere Fotografien eingeheftet und den Ausweis meines Mannes auf den Namen: ‹Erich Treptow, Hilfsrottenführer im Dienst der Deutschen Reichsbahn› ausgefüllt. Wir wissen, daß dieser Erich Treptow wirklich existiert, so daß sich bei einer Kontrolle und Rückfrage bei der Polizei oder Reichsbahn die Angaben des Ausweises bestätigen. Mein Mann ist sozusagen ein Double. Aber wie heißt Frau Treptow mit Vornamen, wann und wo ist sie geboren, wo ist sie beschäftigt? Wir können meinen Ausweis nicht ausfüllen, ohne diese Personalien zu wissen. Es bleibt nur ein Weg, den ich unternehme. Ich stecke mir ein Parteiabzeichen an, das mein Mann einmal in einem alten Sessel gefunden hat, und fahre in die Wohnung zu Frau Treptow. Dort erkläre ich ihr, daß ich vom Arbeitsamt komme, um die vorhandenen Unterlagen und Akten zu ergänzen. Ich habe mir einen Bogen mitgenommen, in dem schon andere Daten notiert waren, und so stelle ich meine Fragen, um von ihr alles Wichtige zu erfahren. Nach anfänglichen ärgerlichen Reden, daß sie ja längst beim Arbeitsamt registriert sei und daß sie das alles nicht verstehen könnte, beruhige ich Frau Treptow. Wir hätten sie extra nicht selbst hinbestellt, ich käme, weil die Karteien durch die Bombenangriffe nicht mehr vollständig seien usw. Ich erfahre schließlich alles für mich Wissenswerte und höre auch, daß sie bei der Gestapo beschäftigt ist!»[33]

Mit Hilfe der gefälschten Ausweise gelingt dem Ehepaar das Überleben, sie führen eine scheinbar normale Existenz, werden mit «arischen» Freunden, die ihnen Unterschlupf gewähren, mehrfach ausgebombt, sie verbringen viel Zeit in Luftschutzkellern. Die Angst vor der Entdeckung bei den häufigen Ausweiskontrollen (nicht nur nach untergetauchten Juden wird gefahndet, sondern auch und vor allem nach Deserteuren aus der Wehrmacht: das gefährdet Männer im «waffenfähigen» Alter besonders) und der Hunger unterscheiden sie und ihre Schicksalsgefährten freilich von den «Volksgenossen».

Ludwig Collm, der 1933 als Studienassessor aus dem Berliner Schuldienst entlassen wurde und sich in den folgenden Jahren mit Privatstunden und Nachhilfeunterricht ernährt hatte, begab sich im Oktober 1942 mit seiner Frau Steffy und der kleinen, damals sechsjährigen Tochter Susi in die Illegalität. Zu dritt war das Überleben im Untergrund besonders schwierig. Die Familie Collm war aber vom Glück begünstigt. Die Collms waren auch keineswegs besonders vorsichtig: «Zunächst hatten wir ein Unterkommen. Steffy mit unserer kleinen Susi zunächst in der Holsteinischen Straße in der Nähe unserer früheren Wohnung; ich davon einige Minuten entfernt bei unserer guten Freundin Löffke. Sie wohnte früher mit uns zusammen in einem Hause, war uns sehr zugetan und Mitglied der Christian Science. Ihre Tochter Irmgard Müller war beim Reichsarbeitsminister Seldte angestellt. Von dort brachte sie mir einen Originalbriefbogen mit, mit dessen Hilfe ich mir einen Ausweis anfertigte, der mich als Dozent am ‹Istituto Di Lingua e Studi Italiani del Fascio di Berlino› auswies. Wir lebten in der Illegalität unter unserem eigenen Namen, zeitweise wurde das ‹C› durch ein ‹K› ersetzt. Einige Zeit war ich einfach ‹Lehrer Ludwig›.

Nur allmählich fanden wir – immer noch an das Tragen des Davidsternes mit der Aufschrift ‹Jude› gewöhnt und verfemt – unsere Sicherheit wieder. Das schwerste Problem, das sich für uns ergab, war die Wohnungsfrage. Fast alle drei Wochen war sie akut. Und dann gleich Logis für drei. Etwas leichter gestaltete sich zunächst die Lebensmittelfrage. Geld hatten wir, die ersten vier Wochen waren wir noch im Besitz unserer Lebensmittelkarten, die Kartoffelkarten hatten ein halbes Jahr Gültigkeit. Später kauften wir die Lebensmittelkarten und zahlten recht hohe Preise dafür. Wir rechneten damit, daß der Krieg spätestens in einem Jahr vorüber sein würde. Wir hatten uns getäuscht. Ohne die vielen guten Freunde und deren Hilfe hätten wir es nie geschafft.»

Ludwig Collm war rastlos mit der Organisation des zum Überleben Nötigen beschäftigt; er war recht erfolgreich, und vor allem glückte es ihm immer wieder, Freunde und Helfer zu finden: «Ich hatte in den Monaten hauptsächlich damit zu tun, Quartier zu suchen und die nötigen Lebensmittel bzw. -Karten zu beschaffen. Jeder Tag war mit Besuchen bei Bekannten und Freunden reichlich ausgefüllt. Wo ich auch nur annahm, daß jemand aus seiner Gesinnung uns helfen könnte, sprach ich vor und hatte oft den überraschendsten Erfolg. Ein Besuch bei einer ehemaligen Schülerin, deren Vater, wie ich wußte, Sozialdemokrat und früher Ministerialrat gewesen war, verschaffte mir für Susi sofort Unterkommen bei dem kinderlosen Ehepaar v. Frankenberg. Er war Jurist und Repetitor, konservativ und Gegner der Nationalsozialisten.»

Ende Januar 1944 gelangte Ludwig Collm in den Besitz eines Flüchtlingsscheins, der Bombengeschädigte dazu berechtigte, Berlin zu verlassen. Dieses Dokument ermöglichte es der Familie, der Einladung einer Bekannten zu folgen und in einem großen Landhaus an der Ostsee Logis zu nehmen. Vater Collm wäre lieber in Berlin geblieben, des Einkommens aus Privatstunden halber, die er immer noch gab. Aber die Sorge um die Tochter Susi und die für illegale Familien seltene Möglichkeit, wieder zusammenzuwohnen, gaben den Ausschlag, im Februar 1944 nach Horst-Liebelose an der Ostsee zu reisen. Dort lebte die Familie Collm vergleichsweise idyllisch im Landhaus der Frau Dietrich mitten im Wald. Susi wurde in der Dorfschule angemeldet. Vater Collm gab der Tochter des Hauses täglich Stunden.

Trotz Spannungen mit den Gastgebern – deren Ursachen vor allem Angst vor der eigenen Courage war – lebt die Familie Collm dreizehn Monate lang ungefährdet in dem Haus. Anfang März 1945 ziehen Flüchtlingsströme westwärts durch die Gegend, Collms wollen sich aber nicht anschließen und einer Zwangsevakuierung nicht Folge leisten, sondern bis zur Befreiung durch die Rote Armee warten. Erst im Juli 1945 kommt die jüdische Familie zusammen mit den aus den verlorenen Ostgebieten ausgewiesenen Deutschen wieder nach Berlin. Dass die alte Wohnung noch existiert, dass Collms wieder dort einziehen können, dass der Vater gleich wieder eine Ausstellung als Lehrer findet, sind Glücksfälle, die keineswegs selbstverständlich sind.[34]

Die Geschichte vom Überleben eines jungen Mannes, des späteren Fernsehunterhalters Hans Rosenthal, ist längst legendär. Fünfmal war der junge Hans durch glückliche Zufälle der Deportation entgangen, ehe er eine Woche vor seinem 18. Geburtstag Ende März 1943 in der Berliner Laubenkolonie «Dreieinigkeit» untertauchte. Hans stammte aus einer gutsituierten jüdischen Familie. Der Vater (nach der NS-Terminologie als «Mischling» geboren, der aber als «Volljude» galt, weil seine Mutter bei der Heirat zum jüdischen Glauben übergetreten war) war Bankkaufmann und bis 1937 in sehr guter Position bei der Deutschen Bank in Berlin gewesen. Man hatte ihm sogar ein Unterkommen in der Kairoer Filiale angeboten, um seine Entlassung zu umgehen.

Vater Rosenthal macht sich statt dessen als Vertreter selbständig, erliegt aber bald, noch vor den Novemberpogromen 1938, einem Nierenleiden. Mutter Rosenthal stirbt 1941 an Krebs. Der damals 16-jährige Hans geht, um den neunjährigen Bruder Gert zu beschützen, mit ins jüdische Waisenhaus. Er hat nach dem Besuch der jüdischen Mittelschule schon einige Stationen hinter sich, hatte sich bis zur Auflösung des Lehrguts Jessen in der Niederlausitz im Rahmen der Jugend-Alijah auf die Auswanderung nach Palästina vorbereitet, war dann als Zwangsarbeiter im städtischen Friedhof Fürstenwalde zum Hilfstotengräber avanciert und arbeitete schließlich, um in Berlin beim kleinen Bruder zu sein, in einer Blechemballagenfabrik.

Im August 1942 musste er, weil er zu alt dafür geworden war, das Waisenhaus verlassen und ins jüdische Jugendwohnheim umziehen. Das war einer der fünf Glücksfälle. Im Oktober 1942 wurden die Insassen des Waisenhauses deportiert. Hans hoffte, mit Hilfe der Großeltern (die in «Mischehe» leben), den kleinen Bruder verstecken zu können. Aber sie redeten ihm das gefährliche Unterfangen aus. Der zehnjährige Gert Rosenthal wurde am 19. Oktober 1942 nach Riga abtransportiert. Hans hört nie wieder von ihm, obwohl Gert von seinem Ersparten fünfzig Postkarten gekauft hat und jeden zweiten Tag eine davon an seinen großen Bruder schreiben will.

Hans entgeht nicht nur der «Fabrik-Aktion» am 27. Februar 1943, sondern entkommt gleich darauf, schon auf dem Weg in die Illegalität, auch einer Polizeikontrolle und verschwindet am 27. März in Berlin-Lichtenberg in der Laube der Frau Jauch. Hans kennt sie nur flüchtig, aber er weiß niemand sonst, der ihn verbergen würde. Frau Jauch überlässt ihm das kleine Hinterzimmer und teilt ihre Rationen mit dem jungen Juden. Eingeweiht ist auch Frau Hardt (deren Mann ist Kommunist), die in der Nähe wohnt. Nur während der nächtlichen Luftangriffe auf Berlin kann Hans Rosenthal sein Versteck verlassen.

Als Frau Jauch im August 1944 plötzlich erkrankt und stirbt, muss Hans eine neue Bleibe suchen, und er findet sie, ebenfalls in der Kolonie «Dreieinigkeit», bei Frau Schönbeck, die nicht nur ihre Lebensmittelrationen mit ihm teilt, die ihn auch gegen den eigenen Sohn verteidigt, der bei einem Fronturlaub den illegalen Gast bemerkt und die Konsequenzen fürchtet. Zuletzt breitet sich die Kenntnis von der heimlichen Existenz des jungen Juden in der Kolonie aus, viele wissen von seinem Aufenthalt und helfen nach Kräften. Der Einmarsch der Roten Armee nach Berlin hätte dem nun 20-jährigen Hans Rosenthal statt der Befreiung aber fast doch noch das Ende gebracht. Mit feierlich wiederangelegtem Judenstern begab er sich auf die Straße und wäre fast als vermeintlicher Nazi erschossen worden, weil diese Einheit der Roten Armee kürzlich das KZ Majdanek befreit hatte, wo sich die SS-Wachmannschaft mit Judensternen zu tarnen versuchte. Ein vorbeikommender jüdischer Offizier identifiziert Hans Rosenthal als Juden – weil er das Glaubensbekenntnis hebräisch aufsagen kann – und rettet ihn endgültig.

Rückblickend im Jahr 1980 schrieb er, es seien diese drei Frauen aus der Kolonie Dreieinigkeit gewesen, «deren Hilfe es mir bis heute möglich gemacht hat, nach dieser für uns jüdische Menschen so furchtbaren Zeit unbefangen in Deutschland zu leben, mich als Deutscher zu fühlen, ohne Haß ein Bürger dieses Landes zu sein. Denn diese Frauen hatten ihr Leben für mich gewagt».[35]

Michael Degen, der 1943 als Elfjähriger mit seiner Mutter in Berlin in den Untergrund ging (sein Vater war an den Folgen von KZ-Haft gestorben), beschreibt die vielen Helfer, die das Überleben ermöglichten: Erna und Käthe Niehoff, Marthchen Schewe, den Kommunisten Karl Hotze, den Lokomotivführer Redlich, den SS-Mann Manfred Schenk, Lona, die Teilhaberin im Textilgeschäft des Vaters, Ludmilla Dimitrieff, die russische Adelige, die Huren Grete, Rosa und Hilde und deren Mutter, Oma Teubner, die großherzig die Juden in ihrem Puff beherbergte.[36]

Das Ehepaar Max und Ines Krakauer aus Berlin lebte ab Januar 1943 in der Illegalität. Nach der Befreiung stellte Max Krakauer eine Liste der Unterkünfte und der Helfer zusammen, in der viele Pfarrhäuser vorkommen, in Berlin, in Pommern und Württemberg. Insgesamt umfasst das Verzeichnis 66 Adressen, an denen die Krakauers in den 27 Monaten der Illegalität teils zusammen, teils getrennt Aufnahme fanden. Eine weitere Liste von Helfern enthält 24 Namen, auch unter ihnen sind Pfarrer häufig vertreten.[37] Die bescheidenen Bemühungen der Kirchen beider Konfessionen, sich offiziell für die «nichtarischen Christen» in ihren Reihen zu engagieren, sind ein anderes Thema. Unter Leitung von Probst Grüber kümmerte sich die «Hilfsstelle für Rasseverfolgte» auch um untergetauchte Juden und sorgte für deren Unterkommen außerhalb Berlins.[38] Generell war jede Hilfe für Juden durch engagierte Christen und Priester deren Privatangelegenheit. Das zeigte sich spätestens dann, wenn die Helfer in die Mühlen der nationalsozialistischen Verfolgung gerieten und von der Amtskirche im Stich gelassen wurden.

In den Erlebnisberichten der Geretteten erscheinen immer wieder die gleichen Namen von Helfern. Da gab es einen Fabrikbesitzer in Berlin, der nicht nur seine Junggesellenwohnung am Nollendorfplatz untergetauchten Juden zur Verfügung stellte (er selbst schlief in der Firma), sondern auch für Lebensmittel sorgte und die Portierfrau bestach, dass sie stillhielt.[39] Die Zwei-Zimmer-Wohnung der Gräfin Maria von Maltzan glich zeitweise einem Massenasyl, in dem jüdische Illegale, Widerstandskämpfer und Deserteure Unterschlupf fanden. Gräfin Maltzan hatte Veterinärmedizin studiert und war wegen ihrer Sprachkenntnisse zunächst im Auswärtigen Amt dienstverpflichtet und dann beim Suchdienst des Roten Kreuzes beschäftigt. Sie war engagierte Gegnerin des Nationalsozialismus, ihr «nichtarischer» Verlobter und späterer Mann Hans Hirschel lebte illegal bei der Gräfin, die auch in den Berichten einiger anderer Überlebender in der Rolle des Schutzengels erscheint.[40]

Ein Freundeskreis engagierter junger Nazigegner betrieb die Hilfe für illegale Juden geradezu virtuos. Begonnen hatten die Journalistin Ruth Andreas-Friedrich und der Musiker Leo Borchard mit Liebesdiensten für ihre jüdischen Bekannten, aus Scham über die Novemberpogrome 1938 und weil «arische Helfer» notwendig waren für die Ausreisevorbereitungen, für das Organisieren von Lebensmitteln, für das Aufbewahren und Sicherstellen von Wertvollem. Im Juni 1942 notiert Ruth Andreas-Friedrich im Tagebuch, dass von den vierzehn «Onkel Heinrichs» und zweiundzwanzig «Tante Johannas» nur noch wenige übriggeblieben waren.

Für die muss Gemüse und Brot beschafft werden; die Freunde sind bei der Methode nicht zimperlich: «Um drei Uhr kommt Ursel Reuber. Sie hat sich, allen Verkehrsstörungen zum Trotz, durch Trümmer und Brände zu uns durchgeschlagen. Ihre Kleider riechen, als hätte man sie acht Tage im Rauchfang aufgehängt. Unter dem Arm schleppt sie ein großes Paket: Gemüse für unsere «U-Boote», sprich: Untergetauchte. Drei Kohlrüben, einen Krautkopf, fünf dicke Kohlrabiknollen. «Ich hab noch was viel Schöneres», rühmt sie sich und nestelt aus ihrer Jacke die Brieftasche hervor. «Acht Kilo Brotmarken, frisch geklaut aus dem Markenkästchen in einem Bäckerladen.» – «Aber wie denn?» – «Es war ganz einfach. Kein Mensch im Geschäft. Ich rief ein paarmal. Niemand erschien. Da fiel mein Blick zufällig auf das Kästchen auf dem Tisch. Der Deckel stand halb offen. Zu langem Überlegen blieb keine Zeit. Heiliger Krispin, Freund aller Diebe, steh mir bei! – dachte ich und – langte hinein. Wenn man für andere stiehlt, ist das Klauen ein Genuß. Und die Bäckerfrau wird es den Kopf nicht gleich kosten. Vier Kilo für Frank, vier Kilo für Wald. Eine glatte Monatszuteilung.» Frank strahlt. Wir alle strahlen, als hätte man hier nicht einen Diebstahl begangen, sondern ein Heldenstück menschlicher Anständigkeit.»[41]

Der Diebstahl von Lebensmittelkarten, Stempeln, der Handel mit gefälschten Dokumenten, das Erschleichen von Bestätigungen und Bescheinigungen gehörte zum Alltag der Helfer, die damit Widerstand gegen das NS-Regime in einer besonderen Form leisteten. Sie riskierten tagtäglich viel, um das rettende Netz für die Illegalen immer wieder neu zu knüpfen: «Niemand, der es nicht selbst erlebte, vermag sich vorzustellen, wie schwierig unter solchen Umständen auch die einfachste Hilfeleistung werden kann. Was tut man, wenn ein Mensch, den man in seiner Wohnung verbirgt, eines Tages unvermutet am Herzschlag stirbt? Soll man ihn im Ofen verbrennen? In Rauch auflösen? Durch den Schornstein hinausblasen? Was macht man mit einer Leiche, die nicht gemeldet ist? «Wir haben sie in unseren Waschkorb gelegt, mit Leintüchern bedeckt und nachts aus dem Hause getragen», vertrauen uns Bekannte an, die in solche Verlegenheit gerieten. «Im Tiergarten haben wir sie rausgeholt und auf eine Bank gesetzt.» Sie lächeln verstört. Sie sind nicht froh über diese Lösung. Sie haben keine Übung darin, zwischen drei und vier Uhr morgens Leichen aus dem Hause zu schmuggeln und Tote auf einsame Parkbänke zu setzen. Vierzig Jahre lang sind sie solide Bürger gewesen.

Vor vierzehn Tagen kommt Flamm zu uns gelaufen. «Schöne Bescherung das!» klagt er und fingert sich nervös übers Gesicht. «Da hat man mir einen Flüchtling zugeschickt. Jüdisches Mädchen aus Breslau. Für ein Nachtquartier auf dem Wege von Schlesien nach Frankfurt. Ich bin an der Bahn. Die Kleine kommt an. Halsschmerzen, Fieber, Schüttelfrost. Am nächsten Morgen liegt sie mit Scharlach. Mit Scharlach in meinem Ehebett!» – «Scharlach dauert sechs Wochen», sagt Andrik. – «Und dann muß man desinfizieren», ergänzt Heike sachkundig. – «Schöne Bescherung – schöne Bescherung», seufzen wir alle. Jetzt geht die Patientin in die dritte Woche. Und Flamm, der Landgerichtsrat außer Dienst, spielt schlecht und recht die Rolle der Krankenschwester. Für ein untergetauchtes Mädchen, das er einmal im Leben gesehen hat. Wenn man nur einen Kammerjäger findet, der vertrauenswürdig ist!»

Die Begebenheit findet sich unter dem 4. Februar 1944 im Tagebuch verzeichnet; am 7. März schreibt Ruth Andreas-Friedrich, der schlesische Flüchtling sei wieder gesund und glücklich nach Frankfurt abgereist. Die Wohnung hatte ein vertrauenswürdiger Kammerjäger (ein KPD-Mann) desinfiziert.

Nicht weniger listig als mutig war Otto Weidt, der, selbst behindert, in Berlin eine Besen- und Bürstenbinderwerkstatt betrieb, in der er vorwiegend jüdische Blinde und Taubstumme beschäftigte. Der gelernte Tapezierer und spätere Bürstenfabrikant engagierte sich in der Form gegen den Nationalsozialismus, dass er vor allem Arbeiter aus dem jüdischen Blindenheim in seiner Fabrik beschäftigte, die wegen Wehrmachtsaufträgen als kriegswichtig galt. Darauf berief er sich. Damit finanzierte er auch seine Hilfe. In gemieteten Lagerräumen versteckte Weidt jüdische Familien, eine Gruppe holte er am hellichten Tag aus dem Sammellager in der großen Hamburger Straße wieder ab. Durch Bestechung von Behörden wie Polizei und Arbeitsamt und durch das Engagement freiwilliger Helfer rettete Weidt 56 Juden, von denen 27 überlebten. Keine Mühe war Weidt zu groß, um auch Untergetauchten zu helfen. Seine Beziehungen zum Arbeitsamt, zur Gestapo und zur Wehrmacht förderte er durch Bestechungen. Rohmaterial besorgte er, um die Arbeitsplätze zu sichern, auf dem Schwarzen Markt, und er bot damit einer beachtlichen Anzahl von jüdischen Menschen eine Zeitlang Sicherheit. Eines Tages jedoch holte die Gestapo alle Blinden und Taubstummen aus Weidts Werkstatt ab zur Deportation.

«Kurz entschlossen streifte sich Weidt seine Blindenbinde um und ging abermals zur Gestapo, um seine Leute freizubekommen. Wie er es schließlich geschafft hatte, ob durch die Angabe, daß er Wehrmachtsaufträge hätte (die er übrigens nie ganz ausführte, um seinen Betrieb aufrecht erhalten zu können) oder durch Bestechung, vermag ich nicht zu sagen, jedenfalls gab man ihm seine Belegschaft noch einmal frei. Er ging selbst zum Sammellager Gr. Hamburger Straße, wohin inzwischen seine Leute schon gebracht worden waren, um sie von dort abzuholen. Dann zog er, als Anführer einer Gruppe von etwa 50 jüdischen Blinden und Taubstummen mit Judensternen und Blindenbinden, selbst halbblind, mit ihnen auf dem Fahrdamm nach der Rosenthalerstraße in die Werkstatt zurück. Es war ein Bild wie aus einer antiken Tragödie.»[42]

Die Geschichte der Rettung von Juden vor dem mörderischen Rassenwahn des NS-Regimes hat viele Facetten. Gemeinsam ist den Geretteten die Erfahrung, wie Inge Deutschkron sie stellvertretend für viele in ihren Büchern beschreibt.[43] Zu dieser Erfahrung gehört die Solidarität von Nichtjuden, die ungeachtet der Gefährlichkeit ihres Tuns, an ihrer Menschlichkeit, an den schlichten Tugenden des bürgerlichen Anstands, am – scheinbar – Selbstverständlichen, der Zuwendung an Menschen in Not, festhielten und sich darin nicht beirren ließen.

Der Helferkreis um Franz Kaufmann, einem wegen seiner jüdischen Abstammung entlassenen ehemaligen Oberregierungsrat in Berlin, der als gläubiger Christ Mitglied der Bekennenden Kirche war, verschaffte Juden Unterkunft, versorgte sie mit Geld, Lebensmitteln und gefälschten Ausweisen. Durch Denunziation flog der Kreis im August 1943 auf. Etwa 50 Menschen gerieten in die Fänge des NS-Regimes. Die Juden wurden deportiert, Kaufmann selbst im KZ Sachsenhausen ermordet, die nichtjüdischen Helfer erhielten wegen «Verbrechen gegen die Kriegswirtschaftsverordnung und Urkundenfälschung» zum Teil hohe Zuchthausstrafen. Für die Kaufmann-Gruppe hatte ein junger jüdischer Grafiker, Cioma Schönhaus, der selbst im Untergrund lebte, zahlreiche Ausweise gefälscht. Cioma Schönhaus war steckbrieflich unter verschiedenen Namen gesucht, trotzdem gelang es ihm, mit dem Fahrrad von Berlin zur Schweizer Grenze zu fahren und sie zu überschreiten.[44]

WIR GEFÄHRLICH WAR HILFE FÜR JUDEN?
Was drohte deutschen Bürgern, die sich mit den verfolgten Juden solidarisiert hatten und ihnen bei der Flucht ins Ausland oder beim Überleben im Untergrund halfen? Juden zu helfen war ja mindestens Ausdruck einer Gesinnung, die einem wesentlichen Ziel des nationalsozialistischen Staates widersprach, ganz gleich, ob ethische Überzeugung oder Gewinnstreben hinter der Tat standen. Im Gegensatz zur drakonisch bestraften «Rassenschande», die mit dem «Blutschutzgesetz» von 1935 Straftatbestand geworden war, war Hilfe für Juden nie ins Strafgesetzbuch aufgenommen oder auf andere Weise als kriminelles Delikt definiert worden. Wie bei der «Rassenschande», die nach dem Gesetz nur jüdischen Männern zur Last gelegt wurde (die nichtjüdischen Frauen galten als verführt), was oft mit der Verurteilung der beteiligten Frauen wegen Meineids oder wegen irgendeinem anderen Delikt, das sich leicht finden ließ, umgangen wurde, erwies sich die Justiz im Rahmen eines großen Ermessensspielraums als erfinderisch, um Hilfe für Juden zu bestrafen.

Begründet mit der Verordnung «Zur Abwehr heimtückischer Angriffe gegen die Regierung der nationalsozialistischen Erhebung» vom März 1933, die im Dezember 1934 durch das «Gesetz gegen heimtückische Angriffe gegen Partei und Staat» ersetzt wurde, waren im März 1933 in allen Oberlandesgerichtsbezirken Sondergerichte errichtet worden. Sie waren in erster Linie zuständig für oppositionelle Äußerungen und Handlungen. Ihre Kompetenzen, in die später auch Verstöße gegen die Kriegswirtschaftsverordnung fielen (darunter z. B. Delikte wie «Schwarzschlachtung») und Rundfunkvergehen (das Hören von «Feindsendern»), wurden ab 1939 exzessiv ausgeweitet. Die Ahndung von «Judenhilfe» oder «Judenbegünstigung» oblag, soweit Organe der Justiz überhaupt zum Zuge kamen, den Sondergerichten. Je nach Sachlage wurden den Angeklagten Urkundenfälschung, Verstöße gegen Devisenbestimmungen, illegaler Grenzverkehr oder «Rassenschande» zur Last gelegt. Sehr oft kamen die Judenhelfer aber gar nicht vor Gericht, denn der mit der Verfolgung der Juden betraute außernormative Repressionsapparat des Regimes – SS, Gestapo, Sicherheitspolizei – war bemüht, auch solidarische Handlungen für Juden in eigener Hoheit zu ahnden. Ein Runderlaß vom 24. Oktober 1941, der für «deutschblütige Personen», die «in der Öffentlichkeit freundschaftliche Beziehungen zu Juden» unterhielten, Schutzhaft bis zu drei Monaten vorsah, diente als Handhabe gegen «artvergessenes Verhalten», Fluchthilfe, Sabotage von «Maßnahmen der Reichsregierung zur Ausschaltung der Juden aus der Volksgemeinschaft». Einer besonderen Begründung für einen Schutzhaftbefehl, der im Konzentrationslager vollstreckt wurde, wegen «verbotswidrigem Umgangs mit Juden» bedurfte es nicht.

Der Einweisung in das Konzentrationslager (für Berliner Helfer waren dies in erster Linie die KZ Sachsenhausen und Ravensbrück) ging in der Regel der Aufenthalt und das Verhör im Polizeigefängnis voraus, danach sind manche Helfer auch ins Arbeitserziehungslager eingewiesen, in manchen Fällen der Justiz überstellt worden.

Ein Berliner Mechaniker, der 1943 einer Breslauer Jüdin und deren Kindern Obdach gewährt hatte, wurde im Sammellager Große Hamburger Straße (das vor allem als Zwischenstation für Berliner Juden vor der Deportation nach Auschwitz diente) eingeliefert, dann im Gefängnis Moabit inhaftiert und im April 1944 vom Sondergericht zu eineinhalb Jahren Zuchthaus (sowie zwei Jahren Ehrverlust) verurteilt und als wehrunwürdig erklärt. Im April 1945 wurde er aus dem Zuchthaus Luckau geholt und in die Waffen-SS eingereiht zur Verteidigung Berlins gegen die Rote Armee.[45]

So hohe Zuchthausstrafen waren aber Ausnahmen. Fürsprache und Bestechung sind manchmal hilfreich gewesen, aber nie war kalkulierbar, wie drakonisch die Strafe für «Judenbegünstigung» ausfallen würde. Mit der Denunziation durch Nachbarn, Funktionäre der NSDAP, Opportunisten und andere Zuträger des Regimes begann auf jeden Fall die Ausgrenzung der Judenhelfer aus der «Volksgemeinschaft» und die sozialen Folgen waren, auch nach der Entlassung aus dem Gefängnis oder dem KZ, beträchtlich.

In der Regel wurden Frauen als Judenhelfer weniger hart bestraft als Männer, gelegentlich geschah ihnen auch gar nichts, in einigen Fällen traf aber auch Frauen die ganze Wucht nationalsozialistischen Verfolgungseifers. Todesurteile wegen «Judenbegünstigung» hat es im Deutschen Reich nicht gegeben. In einigen prominenten

Todesurteilen, die in der Literatur zitiert werden,[46] wurde «Judenbegünstigung» quasi als Nebendelikt erwähnt, der Schuldspruch selbst war aber mit Hochverrat, Heimtücke, «Zersetzung» begründet.

In den annektierten und besetzten Gebieten Polens und der Tschechoslowakei sowie auf dem Territorium der Sowjetunion unter deutscher Okkupation stand auf Hilfe für Juden die Todesstrafe. Allerdings traf sie nur Angehörige der autochthonen Bevölkerung, Polen, Ukrainer, Tschechen. Im einzigen bekannten Fall, in dem das Sondergericht Lemberg eine Deutsche, die Frau eines Forstbeamten, die eine Jüdin versteckt hatte, zum Tode verurteilte, wurde das Strafmaß dann auf zwei Jahre Gefängnis gemildert.

In jedem Fall, auch wenn die Ahndung von Hilfe für Juden nicht eindeutig geregelt war und für die Helfer weder auf deutschem Boden noch in den besetzten Gebieten unbedingt tödliche Konsequenzen nach sich zog, war es ein hohes Risiko, sich – aus welchen Motiven auch immer – Juden gegenüber hilfreich zu erweisen. Im Zweifelsfall wurde das als Widerstand gewertet und häufig hart bestraft.

Die Motive der Retter und ihr Nachruhm

Geschichten von versteckten Juden und ihren Rettern haben schon immer Faszination ausgeübt. Das Tagebuch der Anne Frank – in viele Sprachen übersetzt, 15 bis 16 Millionen Mal verkauft, als Theaterstück bearbeitet und erfolgreich verfilmt – wurde zum Prototyp der Erinnerungsliteratur. Weithin bekannt sind auch Titel wie «Der Schattenmann» von Ruth Andreas-Friedrich, «Aimeé und Jaguar»[47], «Der Assisi Untergrund» – 1984 mit Stars wie James Mason, Irene Papas und Maximilian Schell verfilmt[48] –, Hans Rosenthals «Zwei Leben in Deutschland», der Bericht über die Rettung in einer Berliner Laubenkolonie und Inge Deutschkrons Erinnerungen «Ich trug den gelben Stern» (auch dieses Buch wurde dramatisiert).

Die Popularität der Anne Frank lässt sich darauf zurückführen, dass es sich um die Erlebnisse eines Kindes handelt, das zum Symbol der Untergetauchten, aber auch der Ermordeten geworden ist, dessen ehemaligen Unterschlupf jährlich eine halbe Million Menschen besuchen.[49] Bei Schindler bedurfte es erst einer spektakulären Hollywoodinszenierung, bis der Retter von über tausend Juden die Anerkennung und Aufmerksamkeit erhielt, die er Zeit seines Lebens zwar von den Geretteten, aber nie von der Öffentlichkeit bekam.

1957 erschien das Buch des ehemaligen Berliners Kurt R. Grossmann, der 1933 über die Tschechoslowakei und Frankreich aus NS-Deutschland in die Vereinigten Staaten emigriert war.[50] Der Titel «Die Unbesungenen Helden» wurde zur Metapher und bezeichnete den Beginn der öffentlichen Erinnerung an die Juden im Untergrund und ihre Helfer.[51] Die Jüdische Gemeinde in Berlin beschloss, ihren Heinrich-Stahl-Preis 1958 als Grundstock für einen Fonds zur Ehrung der «Unbesungenen Helden» zu nutzen, und der Westberliner Innensenator Joachim Lipschitz, der ab 1944 selbst im Untergrund gelebt hatte, machte sich die Anregung zu eigen und rief die Ehrungsinitiative «Unbesungene Helden» ins Leben, die im April 1960 durch ein Gesetz förmlich begründet wurde. Die ersten Ehrenurkunden waren am 9. November 1958 19 Rettern überreicht worden. Bedürftige erhielten außer der Urkunde auch eine finanzielle Zuwendung.

Aufrufe in der Presse hatten zahlreiche Anträge auf Ehrung von Helfern zur Folge, die vom Landesentschädigungsamt Berlin im Auftrag des Innensenators geprüft wurden. Wichtig war, dass die Hilfe in «nicht unerheblichem Maße» und ohne Eigennutz erfolgt war, Bedingung war es auch, dass die zu ehrenden Helfer zum Zeitpunkt der Antragstellung ihren Wohnsitz in Westberlin hatten und nicht straffällig geworden waren. Bis 1963 sind 1525 Anträge auf Ehrung eines «Unbesungenen Helden» gestellt, aber nur knapp die Hälfte, nämlich 738 Frauen und Männer, sind mit einer Urkunde, manche auch mit einer materiellen Unterstützung, in den folgenden Jahren geehrt worden.[52]

Die Öffentlichkeit hat die Retter erst allmählich wahrgenommen, obwohl die Medien seit den 70er-Jahren gelegentlich über versteckte Juden und ihre Helfer berichteten. Allerdings beschränkte sich das Interesse meist auf wenige Prominente. Nachdem in der Literatur lange Zeit Werke zur Heroisierung der Retter im Vordergrund standen, beschäftigen sich jüngere zum Thema erschienene wissenschaftliche Publikationen – oft auf der Basis von Interviews – mit der Frage, ob Helfende über besondere Charaktereigenschaften verfügen mussten, woraus man letztlich die Struktur der idealtypischen Helferpersönlichkeit herausfiltrieren zu können glaubte. Die sozialwissenschaftliche Basis für diese Diskussion haben Samuel und Pearl M. Oliner, Autoren des Bandes «The Altruistic Personality», gelegt. Sie interviewten 700 Personen – Retter, Überlebende und als Kontrollgruppe Nicht-Retter –, um die persönlichen Dispositionen einer Retterpersönlichkeit herauszufinden. Das im Einzelnen sehr viel differenziertere Ergebnis lässt sich so lesen, als ob «altruistische», also uneigennützige Charaktereigenschaften, erworben durch Herkunft und Sozialisation, Voraussetzung für Hilfsaktionen gewesen seien.[53]

Die Realität war freilich anders. Glaubt man schlüssige Erklärungen für ein spezifisches Helferverhalten gefunden zu haben, stehen dem immer wieder konträre Beispiele entgegen. Religiöse Bindungen und ethische Ideale – Zugehörigkeit zur Bekennenden Kirche oder zum katholischen Milieu – konnten Voraussetzung der Hilfsbereitschaft sein, oft spielten jedoch andere Faktoren eine wesentlichere Rolle; manche Helfer taten es aus Nächstenliebe, aus christlicher Überzeugung, andere wegen ihrer antifaschistischen Orientierung aus Opposition gegen das NS-Regime, wieder andere wollten Freunde nicht im Stich lassen und viele kannten ihre Schützlinge gar nicht, kamen aus reinem Zufall in die Situation, plötzlich jemanden zu verstecken, ohne über die drohende Einweisung in ein KZ oder vielleicht gar die Todesstrafe nachzudenken. Die altruistische Persönlichkeit als Idealtypus, durch Erziehung, Bildung, religiöse Überzeugung oder besondere Humanitätsideale geformt, nach der die Forscher gesucht haben, um die Retter nach sozialwissenschaftlichen Kategorien auf einen gemeinsamen Nenner zu bringen, gibt es nicht. Und schließlich waren auch diejenigen, die sich persönliche Vorteile verschafften – sei es durch Geld- oder Sachleistungen –, Helfer, die Menschenleben retteten oder doch zu retten suchten. Dem Facettenreichtum der Hilfeleistungen werden jedenfalls monokausale Erklärungen nicht gerecht. Widerständige Handlungen gegen das NS-Regime waren Hilfeleistungen für Juden aber auf jeden Fall.

Die Retter selbst haben sich in der Regel gegen das Klischee verwahrt, Helden zu sein. Viele haben nie über ihre Taten gesprochen, für manche war es eine Selbstverständlichkeit, die keiner nachträglichen Ehrungen bedurfte, vielen erschien die geleistete Hilfe gering angesichts der Zahl der Ermordeten, für die es keine Rettung gegeben hatte, und manche hatten auch keinen Grund, sich zu brüsten, weil ihre Hilfe teuer bezahlt worden war. Inzwischen hat sich die Erkenntnis durchgesetzt, dass wir es hier nicht mit «unbesungenen Helden», sondern mit Menschen aus allen Schichten, vom Mitglied der NSDAP bis zum kommunistischen Widerstandskämpfer oder nationalgestimmten Gegner deutscher Okkupation, mit Jungen und Alten, Männern und Frauen, «kleinen Leuten» und Diplomaten, Menschen aus dem Rotlichtmilieu und Mönchen und Nonnen, Angestellten und Arbeitern, mit Industriellen und Politikern zu tun haben.

Außer Nachruhm und Vergessen gab es, wie das Beispiel Hermann Gräbes zeigt, auch andere Reaktionen gegenüber Judenhelfern. Im Juli 1942 wird Hermann Gräbe Zeuge der Liquidierung des Ghettos in Rowno, im Oktober 1942 ist er Augenzeuge eines weiteren Massakers in Dubno. Der Bauingenieur aus Solingen steht damit am Anfang einer Retterkarriere. Er war seit 1931 zwar Mitglied der NSDAP, aber schon bald in der Folge eines Gefängnisaufenthaltes mit der Partei in Schwierigkeiten geraten. 1941 hatte er sich als Geschäftsführer einer Solinger Baufirma zum Eisenbahnbau für die Organisation Todt in die Ukraine gemeldet. Über hundert Juden konnte er zwischen September 1941 und Januar 1944 auf seinen Baustellen vor der Ermordung bewahren. Er fälschte zu diesem Zweck Papiere, richtete Filialen seines Betriebs ein, die nur den Zweck hatten, Juden zu verstecken, warnte sie vor «Aktionen» der SS. Übrigens waren seine eigenen Probleme mit der NSDAP entstanden, weil er gegen die «Arisierung» der Firma eines Bekannten protestiert hatte.

Im November 1945 gab Gräbe Berichte über die beiden Massenmorde in Rowno und Dubno für den Nürnberger Prozeß zu Protokoll. Seine Aussagen wurden Schlüsseldokumente. Als Mitarbeiter der amerikanischen War Crimes Commission half er, Beweismaterial zu sichern, geriet dabei in gesellschaftliche Isolation und ins berufslose Abseits. Um den Anfeindungen zu entgehen, emigrierte die Familie Gräbe 1948 in die USA. Die Geschichte des Retters Gräbe hatte eine doppelte Fortsetzung, zum einen die Ehrung durch Yad Vashem im Sommer 1965, betrieben von den Geretteten, und zum andern den Rufmord durch einen schlecht recherchierten und fahrlässig geschriebenen Artikel im Nachrichtenmagazin *Der Spiegel* im Dezember des gleichen Jahres, in dem die Unterstellungen des Rechtsanwalts übernommen wurden, der damit seinem Mandanten, den zu lebenslänglicher Haft verurteilten ehemaligen Gebietskommissar Marschall, im Wiederaufnahmeverfahren half. Der Belastungszeuge Gräbe war nachhaltig diskriminiert.[54]

Als moralische Instanz zum Gedächtnis der Retter verleiht Yad Vashem, die Gedenkstätte in Jerusalem, den Ehrentitel «Gerechte unter den Völkern der Welt». Nachdem am 19. August 1953 das israelische Parlament das Gesetz über die Schaffung einer nationalen Gedenkstätte – Yad Vashem – in Jerusalem verabschiedet hatte, wurde später die Kommission zur Ermittlung der «Gerechten unter den Völkern der Welt» gegründet, die am 10. Februar 1963 zum ersten Mal tagte und deren Aufgabe es ist, aufgrund von Hinweisen und Zeugenaussagen die Namen jener nichtjüdischen Personen zu recherchieren und zu dokumentieren, die während des Holocaust Juden in den verschiedensten Ländern uneigennützig geholfen haben.[55] Am Ende einer langwierigen Prüfung, die die Kommission, bestehend aus Juristen und Mitarbeitern von Yad Vashem, durchführt, wird darüber befunden, ob die vorhandenen Beweise ausreichen, um die ermittelte Person als «Gerechten» anzuerkennen. Fällt der Beschluss positiv aus, erhält der Helfer den Ehrentitel mit Urkunde und Medaille, er durfte bis vor einer Zeit in der «Allee der Gerechten» auf dem «Berg des Gedächtnisses» in Jerusalem einen Baum pflanzen. Etwa 14 000 Personen aus 30 Nationen wurden bisher ausgezeichnet. Diese Zahl umfasst allerdings keineswegs alle Helfer. Manche sahen ihre Hilfe als selbstverständlich an und wollten dafür keine Ehrung, andere wiederum konnten nicht gefunden werden, da sich die Überlebenden nicht mehr an ihre Namen erinnerten oder sie nicht an Yad Vashem gemeldet haben. Viele blieben unbekannt, weil die Geretteten bis zum Beginn der Ermittlungen durch Yad Vashem, immerhin fast

20 Jahre nach dem Holocaust, bereits gestorben waren oder die zunächst Geretteten schließlich doch gefasst und deportiert wurden, also kein Zeugnis mehr ablegen konnten.

Und viele konnten nicht geehrt werden, weil die Uneigennützigkeit ihrer Hilfe nicht über jeden Zweifel erhaben war. Das heißt, nicht wenige Helfer ließen sich in irgendeiner Form für ihr Engagement und ihr Risiko bezahlen. Aber in vielen Fällen wurde Geld tatsächlich gebraucht, um Lebensmittelmarken auf dem Schwarzen Markt zu erwerben, um die Lieferanten gefälschter Dokumente zu honorieren, die Lebensmittel für die Versteckten zu bezahlen. Es wurden nicht nur Geld und Sachwerte – Schmuck, Möbel, Teppiche etc. – als Gegenleistung für Obdach, Nahrung, Fluchthilfe verlangt. Edith Rosenthal, Berliner Jüdin, die im Februar 1943 untertauchte und bis Mai 1945 illegal lebte, dabei 30 kg abnahm und bei der Befreiung gerade noch 37 kg wog, war an 70 verschiedenen Aufenthaltsorten versteckt. Sie hätte an einer Stelle bleiben können, wenn sie dem Wunsch einer Quartiergeberin entsprochen hätte, die ein Liebesverhältnis mit ihr eingehen wollte und dafür Sicherheit vor nationalsozialistischer Verfolgung versprach.[56]

Lilly Neumark, eine andere Berliner Jüdin, die in Pfarrhäusern der Bekennenden Kirche zwischen Weserbergland und Lausitz versteckt wurde, musste nicht nur Hausarbeit bis zur Erschöpfung an sieben Tagen der Woche leisten, sie war auch mit Bekehrungswünschen und antisemitischen Vorwürfen konfrontiert.[57] In wieder einem anderen Fall musste für ein Zimmer so viel gezahlt werden, wie die ganze Wohnung der Vermieterin kostete.[58] Schließlich gab es auch eine Rettung auf Monatsraten. Der nichtjüdische Mann einer versteckt lebenden Jüdin in Berlin zahlte 298,– RM monatlich an einen SS-Obersturmbannführer Schweigegeld, um sie vor Entdeckung zu schützen.[59] Aber auch uneigennützige Helfer hatten Finanzierungsprobleme bei ihrer Hilfeleistung. Details erfahren wir aus der Gruppe «Onkel Emil».[60]

Das Projekt «Solidarität und Hilfe für Juden während der NS-Zeit», das Anfang der 90er-Jahre im Zentrum für Antisemitismusforschung der Technischen Universität Berlin begann, versucht in einem historiographischen Überblick Einsichten zu vermitteln in die Interaktion von Juden und Nichtjuden im gesamten deutschen Herrschaftsbereich. In Regionalstudien wird, vor dem Hintergrund traditioneller autochthoner Judenfeindschaft und der Verstrickung des jeweiligen Landes in die nationalsozialistische Politik, unter den Gegebenheiten von Kollaboration und Widerstand die Hilfe für Juden dargestellt, die möglich war, die geleistet oder verweigert wurde.[61] Die Interaktion bedeutete im günstigsten Fall Hilfe und Rettung. Das war ein in der Holocaustforschung lange Zeit wenig beachteter Aspekt. Sowenig damit irgend etwas an der historischen Tatsache des Völkermords mit sechs Millionen jüdischen Opfern geschönt oder verharmlost werden kann, sowenig ist die Perspektive, die nur Opfer und Täter kennt, befriedigend. Dem differenzierenden Blick zeigt sich eine historische Realität, die mit den Begriffen Solidarität und Hilfe nur unzulänglich umschrieben werden kann.

Ein zweites Forschungs- und Dokumentationsprojekt des Zentrums für Antisemitismusforschung bot die Voraussetzungen für dieses Buch. Der Verein «Gegen Vergessen – Für Demokratie» hat sich seit Mitte der 90er-Jahre öffentlich für die «stillen Helden» engagiert und die systematische Suche nach ihnen angeregt. Daraus entstand mit Unterstützung der Robert Bosch Stiftung, der Alfried Krupp von Bohlen und Halbach-Stiftung, des Stifterverbands für die Deutsche Wissenschaft und der Kulturstiftung der Deutschen Bank ein Forschungsprojekt am Zentrum für Antisemitismusforschung der TU Berlin.

Seit 1997 wird die Datenbank «Rettung von Juden im nationalsozialistischen Deutschland» aufgebaut, in der Informationen über untergetauchte Jüdinnen und Juden, ihre Helfer und deren Rettungsbemühungen gesammelt und analysiert werden.[62] Zwei Ziele wurden formuliert: Die Datenbank soll einen statistischen Überblick über die Hilfeleistungen im Deutschen Reich (in den Grenzen von 1937) ermöglichen, und sie muss möglichst viele einzelne Fälle der Rettung jüdischer Verfolgter in der NS-Zeit ausführlich und präzise dokumentieren. Bei der Konstruktion der Datenbank wurde daher sowohl auf die Erhebung statistisch abfragbarer Daten Wert gelegt als auch auf die narrative Darstellung der Rettungsbemühungen.[63] Rund 2500 Datensätze von Personen, die innerhalb

Deutschlands lebensrettende Hilfe für Juden geleistet haben, sind abrufbar. Jenseits der Fälle von Eigennutz und Geschäftstüchtigkeit, die manche Helfer angesichts der Not der Juden entwickelten, ist den Geretteten die Erfahrung der Solidarität von Nichtjuden gemeinsam, die ungeachtet der Gefährlichkeit ihres Tuns an ihrer Menschlichkeit, an den schlichten Tugenden des bürgerlichen Anstands, am – scheinbar – Selbstverständlichen, der Zuwendung an Menschen in Not, festhielten und sich darin nicht beirren ließen. Die meisten der Helfer, die kein Aufhebens von sich machten und heroisierende Gruppencharakterisierungen ablehnten, lebten Werte wie Zivilcourage, Anstand, Humanität. Unter der NS-Diktatur freilich gehörte dazu Mut, der vielen längst fehlte.

Einige zehntausend Menschen, unter ihnen sicherlich mehr «kleine Leute» mit geringer Bildung und geringem Einkommen, aber intakten Wertbegriffen (wie sie die drei Frauen aus der Kolonie «Dreieinigkeit» gegenüber Hans Rosenthal verkörperten), leisteten angesichts tödlicher Bedrohung von Nachbarn auf schlichte Weise mit ihrer Hilfe für Juden Widerstand gegen den nationalsozialistischen Terror, ohne auf spätere Anerkennung zu rechnen.

Erfahrung der Retter war es, dass ihre Taten wenig öffentliche Aufmerksamkeit fanden, nachdem der nationalsozialistische Staat zusammengebrochen war, dass es lange dauerte, bis sich über den Kreis der Geretteten hinaus Interesse für sie fand. Sicherlich liegt ein Grund dafür auch darin, dass die «stillen Helden» im Gegensatz zu den Heroen des Widerstands, den Männern des 20. Juli, den Studenten der Weißen Rose, den kommunistischen Gruppen dafür stehen, dass Hilfe für die Verfolgten im Alltag möglich war, dass es Alternativen gab zum Wegschauen, zur Gleichgültigkeit, zur Hinnahme der Verfolgung anderer. Die Männer des 20. Juli 1944 wurden zu Märtyrern, die zur Sinnstiftung der westdeutschen Demokratie in Anspruch genommen werden konnten, ebenso wie der kommunistische Widerstand die DDR legitimieren half. Die Retter der Juden vergaß man, nicht nur weil sie selbst kein Aufhebens von ihren Taten machten, sondern weil ihr Engagement die Behauptung der Anspruchslosen, man habe nichts machen können gegen den Terror, als Legende entlarvt.

II Anständige Leute

Marion Neiss

BERLIN WIELANDSTRASSE 18 – EIN EHRENWERTES HAUS

Eine der Seitenstraßen des Kurfürstendammes im Berliner Stadtteil Charlottenburg ist die Wielandstraße, die man erreicht, wenn man der Kaiser-Wilhelm-Gedächtniskirche den Rücken zuwendend nach Westen geht. Einbiegend nach rechts zieht sich die Wielandstraße bis hin zur Pestalozzistraße und stößt dort mit ihrem Ende auf ein prachtvolles rotes Backsteinbauwerk, die Synagoge. Das jüdische Gotteshaus, das im neoromanischen Stil 1912 fertig gestellt wurde, bot etwa 1400 Besuchern Platz. Das Gebäude wurde in der Pogromnacht nur wenig beschädigt, da die Feuerwehr nach der Brandlegung recht schnell am Ort war um zu löschen. Nicht etwa, weil ihr die Synagoge am Herzen lag, sondern das Feuer drohte auf die anliegenden Wohnhäuser überzugreifen.

Das nur einige Gehminuten von der Synagoge entfernte Wohnhaus Wielandstraße Nr. 18 ist ein typisches Berliner Mietshaus wilhelminischer Prägung, erbaut für eine mittel- bis großbürgerliche Klientel. Zur Straßenseite hin erstreckt sich das repräsentative Vorderhaus mit Balkonen und Loggien. Das dahinter liegende sogenannte Gartenhaus ist durch einen Seitenflügel mit dem vorderen Gebäude verbunden. Der gesamte Komplex verfügt über jeweils vier Etagen und wurde 1906 fertig gestellt. Die etwa 20 Wohnungen mit jeweils sechs bis acht Zimmern wurden rasch belegt. Die ersten Mieter, der Kaufmann Siegfried Wolffheim, nebst Gattin Franziska und den Kindern Hans und Fritz, bezogen am 20. März 1906 die erste Etage des Gartenhauses. Zwei Tage später folgte der Kaufmann Richard Boas mit Ehefrau Johanna und dem Pflegekind Irma Lewin, die sich in der zweiten Etage des Vorderhauses niederließen, sowie der Konsul Hermann Plaut mit Gattin Clara und den Kindern Gertrud und Erna. Zwei Tage später bezog

Johanna Hirschfeld, eine 70-jährige Witwe, deren Ehemann sie – wie man annehmen darf – nicht unvermögend zurückgelassen hatte, in die Hochparterrewohnung im Gartenhaus. Bis zum Oktober 1906 wurden nun alle Wohnungen des Hauses mit solventen Mietern belegt. Die Nachbarn der Witwe Hirschfeld, der Kaufleute Wolffheim und Boas und des Konsuls Plaut, waren u.a. der Arzt Heinrich Brat, der Justizrat Julian Jacobsohn, der Ingenieur Pantböhm, die Kaufleute Bernhard Lewy und Martin Labandter, der Apotheker Paul Hubert und auch der Schauspieler Bruno Ziener.

Aufgrund zweier erhaltener Hausmeldebücher des Gebäudes sind alle Zuzüge und Wegzüge der Mieter dokumentiert. Diese Meldebücher enthalten neben den üblichen Eintragungen der Vor- und Zunamen der Mieter auch Geburtsdaten und die Daten des Einzuges sowie den Termin des Auszuges mit der neuen Adresse. Sowohl die Berufe der Haushaltsvorstände wurden eingetragen, als auch die Lage ihrer Wohnung inklusive eventueller Untermietsverhältnisse, sowie die Staatsangehörigkeit – aber auch die Religionszugehörigkeit jeder einzelnen Person jedes Haushaltes. Sieht man sich die konfessionelle Verteilung der einzelnen Mietparteien bei der Erstbelegung des Hauses an, so gehörten sechs Haushaltungen der protestantischen und 13 Familien der jüdischen Religion an, lediglich eine Mietpartei bekannte sich zur katholischen Konfession. Bis zum Jahre 1919 bleibt dieses Verhältnis ähnlich. Von den zwischen 1906 und 1919 insgesamt 59 eingetragenen Mietparteien waren 19 protestantisch, eine katholisch und 36 jüdisch.

Das Haus Wielandstr. 18 von der Straßenseite, 1985

Unter den Mietern dieses Zeitraums (also von 1906 bis 1919) war auch die Witwe Gertrud Joel mit ihrer 29-jährigen Tochter Lotte und ihrem 18-jährigen Sohn Ernst. Ernst Joel war ein überzeugter Kriegsgegner, der 1915 das pazifistische Journal «Der Aufbruch» herausgab, was schließlich zu seiner Verweisung von der Berliner Universität führte. Sein Medizinstudium setzte er in Heidelberg fort und kehrte Anfang der 20er Jahre nach Berlin zurück. Hier spezialisierte sich Joel auf Suchtkrankheiten und gehörte zu den Pionieren der Erforschung der Auswirkungen von Rauschmitteln auf Körper und Seele. Seine Arbeiten über die Behandlung von Suchtkrankheiten wie Alkoholismus, Morphiumismus und Kokainismus gehören noch heute zu den Grundlagen der Drogenforschung und in einer 1926 erschienenen Publikation fragte er: «Ist in Deutschland der Anbau von indischem Hanf notwendig?» Eine Frage, die noch heute kontrovers diskutiert wird. 1929, erst 36-jährig, starb Ernst Joel in Berlin, seine Schwester Lotte wurde im April 1943 nach Auschwitz deportiert, zur Zeit ihrer Deportation lebte sie nicht mehr in der Wielandstraße, Joels hatten das Haus bereits 1916 verlassen.

Im Meldebuch als Mieter eingetragen ist auch das Ehepaar Fritz Schönthal mit Ehefrau Ida und den Kindern Ruth und Hans-Peter. In welchem Jahr die Schönthals in das Haus zogen, war wegen des fehlenden Einzugsdatums nicht festzustellen, notiert wurde lediglich das Datum des Auszuges, der 15. März 1939. Als neue Adresse wurde Stockholm, Tegnergatan 13, angegeben. Von dort aus emigrierte die Familie über Russland, Japan und Mexiko in die Vereinigten Staaten. Die Tochter Ruth , die bereits in Berlin am Sternschen Konservatorium Klavierunterricht erhielt, begegnete in Amerika Paul Hindemith, der sie in seine Kompositionsklasse an der Yale University nach New York holte. Ruth Schönthal gehört heute zu den berühmtesten Komponistinnen des 20. Jahrhunderts und lebt in New York.

Die Eintragungen im Meldebuch für die Wielandstraße 18 enden mit dem Einzug des Rechtsanwalts Arthur Cohnreich mit Ehefrau am 25. März 1919. Bis zum 1. April 1933 liegen keine weiteren Eintragungen über Neueinzüge vor. Die Meldevorschriften waren während der Weimarer Republik insofern gelockert worden, dass kein Hausmeldebuch mehr geführt werden musste. Dies änderte sich 1933 mit der Polizeiverordnung vom 22. April, die festlegte, dass nun wieder ein Meldebuch durch den Hauswirt geführt werden musste. Mit der Eintragung des Kaufmanns Otto Jourdan nebst Ehefrau und Köchin werden nun wieder kontinuierlich alle Ein- und Auszüge registriert. Ab Mitte der 30er-Jahre verschiebt sich das religiöse Verhältnis zwischen Juden und Christen zugunsten der Letzteren, bzw. es fällt auf, dass häufiger versäumt wurde, diese Sparte auszufüllen. Wir wissen nicht, ob aus Absicht oder Nachlässigkeit. Über den Inhaber des Hauses lässt sich auch nur wenig sagen. Fest steht, dass ein gewisser Kaufmann K. Braginski, ein angeblich polnischer Jude, bis 1938 in den Berliner Adressbüchern als Hausbesitzer ausgewiesen ist, für das Jahr 1941 und folgende werden die Krüger´schen Erben angegeben, vermutlich eine Erbengemeinschaft.

Am 1. Oktober 1935 zieht Otto Jogmin[1] nebst Ehefrau Margarete und der neunjährigen Pflegetochter Vera Thorn in das Haus ein und übernimmt die Stelle des Portiers und Hauswarts. Hausmeister sind in der Regel nicht beliebt, sie gelten meist als überpingelig, besserwisserisch und herrschsüchtig, legen Wert auf absolute Ordnung, und ihr vorauseilender Gehorsam gegenüber den Ordnungsbehörden hat ihnen während der Zeit des Nationalsozialismus oftmals das Amt eines Blockwartes[2] eingebracht. Bei dem Hauswart Otto Jogmin verhält sich die Sache vollkommen anders.

Otto Jogmin, 1894 in Berlin-Schöneberg geboren, wuchs mit sieben Geschwistern in recht armen Verhältnissen auf. Der Verdienst des Vaters, der als städtischer Gärtner arbeitete, reichte für die zehnköpfige Familie nicht aus und so war die Mutter gezwungen, einen kleinen Kohlenhandel zu führen, wobei ihr der Sohn Otto bei der Auslieferung mit einem Handwagen half. Nach acht Volksschuljahren fand der Junge eine Anstellung bei der Firma Siemens, aus der er jedoch 1913 entlassen wurde. 1914 als Soldat eingezogen, kehrte er 1920 aus der Gefangenschaft wieder nach Berlin zurück, fand hier jedoch keinerlei Arbeitsmöglichkeiten und versuchte sein Glück auf den Werften in Hamburg und Bremen, bis er Ende der 20er-Jahre auch dort wieder entlassen wurde. Zurückgekehrt nach Berlin hält er sich mit kurzfristigen Beschäftigungsverhält-

nissen über Wasser, bis er die Anstellung als Hauswart in der Wielandstraße schließlich 1935 erhält. Otto Jogmin war – nach seinen Aussagen – politisch nicht engagiert, die Arbeiterbewegung hat ihn nicht interessiert. Er war, wie er erzählte, viel zu sehr mit der Suche nach Verdienstmöglichkeiten beschäftigt und – er betonte es, als ich ihn 1988 (er war im Alter von 94 Jahren) interviewte: «... das war gut so, sonst wären wir hier doch gar nicht durchgekommen.»
Otto Jogmin bezog mit Frau und Tochter eine kleine Eineinhalb-Zimmerwohnung im Parterre des Gartenhauses. Er musste alle anfallenden Arbeiten im Wohnhaus verrichten. Dadurch stellte sich der Kontakt mit den Mietern recht rasch ein und seine distanzierte Haltung zum Nationalsozialismus blieb diesen nicht verborgen. Eine ehemalige Hausbewohnerin, Eva Wulff[3], damals etwa 13 Jahre alt, bestätigte, dass Jogmin keinen Hehl aus seiner Gesinnung machte, aber er trat auch nicht offen gegen die Nationalsozialisten auf. Jogmin schilderte die damalige Atmosphäre mit den Worten: «Je mehr die Judengesetze sich dann verschärften, in dem Maße wurden natürlich die Leute nervöser und suchten nach Auswegen. Besonders eben die Juden, die keine Möglichkeiten hatten, irgendwo unterzutauchen oder unterstützt zu werden. Es gab ja welche, die weg konnten, aber es gab eben auch welche, ganz armselige Juden, die nichts hatten und auch nicht wußten, wohin». Diejenigen Mieter der Wielandstraße, die die Möglichkeit hatten zu emigrieren, verließen Berlin zwischen 1937 und 1941. Mindestens 26 Personen des Hauses Wielandstraße 18 gelang es bis 1941, nach Übersee, Palästina, England oder nach Skandinavien zu entkommen.

Otto Jogmin, 1984

Viele der im Haus lebenden Juden hatten jedoch keine Möglichkeiten ins Ausland zu gehen; oder aber sie erkannten die gefährliche Situation nicht und hofften auf ein baldiges Ende des Regimes.

Hinterhof und Gartenhaus der Wielandstr. 18, um 1955

Bereits 1936 hatte Otto Jogmin auch eine Teilhauswartsstelle im Nachbargebäude Nr. 17 übernommen, er war hier für die Wartung der Heizung zuständig. Auch in diesem Haus wohnten in der Mehrzahl jüdische Mieter; bald wurde es zum so genannten Judenhaus gemacht, in das man die Juden zwangsweise umsetzte und aus welchem man sie zum Zwecke der Deportation nach Osten wieder herausholte.

Als Otto Jogmin im April seine Stelle antritt, scheint die Mieterstruktur des Hauses – Juden und Nichtjuden – etwa 50 zu 50 gewesen zu sein, aber schon zwei Jahre später – 1937 – emigrierten die ersten Mieter des Hauses. Einige Bemerkungen zum Mieterschutz für Juden: Am 23. Dezember 1938 erging eine Anordnung, dass zwar der Mieterschutz für Juden bestehen bleibe, aber die Zusammenlegung von Juden in einem Haus erwünscht sei. Bereits vier Monate später, am 30. April 1939, trat ein Gesetz in Kraft, das besagte: «Juden genießen gegenüber einem nicht-jüdischen Vermieter keinen gesetzlichen Mieterschutz, wenn der Vermieter durch eine Bescheinigung der Gemeindebehörde nachweist, daß die anderweitige Unterbringung des Mieters gesichert ist». Dies wurde durch einen Runderlass vom 4. Mai 1939 untermauert, in dem festgestellt wurde: «Soweit erforderlich, kann der den Juden zur Verfügung zu stellende Raum eingeengt werden, insbesondere durch Unterbringung mehrerer jüdischer Familien in den von Juden bewohnten größeren Wohnungen». Schließlich erfolgte mit der Verordnung vom 24. Juni 1939 die Aufhebung des Mieterschutzes für Juden, denn «die Vorschriften der Kündigungsschutzverordnung vom 19.4.1939 gelten nicht für Mietverträge, bei denen ein Mieter Jude ist». Vermutlich waren die Bewohner des Hauses Wielandstraße 17 alles so genannte Umsetzmieter, denn nach der Erinnerung von Herrn Jogmin lebten im Nachbarhaus ausschließlich Juden.

Die jüdischen Mieter beider Häuser begannen bald nach der «Kristallnacht» sich ratsuchend an Otto Jogmin zu wenden – sei es, dass sie ihn um Lebens- oder Arzneimittel baten, sei es, dass sie gefährdete Freunde und Familienmitglieder bei sich in der Wohnung aufnehmen wollten. Jogmin akzeptierte diese Bitten um längeren oder kurzfristigen Unterschlupf, mitunter registrierte er zwar die neuen Mieter im Mieterbuch, unterließ es jedoch häufig, ihre Religionszugehörigkeit zu vermerken.

Als sich die Situation für die Juden in Berlin immer mehr verschärfte und die Deportationen begannen, reichte es nicht mehr aus, die gefährdeten Juden mit Lebensmittelrationen und Medikamenten zu versorgen oder mit stiller Akzeptanz die Unterschlupf Suchenden in den Wohnungen gewähren zu lassen. Otto Jogmin fing nun an aktiv zu werden. Es begann damit, dass er, als er abends die Haustür verschließen wollte, eine ihm völlig fremde Frau buchstäblich von der Straße mit in seine Wohnung nahm. Er schildert dies folgendermaßen: «Die hab ich da aufgegabelt. Die patrouillierte da immer so hin und her vor der Haustür. Hat sich wohl nicht hereingetraut, denn es hatte sich ja rumgesprochen, wie ich eingestellt war, nicht wahr. Da war mit einem Mal diese Frau da und hat sich nicht reingetraut. Hab ich sie aufgegabelt vor der Haustür. Da habe ich sie gefragt und so weiter, und da hatte sie keine Bleibe. Sie war ausgerissen aus einer Pension, in der sie wohnte, als die Gestapo gekommen war und die Juden dort verhaftet hat, da ist sie eben geflüchtet. Sie hat sich retten können, durch den Hinterausgang ist sie weggelaufen. Sie hatte wohl eben kein Unterkommen und da habe ich sie den Abend aufgegabelt. Natürlich.«

Die Frau, die er im Winter 1942 buchstäblich auf der Straße aufgelesen hatte, war Margarete Asch, zum Zeitpunkt des Zusammentreffens mit Jogmin war sie fast 60 Jahre alt. Er nahm sie mit in seine Portierloge und dort blieb sie – dreieinhalb Jahre. Vor den Hausbewohnern stellte er sie als Frau Lehmann vor und gab an, sie sei seine Tante. Die jüdischen Hausbewohner ahnten sicherlich etwas, die nichtjüdischen Mieter des Hauses dachten sich ihren Teil und schwiegen. Bis auf eine Mietpartei, deren Verhalten im Folgenden noch dargestellt wird. Doch auch Margarete Asch hatte Familie, sie hatte Freunde, die in der gleichen Not waren wie sie. Es waren ihre Schwester, nebst Ehemann, das Ehepaar Lieban wie auch deren Schwägerin Frieda Wandel und eine Freundin, die bald in das Haus einzogen.

Otto Jogmin ist ein ehrlicher Mensch, dem niemals in den Sinn gekommen wäre, etwas Verbotenes zu tun. Diebstahl, Betrügereien, illegale Geschäfte oder schwerwiegendere kriminelle Unternehmungen erschienen ihm ebenso fremd wie z. B. die Vorstellung, dass er, der Arbeiter Otto Jogmin, etwa Beamter sein könne, Oberpostrat oder dergleichen. Doch die Umstände zwangen ihn dazu, dass er nun anfing, strafbare Handlungen zu begehen. Es hatte mit der falschen Tante Lehmann begonnen, und beim Einzug der Liebans ging er schon einen Schritt weiter, in dem er sie in das Mieterbuch im Februar 1944 als Herrn und Frau Lüdeke, beide der evangelischen Glaubensgemeinschaft angehörig, eintrug. Als bisherigen Wohnort vermerkte er ein Haus in einer benachbarten Straße, das durch Bomben zerstört war. Zuvor – so berichtete er im Interview – hatte er sich genau kundig gemacht, welche Häuser in der Nähe einen solchen Totalschaden erlitten hatten, damit seine Behauptung Hand und Fuß hatte. Damit war die Lawine ins Rollen gebracht. Vermutlich durch Mundpropaganda setzte nun ein Schneeballsystem ein. Immer mehr Menschen fragten Otto Jogmin um Hilfe, baten um Unterschlupf, für eine Nacht, zwei Tage, zwei Wochen oder länger. Otto Jogmins Frau und Pflegetochter waren schon ins Mecklenburgische Gebiet vor den Bomben geflüchtet, sie konnten somit durch seine Aktionen nicht in Gefahr gebracht werden.

Mauerdurchbruch im Keller der Wielandstr. 18, 1985

Die jüdischen Familien im Haus, die ihren Freunden und Verwandten halfen und sie in ihre Wohnungen aufnahmen, ließ er gewähren. Aber es gab Menschen, die einfach auf ihn zukamen und ihn direkt ansprachen. Wohin mit diesen Menschen? In einigen verlassenen Wohnungen – deren Mieter ebenfalls vor den Bomben aufs Land geflüchtet waren – brachte er tage- und wochenweise Juden unter, die von der Deportation bedroht waren. Noch 50 Jahre später erheitert ihn die Erinnerung daran, dass er in der Wohnung eines Wehrmachtsgenerals Juden versteckt hatte, oder waren es die zwei jungen russischen Zwangsarbeiter, die von ihrer Arbeitsstelle entlaufen waren? So genau kann sich Otto Jogmin, nunmehr über 90 Jahre alt, doch nicht mehr so recht erinnern.

Für die vielen, die um Unterschlupf baten, reichten die Wohnungen nicht mehr aus. Nun kam Otto Jogmin der Umstand zur Hilfe, dass er für das Heizungssystem des Nachbarhauses verantwortlich war und somit über zwei großräumige Kelleranlagen verfügte. Kurzerhand verwandelte er die Kellerräume des Hauses Nummer 18 in einigermaßen brauchbare Wohnräume. Er bereitete die kleineren Seitenkeller als Unterkünfte vor, indem er die Böden mit Teppichen bedeckte, notdürftig elektrisches Licht verlegte und eine Toilettenmöglichkeit installierte. Um die Kellerfluchten beider Häuser untereinander zu verbinden, brach er die Mauer

durch, damit die Versteckten im Falle einer Razzia hindurch kriechen und über die Kellerräume des Nachbarhauses ins Freie gelangen konnten. Diese damals notwendige bauliche Maßnahme macht ihm 50 Jahre später noch Sorgen und er erzählte: «Sie können noch die Keller sehen, wo ich die Mauerdurchbrüche gemacht habe, was ich eigentlich gar nicht durfte, durch die Tragemauern durch. Wo ich mich durchgebuddelt habe. Jetzt hab ich sie auch nur notdürftig zugemacht. Ich hätte das eigentlich melden müssen, daß ich die nur mit Steinen wieder zugefüllt habe, damit der Flügel bloß nicht einfällt. Ich hab das gemacht, damit wir immer durchkrauchen konnten, einen Fluchtweg hatten». Die notdürftige Schließung des Mauerdurchbruches hat allem Anschein nach nicht lange gehalten. Fotografien aus dem Jahre 1985 zeigen noch ganz deutlich die Fluchtausgänge.

In diesen Kellern beherbergte Otto Jogmin sehr viele Menschen, wie viele es damals waren, weiß er nicht, denn dieses Versteck sprach sich herum und es funktionierte. Seine Mahnungen an die Verborgenen, sich vorwiegend im Keller aufzuhalten und nicht hinauszugehen, höchstens mal am Abend, um frische Luft zu schnappen, wurden nicht immer befolgt. Mindestens einer seiner ständigen illegalen Kellerbewohner, Ernst Neugebauer, wurde unvorsichtig und verließ immer öfter diesen Unterschlupf, bis er schließlich aufgegriffen und am 29. Januar 1943 nach Auschwitz deportiert wurde.

Die Menschen, die in den Kellern und z.T. auch in den Wohnungen lebten, mussten auch beköstigt werden. Die Untergetauchten verfügten über keinerlei Lebensmittelkarten, und die Karten der legalen Mieter reichten oft nicht für die Verpflegung der Untermieter. Jogmin musste sich nun auch um Lebensmittel bemühen. Regelmäßig fuhr er in einen kleinen mecklenburgischen Ort und holte von einem befreundeten Schäfer Schafskäse oder auch Hammelspeck. Jogmin erinnert sich: «Ich bin dann immer requirieren gefahren, immer nach Mecklenburg und habe Lebensmittel besorgt, aber alle satt machen konnte ich ja nicht. Unmöglich, so viel Geld hatte ich ja nicht. Den Schäfer, den habe ich bekniet, den hab ich am Kragen gehabt, den hab ich bedrängt, daß er was rausrücken soll. Vor allen Dingen hatte ich nachher, weil es da brenzlig wurde, da konnte ich nicht mehr nach Mecklenburg fahren, da habe ich dann meine Briefmarkensammlung verkauft und alles, was ich noch hatte – ja, ich hatte eine Briefmarkensammlung –, die habe ich dann verkauft, und dann bin ich nach Staaken raus gefahren, da war der Bruder von dem Schäfer, von dem ließ ich mir einen Sack Mehl schroten, mahlen, also roh, damit wir wenigstens noch was zu Essen hatten.»

Hilfe – jedoch nur für kurze Zeit – erhielt Otto Jogmin von einem ihm unbekannten Menschen. Es war Dr. Tiedjen, Direktor oder Abteilungsleiter des Schuhhauses Leiser in Berlin. Die Vermutung liegt nahe, dass Dr. Tiedjen mit einer jüdischen Hausbewohnerin befreundet war und so über das Schicksal der Menschen im Hause Bescheid wusste. Nach den Erinnerungen von Otto Jogmin nahm Dr. Tiedjen ihm einige Untergetauchte ab und brachte sie aufs Land in Sicherheit. Unter anderem war dies die dreiköpfige Familie Heinemann, die nach dem Krieg in die USA auswanderte. Doch Dr. Tiedjen verstarb bereits 1943 und Otto Jogmin musste sich nun ganz auf die Sympathie und Verschwiegenheit seiner Mieter verlassen.

Die Gefahr kam von einer Seite, von der es Otto Jogmin nicht vermutet hätte. Im Februar 1945 erscheint ein Polizist bei ihm und Frau Asch, die er damals im Winter 1942 in seine Wohnung genommen und als Frau Lehmann vorgestellt hatte. Der Polizist sagt Jogmin auf den Kopf zu, er würde eine Jüdin verstecken, was dieser entrüstet abstreitet. Daraufhin zieht der Polizist einen Zettel aus der Tasche, den er ihm vorliest: «Der Hauswart Otto Jogmin, Charlottenburg, Wielandstraße 18, hält seit Jahren viele Juden in dem Haus versteckt, darunter auch seit über drei Jahren eine Jüdin unter dem Namen Frau Lehmann.» Jogmin tritt gegenüber dem Polizisten äußerst selbstbewusst auf, droht, den Schreiber der Zeilen, den er kenne, zu verklagen und verunsichert so den Polizisten. Die Sache geht glimpflich aus, der Polizist verlässt die Wohnung. Doch Adalbert und Antonie Lieban, die unter dem Namen Lüdeke im Hause wohnten, hatten ein halbes Jahr zuvor weniger Glück. Das war im Sommer 1944. Otto Jogmin war an diesem Tag in Sachen Lebensmittelbeschaffung unterwegs, als das Ehepaar verhaftet und nach Theresienstadt deportiert wurde. Schon damals vermutete

Jogmin eine Denunziation hinter dieser Verhaftung. «Also, was ich jetzt sage, ist eine ganz scharfe Vermutung, aber im Laufe der Zeit sieht und hört man viel, so daß es gar keine andere Möglichkeit gibt, wer das gewesen ist, wer sie denunziert hat. Ich hatte mich damals auf die Strümpfe gemacht, bin nach Mecklenburg gefahren, dort ein paar Lebensmittel zu holen. Und als ich wiederkam, waren die verhaftet. Und wer das gewesen ist (er meint die Denunziation), das ist die Ellen Großcurt gewesen. Das ist die Halbjüdin gewesen, die mit einem SS-Mann verheiratet war, die mußte sich aber scheiden lassen, mußte geschieden werden. Also lebte sie dann, als ihr Vater, der Jude, gestorben war, lebte sie mit der Mutter allein. Obwohl sie einen jüdischen Vater gehabt hat, hat sie sich von allem losgesagt, also sie hat sich so furchtbar gehässig geäußert auch über die Juden.» Der Vater der Ellen Großcurt, Kurt Bendix, hatte seinem Leben im März 1942 ein Ende gesetzt. Warum Ellen Großcurt das Ehepaar Lieban denunziert hatte, ob die Vermutung Otto Jogmin, die auch von Eva Wulff geäußert wurde, überhaupt den Tatsachen entspricht, bleibt unaufgeklärt. War es der Hass auf den Vater, aufgrund dessen jüdischer Herkunft ihre Ehe geschieden wurde und sie somit die Schuld an ihrem Schicksal allen Juden anlastete? Oder wollte sie nun auch einmal Macht ausüben und das Leben anderer Menschen beeinflussen? Nach Aussage von Eva Wulff war Ellen Großkurt auch für den Tod der nichtjüdischen Mieterin Frau Michalke verantwortlich. Beim Eintreffen der Roten Armee bezichtigte Ellen Großkurt diese als SS-Angehörige und Frau Michalke wurde sofort abgeführt. Am nächsten Tag, so die Aussage von Frau Wulff, fand man sie erschossen am Straßenrand. Albert und Antonie Lieban aber kehrten aus Theresienstadt zurück.

Die Deportationen der Juden begannen in Berlin am 18. Oktober 1941. Aus dem Haus Wielandstraße 17 ist das Ehepaar Jablonski unter den 1000 Deportierten, die man nach Lodz verbrachte. Die Erzählungen von Herrn Jogmin sind nicht immer ganz verständlich, er selbst kann sich zum Zeitpunkt des Interviews an Vieles nicht mehr erinnern, und auch seine Erklärungen sind nicht immer nachvollziehbar. So fällt auf, dass er sich an die Namen der Deportierten aus dem Nachbarhaus besser erinnern kann als an seine eigenen Schützlinge. Fest steht, dass sich die zur Deportation Aufgeforderten aus dem Haus 17 häufig an ihn wandten und ihn um Hilfe baten. So z. B. flehten drei alte Damen, Otto Jogmin möge ihnen ein neues Türschloss einbauen, damit die Gestapo die Wohnung nicht öffnen könne. Vermutlich handelte es sich um die drei Schwestern Wunderlich, die im August 1942 nach Riga transportiert wurden. Andere baten ihn inständig, er möge dafür sorgen, dass ihnen die Rente nach Osten nachgeschickt werde, wieder ein anderer, ein Apotheker, bat Herrn Jogmin, seine Apothekenschränke in Wellpappe einzupacken, damit diese nicht beschädigt würden, denn wenn er wieder zurückkomme, wolle er sie wieder verwenden. Otto Jogmin wusste, dass sich die Menschen an einen Strohhalm klammerten, denn ihm war klar «daß da keiner mehr wiederkommt. Das war doch denen ihre (Nationalsozialisten) Gesinnung, ihre, ihre ganze Gesinnung von Anfang an. Ich habe überhaupt nie anders gedacht, nie, nie.»

Zum Teil begleitete Jogmin die Unglücklichen bis zum Berliner Sammellager und transportierte das bisschen Habe, das ihnen erlaubt war mitzunehmen, auf einem Karren. Jogmin erinnert sich, wie er einen kranken, 90-jährigen Mann zur Sammelstelle begleitete: «Da habe ich mit dem Handwagen die Sachen weggebracht und zwar zur Synagoge in die Levetzowstraße. Da sollte er hinkommen. Nun mussten wir aber erst zum Polizeirevier, und das war eine Hundekälte, ich glaube es war um die 20 Grad Kälte. Nun immer die kleinen Schritte, denn er war krank, der hatte irgendetwas mit der Blase, er blieb alle zehn Schritte stehen, und machte sich da aus am Baum. Und das ging und ging nicht voran. Wir sind um sieben Uhr morgens losgegangen und sind nachts um zwei an der Synagoge angekommen. Da passiert mir folgendes, die Synagoge hatte zwei Eingänge. Einen von vorne und einen um die Ecke herum. Ich habe ihm die Sachen reintragen helfen. Es war ein ungeheuer starker Nebel, so stark war der Nebel, daß er bis vor der Haustür war, daß man also nicht drei Schritte von der Haustür sehen konnte, keine drei Schritte. Da habe ich ihm die Sachen reingetragen und an den Eingängen, da war die Gestapo postiert. Und wo ich wieder rauskomme, sagt ein Gestapo-Mann ‹halt, Männeken, sie kommen hier nicht raus, wo wollen sie denn hin?› Die wollten mich nicht rauslassen. Ich denke, das ist ja nun richtig! Jetzt sitze ich hier die Nacht noch. Die wollen mich nicht rauslassen. Da bin ich auf den anderen Ausgang zugegangen, und da ging gerade ein Gestapomann zum anderen, um sich zu unterhalten. Da bin ich mit einem Satz die vier Stufen runtergesprungen und war im Nebel verschwunden.»

In einem anderen Fall saßen die Juden des Hauses Wielandstraße 17 bereits auf einem Lastwagen, der sie in das Sammellager bringen sollte. Jogmin erinnert sich an das alte Ehepaar, dessen Tochter auf der Straße verhaftet und vermutlich deportiert wurde. «Ja und von dieser Familie, die hatten diese eine Tochter, wie ich eben sagte, auf der Straße verhaftet, verschwunden und nie mehr wieder aufgetaucht. Und dann kriegten die (die Eltern) die Nachricht, daß sie abgeholt werden. Und da fuhr eines Tages der Wagen vor und wollte die zwei abholen, also ihm und ihr. Ich war gerade draußen vor der Tür und da steht der Wagen und oben auf dem Wagen waren schon mehrere Personen. Und der eine Mann der da drauf war, den kannte ich, er war ein alter Mann, schon in den 80ern. ‹Lieber Herr Jogmin›, sagt der, ‹würden Sie nicht mal so gut sein und raufgehen, ich habe doch in der Eile, wo ich von der Gestapo hier geholt bin, in der Eile hab ich doch den dünnen Mantel angezogen, und mir ist doch so kalt, ich friere doch so. Und der Herr von der Gestapo ist doch gerade oben.› Da bin ich raufgeflitzt, zwei Treppen, und wie ich oben ankomme steht der Mann von der Gestapo da und will gerade abschließen. Ich spreche ihn an und sage, er soll entschuldigen, aber der alte Herr da unten, der friert so, der hat doch in seiner Eile bloß seinen Sommermantel genommen und er friert, ihm ist so kalt. Er hat gesagt, hier auf dem Korridor hängt sein dicker Mantel. Wo ich ihm das sage, da sagt er: ‹Wat, der alte Scheißer, der lebt sowieso nicht mehr lange, der braucht keinen Mantel mehr.› Damit war ich abgeblitzt. Bin ich runter gegangen, habe gesagt, es tut mir leid, Herr Posner, es tut mir leid, der Mann von der Gestapo hat nicht mehr aufgemacht. Konnte ihn nicht mehr kriegen.› Dann sind sie weggefahren.»

Vermutlich handelte es sich um den etwa 80-jährigen William Posner, der am 3. Oktober 1942 aus der Wielandstraße 17 nach Theresienstadt deportiert wurde und am 11. Januar 1943 dort starb.

Wie viele Menschen letztlich durch Otto Jogmin gerettet wurden, ist nicht mehr festzustellen. Viele von denen, die emigrieren konnten, nahmen nach dem Krieg wieder Kontakt mit ihrem ehemaligen Hauswart auf, schickten ihm Briefe aus Schweden, Frankreich, Brasilien, Israel und auch Care-Pakete aus Amerika und Dänemark. Als Otto Jogmin gefragt wurde, warum er sich mit seiner Hilfstätigkeit in Gefahr begeben hat und warum er sich entschloss, den verfolgten Menschen zu helfen, suchte er nach einer Antwort: «Ich weiß nicht, es gab ja keine Entschließung, es gab ja überhaupt gar nichts was – wo ich fragen konnte, ob das Recht ist oder Unrecht. Das gab's ja nicht. Ich war der einzige, der helfen konnte. Und da ich von zu Hause aus – meine Mutter so ein Mensch war, der mitleidig war, nicht wahr, da konnte ich einfach nicht anders, es ging nicht, es ging nicht anders. Ich hab auch gar nicht überlegt, denn wenn ich ehrlich überlegt hätte, hätte ich vieles überhaupt nicht gemacht.» Auf die nächste Frage, ob er jemals daran gedacht habe, einfach aufzuhören und die Menschen ihrem Schicksal zu überlassen, antwortete er: «Nein, da habe ich überhaupt nicht daran gedacht. Nein, ich saß ja drinne und konnte ja gar nicht raus. Ich konnte ja nicht. Wo sollte ich hin? Erstens mal, ich hatte da meinen Arbeitsplatz. Ich war auf den angewiesen, nicht wahr, weil ich da auch mein Essen und mein Brot verdiente. Ich konnte ja gar nicht anders. Nein, nein, nein, ausweichen war da nicht, gar nicht dran zu denken. Ausweichen gab es nicht! Vogel friss oder stirb. Eins von die beiden.»

In den Briefen nach 1945 fragen die Geretteten Otto Jogmin oft auch nach dem Verbleib anderer Mieter oder machen ihm Mitteilung, wohin es die Emigranten verschlagen hat und in welchem gesundheitlichen Zustand sie sich befinden. Die Briefe dienten vermutlich auch dazu, Otto Jogmin ein wenig für die geopferte Briefmarkensammlung zu entschädigen, nicht zuletzt aber, um ihm für seine Solidarität und Unterstützung zu danken.

«Mein lieber Herr Jogmin,

Wie müssen Ihnen die Ohren klingen!? Kein Tag vergeht, an dem wir nicht von Ihnen sprechen und Sie sind mir so lebendig vor Augen, daß es wie gestern scheint. Und dabei sind es drei Jahre – in denen so Unendliches geschehen – daß man es nicht in Worte fassen kann.

Erinnern Sie sich noch an meinen festen Glauben in einem $^1/_2$ Jahr wieder zurück zu sein, zwar nach einem verlorenen Krieg, das war uns beiden ja immer klar, mit allen Schrecken – aber doch zurück. – Wie hat man doch die Jahre vorher von Tag zu Tag in dem Glauben gelebt, daß all das Schreckliche schnell vorbei sein würde – und immer haben wir uns getäuscht. – So auch das letzte Mal! Nun hoffe ich aber durch die dän.(ische) Gesandtschaft das Visum zu erhalten – um irgendwann in diesem Jahre mit meiner Schwester für kurze Zeit nach Berlin zu kommen, um meine Freunde wiederzusehen und einige Angelegenheiten zu erledigen. – Bleiben Sie mir gesund, lieber Herr Jogmin, ich freue mich auf unser Wiedersehen. Wie geht es Ihrer Frau, Frau Wulff, Eva, Schöndubes? – Ich habe so selten geschrieben – die Emigration ist so schwer – aber immer an Sie gedacht. – Es tat mir damals so entsetzlich leid, daß die Pakete verloren gegangen sind, wie ja leider die meisten von hier. – Aber jetzt sind neue von uns beiden unterwegs, hoffentlich erreichen sie endlich ihr Ziel.- Haben Sie noch Dank für alles, alles! – Sie glauben nicht, lieber Herr Jogmin, wie ich Sie in dieser ganzen schweren Zeit geliebt und bewundert habe! Gehörten Sie doch zu den ganz, ganz wenigen, die von Anfang bis Ende ihre schöne aufrechte Haltung behalten, und nie verzagt haben! – Was das bedeutet hat in dieser Zeit, weiß jeder von uns – und niemals will ich es vergessen.

Viele herzliche Grüße für die Obengenannten, für Sie ganz besonders viele und liebe. Alle, alle guten Wünsche. Stets Ihre Else Rasmussen.»

Else Rasmussen schrieb diesen Brief im Juli 1946 aus Stockholm. Der Adressat war zu diesem Zeitpunkt 56 Jahre alt und noch immer Hausmeister des Wohnhauses in der Wielandstr. 18; er blieb es bis zum Jahr 1957. Nach 22 Jahren dieser Tätigkeit wurde er 1957 arbeitsunfähig. Er verließ das Haus und lebte von einer kleinen Rente mit seiner Frau in einer Sozialwohnung. Otto Jogmin wurde 1958 für seine Hilfeleistung im Rahmen der Aktion «Unbesungene Helden» vom Senat der Stadt Berlin mit einer Urkunde geehrt.[4] Otto Jogmin starb am 5. Juni 1989.

Cornelia Schmalz-Jacobsen

Donata und Eberhard Helmrich, zwei Helfer ohne Eigennutz

«Die Unterzeichneten haben Herrn Eberhard Helmrich in den Jahren 1941 bis 1944 in Drohobycz (Galizien) gut gekannt, als Herr Helmrich dort als Gebietslandwirt und Ernährungsamtsleiter wirkte. Sie bezeugen, daß in einer Zeit der Unmenschlichkeit und des grausamsten Terrors, Herr Helmrich den Mut hatte, ein Mensch zu bleiben. Unter Einsatz seiner persönlichen Sicherheit und indem er sein Leben und das seiner Angehörigen den größten Gefahren aussetzte, half er der polnischen, ukrainischen und jüdischen Bevölkerung. Da dieser letzte Bevölkerungsteil von den Nazis ausgerottet werden sollte, richteten sich alle seine Bemühungen auf die Rettung jüdischer Männer und Frauen.»

Dieses Zitat ist einem Brief aus dem Jahr 1961 an den Westberliner Innensenator entnommen. Es heißt dort weiter: «Als es klar wurde, daß die Nazis zur ‹Endlösung der Judenfrage› schreiten würden, hatte Herr Helmrich vielen Juden zur Flucht verholfen, indem er sie zuerst in seiner Wohnung, später im Hause seiner Familie in Deutschland beherbergte, oder indem er ihnen andere Fluchtwege ermöglichte. Die neun Unterzeichneten können ohne Übertreibung sagen, daß ein großer Teil der Überlebenden aus dieser Gegend Herrn Helmrich direkt oder indirekt ihr Leben verdanken.»

‹Diese Gegend› – das war die Stadt Drohobycz und Umgebung, sechzig Kilometer von Lemberg (Lviv) entfernt, damals polnisches Gebiet, heute Teil der Ukraine, gelegen im «Generalgouvernement». Der Brief ist am 9. Juli in Paris abgeschickt. Der damalige Innensenator war Joachim Lipschitz, der eine einzigartige Initiative ins Leben gerufen hatte, um Berlinerinnen und Berliner zu finden, die während des NS-Regimes Verfolgten Hilfe geleistet hatten.

Ehemalige große Synagoge in Drohobycz

Unter etlichen weiteren Briefen, die in diesem Zusammenhang geschrieben worden waren, findet sich auch das Schreiben einer Berliner Jüdin, die durch ihren «arischen» Ehemann selber zwar geschützt war, aber aus erster Ehe eine «volljüdische» Tochter hatte. Sie führt darin aus: «Wir sprachen mit Frau Helmrich über die uns so bedrückende Sorge, und es gelang ihr, unsere Tochter illegal und unter falschem Namen, in Pommern auf dem Lande unterzubringen. Während der letzten beiden Kriegsjahre traf ich im Hause Helmrich mehrfach illegal lebende jüdische Menschen. Sie alle fanden dort Rat und Hilfe, sei es bei der Besorgung der so notwendigen Ausweise oder Lebensmittelkarten oder neuer Unterkünfte.»

Es waren nicht wenige, die sich nach dem Krieg dafür stark machten, dass ihre Retter bekannt gemacht und geehrt würden. So schrieben sie an den Berliner Senat, an die Gedenkstätte Yad Vashem in Israel, oder auch an den Bundespräsidenten. In den Archiven sind solche Briefe gesammelt worden, und die Absender-Adressen aus allen fünf Kontinenten vermitteln einen Eindruck, wohin überall in der Welt es die Flüchtlinge verschlagen hatte.

Von der deutschen Bevölkerung – in beiden Teilen des Landes –

ist die Geschichte der «normalen», der zivilen Helfer, jahrzehntelang nicht wirklich zur Kenntnis genommen worden. Vielmehr sind sie aus dem kollektiven Bewusstsein verdrängt worden. Als Ausnahme mag Oskar Schindler gelten, der durch den Hollywood-Film «Schindlers Liste» zu spätem Ruhm gelangte. Die anderen jedoch, die es in ihrem ganz unspektakulären Alltagsleben gewagt hatten zu widerstehen und zu helfen, stellten eine Anfechtung dar für alle jene, die stets an dem Mythos festgehalten haben, dass es zwischen Gehorchen und Tod keinen dritten Weg gegeben habe, keine Möglichkeit, eine Wahl zu treffen. Erst allmählich ist deutlich geworden, dass es auch in diesem Terror- und Spitzelregime einen kleinen Prozentsatz von Menschen gegeben hat, die dennoch für sich eine Wahl getroffen haben. Sie blieben immun gegen Lüge, Hetze und Drohungen und gingen einen anderen, freilich höchst riskanten Weg.

Zu ihnen gehörten Donata und Eberhard Helmrich aus Berlin.[1] Donata, Jahrgang 1900, stammte aus einem künstlerisch geprägten Elternhaus. Sie war die Tochter einer großbürgerlichen Griechin und eines Schriftstellers und späteren Theater- und Rundfunkintendanten. Aufgewachsen in Weimar, hatte sie dort ihr Lehrerinnenexamen in Englisch und Französisch abgelegt. Aus ihrer ersten Ehe hatte sie drei Kinder, und zu der Zeit, als sie Eberhard kennen lernte – es war im Jahr 1931 – ernährte sie sich und ihre Kinder als Sekretärin und Übersetzerin.

Eberhard Helmrich war ein Jahr älter als sie, er stammte aus einer eher strengen Hamburger Kaufmannsfamilie, hatte aber selber einen ganz anderen beruflichen Weg eingeschlagen. Er hatte Landwirtschaft studiert und arbeitete in den Folgejahren als Sanierer von Landgütern, die in finanziellen Schwierigkeiten steckten.

Donata Helmrich, ca. 1945/46

Das Hochzeitsdatum von Donata und Eberhard vermittelt gleichsam eine Vorahnung dessen, was für diese Ehe zum Schlüssel werden sollte. Es war auf den 1. April 1933 festgelegt worden und man wollte in fröhlicher Familienrunde im feinen Café Kranzler Unter den Linden feiern. Die Hochzeit fand statt, die Feier in der Stadtmitte jedoch fiel aus – man blieb zu Hause in Neu-Westend. Just an diesem Tag begann nämlich die erste «Judenaktion» – ein antijüdischer Boykott war von der NS-Regierung inszeniert worden. Auf der Abschlusskundgebung am Nachmittag kündigte der Gauleiter Joseph Goebbels die nächsten «Maßnahmen» an, die gegen die jüdische Bevölkerung getroffen werden sollten.

Zwar hatte das junge Ehepaar seine Gegnerschaft zu Adolf Hitler nicht erst an diesem Tag entdeckt, aber beide waren der politischen Entwicklung in ihrem Land zunächst nur mit Ungläubigkeit und kopfschüttelndem Spott begegnet.

Sie lebten ein relativ einfaches Leben in einem Reihenhaus in der Charlottenburger Westendallee mit ihren drei Kindern. Ende 1934 kam das vierte, das gemeinsame Kind zur Welt. Sie mussten «rechnen», wie man so sagt, aber sie hatten stets ein offenes Haus mit vielen Freunden, auch mit vielen jüdischen Freunden. Als für diese das Leben zunehmend schwieriger wurde, haben Donata und Eberhard nicht lange nachgedacht, sondern spontan geholfen. Sie waren weder besonders politisch noch betont religiös, auch gehörten sie keinem festen Netz des Widerstands an. Sie wollten einfach normal sein in einer Zeit, in der «die Normalität baden gegangen war», wie es Donata später formulierte.

Die Hilfestellungen begannen vergleichsweise harmlos: einmal wurde ein Koffer mit wichtigem Inhalt für ein paar Tage aufbewahrt, bis ihn jemand abholte, mehrmals wurden zusammengerollte Bilder, Gold- und Schmucksachen ins Ausland geschmuggelt und dort bei Vertrauenspersonen für die eigentlichen Besitzer deponiert, die ja selber kaum mehr etwas ausführen durften. Immer häufiger half das Ehepaar seinen Freunden bei der Auswanderung, trieb Bürgen für sie auf, kümmerte sich um die lebensnotwendigen Visa und dergleichen mehr.

Am Anfang sei es einfach gewesen, berichteten beide Helmrichs nach dem Krieg – «jeder hätte es tun können». Sie gingen weiter

Eberhard Helmrich (links) mit Freunden, New York 1967

zu ihren jüdischen Ärzten, auch wenn es unerwünscht, später sogar verboten war; sie beschäftigten bewusst jüdische Handwerker, als deren Verdienstmöglichkeiten schmaler und schmaler wurden, und nachdem die Schikanen weiter zugenommen hatten, machten sie für ihre jüdischen Bekannten Besorgungen, weil diese nicht mehr in allen Geschäften und auch nicht mehr zu jeder Tageszeit einkaufen durften.

Der Spielraum für Juden war mit hohem Tempo immer drastischer eingeschränkt worden. Die «Nürnberger Rassegesetze», die am 15. September 1935 erlassen wurden, waren der sichtbare Beginn einer klaren Ausgrenzung, der jeden Juden schließlich zum rechtlosen Objekt machen sollte. (Bereits im April 1933 war Donatas Vater von seinem Intendantenposten im Westdeutschen Rundfunk fristlos gekündigt worden und erhielt Berufsverbot, weil er sich geweigert hatte, seine jüdischen Mitarbeiter zu entlassen.)

Die «Reichskristallnacht» markierte einen Wendepunkt – auch für das Leben von Donata und Eberhard. Einen Tag vor diesem streng geheim gehaltenen Termin hatte Eberhard etwas «läuten gehört». Er telefonierte zweimal kurz und forderte den jüdischen

Rechtsanwalt Samolewitz, dessen Frau und einen weiteren – ebenfalls jüdischen – Bekannten auf, rasch ein Köfferchen mit dem Nötigsten zu packen und für ein paar Tage in sein Haus zu kommen. «Alles Weitere mündlich!»

Es war das erste Mal, dass bedrohte Menschen im Haus der Helmrichs Zuflucht und Schutz fanden. Damit hatte ihre Hilfe für die Verfemten eine neue Qualität erreicht. Oder, aus einer anderen Perspektive betrachtet, sie hatten einen Trennungsstrich zur deutschen Regierung und der Mehrheit ihrer «Volksgenossen» gezogen.

Den beiden wurde bewusst, dass nunmehr die grundlegende Entscheidung zu treffen war, ob man weitermachen oder aufhören sollte. Es ging um die Frage, ob man trotz wachsender Gefahren die widerständigen Aktivitäten weiter betreiben oder still halten und das Ende des «tausendjährigen Reiches» abwarten sollte. Immerhin geriet, wer Familie hatte, in ein unauflösliches Dilemma: die Entscheidung, verfolgte Personen zu schützen, stand im Widerspruch zur Verantwortung, die eigenen Kinder nicht zu gefährden. Beides gleichzeitig war nicht zu haben, weil eines das andere ausschloss. Nach Tagen des Nachdenkens stand ihr Entschluss fest: sie würden weitermachen! «Besser, die Kinder haben tote Eltern als feige Eltern», lautete das knappe Fazit des Ehepaares Helmrich.

Was waren das für Menschen, die selbst in Grenzsituationen unkorrumpierbar blieben, die wussten, was falsch und was richtig war und den Mut aufbrachten, danach zu handeln? Es gibt kein Raster, nichts Allgemeingültiges, nichts Typisches. Stattdessen gibt es lauter verschiedene Geschichten einzelner Menschen. Donata und Eberhard waren gewiss nicht zu Helden geboren oder erzogen worden, sie wollten auch nie welche sein. Beide haben es später fast schroff abgelehnt, als «Helden» bezeichnet zu werden.

Nicht nur nach ihrer Herkunft, auch dem äußeren Erscheinungsbild nach konnten diese beiden kaum gegensätzlicher sein: Donata war klein, dunkelhaarig und temperamentvoll. Sie war blitzschnell im Denken und Handeln, maßlos tüchtig und unglaublich couragiert. Ihre vielleicht hervorstechendsten Eigenschaften waren ihre Unbestechlichkeit, sich von niemanden und durch nichts etwas vormachen zu lassen, ihr stets waches Mitgefühl sowie ihre überwältigende Großzügigkeit des Herzens. Eberhard war blond, sehr gut aussehend, ein eher stiller, sanfter Mann mit einer leisen Stimme und einem leisen Lächeln, was in gewissem Widerspruch zu seiner Größe von einem Meter vierundneunzig stand. Er verfügte dabei über eine erstaunliche Portion selbstverständlicher Autorität, und, wie sich in den Jahren im besetzten Polen herausstellen sollte, über einen unerschütterlichen Löwenmut.

Während der ersten einundzwanzig Kriegsmonate wurde der einmal eingeschlagene Weg des Ehepaares Helmrich ständig komplizierter und auch gefahrvoller. Äußerlich aber ging das Alltagsleben zunächst weiter wie vorher: Eberhard kümmerte sich um verschuldete Landgüter, Donata um Haus und Familie, zwischendurch besserte sie die Haushaltskasse durch Übersetzungen auf. Man war mehr oder weniger beieinander, der Freundeskreis war längst auf Vertrauenswürdigkeit und Verlässlichkeit überprüft. «Wir waren eine verschworene Gemeinschaft», berichtete Donata später. Zu der «Verschwörung», zu Mitwissern des politischen Geheimnisses dieses Ehepaares, zählten auch ihre Kinder. Sogar die Jüngste wurde kurz vor ihrer Einschulung im Herbst 1941 von ihrer Mutter «geimpft». Die Vorstellung, eines ihrer Kinder könnte in den Sog der nationalsozialistischen Jugendverführung geraten, war für die Eltern Helmrich ganz und gar unerträglich.

Es existiert eine Liste, die Donata Helmrich im Jahr 1946 angefertigt hat, und die die Namen von 32 Personen aufweist. Alles Menschen, die dem Ehepaar in den Nazijahren durch Freundschaft und gemeinsame Hilfsaktionen verbunden waren. Es ist auffallend, wie viele der Genannten ihrerseits von den Nazis drangsaliert worden waren – entweder weil sie in einer «Mischehe» lebten oder aus anderen Gründen. Auffallend ist auch die Unterschiedlichkeit der Lebensbezüge: Da ist der «halbjüdische» Arzt, der seinen Posten im Krankenhaus verloren hatte, eine Schauspielerin mit Auftrittsverbot, weil sie linker Umtriebe verdächtig war, die Nachbarin, die zehn Monate im Gefängnis gesessen hatte, nachdem sie wegen des Delikts «Abhören von Feindsendern» denunziert worden war. Vermerkt sind auch der unerschrockene Polsterer aus der Preußenallee, der wiederholt Menschen versteckt hatte, der Polizeiwachtmeister vom Revier 123, der «seine» Leute warnte, wenn eine Aktion bevorstand, ein zuverlässiger – kommunistischer – Briefträger, und andere mehr.

Allen gemeinsam war die tiefempfundene Ablehnung des Naziregimes sowie ihre Entschlossenheit, Bedrängten zu helfen und sich gegenseitig zu unterstützen, wann immer es nur ging. Ohne diese eindeutigen und bewussten Helfer und ohne viele andere, die wohl etwas weniger engagiert waren, aber mit Lebensmitteln, warmer Kleidung und anderem zur Erleichterung des Überlebens beitrugen – ohne ein Wurzelwerk von Helfern wäre die Situation der Gejagten noch aussichtsloser gewesen als ohnehin.

Längst nicht jeder in der unsichtbaren Kette der Helfer wusste Genaueres über die konkreten Schicksale der verfolgten Menschen und die Wege ihrer Rettung. Nichtwissen, Teilwissen oder einfach Nicht-wissen-wollen, waren Teil einer Strategie zum Schutze aller Beteiligten. «Was man nicht weiß, das kann auch niemand aus einem herausfoltern,» erklärte Donata Helmrich später einem jungen Interviewer.

Um dies deutlich zu machen, sei hier von einer Frau berichtet, über deren Geschichte – oder besser: einen kleinen Ausschnitt dieser Geschichte – Donata Helmrich nach der Befreiung in einer Tonbandaufnahme Auskunft gab.

Es muss im Winter 1943/44 gewesen sein, als die Ehefrau eines Arztes am Jüdischen Krankenhaus in Berlin ganz dringend aus der Stadt herausgebracht werden sollte – als Ziel wurde Wien angegeben. Von den Beteiligten an dieser Rettungsaktion kannte jeder nur ein Stückchen der ganzen Wahrheit. Donata Helmrich bildete ein Glied in dieser Kette, den richtigen Namen der Frau hat sie nie erfahren. Ihre Aufgabe war es, einen Zettel zu schreiben, auf dem stand: «Suche Frau zum Strümpfestopfen und Ausbessern», Unterschrift: «Viel beschäftigte Mutter», dazu ihre Adresse. Diesen Zettel brachte sie – wie verabredet – an einem bestimmten Baum, einer dicken Platane vor dem viel besuchten Postamt der Nachbarschaft an. Viele Bäume waren in dieser Zeit umlagert von Interessierten, übersät mit derlei Zetteln, gleichsam die Vorläufer der «Gesucht und Gefunden»-Rubriken in manchen Zeitungen unserer Tage. Die Arztfrau also sollte zu diesem Baum gehen und mit dem Zettel in der Hand bei Donata in der Westendallee läuten.

Die Frau kam, blieb ein paar Tage und half auch tatsächlich beim Ausbessern. Für den Fall, dass man ihr auf die Spur gekommen wäre, hatte sich Frau Helmrich bereits eine Ausrede zurechtgelegt: Sie hätte sich überrascht gezeigt und sich gerechtfertigt: wie hätte sie denn wissen sollen, dass die Frau Jüdin sei? Sie habe jemanden zum Strümpfestopfen gesucht, die Frau habe sich bei ihr gemeldet, und sie sei heilfroh darüber gewesen. «Finden Sie heute doch mal jemanden – da fragt man doch nicht erst nach dem Ausweis!» hätte sie sich im Fall des Entdecktwerdens empört. Glücklicherweise kam es nicht dazu, denn die Sache ging gut. – Schwieriger war der nächste Schritt, denn die «Hilfskraft» brauchte unbedingt Ausweispapiere. Der großzügigen Donata fiel trotz intensiven Nachdenkens nichts anderes ein, als der etwa gleichaltrigen Frau ihren eigenen Ausweis zu überlassen. Das Vorhaben war besonders heikel, weil sie dieses Dokument bereits zweimal schon als «verloren» gemeldet hatte und ein neues bei der Polizei hatte beantragen müssen. Sie wagte es trotzdem und ersann eine kleine Inszenierung.

Frau Helmrich würde während des nachmittäglichen Berufsverkehrs auf einem bestimmten Bahnsteig im belebten Bahnhof Friedrichstraße in ihrer Handtasche kramen, dabei wie aus Versehen ihren Ausweis fallen lassen und so, als hätte sie nichts bemerkt, weitergehen. Die Arztfrau sollte währenddessen bereitstehen, den Ausweis aufheben und in einer anderen Richtung davongehen. So geschah es. Nachdem eine angemessene Zeit verstrichen war, in der die Frau den Bahnhof verlassen haben musste, begab sich Donata Helmrich zur Bahnhofspolizei, um ihren Verlust zu melden. Die Ersatzbeschaffung für den verlorenen Ausweis glich diesmal einem Ritt über den Bodensee, aber nach zwei Wochen hatte sie ihn. Allerdings wurden ihr unangenehme Vorhaltungen gemacht, und sie versprach hoch und heilig, das kostbare Stück nicht noch einmal zu verlieren.

Wie es mit der Arztfrau weitergegangen ist, in welcher Weise der Ausweis verändert wurde, ob und wann sie nach Wien gelangt ist – falls das überhaupt wirklich ihr Ziel war – ist nicht bekannt. Nachforschungen anzustellen wäre viel zu gefährlich gewesen. Durch eine Mittelsperson erhielt Donata Helmrich lediglich die kurze Nachricht, dass die Arztfrau – das war sie wohl tatsächlich – wohlbehalten entkommen sei.

Gut zweieinhalb Jahre vor diesem Vorfall, im Frühsommer 1941, beendete der Überfall der Wehrmacht auf die Sowjetunion das Zusammenleben von Eberhard und Donata. Der Zweiundvierzigjährige wurde als Soldat eingezogen und ins besetzte Polen abkommandiert, um landwirtschaftliche Aufgaben zu übernehmen. Er blieb nicht lange bei der Wehrmacht, sondern wurde als Zivilangestellter des «Generalgouvernements» geführt.

Eberhard Helmrich hatte in Deutschland die Nationalsozialisten zur Genüge kennen gelernt, und er hegte keinerlei Illusionen über ihre Willkür, Rücksichtslosigkeit und Brutalität. Trotzdem hatte er sich das, was ihn in Polen erwartete, nicht vorstellen können. Die Barbarei gegenüber der jüdischen Bevölkerung kannte keine Grenzen, sie überstieg jedes Maß des Vorstellbaren. Offenkundig hat er nicht lange gebraucht, um den Entschluss zu fassen, uneingeschränkte Hilfe zu leisten, wo immer er konnte. Er wollte sich «weiterhin ins Gesicht sehen können», wie er später in einem Brief an seine Tochter schrieb.

In Drohobycz gab es keine verschworene Gemeinschaft mehr – seine Frau, die Familie, die Freunde waren weit fort. Seinen lebensgefährlichen Entschluss hat er mit sich alleine abgemacht. Er wusste, dass seine Chancen 95:5 gegen ihn standen, was soviel bedeutete, zu fünfundneunzig Prozent bereits ein toter Mann zu sein. Diese klare Einschätzung sei es gewesen, die es ihm «leicht gemacht» habe und ihn zu der Kaltblütigkeit, der Furchtlosigkeit und der zuversichtlichen Risikobereitschaft befähigt habe, die eine absolute Voraussetzung für erfolgreiches Handeln gewesen sei.

Sein ziviler Vorgesetzter während dieser Zeit der deutschen Besatzung hat ihn 1960 gegenüber einem Mitarbeiter des Bundesarchivs folgendermaßen charakterisiert: «Herrn Helmrich unterstand auch die Versorgung der jüdischen Bevölkerung. Recht bald stellte ich fest, dass er mehr zuteilte, als gestattet war. Er war ein Mann, der menschlich aufgeschlossen war, den schönen Dingen zugetan, fast ein musischer Mensch. Er war kein Landwirt, der mit Stulpenstiefeln einher stampfte und nur von Kuhrücken und Schweinerücken sprach, sondern mehr ein theoretischer Land-

Irene Chalpin, Harvey Samo, Eberhard Helmrich, Eva Samo
(von links nach rechts)

wirt. Ein sehr feiner Mensch. Man konnte ihm keinen Tadel entgegenbringen, und in seiner Lebensführung war er bescheiden.»

Helmrich sann stets auf neue Möglichkeiten der Rettung. So redete er der örtlichen SS ein, dass man unbedingt eine Gartenfarm für die Versorgung der deutschen Obrigkeit vor Ort mit frischem Gemüse brauche. Er gründete diesen Betrieb in der gängigen Form des Zwangsarbeitslagers in dem Örtchen Hyrawka, in dem 250 vor allem junge Leute leben und arbeiten konnten. Einer dieser Jungen erinnert sich später: «Helmrich hatte das Gärtnereilager eingerichtet, damit die Gestapo frisches Gemüse hatte – und um uns zu retten!» Das Lager diente auch als Versteck für Angehörige der Zwangsarbeiter bei bevorstehenden «Aktionen». Als die allermeisten Lager aufgelöst wurden, auch dieses, bemühte Helmrich sich, so viele seiner Leute wie möglich woanders in kriegswichtigen Betrieben unterzubringen. «Rettung durch Arbeit», hat man das genannt. Er versteckte Juden bei sich in der Wohnung, manchmal waren es bis zu fünfzehn Personen auf einmal, er fand andere Verstecke, besorgte falsche – «arische» – Papiere, und er unternahm Fahrten in seinem Dienstwagen und fuhr seine Schützlinge unter den Augen der SS in andere Orte, wo niemand die Verfolgten kennen würde und wo diese dann leichter untertauchen konnten.

Er hatte unerhörtes Glück, denn trotz einer Denunziation ist er nicht «aufgeflogen». So verrückt es heute klingen mag – nach der Aussage von Zeitzeugen hatte das auch mit seinem «germanischen» Aussehen und mit seiner Sicherheit im Auftreten zu tun.

Eine von Helmrichs Ideen, die auf den ersten Blick haarsträubend leichtsinnig erscheinen musste, war der Plan einer besonderen Fluchtlinie für junge Frauen. Sie sollten von Drohobycz direkt in die Reichshauptstadt Berlin – gewissermaßen mitten ins Auge des Taifuns – gebracht werden, und zwar zu seiner Ehefrau Donata. In den großen Städten herrschte Arbeitskräftemangel und unter den zahlreichen «Fremdarbeitern» würden die Mädchen nicht weiter auffallen. Er sollte Recht behalten mit seiner Annahme, und alle Frauen, die diese Reise unternommen haben, sind am Leben geblieben.

Zwei von ihnen waren die Schwestern Susi und Johanna Altmann. Johanna schrieb im März 1964 an das Entschädigungsamt Berlin: «Frau Donata Helmrich habe ich wie auch andere Juden, das große Glück gehabt, im Lager (gemeint ist Hyrawka) kennen zu lernen. Sie hat sich insbesondere meines und meiner Schwester Schicksal bestens angenommen. Sie tat alles Mögliche und auch Unmögliche, um das größte Unheil wie Deportierung in die KZ-Lager, in der Folge den Tod, fernzuhalten. Frau Helmrich und ihr Gatte stellten ein Versteck im Haus, wo er wohnte her, in welchem ich während einer scharfen sogenannten ‹Aktion› mit meiner Mutter und Schwester Zuflucht gefunden habe. Dem zu Folge ist mir geglückt, in einer sogenannten ‹Ruhepause› mit meiner Schwester mit Frau Helmrichs Unterstützung zu entkommen und unser Leben zu retten. Sie besorgten uns falsche Papiere und dann brachte Frau Helmrich uns in ihr Wohnhaus in Berlin.»

In einem anderen Brief beschreibt die jüngere Schwester Susi ihre Flucht und ihr Untertauchen. Sie berichtet, wie sie im November 1942 mit Donata unter falschem Namen den Zug nach Berlin besteigt, ausgestattet mit dem Ausweis einer ukrainischen Bauerntochter. So war sie auch angezogen – bestickte Bluse, ein buntes Umschlagetuch, die Haare zu Zöpfen geflochten, die Beine in Schaftstiefeln. «Ich weinte», schreibt sie, «und sagte ‹Lebewohl› zu meinen Eltern – für immer.» Die Eltern wurden umgebracht, aber das erfuhren die Töchter erst nach dem Krieg. Beide Schwestern lebten bis zur Befreiung im Mai 1945 in ständiger Angst entdeckt zu werden und in Sorge um ihre Angehörigen. Die neunzehnjährige Susi musste sich einer «rassischen Überprüfung», inklusive Kopfvermessung, durch die sogenannten Eignungsprüfer des «Rasse- und Siedlungshauptamtes» unterziehen, eine pseudowissenschaftliche Untersuchung, die sie aber fast um den Verstand zu bringen drohte. «Ich nehme an weil Gott wollte, daß ich lebe, ist alles gut gegangen!» schreibt Susi in ihrem Brief. Die beiden Schwestern und die anderen jungen Frauen, die von den Helmrichs als polnische oder ukrainische Hausmädchen in meist ahnungslosen Familien untergebracht worden waren, wagten nur selten Kontakt zueinander aufzunehmen. Und wenn sie es doch einmal taten, war das Haus in der Westendallee ihre «Zentrale».

Im Jahr 1986 wendet sich Susi, die inzwischen in Israel lebt, mit einem Schreiben an die Gedenkstätte Yad Vashem: «Ich möchte jetzt nur wenige Sätze sagen und hoffe, daß Sie meinen Gedanken folgen können. Es ist *eine* Sache, jemandem zur Flucht außer Landes zu verhelfen, aber es ist eine *ganz andere* Sache, eine junge Person in die eigene Familie zu bringen. Eine Familie mit vier Kindern. Wie konnte Frau Helmrich sicher sein, daß ich oder eines der anderen Mädchen, die sie aufgenommen hat, uns nicht selbst verraten würden – aus Wut, aus Angst oder weil wir überrumpelt wurden – und damit sie und ihre Kinder gefährdet hätten. Wenn ich zurückdenke, dann frage ich mich, wie sie mit dieser Sorge all die Jahre bis zum Kriegsende überhaupt leben konnte.»

In einem handschriftlichen Postskriptum hat sie einen Satz angefügt: «Ich möchte bemerken, daß meine Eltern den Helmrichs niemals irgendeine Bezahlung oder Geschenke gegeben haben – nicht nur hätten diese so etwas abgelehnt, aber wir hätten auch nichts mehr gehabt.»

Die Geschichten der Geretteten und ihrer Rettung sind weder eindeutig, noch sind sie immer einfach zu erklären – sie lassen sich oft nur schwer einordnen. Die seltenste Form der Rettung war die, dass eine einzige Person eine andere von Anfang der Verfolgung bis zu ihrem Ende allein beschützen und verstecken konnte. Gegeben hat es das aber natürlich auch. Überleben – das konnte eine Frage der entscheidenden Monate oder Wochen sein. Allein die Erlaubnis, sich ein paar Nächte lang in einer Laube oder auf einem Dachboden verstecken zu können, war oft ausschlaggebend für Tod oder Leben. Jeder Tag, jede Stunde zählte. Manchmal sogar ein Zusammentreffen von nur wenigen Minuten.

Celia Kupferberg war erst dreieinhalb Jahre alt, als sie, ihre Zwillingsschwester und ihre Eltern um ein Haar erschossen worden wären. Erst vor wenigen Wochen hat sie sich aus New York gemeldet, wo sie seit Jahren lebt. Durch eine Kette unglaublichster Zufälle ist sie im November 2002 wieder auf den Namen des Retters aus dieser tödlichen Bedrängnis gestoßen – sie hatte ihn vergessen.

Ihre Familie lebte in Drohobycz, wahrscheinlich im Gärtnereilager Hyrawka, das weiß sie aber nicht genau, als eines Nachmittags eine Gruppe von SS-Leuten anrückten – vielleicht waren es auch ukrainische Milizen, sie erinnert sich nicht mehr. Sie waren gekommen, um die kleinen Mädchen fortzubringen und sie und andere Kinder «zu liquidieren». Hastig wurden die Zwillinge auf den Heuboden einer Scheune gebracht und mit Heu zugedeckt. Die Häscher aber gingen sofort hinauf auf den Boden und stachen mit dem Seitengewehr ins Heu. Die kleine Celia bekam panische Angst, daran erinnert sich die heute Dreiundsechzigjährige genau, schnellte hoch, rannte zu einer Luke und sprang ins Freie. Dort fing sie wunderbarerweise jemand auf.

Ein ungeheueres Durcheinander entstand unmittelbar nach ihrem Sprung, alle schrien durcheinander, die Eltern nahmen ihre beiden Kinder schützend in die Arme, und die Uniformierten machten Anstalten, die ganze Familie auf der Stelle

Donata Helmrichs Olivenbaum in Yad Vashem, Jerusalem

Eberhard Helmrichs Baum (mit Cornelia Schmalz-Jacobsen)

zu erschießen. «In diesem Augenblick tauchte wie ein Wunder Herr Helmrich auf», erzählt Frau Kupferberg unter Tränen, «er trat dazwischen und herrschte die Soldaten an: ‹Hier wird überhaupt niemand erschossen! Was fällt Ihnen ein – diese Leute gehören zu mir!› und nach wenigen Minuten waren die Mörder vertrieben!» Die gewonnene Zeit nutzte Helmrich, um ein Versteck ausfindig zu machen, in dem diese vier Menschen mit Lebensmitteln versorgt wurden und überleben konnten.

Wie viele mögen es gewesen sein, die Dank der Hilfe von Donata und Eberhard Helmrich am Leben geblieben sind? Die Antwort auf diese Frage lautet: niemand weiß es genau! Schließlich wurden keine Strichlisten geführt, und Lebensrettung in Zeiten von Terror und Gewalt lässt sich nicht eindeutig definieren. Von vielen hat man später nie mehr gehört, ihre Spur hat sich verloren. Weil sie nicht mehr an das Grauen erinnert werden wollten und beharrlich darüber geschwiegen haben, weil sie nicht wussten, wo sie nach ihren Rettern suchen sollten, oder weil sie doch noch in die Hände der Mörder gefallen waren. Es gibt Quellen, die von siebzig Geretteten sprechen, andere von hundert, wieder andere von zweihundertfünfzig, und mehrfach findet sich die Zahl «Dreihundert» in den Akten. Es ist müßig, das aufklären zu wollen.

Die Weisheit des Talmud sagt: «Wer ein Leben rettet, rettet die ganze Welt.» Diese Worte sind eingraviert in die Medaille, die den «Righteous Gentiles», den Rettern jüdischen Lebens, in der israelischen Gedenkstätte überreicht wird. Beide Helmrichs sind dort geehrt worden, und je ein Baum mit ihrem Namensschild darunter erinnert an die beiden Berliner. Allerdings fand die Ehrung zu verschiedenen Zeiten statt, neunzehn Jahre liegen dazwischen. Nach dem Krieg hatten Donata und Eberhard ihre Ehe nicht wieder aufnehmen können, zu unterschiedlich war ihr Leben in den Jahren davor verlaufen, trotz ihres unverbrüchlichen Zusammenhalts. Eberhard wanderte 1949 nach Amerika aus, kam aber beruflich, vielleicht auch persönlich – trotz einer neuen Ehe – nicht mehr recht auf die Beine. Im Mai 1969 ist er in New York gestorben.

Donata blieb in Deutschland und hatte noch ein erfülltes Leben und einen interessanten Beruf. Sie ist fast sechsundachtzig Jahre alt geworden. Geheiratet hat sie nicht wieder. Donata wurde 1962 vom Berliner Senat geehrt, Eberhard bekam 1967 auf Betreiben «seiner» Drohobyczer das Bundesverdienstkreuz verliehen. Beide haben wenig gesprochen über ihre Rettungs-Taten. Zu schwer wog bis ans Ende ihres Lebens die Last alles dessen, was sie erlebt und gesehen hatten, und das sie *nicht* hatten verhindern können.

Marie-Luise Kreuter

«KÖNNEN WIR UNS NOCH IN DIE AUGEN SEHEN, WENN WIR HIER NICHT DAS TUN, WAS UNS MÖGLICH IST?»

Diese Frage stellte Maria Pfürtner im November 1944, als sich Zweifel und Mutlosigkeit breit zu machen drohten. Sie beriet gemeinsam mit Sohn und Töchtern darüber, wie sie ihnen unbekannte, junge Frauen davor bewahren könnten, von einem Ernteeinsatz bei einer Bauernfamilie in Steegen wieder in das KZ Stutthof bei Danzig zurückgeführt zu werden. Sie hatte erlebt, wie die Nationalsozialisten den jüdischen Arzt der Familie misshandelt und deportiert hatten und daraus den Schluss gezogen, dass das Leben von Juden diesen nichts galt und die drei Frauen in Lebensgefahr waren. «Dann aber kann es für uns eigentlich keine Frage mehr geben, was wir tun sollen.»[1]

Als ihr Sohn Stephan fast vierzig Jahre später die Gedenkstätte des ehemaligen Konzentrationslagers Stutthof in Polen besuchte, fragte er sich: «Mit welcher Unkenntnis, mit welcher Naivität mußte ich im November 1944 an dieser Realität vorbeigegangen sein?» und er erinnerte sich an die Zweifel, die ihn damals angesichts der realen Gefährdung von Gerda Gottschalk, Ellen Laumann und Ida Levithan überkamen. «Sind ihre Befürchtungen wirklich in diesem Ausmaß begründet? Übertreiben sie nicht, wenn auch aus verständlichen Ängsten?» War es die eigene Angst oder die realistische Einschätzung von Gefahren und Erfolgschancen, die ihn zögern ließ zu handeln? Von den rund 115 000 Gefangenen verschiedener Nationalität des Konzentrationslagers Stutthof, das 1942 aus einem Lager für polnische Zivilgefangene hervorgegangen war, starben mindestens 65 000 Menschen. Als Stutthof mit seinen zahlreichen Nebenlagern im Januar 1945 in Frontnähe geriet, wurden die verbliebenen knapp 50 000 Menschen, in ihrer

Mehrzahl jüdische Frauen, auf den Todesmarsch geschickt, den ein Großteil nicht überlebte. Viele von ihnen wurden auf dem Marsch ermordet, einen Teil von ihnen trieb man ins Meer und mähte sie mit Maschinengewehren nieder.

Dank der Hilfsbereitschaft mehrerer Menschen, die mit kleinen oder großen Taten bereit waren zusammenzuwirken, blieben Gerda Gottschalk, Ellen Laumann und Ida Levithan vor dem Todesmarsch bewahrt. Chaja Feigin, ihre Mutter und Ludka Nitezka mussten mit Tausenden anderer Frauen aus dem KZ Stutthof im Januar 1945 den Todesmarsch antreten. Es gelang ihnen zu fliehen und sie fanden genau dort Unterschlupf, wo Gerda Gottschalk gut zwei Monate zuvor ihren Hilferuf an Josef Gülden in Leipzig abgesendet hatte, nämlich auf dem Bauernhof der Familie Gerbrandt in Steegen.

Dass es Todesmärsche geben würde, wusste keiner der Beteiligten Anfang November 1944, aber Gerda Gottschalk hatte bis dahin genug Menschen «verschwinden» und gewaltsam sterben gesehen, um zu wissen, dass spätestens mit dem Heranrücken der Front die Lager geräumt und die Insassen ihren «letzten Weg» gehen würden. Auch Stephan Pfürtner, der sich – knapp 17-jährig – freiwillig zum Polenfeldzug gemeldet hatte und zunächst zurückgestellt worden war, hatte als Soldat Erschießungen von Gefangenen und Juden erlebt und war mit dem grausamen Vorgehen der deutschen Besatzungsmacht gegen die Bevölkerung in Polen und Russland konfrontiert worden. Diese Erlebnisse hatten ihn in eine innere Konfliktsituation gebracht. Von der russischen Front zu einem Sonderlehrgang nach Lübeck abkommandiert, stieß er dort im Sommer 1942 zu einem Kreis von Priestern und Laien, die sich in der katholischen Herz-Jesu-Kirche zu Gruppenabenden zusammenfanden. Von seiner Teilnahme versprach sich Stephan Pfürtner «sittliche Weisung»[2] für sein Verhalten. Der Behandlung religiöser Themen folgten Gespräche, in denen sich die Teilnehmer kritisch mit Methoden der Kriegsführung, der Besatzungspolitik, den Euthanasiemaßnahmen und den Möglichkeiten der Kriegsdienstverweigerung auseinander setzten. Von Mai bis Juni 1942 wurden aus diesem Kreis drei katholische Kapläne, ein evangelischer Pastor und 18 Laien – in der Mehrzahl Soldaten katholischer, aber auch evangelischer Konfession – festgenommen und ein Jahr später von dem aus Berlin nach Lübeck angereisten 2. Senat des Volksgerichtshofs unter anderem wegen Vorbereitung zum Hochverrat und Wehrkraftzersetzung verurteilt. Während die Geistlichen zum Tode verurteilt wurden, erhielten die meisten Laien als «Verführte» Haftstrafen bis zu einem Jahr. Dem Gericht war es ein besonderes Ärgernis, dass hier Katholiken und Protestanten jenseits ihrer konfessionellen Rivalitäten zusammengefunden hatten. Stephan Pfürtner, dessen Äußerungen zur Waffen-SS von einem in die Gruppe eingeschleusten Spitzel im Wortlaut festgehalten worden waren, kam mit einer Strafe von sechs Monaten davon, die er durch die lange Untersuchungshaft verbüßt hatte. Er durfte sein Medizinstudium nicht wieder aufnehmen und wurde als Sanitäter «zur Bewährung» an die Ostfront zurückgeschickt.

Seinen eigenen Kenntnisstand über Konzentrationslager beschreibt Stephan Pfürtner als den offiziell verbreiteten: als harte Arbeits-, Straf- und Internierungslager. Zwar wiesen verschlüsselt mitgeteilte «alarmierende Nachrichten» eines befreundeten Jesuiten, der seit Jahren in Dachau inhaftiert war, darauf hin, «daß alles doch viel schlimmer sein mußte», dennoch überstieg die Realität in ihrer monströsen Dimension das Vorstellungsvermögen. Einzelheiten aus dem Leben Gerda Gottschalks kannte Stephan Pfürtner noch nicht, als er sich entschlossen hatte, ihr und ihren Leidensgenossinnen zur Flucht zu verhelfen. Weihnachten 1944, als er sein Elternhaus kurz besuchte, traf er dort noch einmal mit ihr zusammen und erfuhr, wie ihr Leben bis zu jenem Zeitpunkt verlaufen war, als er sie auf dem Bauernhof kennenlernte und feststellte: «Der Anblick war selbst für jemand, der fünf Jahre Militärdienstzeit mit fast ununterbrochenem Ostfronteinsatz hinter sich hatte, erschütternd.»[3]

Gerda Ruth Gottschalk wurde 1919 in Leipzig als fünftes Kind des Rechtsanwalts und Notars Hermann Gottschalk und seiner Frau Gertrud geboren. Die Mutter war Protestantin, der Vater Jude, der seine Kinder zur jüdischen Religionsgemeinschaft angemeldet hatte.[4] Gleich nach der Machtübernahme der Nationalsozialisten verlor der Vater sein Notariat, die Familie musste aus ihrer Wohnung ausziehen. Gerdas einziger Bruder Hermann, der sich einer kommunistischen Studentengruppe angeschlossen hatte, wurde bereits 1933 verhaftet und 1937 in Dachau ermordet. Ihre Schwester Erica, die eine Stadtteilgruppe des Kommunistischen Jugendverbandes leitete, wurde 1934 ebenfalls verhaftet. Nach drei Jahren Zuchthaus wurde sie unter der Bedingung freigelassen, Deutschland umgehend zu verlassen. Sie gelangte nach Schweden, ihre älteste Schwester Gabriele emigrierte 1936 in die USA. Auch ihr Vater wurde zweimal verhaftet und misshandelt. Er starb im Frühjahr 1943.

Gerda selbst konnte noch im Oktober 1935 die Eignungsprüfung für den Schauspielberuf ablegen, durfte aus rassischen Gründen die Schauspielschule aber nicht besuchen und konnte nur privaten Schauspiel- und Tanzunterricht nehmen. Nach den Nürnberger Gesetzen, die im September des Jahres in Kraft getreten waren, zählten Gerda und ihre Geschwister zu den «Geltungsjuden», die wie «Volljuden» behandelt wurden. Gerda und ihre Schwestern Erica und Gabriele erklärten im November 1935 ihren Austritt aus der jüdischen Religionsgemeinschaft. Sie betrachteten sich nun als «Mischlinge 1. Grades», noch hoffend, dass das NS-Regime die Religionszugehörigkeit des einzelnen Menschen respektierte. Ab 1936 arbeitete Gerda als Sekretärin im katholischen Pfarramt Liebfrauen, das zum «Oratorium des hl. Philipp Neri» gehört, einer Reformbewegung innerhalb der katholischen Kirche. Hier arbeitete sie hauptsächlich für Kaplan Josef Gülden, den Leiter und Chefredakteur der Zeitschrift eines katholischen Studentenbundes. 1937 ließ Gerda sich vom Praepositus des Oratoriums Theo Gunkel die Erwachsenentaufe spenden.

Als für Juden im September 1941 das Tragen des Gelben Sterns verordnet wurde, beschlossen Gerda und ihre Schwester, ihn nicht zu tragen. Eine Kontrolle durch die Gestapo führte Ende Oktober 1941 zu ihrer Verhaftung. Ein Schnellgericht verurteilte sie zu sechs Tagen Haft. Die beiden Frauen mussten dann zurück ins Polizeigefängnis und kamen fünf Wochen später in ein Arbeitshaus. Über eine katholische Polizistin, die dort Zugang hatte, konnte Gülden den Kontakt zu Gerda aufnehmen. Er hielt auch Verbindung zu den Eltern.

Im Januar 1942 wurden Gerda und Helga ins Rigaer Ghetto verschleppt. Dort mussten sie Zwangsarbeit leisten: Schnee schaufeln, Eis hacken, Kartoffeln ausladen und sortieren, putzen, Torf stechen, schneidern, nähen. Kurz vor ihrer Ankunft war die Mehrzahl der 25 000 lettischen Ghettobewohner in zwei Mordwellen in einem nahe gelegenen Wald erschossen worden. So hatte die SS Platz geschaffen für die jetzt eintreffenden Juden aus dem Reich, aus Böhmen und Mähren, deren Zahl bald auf 16 000 anstieg.

Im Oktober 1943 wurden die Schwestern getrennt, Helga starb später im KZ Stutthof an Typhus. Im Zuge der Auflösung des Ghettos entging Gerda dem Transport ins KZ Kaiserwald durch eine vorgetäuschte Krankheit. Sie wurde ins Lager Straßdendorf, 13 km von Riga entfernt, verlegt, nähte und stopfte für die Wehrmacht und arbeitete als Färberin in einer Seidenfabrik.

Lange Fußmärsche, Arbeiten bis zur Erschöpfung, Not, Kälte, Hunger, Ungeziefer, Krankheiten, Schläge, Quälereien, Erschießungen, Elend, Grauen, Verzweiflung, dumpfe Traurigkeit, Sterben – dies sind Stichworte, mit denen Gerda Gottschalk das Leben der Menschen in Riga wie in Straßdendorf beschreibt. Sie dokumentiert aber auch die rührenden Versuche, trotz aller Unmenschlichkeit Situationen zu schaffen, in denen Menschen sich einen Rest von Würde und Lebensmut bewahren konnten.[5] Kurz bevor das Lager Straßdendorf im August 1944 aufgelöst wurde, erhielten alle Insassen Sträflingskleidung und die Haare wurden ihnen geschoren. Gerda gehörte mit ihrer Freundin Ellen Laumann zu den unter Dreißigjährigen, die ins KZ Stutthof transportiert wurden. Zusammen mit Ida Levithan, einer Jüdin aus Wilna, wurden sie für 7,50 RM pro Tag und Person zum Ernteeinsatz auf dem Bauernhof der Familie Gerbrandt ausgeliehen. Am 15. November sollten sie zurück nach Stutthof.

Die Bäuerin Klara Gerbrandt empfing die drei mit gedecktem Tisch und Schmalzbroten. «Die Sonne schien. Wir banden die ersten Garben. Kein Stacheldraht – keine Baracken – keine Kommandos –, es war wie im Traum.» Obwohl Gerda in ihren Erinnerungen die Arbeit als sehr hart beschreibt, den Bauern als unfreundlich und zuviel Arbeit verlangend, hält sie auch fest, dass er für warme Kleidung aus dem KZ sorgte, dass er sie nachts entgegen den Vorschriften nicht einschloss, und dass er schließlich eine Verlängerung ihres Arbeitseinsatzes über den 15. November hinaus beantragte. Was hätten die Zwangsarbeiterinnen im Winter ernten sollen?

Gerda sann gleich am ersten Tag ihrer Ankunft auf dem Bauernhof darüber nach, wie sie die Rückkehr nach Stutthof verhindern könnte. Sie hatte Glück. Auf dem Hof arbeitete neben ausländischen Zwangsarbeitern auch die Landarbeiterin Hulda Behrendt. Gerda beschreibt sie als warmherzigen, mütterlichen Menschen, im Dorf als Kommunistin verschrien, die eine Gelegenheit sah, gegen die Nazis zu arbeiten. Sie erklärte sich bereit, unter ihrer Adresse einen Brief an Josef Gülden in Leipzig zu schicken und war den Frauen auch sonst auf vielerlei Art behilflich. Es folgte eine Zeit bangen Wartens, denn eine Antwort auf den Brief mit dem verschlüsselten Hilferuf kam erst sechs Wochen später. Gülden war zu jener Zeit auf Reisen und der Brief wurde ihm zweimal nachgesandt. Wieder zurück in Leipzig suchte er nach Menschen, die bereit waren, für Gerda Gottschalk ein Risiko einzugehen. Er fand einen Mittler in dem kriegsversehrten Soldaten Karl Mittnacht, der zu seiner Studentengemeinde gehörte und mit der ältesten Tochter Rosmarie der Familie Pfürtner in Danzig befreundet war. Karl Mittnacht überbrachte die Antwort Güldens persönlich nach Danzig.

Dort war gerade der zweitälteste Sohn Stephan Hubertus auf einem 14-tägigen Heimaturlaub. Mutter und Geschwister – der Vater war auf Geschäftsreise – entschieden spontan zu helfen. Was das jedoch konkret bedeuten könnte, davon hatten sie keine Vorstellung. Klar war den Beteiligten zunächst nur, dass jemand Gerda auf dem Bauernhof aufsuchen musste. Vielleicht könnte das ein befreundeter Pfarrer übernehmen, dachte sich Stephan Pfürtner. Nachdem er mit diesem und einem weiteren Priester die Lage besprochen und die Risiken abgeschätzt hatte, begriff er, dass nicht einer der Priester, sondern er selbst die am wenigsten verdächtige Kontaktperson war. Einen Wehrmachtssoldaten beäugte die Gestapo weniger misstrauisch, die Umgebung von Stutthof kannte er sehr genau und für einen Soldaten auf Heimaturlaub durfte es nicht schwer sein, einen Erlaubnisschein für den Besuch des Stutthof nahe gelegenen Landschulheims zu bekommen. Außerdem hatte er aus seiner Haftzeit Erfahrungen mit der Gestapo, von denen er annahm, sie befähigten ihn, ihre Vertreter von weitem zu «riechen» und sich entsprechend auf sie einzustellen.

Mit dem Fahrrad machte sich Stephan Pfürtner Ende Oktober auf den Weg zu dem etwa 50 km entfernten Dorf Steegen. Er rechnete mit polizeilichen Kontrollen dort, wo er zweimal Weichselarme mit der Fähre überqueren musste. Doch er gelangte unbehelligt nach Steegen und fragte sich vorsichtig zur Adresse von Hulda Behrendt durch. Sie wies ihm den Weg zum Bauernhof. Da er nicht wusste, «wes Geistes Kind» die Bauersleute Gerbrandt waren, versuchte er, mit unverfänglichen Formulierungen und Fragen die Bäuerin zu testen und merkte sehr bald, dass sie mit ihm dasselbe machte. «Nach kurzer Zeit gelang es uns, gegenseitig die Visiere zu öffnen.»

Nach der ersten Begegnung mit Gerda versprach Stephan, am nächsten Tag in der Dunkelheit wiederzukommen. Bei der folgenden Besprechung wurden auch Ellen Laumann und Ida Levithan hinzugezogen und so erfuhr Stephan, dass er nicht einem, sondern drei Menschen zur Flucht verhelfen sollte. Die Flucht wagen wollten die drei Frauen auf jeden Fall. Gerda machte deutlich, dass sie nur Hilfe in Anspruch nehmen würde, wenn hierdurch ihre beiden jüdischen Leidensgenossinnen auch eine bessere Überlebenschance erhielten. Für die Flucht waren Zivilkleider, Geld, Proviant und Ausweispapiere notwendig. Es musste Sorge getragen werden, dass die Flüchtenden schnell aus der näheren Umgebung des Lagers wegkamen. Aber mit welchem Ziel und wo sollten sie untertauchen? Stephan versprach, hierüber mit seiner Familie zu beraten.

Die Bäuerin, die den Frauen selbst geraten hatte zu fliehen, erwies sich als kluge und praktische Frau bei der Planung der Flucht. Am folgenden Freitag sollten die Frauen nach der Arbeit abends die letzte Kleinbahn nach Danzig nehmen. Sie selbst würde am nächsten Tag um 11 Uhr das Lager informieren, so dass ein ausreichender Vorsprung vorhanden war. Von nun an ließ die Bäuerin die Frauen nicht mehr schwer arbeiten, damit sie Kräfte sammeln konnten.

Mit dem Versprechen, in drei Tagen mit allem Notwendigen wiederzukommen, machte sich Stephan auf den Heimweg und geriet diesmal in eine Kontrolle, die sich aber mit seinem Urlaubsschein zufrieden gab und auch seine Erklärung vom Ausflug zum Landschulheim akzeptierte. Diese Begebenheit brachte Stephan auf den Gedanken, dass irgendein Ersatzausweis den drei Frauen bereits weiterhelfen konnte. Die Möglichkeit, gefälschte Pässe zu besorgen, hatte er ohnehin nicht. Im Kreise seiner Familie musste er keine Überredungskünste anwenden, um sie von der versprochenen Fluchthilfe zu überzeugen. Maria Pfürtner erkannte sofort, dass die Flucht alleine den Frauen wenig nutzte, wenn sie keine Unterschlupfmöglichkeit fanden. Sie entschied, Gerda bei sich aufzunehmen und für die beiden anderen Frauen Unterkünfte zu besorgen. Als sie mit ihrem Anliegen bei nächsten Verwandten und engen Freunden vorstellig wurde, wollten diese zwar mit Lebensmitteln und Kleidung helfen, aus Angst um die eigenen Familien trauten sie sich aber nicht, mehr zu tun. In dieser Situation keimten auch in der Familie Pfürtner wieder Unsicherheit und Zweifel über ihr Vorhaben auf. Stephan fragte sich, ob sein Handeln nicht unverantwortlich war, weil er anders als bei seiner Teilnahme an den «Soldatengesprächen» in Lübeck nicht nur sich, sondern auch seine Familie in direkte Gefahr brachte. Es war Maria Pfürtner, der es gelang, die Ängste zu verscheuchen und die mit der Frage, die schon die Antwort enthielt, Klarheit schaffte: «Können wir uns noch in die Augen sehen, wenn wir hier nicht das tun, was uns möglich ist?»[6]

Maria Pfürtner und Gerda Gottschalk (rechts), Mai 1945

Ihr Sohn hatte allerdings noch eine innere Hürde zu überwinden. Wie konnte er es als an Recht und Ordnung gewöhnter Mensch fertigbringen, Papiere zu fälschen? Seine Kirche lehrte ihn, Politik und Religion streng zu trennen, sein Moralbewusstsein verbot ihm, Urkundenfälschung zu begehen und die Rechtsordnung zu überschreiten, nur weil das Regime diese rabiat missbrauchte. Angesichts unseres heutigen Wissensstandes über die Verbrechen des NS-Regimes und im Bewusstsein eines Rechts auf Widerstand mag die Ernsthaftigkeit, mit der sich Stephan Pfürtner diese Frage stellte, absurd vorkommen. Für ihn war sie es damals keineswegs. «Darf ich geltendes Recht brechen, um Menschenleben zu retten?»[7] fragte er einen erfahrenen Theologen um Rat. Dieser nahm ihm die Entscheidung nicht ab, verwies ihn an das eigene Gewissen und das «Gebot der Liebe». Mit Hilfe seiner Schwester Bärbel, die an der auf die Halbinsel Hela evakuierten deutschen Schule aus Riga dienstverpflichtet war und Zugang zum Dienstsiegel des Direktors hatte, fertigte Stephan Schülerausweise für Gerda, Ellen und Ida. Ein drittes Mal radelte er nach Steegen, um die Fluchtutensilien zu überbringen.

Dem Fluchtplan entsprechend gingen Gerda und Ellen am verabredeten Abend des 10. November zum Bahnhof. Ida sollte getrennt dort hinkommen und zunächst in einem anderen Abteil reisen. Sie hat den Zug vielleicht nie bestiegen, sondern einen eigenen Fluchtweg gewählt. Möglicherweise kam sie bei einem Bauern unter, den Hulda Behrendt dazu bewegt hatte, notfalls eine der drei Frauen zu beherbergen. Im Verzeichnis des KZ Stutthof ist sie wie Ellen und Gerda als am 11. November geflohen registriert.[8]

Gerda und Ellen wurden von Stephan und seiner Schwester Rosmarie am Bahnhof in Danzig abgeholt. Während Rosmarie Gerda ins elterliche Haus brachte, begleitete ihr Bruder Ellen zum Hauptbahnhof, von wo aus sie, versehen mit Adressen von zuverlässigen Freunden, in Richtung Berlin weiterreiste. Gerda wurde von allen Mitgliedern der Familie Pfürtner liebevoll aufgenommen. Sie verließ das Haus nur ab und zu des Nachts. Noch hatte sie kurz geschorene Haare. Aber auch die Lage des Hauses gemahnte zu besonderer Vorschrift, denn gegenüber wohnte ein überzeugter Parteigenosse und nicht weit davon standen Baracken der NSDAP.

Im Dezember bekam Gerda Besuch von Josef Gülden, der es übernahm, den Kontakt zu ihrer Mutter herzustellen. Vom Oratorium in Leipzig erhielt die Untergetauchte nicht nur geistlichen und menschlichen Zuspruch, sondern auch Geld. Den Hauptanteil für ihren Lebensunterhalt stellte aber die Familie Pfürtner, insbesondere Maria Pfürtner, mit der sie ab Januar 1945 alleine wohnte. Die russische Front rückte immer näher, die Menschen flohen zu Tausenden, in Danzig drängten sich große Flüchtlingsmassen. Maria Pfürtner erlebte beim Abholen ihrer neuen Lebensmittelkarte, wie eine Frau von ihrer überstürzten Flucht aus Osterode berichtete und auch ohne Ausweispapiere für sich und ihre Kinder Lebensmittelkarten erhielt. Am nächsten Tag ging Gerda zur Kartenstelle und meldete ihre Flucht aus Osterode und den Verlust ihrer Papiere. Sie wurde zunächst zur Polizeibehörde verwiesen, erhielt dort einen provisorischen Ausweis und bekam so als Lieselotte Stendal aus Osterode, Markt 12, eine Lebensmittelkarte.

Gemeinsam mit Maria Pfürtner arbeitete sie in der Folgezeit auf Vermittlung eines Freundes von Stephan Pfürtner als Hilfsschwester in einer ehemaligen orthopädischen Klinik, die jetzt als Lazarett diente. Frau Pfürtner gab sie als ihre Nichte aus. Als das Lazarett Mitte März aus dem brennenden Danzig evakuiert wurde, gelangten die beiden Frauen zusammen mit 7000 Verwundeten auf einem Schiff nach Dänemark, wo sie bis zum Kriegsende weiter Verwundete pflegten. Danach lebte Gerda in einem internationalen Flüchtlingslager. Nach einer Zwischenstation bei ihrer Schwester in Stockholm kehrte sie Ende 1948 nach Deutschland zurück. Keinen guten Ausgang nahm die Flucht von Ellen Laumann. In der Nähe von Berlin wurde sie zusammen mit einem Fahnenflüchtigen festgenommen, schwer misshandelt und in das Ghetto Theresienstadt verschleppt. Sie überlebte, kehrte zunächst nach Deutschland zurück, emigrierte später nach Israel und danach in die USA. Über das weitere Schicksal von Ida Levithan ist nur bekannt, dass sie ebenfalls überlebte und in die Vereinigten Staaten emigrierte.[9]

Gerda Gottschalk, die nach dem Krieg lange Zeit als Geschäftsführerin in der Gesellschaft für Christlich-Jüdische Zusammenarbeit Konstanz arbeitete, setzte sich wie andere Gerettete dafür ein, dass die Taten von Menschen, die für Verfolgte viel gewagt hatten, nicht in Vergessenheit gerieten oder besser überhaupt erst wahrgenommen wurden. Die Mehrheitsgesellschaft legte freilich keinen Wert darauf, dass man ihr den Spiegel vorhielt. Sie wollte nicht an jene erinnert werden, die gezeigt hatten, daß die griffige Schutzbehauptung, man habe nichts tun können, nicht stimmte. Im Rahmen der nach dem Berliner Vorbild «Unbesungene Helden» in den siebziger Jahren auf Bundesebene vorgenommenen Ehrungen erhielt Stephan Pfürtner 1979 das Bundesverdienstkreuz. In der Begründung für die Ehrung heißt es: «Er gehörte zu den aktiven Helfern im Widerstand gegen das NS-Regime.»[10] Für seine Mutter kam der Abschluss des Verfahrens zu spät.

Auch dem Ehepaar Gerbrandt wurde Ehrung zuteil, in diesem Falle kam sie aus Yad Vashem und erfolgte posthum. Gustav Gerbrandt war bereits 1954 gestorben, seine Frau Klara starb 1962 und die Tochter Christl 1972. Auch hier hatten die ehemals Verfolgten die Initiative ergriffen und eine Suchaktion nach der Bauernfamilie gestartet. Eltern und Tochter wurden 1990 gemeinsam geehrt, nicht jedoch der Sohn, der von den versteckten Frauen gewusst und ihnen auch Verpflegung gebracht hatte. Er gehörte, wie auch Gerda Gottschalk vermerkte, der SS oder der SA an. Er wurde nach dem Krieg 1945 im Gefängnis von Danzig zu Tode geprügelt. Die Familie wurde vertrieben und gelangte nach Norddeutschland.

Chaja Feigin hatte sich im Januar 1945 zusammen mit ihrer schwer verletzten Mutter vom Todesmarsch absetzen können. Sie wurde wie auch das Mädchen Ludka Nitezka von der Familie Gerbrandt aufgenommen. Mindestens viermal gelang es den Gerbrandts, SS-Leute, die nach geflohenen jüdischen Frauen fahndeten, abzuwehren. Bis zum Kriegsende blieben die Frauen auf dem Bauernhof verborgen und konnten sich gesund pflegen. Wie die meisten Menschen, die wirklich Zivilcourage gezeigt hatten, machte die Familie Gerbrandt kein Aufhebens von ihrer Hilfsbereitschaft. Verschiedenen Zeugenaussagen zu Folge haben Eltern und Tochter die jüdischen Frauen aus «reiner Menschlichkeit» vor dem Tode bewahrt.[11]

Stephan Pfürtner charakterisiert seine Mutter – damals eine Frau von Mitte 40 – als eine warmherzige, fromme Frau, die in tiefer Verbundenheit mit ihrer Familie, ihrem Land und ihrer Kirche lebte, sich aber gleichzeitig Freiheitssinn, innere Unabhängigkeit und einen wachen Verstand bewahrt hatte. Sie begriff ihren Glauben als ethischen Auftrag, der ausgefüllt werden musste, um nicht zu leerer Rede zu verkommen. Sich selbst beschreibt Pfürtner als Mensch, der aus der Religion Zuversicht und Kraft schöpfte, um seine Ängste zu überwinden und seinem Gewissen entsprechend handeln zu können. Während seiner Inhaftierung, die er als existenzielle Grenzerfahrung erlebte, entschloss er sich, statt Arzt Priester zu werden. Er war ein Fragender und Suchender, dies hatte ihn auch in den Lübecker Gesprächskreis getrieben. Sein Denken ging über den Rahmen einer auf den eigenen Bestand beschränkten Amtskirche hinaus. Er trat nach dem Krieg dem Dominikanerorden bei, verließ ihn wieder und hatte von 1975 bis zu seiner Emeritierung 1989 den Lehrstuhl für Katholische Theologie im Fachbereich Evangelische Theologie der Universität Marburg inne.

Christliche Verantwortung bewegte auch den 1907 in Mönchengladbach geborenen Josef Gülden. Oder handelte er als verantwortungsbewusster Arbeitgeber und aus freundschaftlicher Bindung? Gülden, ein den Menschen zugewandter Seelsorger und Gesprächspartner, war aktiv an einer liturgischen Reform beteiligt, mit der vor allem eine stärkere Einbeziehung und Verantwortung von Laien sowie der Gebrauch der deutschen Sprache in der Messe anstelle des für die Gläubigen unverständlichen Lateins angestrebt wurde. Reformen von unten und die Vorwegnahme von sachlich gebotenen, amtlich jedoch noch nicht genehmigten Handlungen sah Gülden als notwendig und gerechtfertigt.[12]

Innerhalb des Oratoriums erfuhren noch mehr Menschen lebensrettende Hilfe und Solidarität, wozu insbesondere der Praepositus Theo Gunkel, Sohn eines Berliner Arztes, beitrug. Die gefährdeten Personen wurden in Einrichtungen und Häusern, die der Gemeinde gehörten, untergebracht. Es handelte sich vor allem um Frauen aus «privilegierten Mischehen», deren Lage sich mit zunehmender Kriegsdauer verschlechterte. Gegen Kriegsende wurden auch Fahnenflüchtige aufgenommen; und schließlich ging es nach dem Krieg um «Fluchthilfe» für so genannte Wolgadeutsche, die in die Sowjetunion repatriiert werden sollten.

Aufgrund der schlechten Quellenlage – die Protagonisten wie die Zeitzeugen sind zum Teil schon lange tot – ist über das Schicksal dieser Menschen wenig bekannt. Die Hilfeleistungen einzelner Oratorianer für sie sind nicht mehr zu klären. Einzig im Falle von Karoline Scherf ist Näheres belegt. Die gebürtige Berlinerin kam durch ihre Heirat mit dem Lehrer Paul Scherf nach Leipzig. Ihr Mann, der sich weigerte, sich von seiner jüdischen Frau scheiden zu lassen, verlor seine Stelle als Lehrer und kam 1944 ins KZ Osterode. Anfang Februar 1945, als die letzten Juden aus «Mischehen» abtransportiert wurden, erhielt auch Frau Scherf den Bescheid zum Abtransport nach Theresienstadt. Sie wandte sich an Theo Gunkel, mit dem sie Kontakt hielt, seit ihr Mann sich hilfesuchend an ihn gewandt hatte. Gunkel brachte sie im «Dreimäderlhaus» der Gemeinde unter. Dort lebten die Schwestern Ottilie und Helene Spitzer zusammen mit ihrer Pflegetochter Elfriede Schmidt. Sie hielten Karoline Scherf bis Kriegsende versteckt und verpflegten sie. Theo Gunkel, der selbst im November 1938 und 1943 zweimal verhaftet worden war, gelang es, Paul Scherf über den Verbleib seiner Frau zu benachrichtigen. Er überlebte das KZ und kam nach Leipzig zurück.[13]

Prädestinierte also der katholische oder der christliche Glaube allgemein Menschen für lebensrettende Hilfe und Solidarität für Verfolgte? Wie andere Forschungsergebnisse zeigen, kann die Frage mit Nein beantwortet werden. Zu klein ist ihre Zahl angesichts der Millionen von Christen, zu widersprüchlich sind die Hinweise auf die Bedeutung religiöser Motive.[14] Maria und Stephan Pfürtner waren keine durchschnittlichen Gläubigen, Josef Gülden und Theo Gunkel keine typischen Vertreter der katholischen Amtskirche. Auf je eigene Art waren sie Querdenker, die ihren Glauben als ethische Herausforderung begriffen, die ihnen half, die eigene Sicherheit für andere aufs Spiel zu setzen.

Woraus bezog Gerda Gottschalk ihren Lebenswillen, der auch Teil ihrer Rettung war? Aus Trotz, wie sie selbst ihr Motiv für die vorgetäuschte Krankheit beschreibt, um nicht ins KZ Kaiserwald verbracht zu werden? Aus der Solidarität, die ihr zuteil wurde, aus ihren Träumen von einem menschenwürdigen Leben? Einen Traum hat sie unter ihrem Künstlernamen Péer in einer Erzählung festgehalten. Er bezieht sich auf den Sommer 1942, als sie nach Riga-Strand abkommandiert war. In ihrer Erzählung lernen die Freundinnen Ruth und Helga die Soldaten Franz und Erich kennen, sie verlieben sich und fliehen mit Hilfe eines alten Letten, einem ehemaligen Kapitän, mit dem Boot nach Schweden. Nach schwerem Wetter auf See erblicken sie Land, grüne Wiesen mit Blumen und Schmetterlingen, ein Haus, einen festlich gedeckten Tisch mit Menschen, die sie willkommen heißen. Ruth erkennt die Gestalten: «Ganz vorn ihren Bruder Hermann, der in Dachau ermordet wurde, dann Tante Dora, in Straßendorf verhungert, das kleine Hennerle, das im Ghetto erfror, Egon aus Wien, den die Bluthunde zerfleischt hatten, gefolgt von Scharen all derer, die erschossen, gehenkt, vergast worden waren.»[15]

Karin Friedrich

«ER IST GEMEIN ZU UNSEREN FREUNDEN...»

DAS RETTERNETZ DER GRUPPE «ONKEL EMIL»

So fing es an am 1. April 1933 in Berlin – am so genannten Judenboykott-Tag. Heinrich Mühsam schleppt sich bei uns die Treppe hinauf, klingelt wie gejagt, hinkt ins Zimmer und keucht: «Im Ullsteinhaus – nicht zu fassen, unsere eigenen Leute!». An die hundert Angestellte seien durch die Gänge gerannt und hätten gebrüllt: «Juden raus!»
Der Redakteur Heinrich Mühsam war einer von vielen. Vor jüdischen Geschäften, vor Arzt- und Anwaltspraxen zogen stiefelknallend SA-Männer auf. Wohnungstüren wurden mit dem Davidstern beschmiert, Juden auf offener Straße zusammengeschlagen, die ersten verschleppt. Von grellen Plakaten schrie es: «Die Juden sind unser Unglück». Zwei Monate nach Hitlers «Machtergreifung» hatte Hitlers mörderischer Rundumschlag gegen die Juden begonnen.
Meine Mutter, seit der Scheidung von meinem Vater unter dem Namen Ruth Andreas-Friedrich freiberuflich als Journalistin in Berlin unterwegs, hatte 1931 bereits Hitlers «Mein Kampf» gelesen und ahnte, was auf uns zukommen könnte. Ihre geliebte Großmutter war mit Juden befreundet gewesen. Als meine Eltern sich in den Zwanziger Jahren während der Wirtschaftskrise mühselig durchschlagen mussten, hatten Ernst und Margarete Salomon uns mit großen Überraschungspaketen und schließlich mit der Vermittlung einer Anstellung für meinen Vater geholfen. Deren Tochter Eva, zu der Zeit noch mit Fritz Landshoff, dem späteren «Querido»-Verleger verheiratet, war ihre beste Freundin. Wie andere Journalisten in der damals fiebrigen Weltstadtmetropole, hatte meine Mutter einen großen Bekanntenkreis und traf sich regelmäßig mit jüdischen und linksorientierten Freunden im «Roma-

Auf dem Balkon Hünensteig 6, Berlin-Steglitz 1944 (Treffpunkt der «Gruppe Onkel Emil»); *links:* Karin Friedrich; *rechts:* Ruth Andreas-Friedrich

nischen Café» oder bei uns zu Hause. Für sie stand vom ersten Tag an fest, den Freunden beizustehen.

Als ich dann im April 1934 verstört aus der Schule kam, wo wir hatten antreten und vor gehisster Fahne rufen müssen: «Juda verrecke!», beschloss sie spontan, mich aufzuklären. «Ich muss Dir jetzt etwas verraten», sagte sie, «darüber darfst Du mit niemandem reden. Das ist unser Geheimnis. Wir können den Hitler nicht leiden. Er ist gemein zu unseren Freunden.»

Ich war damals neun Jahre, aber das verstand ich sofort. Ich hatte selbst jüdische Freunde: die Landshoffkinder, Marianne und Connie Fischer, mit denen ich schon im Sandkasten gespielt hatte, und Angelika Jossmann, «Winnetou» genannt. Den «Onkel» Heinrich Mühsam liebte ich besonders, weil er mich, wenn meine Mutter arbeitete, in «Shirley Temple»-Filme, in den Zoo oder den Zirkus und oft zum Kuchenessen einlud.

Mühsam wurde am 1. April 1934, auf den Tag genau ein Jahr nach dem Judenboykott, bei Ullstein mit der Begründung entlassen: «Als Schriftleiter nicht mehr tragbar». Erst 35 Jahre alt, nannte er sich von nun an «Privatier» und lebte zurückgezogen. Er war schwerbehindert. Seit einem Trambahnunfall quälte er sich mit einer Holzprothese.

Schon 1933 waren viele Juden ins Ausland geflüchtet. Nach dem Erlass der «Nürnberger (Rasseschande-)Gesetze» von 1935 setzte die nächste große Emigrationswelle ein. Aber Mühsam wollte bleiben. Meiner Mutter, die ihn immer wieder zur Auswanderung drängte, schrieb er: «Heimat ist dort, wo an der Mauer geschrieben steht ‹Paule ist doof›. Wo man Murmeln gespielt hat und Räuber und Gendarm. Alle Hitler der Erde können einem das nicht nehmen. Unglücklich sein in Kanada? Entwurzelt in den Vereinigten Staaten? Verzweifelt vor Sehnsucht auf den Philippinen? Es gibt einen Grad des Hierhergehörens, der jeden Fluchtgedanken ausschließt.»

Andere fühlten sich nicht mehr «hierher gehörig». Ernst und Margarete Salomon – für meine Mutter längst die «Vizeeltern» – verabschiedeten sich in die USA. Eva Landshoff ging nach Florenz, später über Nizza nach Hollywood. Margot Jacob, die Schwester unseres Zahnarztes Hugo Jacob, emigrierte nach Palästina in einen Kibbuz. Jenö und Frieda Weiss, Vertraute meiner Mutter aus den Zwanziger Jahren, flüchteten mit ihren drei Kindern Irene, Alexander und Peter über die Tschechoslowakei nach Schweden. Peter Weiss hatte mit mir Indianer gespielt. Meiner Mutter hinterließ er seine frühen Gemälde und Aquarelle. Sie hatte ihn daran hindern können, sie vor der Flucht zu vernichten. Tag und Nacht war sie damals unterwegs, um Haushalte aufzulösen und Koffer zu packen – um Abschied zu nehmen.

1938 setzte nach dem 9. November die dritte große Fluchtwelle ein. In der Nacht vom 9. auf den 10. November, als in Deutschland die Synagogen brannten, hatten fast ein Dutzend jüdischer Freunde und Bekannter bei uns in Steglitz am Hünensteig kampiert. Sie waren dem braunen Mob, der johlend durch die Straßen zog, jüdische Geschäfte stürmte, Bürger aus ihren Wohnungen zerrte und ver-

Ruth Andreas-Friedrich 1938 (37 Jahre alt)

schleppte, um Haaresbreite entronnen. Zitternd, rauchend, wie paralysiert saßen und lagerten sie bei uns und warteten auf das Ende des Terrors.

Die Verschleppten unter den Freunden wurden erst im Dezember 1938 aus den Lagern entlassen. Der Rechtsanwalt Kurt Hirschfeld kam mit Erfrierungen an Ohren, Händen und Füßen aus Sachsenhausen und wanderte bald darauf mit seiner Frau Liesel nach England aus. Dr. «Peterchen» Tarnowsky, ein Jugendfreund meiner Mutter aus ihrer Breslauer Zeit, kehrte kahl geschoren wie ein Zuchthäusler aus Buchenwald zurück und schickte seine beiden kleinen Söhne allein nach England. Ihm selbst, dem Weltkriegsdekorierten, meinte er, werde man nichts anhaben können. Noch kurz vor dem 9. November hatte der Vater meiner Freundin Winnetou, der Psychiater Dr. Paul Jossmann, ein Affidavit für Amerika bekommen und bereitete dort die Ausreise der Familie vor. Seine Tochter hatte man als Jüdin von der Schule verwiesen. Ellen und der Rechtsanwalt Dr. Hanns Fischer vertrauten ihre Töchter Connie und Marianne unter Tränen einem Kindertransport nach Großbritannien an. Ihnen selbst gelang es in letzter Minute, sich nach La Paz / Bolivien abzusetzen. Was sie in Berlin aus Liebhaberei gepflegt hatten – die Kammermusik – half ihnen anfangs, sich kärglich über Wasser zu halten.

Neue Maßregeln gegen die Juden treten in Kraft. Für die Schäden der Pogromnacht am 9. November müssen die Opfer selbst aufkommen und obendrein eine Milliarde Reichsmark «Sühneabgabe» zahlen. Ihre Betriebe werden nach und nach «zwangsarisiert». Vom kulturellen Leben – Theater, Konzerten, Kino, Universitäten und Schulen – werden sie ausgeschlossen, ihre Pässe mit einem großen «J» gezeichnet. Den Familiennamen müssen sie in Zukunft die Vornamen Israel oder Sara hinzufügen. Die Führerscheine werden eingezogen. Sie dürfen keine Haustiere halten, keine öffentlichen Verkehrsmittel und keine Parkbänke benutzen. Bald darauf werden auch Telefone und Radios beschlagnahmt. Vor Waldwegen warnen Schilder: «Juden sind in unseren deutschen Wäldern nicht erwünscht».

Die Schlinge zieht sich zu. Am Hünensteig trifft sich auf Drängen meiner Mutter ein erster kleiner Kreis, um Hilfsmaßnahmen für jüdische und politisch Verfolgte zu beraten. Neben ihr, die von Anfang an die leidenschaftliche, treibende Kraft der Gruppe war, gehören vom ersten Tag an dazu:

> Dr. Fritz von Bergmann, Pharmakologe;
> Dr. Christl von Bergmann, seine Frau, Ärztin;
> Der Dirigent Leo Borchard, geb. 1899 in Moskau als Sohn deutscher Eltern, 1918 nach Deutschland geflohen, seit 1931 Lebensgefährte meiner Mutter. Bis zum Berufsverbot 1936, das mit seiner nahen Verbundenheit zu dem «Juden Bruno Walter» und «politischer Unzuverlässigkeit» begründet wird, war er unter anderem Dirigent der Berliner Philharmoniker und wohnte am Hünenstieg in der kleinen Wohnung über uns.
> Dr. jur. Günther Brandt, Landgerichtsrat;
> Erich Kerber, Arbeiter, seit 1933 im Untergrund;
> Dr. jur. Hans Peters, geb. 1896, Professor für öffentliches Recht, Freund meiner Mutter seit ihrer Breslauer Zeit, im Krieg Major im Luftwaffenführungsstab und unser Verbindungsmann zum «Kreisauer Kreis»;
> Walter Reimann, Konditormeister, Inhaber von «Konditorei und Restaurant Reimann» am Kurfürstendamm;
> Charlotte Reimann, seine Frau, sowie
> Susanne Simonis, Redakteurin, später im Auswärtigen Amt.

Alle neun und einige später noch dazu gekommene Helfer, wie etwa der Architekt Hermann Fehling und seine Frau, die Journalistin Dora Fehling, der Arzt Dr. Walter Seitz und der Feueranzünderfabrikant Walter Zeunert, waren von 1933 an entschiedene Gegner des Nationalsozialismus, seiner Anführer und ihrer verbrecherischen Ziele. Alle waren entschlossen, so weit es in ihren Kräften stand, jüdischen und politisch Verfolgten zu helfen zu überleben – Gegenleistungen wurden weder verlangt noch angenommen. Sie waren durchschnittliche Bürger aus den unterschiedlichsten Berufen und gehörten verschiedenen Religionsgemeinschaften an oder waren Atheisten – einzig dadurch motiviert, sich dem himmelschreienden Unrecht entgegen zu stemmen.

Dr. Walter Seitz, Berlin 1944 (39 Jahre alt)

Karin Friedrich 1944 (20 Jahre alt)

Bei den ersten Aktionen schaffen Leo Borchard, meine Mutter, Susanne Simonis und andere, die ins Ausland fahren, Wertsachen für jüdische Emigranten hinaus, die offiziell nur 10 Reichsmark mitnehmen dürfen. Die Frauen reisen mit Schmuck und Pelzen behangen, mit Dollarnoten in der Puderdose, Brillanten in der Zahnpastatube und seltenen Erstausgaben im Koffer in die Schweiz, nach Italien, Schweden und Frankreich. Leo Borchard bringt Maßanzüge, kostbare Uhren, goldene Krawattennadeln und ebenfalls Brillanten außer Landes.

Einen Einwanderungsantrag beim amerikanischen Konsulat vom 30. Juni 1939 in die Vereinigten Staaten für meine Mutter und mich, registriert unter der Kennnummer 74747 –8, lässt sie wenige Monate später annullieren, um Platz für Bedürftigere zu machen.

Auf Befehl Hitlers überfallen deutsche Soldaten am 1. September 1939 Polen. Mit der Verschärfung der Judenverfolgung und dem Beginn der Massendeportationen ergab sich für uns eine Aktion nach der anderen. Die ausgewanderten jüdischen Freunde hatten Freunde und Bekannte hinterlassen, die nicht emigrieren konnten oder wollten, wie etwa Heinrich Mühsam. Den immer brutaleren Reglements gegen die Juden mussten die Hilfen angepasst, der Helferkreis musste erweitert werden. Ab 1940 war ich aktiv dabei.

Meine Freundin Winnetou konnte mit ihrer Mutter Dolly Jossmann noch im Februar 1940 in die USA entkommen. Im gleichen Jahr hatten wir in der Schule zur Vorführung von Veit Harlans Hetzfilm «Jud Süß» anzutreten. Und auf breiter Front wird gesiegt. Dänemark und Norwegen, die Niederlande, Belgien und Luxemburg werden überrannt. Paris ergibt sich kampflos am 14. Juni. Am 22. Juni unterschreibt Hitler in Compiègne, im historischen Salonwagen von 1918, den Waffenstillstand. Eine Flüchtlingsflut wälzt sich in Richtung der Pyrenäen. Ein Jahr später, am 22. Juni

1941, marschieren die Deutschen ohne Kriegserklärung in die Sowjetunion ein. Im September werden die Juden endgültig gebrandmarkt. Mit Ausnahme der Kinder unter sechs Jahren haben alle den gelben Stern zu tragen. Viele gehen in den Untergrund.
1940/41 waren für uns die verzweifelsten Jahre. Fast täglich Siegesfanfaren aus dem Radio. Begeistertes Volk allenthalben. Von unserem Gewährsmann Hans Peters kamen immer neue, immer grauenvollere Nachrichten über das Wüten von «Einsatzgruppen» hinter der Front, über unvorstellbare Massenerschießungen, verhungernde, russische Gefangene, über Zehntausende im Warschauer Ghetto zusammengepferchte, im absoluten Elend vegetierende Juden.

Am 7. Dezember 1941 bombardieren die Japaner den US-Flottenstützpunkt Pearl Harbor. Am Tag danach erklären die USA den Japanern den Krieg, am 12. Februar 1942 folgen Deutschland und Italien mit der Kriegserklärung an die USA. Zum ersten Mal hoffen wir auf eine Wende. Aber während vor Moskau und Leningrad die Deutschen endlich zum Halten kommen, nehmen die Judendeportationen zu. Als erste verschwindet unsere alte Freundin Margot Rosenthal. Ein Brief von ihr aus dem Judensammellager Grüssau erreicht uns am Heiligen Abend. «Schickt uns zu essen», fleht sie. «Wir verhungern. Vergesst uns nicht. Ich weine den ganzen Tag.» Wir schicken Pakete und sie kommen an.

Margots Hilferuf ist der Beginn, das Sammeln von Lebensmittelmarken und Esswaren systematisch zu organisieren. Am effektivsten läuft das über den Konditor Walter Reimann, seine Frau und deren Lieferanten, auch über den Feueranzünder-Fabrikanten Walter Zeunert und viele andere, die von unserem Helferkreis nichts wissen, die wir aber für «Bedürftige» laufend um Marken bitten. Als dann im Sommer 1942 den Juden die Lebensmittelzuteilungen drastisch gekürzt werden, steht unser illegales «Bezugssystem».

Mit Lebensmitteln für die Verfolgten allein war es allerdings nicht getan. Bei einem der nächsten Gruppentreffen wird aufgelistet, was wir sonst noch in Zukunft brauchen würden, um Untergetauchte zu versorgen: Länger- und kurzfristige Quartiere, Medikamente, Atteste, Rezepte, Krankenbesuche, Kontakte zu den Versteckten und falsche Papiere.

Bei der Vermittlung von Quartieren halfen uns Fritz und Christl von Bergmann, Dr. Günther Brandt, der selbst ein jüdisches Ehepaar aufnahm, und der Komponist Gottfried von Einem mit seinen vielfältigen Verbindungen – neben dem Komponisten Boris Blacher und seiner Frau, der Pianistin Gerty Herzog, enge Freunde von Leo Borchard. Wir selbst und andere, deren Namen mir nicht mehr präsent sind oder die ich, weil der Kreis der Mitwisser so klein wie möglich zu halten war, nie erfuhr, beherbergten für ein paar Tage, Wochen oder nur übers Wochenende jüdische Untergetauchte, offiziell als «Verwandtenbesuche» oder «gerade Ausgebombte» ausgegeben.

Die medizinische Versorgung übernahmen auch wieder Fritz und Christl von Bergmann. Zu ihnen stieß ihr gemeinsamer Freund Dr. Walter Seitz, der sich bei der kriegswichtigen Firma «Schering» unabkömmlich gemacht hatte. Später kamen noch Dr. Josef Schunk und – bevor er verhaftet wurde – Dr. Wolfgang Kühn dazu.

Um Kontakte, vor allem nach Bombenangriffen, zu den Untergetauchten zu halten, Marken zu sammeln, Lebensmittel und Gemüse auszutragen, waren meine Mutter und ich eingeteilt. Nur einen Drucker, der die dringend notwendigen Papiere hätte drucken können, hatten wir noch nicht gefunden.

Der letzte Brief von Margot Rosenthal trifft am 30. April '42 ein. «Geliebte Freunde», schreibt sie. «Nun hat mich das Unglück in seiner ganzen Wucht gepackt. Heute bin ich von Grüssau abtransportiert worden. Wohin?... Rucksack und so viel Gepäck wie man tragen kann. Ich kann nichts tragen und werde eben alles am Wege liegen lassen. Das ist der Abschied vom Leben. Ich weine und weine. Lebt wohl für immer und denkt an mich». Margot Rosenthals letzte Reise geht nach Auschwitz.

Heinrich Mühsam bittet meine Mutter im Juni, ihm zu helfen, die angeordnete «Vermögenserklärung» auszufüllen. Vom Buch mit Titel und Wertangabe bis zu «Vorräte eingeweckt» ist der Hausrat penibel aufzulisten und wird anschließend «in Verbindung mit dem Erlass des Führers und Reichskanzlers über die Verwertung des eingezogenen Vermögens von Reichsfeinden vom 29. Mai 1941 RGBl. I S. 303 zugunsten des Deutschen Reiches eingezogen».

Der Ullstein-Redakteur, «Reichsfeind» Heinrich Israel Mühsam und seine Mutter Paula Sara Mühsam, geb. Guttentag, werden mit dem Alterstransport I/13 am 30. Juli 1942 von Berlin nach Theresienstadt transportiert. Die alte Frau Mühsam stirbt dort am 10. Mai 1943. Heinrich Mühsam, 44 Jahre alt, wird in Auschwitz ermordet.

Unser Zahnarzt Dr. Hugo Jacob, der sich bis zuletzt geweigert hatte, seiner Schwester Margot nach Palästina zu folgen, taucht im Dezember 1942 unter. Nicht allein. Vorübergehend wohnt die ganze Familie bei uns: Hugos zarte Frau Edith, ihre Tochter Evelyne, 5 Jahre alt, und die Schwiegereltern Bernstein. Sie beharren darauf, zusammen zu bleiben. Von uns wechseln sie zu Günther Brandt, dann zu Bergmanns, schließlich besorgen Reimanns ein Quartier für drei Wochen in einem Schuppen. Im Februar 1943 wird Hugo in einer Apotheke verhaftet. Kurz darauf werden die vier anderen festgenommen. Sie hatten sich heimlich in ihrer alten Wohnung frische Wäsche holen wollen. Alle fünf kehren nicht zurück.

«Die Untergegangenen und die Geretteten» hat Primo Levi eines seiner Bücher überschrieben. Was man damals für Verfolgte tun konnte, erscheint im Rückblick lächerlich wenig. Die Untergegangenen verfolgen uns bis in den Schlaf.

Nach dem Fall von Stalingrad und erst drei Wochen nach der Hinrichtung der Geschwister Scholl und ihres Mitstreiters Christoph Probst bringt uns im März 1943 Hans Peters die Nachricht von ihrem Tod und das letzte, das 6. Flugblatt. In München gab es Gesinnungsfreunde – das ist ein Lichtblick. Sie leben nicht mehr – das ist eine schwer begreifbare Tragödie. Mit Durchschlägen tippen wir das Flugblatt ab und geben 250 Aufrufe weiter: «Studenten und Studentinnen! Auf uns sieht das deutsche Volk. Von uns erwartet es die Brechung des nationalsozialistischen Terrors aus der Macht des Geistes. Beresina und Stalingrad flammen im Osten auf. Die Toten von Stalingrad beschwören uns. Frisch auf, mein Volk, die Flammenzeichen rauchen!» – Ein Vermächtnis.

Beim Flächenangriff auf die südlichen Vororte von Berlin am 23. August 1943 gehen in unserer Wohnung am Hünensteig die dünnen Zwischenwände zu Bruch. Nur die Türrahmen bleiben stehen. In der nunmehr Ein-Raum-Behausung, mit Pappen vor den Fenstern, lassen sich kaum noch Menschen unterbringen. Beim Photographieren des lädierten Hauses werde ich vom Blockwart beobachtet. Er erscheint bei uns uniformiert und droht mit Anzeige. Das Photographieren von Trümmern ist verboten. Die Gestapo auf uns aufmerksam zu machen, hätte fatale Folgen haben können. Meiner Mutter kommt der rettende Einfall. Sie schickt die Photos an Goebbels, den Reichspropagandaminister, mit einem Begleitbrief. Die Bilder, heißt es darin, habe Karin Friedrich in ihrem Auftrag erstellt – als Beweismittel zum Antrag der Mieter, den nahe gelegenen Wasserturm mit einem Tarnnetz zu überziehen, weil in seinem Umfeld auffallend viele feindliche Bomben niedergingen. Das Tarnnetz kam nie, aber auch die Anzeige unterblieb. Das war das einzige Mal, wo wir dem Blockwart auffielen. In unserem Haus wohnten keine Parteimitglieder. Dass ständig Besucher bei der Journalistin Andreas-Friedrich und Schüler bei Leo Borchard aus und ein gingen, hatten die Mieter wohl als berufsbedingt akzeptiert.

So fällt auch der junge Konrad Latte gar nicht auf, der im September 1943 plötzlich vor unserer Tür steht. Er beruft sich auf Gottfried von Einem und möchte bei Leo Borchard Unterricht im Dirigieren nehmen. Konrad ist mit den jüdischen Eltern aus Breslau geflohen, lebt hier im Untergrund, hat sogar ein Zimmer in einer Pension und spielt unter dem Namen Konrad Bauer als Organist bei Hochzeiten, Taufen und Trauerfeiern in verschiedenen protestantischen Kirchen. Konrad gehört bald zu uns wie ein alter Freund. Er macht uns mit Pfarrer Harald Poelchau bekannt, dem Gefängnispfarrer von Tegel und Plötzensee – dem ungewöhnlichsten, mutigsten Menschen, dem ich in der Nazizeit begegnete.

Mit Poelchau arbeiten wir in Zukunft zusammen. Er schickt uns jüdische Menschen, die Hilfe brauchen. Wir sammeln Lebensmittelmarken für ihn, übernehmen Botendienste und liefern warme Decken und Henkelmänner mit Essen an Gefangene. Im Oktober wird Konrad festgenommen; seine Eltern verhaftet man kurz danach. Mit dem rüden Bescheid, ihrem Sohn drohe die Todesstrafe, werden sie am 14. Oktober mit dem «44. Osttransport» von Berlin nach Auschwitz deportiert. Konrad hat man ins Gefängnis an der Großen Hamburger Straße gebracht.

Fünf Wochen später steht er wieder vor unserer Tür. Ihm und einem Mithäftling, dem jüdischen Buchdruckermeister Ludwig Lichtwitz, ist das schier Unmögliche gelungen: der Ausbruch aus dem Gefängnis. Die erste Nacht hat Konrad bei der Choreographin Tatjana Gsovsky verbracht. Gottfried von Einem besorgt ihm bald darauf einen Ausweis der Reichsmusikkammer und bringt ihn als Statist bei der Staatsoper unter. Bei Borchard nimmt er wieder Unterricht und nächtigt alle paar Wochen woanders. Mal ist er als Nachtwächter in einer Bank, mal schläft er in einem Kellerraum, den der Pächter der Tegeler Gefängniskantine, Willi Kranz, zur Verfügung stellt. Nach einer todesmutigen Odyssee, zuletzt als Kapellmeister auf Wehrmachtstournee, erlebt er das Kriegsende schließlich bei der Sopranistin Ellen Brockmann.

Auch der Buchdrucker Ludwig Lichtwitz überlebt im Untergrund und druckt nachts illegal in einer Druckerei endlich alle Papiere, die Untergetauchte brauchen: Ersatzausweise, Fahrtberechtigungsscheine für die Bahn, U- und S-Bahn-Karten in verschiedenen Farben, zuletzt Volkssturmscheine und Dienstreisepapiere für Wehrmachtsangehörige.

Unser Freund Walter Seitz ist inzwischen zum ärztlichen Dienst in einem schlesischen Ausweichhospital eingezogen worden und fällt ausgerechnet aus, als eine junge Jüdin bei Günther Brandt an Scharlach erkrankt. Scharlach war damals noch eine hoch ansteckende, schwere Erkrankung, die mindestens sechs Wochen Isolation, Medikamente und ärztliche Betreuung erforderte. Christl von Bergmann übernimmt das. Unser Arbeiterfreund Erich Kerber, seit 1933 im Untergrund, findet einen zuverlässigen, kommunistischen Kammerjäger, der die Wohnung desinfiziert. Die junge Frau wird gesund und überlebt.

Das schreibt sich leicht hin. Was ein einziger Krankheitsfall, was die Versorgung mehrerer Untergetauchter in dieser Zeit den Helfern an Durchhaltevermögen, an Verschwiegenheit, Phantasie und ständiger Wachsamkeit abverlangte, ist heute nur schwer vorstellbar. Noch viel mehr wurde denen aufgebürdet, die in der Illegalität ausharren mussten – jeden Augenblick fürchtend, entdeckt zu werden, meist auf engsten Raum beschränkt, abhängig von oft Unbekannten, denen sie blind vertrauen mussten. Bombenangriffe gab es jetzt tags und nachts. Versteckte durften nicht in den Keller; Helfer wurden zuweilen selbst ausgebombt. Telefone, Busse, S- und U-Bahnen fielen immer wieder aus. Die Lebensmittel wurden knapp.

Nach dem tragisch misslungenen Attentat vom 20. Juli 1944 tauchte Walter Seitz plötzlich wieder bei uns auf. Er hatte an der Ostfront «Zwangsarbeiter» mehrfach bewusst krank geschrieben, war denunziert worden, untergetaucht und nun per Fahndungsliste gesucht. In der «Höhle des Löwen», bei einer SS-Sturmbannführer-Witwe, hatte er durch Fritz von Bergmanns Vermittlung zunächst vorübergehend eine Untermietbleibe gefunden und stellte sich sofort wieder der Gruppe zur Verfügung.

Auf ihn ging denn auch der Vorschlag zurück, in eine Kartenstelle einzubrechen. Das war im Frühjahr 1945. Poelchau hatte uns zwei weitere junge, jüdische Ausbrecher aus dem Gefängnis an der Großen Hamburger Straße geschickt: Ralph und Rita Neumann. Während beide sich bei uns auf dem Fußboden einrichten, besorgt Walter Seitz einen holländischen Pass. Der erst im Dezember 1944 zur Gruppe gestoßene Schriftsteller Fred Denger macht ihn «passend». Die fehlenden Lebensmittelkarten soll der Einbruch bringen.

Walter und Fred wagen den Einbruch, aber sie finden keine Lebensmittelkarten, nur «Fliegerabreisebescheinigungen – für behördlich angeordnete – genehmigte Umquartierung». Ohne Fred Denger, der für ein Dutzend erfundener «Fliegergeschädigter» polizeiliche Ab- und Anmeldungen fälschte, hätten wir es nie geschafft, an Lebensmittelkarten zu kommen. Auch nicht ohne den Stempel mit dem Reichsadler, den meine Mutter während eines Bombenangriffs in einer Arztpraxis hatte mitgehen lassen. Nach Ostern endlich melde ich das erste halbe Dutzend «Ausgebombter» auf der Polizeiwache in Potsdam an und nehme hundert Meter weiter in der Kartenstelle die kompletten Lebensmittelkartensätze entgegen. Ralph und Rita ist fürs erste geholfen. Auch sie überlebten und wanderten nach Kriegsende nach Südamerika aus.

Am 27. April 1945 werden wir in Berlin-Steglitz von den Russen befreit. Von unserer Gruppe, die später nach unserem Warnruf «Onkel Emil» ohne unser Zutun «Gruppe Onkel Emil» genannt wurde, bin heute allein ich noch übrig. Leo Borchard wurde schon am 23. August 1945, nach 18 Konzerten mit den Berliner Philharmonikern, durch ein tragisches Versehen von einem amerikanischen Soldaten erschossen. Meine Mutter starb 1977, Walter Seitz 1997.

Die «Geretteten» haben sich nach dem Krieg in alle Winde verstreut. Von unseren jüdischen Freunden leben in Amerika noch: Connie Fischer (-Sattler), Angelika Jossmann (-Forsberg) alias Winnetou, und Beate Landshoff (-Emery) – meine Freundinnen aus der Kinderzeit, mit denen ich bis heute befreundet bin. In Israel, im Kibbuz Ein Gev, gibt es noch Margot Jacob (-Singer), die Schwester unseres in Auschwitz ermordeten Zahnarztes Hugo Jacob, zu der die enge Verbindung nie abgerissen ist. Ihr Sohn Arjeh fiel am Suezkanal, ihr Mann liegt neben ihm in Ein Gev begraben, seit dem 20. Oktober 2002 auch ihr Enkel Offer. Er wurde am 19. Oktober beim Selbstmordattentat eines Palästinensers auf einen Bus in Tel Aviv getötet.

Leo Borchard 1938

Je älter ich werde, je weiter die Nazizeit in die Ferne rückt, desto deutlicher stehen mir die «Untergegangenen» vor Augen, alle, die nicht gerettet werden konnten – die kleine Evelyne und die zitternden, alten Bernsteins, die am Ende in ihrer Wohnung zwei Stunden lang von Gestapobeamten belagert wurden, ehe man die Tür eintrat und sie abführte. Und der Mann mit dem Holzbein, Heinrich Mühsam, der meiner Mutter bekannte: «Es gibt einen Grad des Hierhergehörens, der jeden Fluchtgedanken ausschließt». Die alte Frau Rosenthal schließlich, die ihr zuletzt auf dem Weg nach Auschwitz schrieb: «Ich weine und weine... Denkt an mich».

III Kräfte der Milieus

Beate Kosmala

ZUFLUCHT IN POTSDAM BEI CHRISTEN DER BEKENNENDEN KIRCHE

Am 19. September 2002 nahm die 82-jährige Christa-Maria Lyckhage im schwedischen Göteborg eine Medaille der israelischen Holocaust-Gedenkstätte Yad Vashem entgegen, mit der sie und ihre 1946 verstorbene Mutter Dorothea Schneider wegen ihres mutigen Handelns in der NS-Zeit als «Gerechte unter den Völkern» ausgezeichnet wurden. Die beiden Frauen hatten 1943 und 1944 verfolgten Jüdinnen Unterschlupf gewährt, um sie vor der Deportation zu schützen. Ort des Geschehens war nicht Göteborg, sondern das brandenburgische Potsdam. Geht man der Frage nach, wer diese beiden Frauen waren und wem sie halfen, dringt man in ein dichtes Geflecht handelnder Personen ein und muss ein kompliziertes Gefüge von Schicksalen entwirren.

Dorothea Schneider, geb. Ryssel, wurde am 18. November 1889 als Tochter eines protestantischen Pfarrers in Niederschlesien geboren, und auch ihr weiterer Lebensweg sollte im Umfeld evangelischer Pfarrhäuser verlaufen. Von 1913 bis 1915 ließ sie sich an der Sozialen Frauenschule der Inneren Mission zur Jugendpflegerin ausbilden, danach arbeitete sie für die evangelische weibliche Jugend in der Provinz Posen bis zu ihrer Eheschließung 1919 mit dem Posener Pastor D. Adolf Schneider. Am 5. Oktober 1920 wurde die Tochter Christa-Maria geboren. Die Anfänge der jungen Familie fielen in die schwierige Zeit, als die Provinz Posen auf Grund des Versailler Vertrags an Polen fiel. Einige Jahre nach dem frühen Tod ihres Mannes 1928 beschloss die Pfarrerswitwe, das inzwischen polnische Poznań und die dortige Kirchenarbeit zu verlassen und mit ihrer Tochter nach Deutschland überzusiedeln. Im Oktober 1934 ließ sie sich mit der 14-jährigen Christa-Maria in Potsdam nieder, weil dort gute Freunde der Familie lebten.

Christa-Maria Lyckhage, geb. Schneider, 1950

Die Stadt an der Havel, einst Preußens größter Garnisonsort, galt vielen als Inbegriff des preußisch-deutschen Militarismus. Mit seinen verarmten Adligen, pensionierten Offizieren und zahlreichen Beamten blieb das protestantische Potsdam bis 1933 monarchistisch ausgerichtet. Wegen seiner symbolischen Bedeutung zelebrierten Hindenburg und Hitler nach der Regie des neuen Propagandaministers Goebbels am 21. März 1933, dem «Tag von Potsdam», die angebliche Verbundenheit des Nationalsozialismus mit dem preußischen Staatsgedanken in einem Festakt in der Garnisonkirche.

In der ersten Zeit nach ihrer Übersiedlung in die Havel-Stadt stand die Witwe aus Posen dem neuen Regime in Deutschland keineswegs negativ gegenüber. «Ihre Bereitschaft, alles im alten, inzwischen so veränderten Vaterland herrlich und wunderbar zu finden, war die denkbar beste», schrieb ihre Tochter später.[1] Begeisterte Verwandte luden Dorothea Schneider zu einer Versammlung der nationalsozialistischen «Deutschen Christen» ein, wo Reden über Hitlers «positives Christentum» gehalten wurden. Während das Alte Testament von Viehtreibern und Zuhältern handle, sei das Auftreten Jesu ein Aufflammen des nordischen Menschen, wurde dort verkündet. Bei Dorothea Schneider löste diese Darstellung Abscheu aus; sie kehrte buchstäblich mit Leibschmerzen von dieser Veranstaltung zurück. Einen Monat später, im November 1934, schloss sie sich der Bekennenden Kirche an. Sie gehörte in Potsdam zur Gemeinde der Erlöserkirche, wo Pastor Ernst Kumbier als entschiedener Anhänger der Bekennenden Kirche wirkte. Dorothea Schneider fand eine Halbtagsstelle in der von Johannes Lepsius gegründeten Orientmission, womit sie ihre schmale Witwenrente aufbessern konnte. Mutter und Tochter lebten nun in einem Kreis Gleichgesinnter. Sie bezogen eine hübsche Zwei-Zimmerwohnung in der Horst-Wessel-Straße (Wielandstraße) in einer Neubausiedlung an der Havel.

Außerhalb des kirchlichen Lebens versuchte Dorothea Schneider noch einige Zeit, an den «guten Willen der Nazis» zu glauben. Doch die Bedrängnis der Bekennenden Kirche wurde deutlicher spürbar, exponierte Mitglieder wurden inhaftiert. In der Schneiderschen Familienchronik heißt es zwischen Berichten über Geburtstage, Museumsbesuche, Blockflötenspiel und dem ersten obligatorischen Luftschutzkursus im Jahr 1937: «Die Verhaftungswelle innerhalb der BK rollt weiter, unser Pastor Kumbier war zwei Wochen im Gefängnis, Niemöller – Dahlem sitzt seit 1. Juli in Untersuchungshaft, ohne daß seine Sache vor Gericht gekommen wäre. Für die Sache der evangelischen Kirche in Deutschland sieht es immer schmerzlicher aus. Die Verachtung des Christentums ist eine harte Prüfung.» Wie auch in anderen Städten Deutschlands fanden in den folgenden Jahren an einem bestimmten Abend in der Woche in einer der Potsdamer evangelischen Kirchen Fürbittegottesdienste für Christen in den Gefängnissen und Konzentrationslagern statt.

Inwieweit der Kreis um Dorothea Schneider die fortschreitende Entrechtung und Verfolgung der kleinen jüdischen Bevölkerungsgruppe in Potsdam in diesen Jahren bewusst wahrnahm, ist nicht bekannt. Nachdem am 9./10. November 1938 das Innere der Synagoge am Potsdamer Wilhelmplatz verwüstet worden war, wurde das Gebäude des jüdischen Gotteshauses als «Posthörsaal» für Rundfunk- und Fernsehgemeinschaftsempfang bestimmt. Anfang 1939 lebten nur noch 175 Personen jüdischen Glaubens in der Havelstadt mit ihren inzwischen rund 138 000 Einwohnern. Viele Juden waren emigriert, um sich dem Druck zu entziehen.[2]

Am Tag nach dem deutschen Überfall auf Polen am 1. September 1939 schrieb Dorothea Schneider in der Familienchronik: «Der Gottesdienst war geprägt von einem erschütternden Ernst im Blick auf die kommenden Tage, die Predigt handelte von Gnade und Gericht.» Später äußerte sich ihre Tochter, die in die frühere

Dorothea Schneider

Heimat gereist war, über die Eindrücke und Gefühle nach dem so genannten Polenfeldzug: «Im selben Herbst wurde Polen besiegt. Ich habe mit eigenen Augen Kreuze und Heiligenbilder am Wegrand gesehen, welche die SS heruntergerissen und in den Graben geworfen hatte, von den Polen danach mit Blumen geschmückt. Vielleicht hatte die SS damit die letzten Reste unseres gutgläubigen Idealismus niedergerissen. Wir fühlten uns auf der Seite der katholischen Polen, und wir schämten uns als Deutsche.»

Trotz aller Sorge gab es noch keine allzu einschneidenden Veränderungen im Leben von Mutter und Tochter. Christa-Maria, die seit der Übersiedlung nach Potsdam die «Realgymnasiale Studienanstalt» in der Waisenstraße besucht und 1939 dort das Abitur abgelegt hatte, schrieb sich kurz nach Kriegsausbruch an der Berliner Universität ein. Die frischgebackene Studentin belegte die Fächer Germanistik, Anglistik, Philosophie, Psychologie und Schwedisch und engagierte sich in der evangelischen Studentengemeinde. Ihre Mutter war weiterhin für die Lepsius-Mission tätig.

Anfang 1943 stellte der Kunsthistoriker Dr. Hermann Weidhaas, Mitglied des Vorstands der Lepsius-Mission, Dorothea Schneider eine folgenschwere Frage: Ob sie bereit sei, untergetauchte Juden aufzunehmen. Er erklärte ihr, die «U-Boote» dürften nie lange bleiben, sondern müssten wie «Schneebälle» weitergereicht werden. In dieser Situation zog sie, wie die Tochter später urteilte, die Konsequenz aus ihrer am Evangelium gereiften politischen Einsicht. «Merkwürdigerweise erinnere ich mich nicht an Gespräche zwischen uns, die vorausgegangen wären», schreibt Christa-Maria.[3] Es habe eigentlich nichts zu diskutieren gegeben, sie selbst habe durch die Studentengemeinde eine eigene christliche Überzeugung gewonnen – Mutter und Tochter waren sich einig. Zu klären war nur die «Nebenfrage», wie man die Anwesenheit fremder Gesichter etwa der Nachbarin verständlich machen konnte. Allzu schwierig erschien dies nicht, da die anderen Mieter daran gewöhnt waren, dass bei Schneiders Besucher aus und ein gingen.

Kurz nachdem Dorothea Schneider eingewilligt hatte, «Gäste» aufzunehmen, erschien im Februar 1943 eines Nachmittags eine jüdische Familie in der Horst-Wessel-Straße. Sie war aus Breslau nach Berlin geflüchtet, um sich der Deportation zu entziehen. Es handelte sich um das Ehepaar Margarete und Manfred Latte mit ihrem Sohn Konrad, einem jungen Musiker.[4] Man saß zusammen und trank Ersatzkaffee. Dann machten sich Vater und Sohn wieder auf den Weg zu ihren illegalen Unterkünften in Berlin, während Margarete Latte, «die zarte kleine Kunstkennerin und Rilkeverehrerin», für die folgenden zwei Wochen in der Wohnung der beiden Frauen blieb. In Dorothea Schneiders Gästebuch befindet sich unter «Februar 1943» die verblasste Bleistiftnotiz «Frau B». Das B steht für «Bauer», wie die Untergetauchte zur Tarnung genannt wurde. Nach ihrem etwa zweiwöchigen Aufenthalt wurde sie an andere Potsdamer Adressen «weitergereicht». Ende September 1943 war sie noch einmal «Gast» bei Dorothea Schneider. Zu diesem Zeitpunkt bahnte sich das schreckliche Ende der bis dahin glimpflich verlaufenen «illegalen» Zeit für Margarete Latte an.

Im Sommer des nächsten Jahres stellte sich ein weiterer Gast bei Dorothea und Christa-Maria Schneider ein, diesmal allerdings unangemeldet. Eines sehr frühen Morgens im Juli 1944 läutete es. Vor der Wohnungstür stand eine verängstigte Frau – mit Grüßen von Pfarrer Poelchau. Dr. Harald Poelchau, evangelischer Gefängnis-Pfarrer der Haftanstalt in Berlin-Tegel, Mitglied der Bekennenden Kirche, Angehöriger des Kreisauer Kreises und Mitstreiter der Widerstandsgruppe «Onkel Emil» mit dem Decknamen «Dr. Tegel», war während des Krieges in Berlin Anlaufstelle für zahlreiche untergetauchte Juden in höchster Bedrängnis.

Dorothea Schneider ließ die erschöpfte Frau ein und bereitete ihr ein Bett in der kleinen Wohnung. Die Unbekannte war eine jüdische Krankenschwester namens Lotte. Die damals 34jährige hatte zur Widerstandsgruppe jüdischer Kommunisten in Berlin um Herbert Baum gehört und war zwei Tage zuvor nach mehr als zwei Jahren alptraumhafter Verfolgung aus dem Berliner Judensammellager in der Schulstraße, der ehemaligen Pathologie des Jüdischen Krankenhauses, entflohen. Frau Schneider konnte nicht wissen, auf welch verschlungenen Wegen die flüchtige Jüdin den Kontakt zu Poelchau bekommen hatte und an ihre Adresse in Potsdam gelangt war.

Die Krankenschwester

Erika Charlotte, genannt Lotte, wurde 1909 als zweite Tochter von Margarete und Max Abraham in Berlin-Charlottenburg geboren. Die vierköpfige Familie hatte ihr bescheidenes Auskommen, der Vater verdiente den Lebensunterhalt als Vertreter in der Lederbranche. «Meine Eltern waren auf der einen Seite Juden, auf der anderen Seite ganz dem Bürgertum verhaftet, kleinbürgerlich und kaisertreu», meinte die Tochter später.[5] Als sich die wirtschaftliche Situation der Familie in den zwanziger Jahren verschlechterte, verließ sie das gutbürgerliche Charlottenburg und zog in den Südosten Berlins, in die Köpenicker Straße. Lotte besuchte zunächst die nahegelegene Wagnersche Höhere Töchterschule, mit 15 Jahren wechselte sie auf das Luisen-Oberlyzeum in der Friedrichstraße, wo sie bis zur «Obersekunda» blieb. Die häuslichen Verhältnisse gestalteten sich schwierig, die Eltern trennten sich, der Vater verließ Berlin. Als sie einen Ausbildungsplatz als Säuglingsschwester in einem jüdischen Kinderheim in Berlin-Niederschönhausen bekam, zog Lotte mit kaum 17 Jahren bei ihrer Mutter aus. Sie fand Anschluss und Geborgenheit in einer Gruppe von Schwesternschülerinnen meist ostjüdischer Herkunft. Man las gemeinsam sozialistische Literatur, etwa August Bebels «Die Frau und der Sozialismus». Um «Vollschwester» zu werden, wechselte Lotte nach Abschluss der Ausbildung zur Säuglingsschwester an das Jüdische Krankenhaus in Berlin-Wedding (Iranische Straße), wo auch viele nichtjüdische Patienten behandelt wurden, darunter zahlreiche Arbeiter. Für Lotte war es ganz einfach ein «Arbeiterkrankenhaus». Die angehende Krankenschwester schloss sich einer im Aufbau begriffenen kommunistischen Zelle an. Anfang der dreißiger Jahre lernte Lotte den Arbeiter Gustav Paech kennen, der im Krankenhaus im Auftrag der KPD agitierte. Er bemühte sich um Lotte, und die beiden jungen Leute wurden ein Paar. Um diese Zeit trat sie in die Kommunistische Partei ein.

Als im Januar 1933 offenkundig wurde, dass sie schwanger war, musste Lotte als Ledige das Schwesternwohnheim verlassen. Sie heiratete den Vater des Kindes, «wegen der Wohnung und der Kohlenkarten», wie sie sagte. Sie hatten eine Ein-Zimmer-Wohnung im Wedding, Zechliner Strasse 6, gefunden. Am 21. August 1933 kam die Tochter Eva zur Welt, fünf Tage später wurde Gustav, der inzwischen in einer illegalen Parteizelle arbeitete, verhaftet und zu einer zweijährigen Gefängnisstrafe verurteilt. Die junge Mutter schlug sich während seiner Abwesenheit mit dem Kind mühsam durch. Im Jüdischen Krankenhaus, das inzwischen unterbelegt war, weil immer mehr «arische» Patienten ausblieben, konnte sie in dieser Zeit nur als Aushilfe arbeiten.[6] Glücklicherweise war Lottes Mutter, die sich von der Tochter abgewandt hatte, bereit, die Betreuung der Enkelin zu übernehmen. Seit 1935 konnte Lotte wieder mit voller Stelle im Jüdischen Krankenhaus tätig sein. 1936 ließ sie sich von ihrem «arischen» Mann, der im Jahr zuvor aus dem Gefängnis entlassen worden war, scheiden und erhielt das Sorgerecht für das gemeinsame Kind. Die Eheleute hatten sich entfremdet. Damit galt Eva, die nach dem nationalsozialistischen Rassebegriff zuvor «Mischling 1. Grades» war, als Jüdin. Um dem Kind ein Minimum an Schutz zu gewähren, schrieb ihre Mutter sie in die Jüdische Gemeinde zu Berlin ein.

Eines Tages – es muss 1940 gewesen sein – wurde ein alter Bekannter aus der jüdischen Jugendbewegung, Herbert Baum, mit einer Nierenkolik ins Jüdische Krankenhaus eingeliefert. Lotte, die ihn pflegte, äußerte den Wunsch, Anschluss an eine politische Gruppe zu bekommen, um aus ihrer Isolation herauszufinden. Der junge Patient ermunterte sie, in seine Gruppe von Gleichgesinnten zu kommen. Um Herbert Baum, der sich sowohl in den jüdischen als auch kommunistischen Widerstandsgruppen auskannte und seit 1931 Organisationsleiter im kommunistischen Jugendverband war, hatte sich seit 1939 eine Gruppe junger Leute gebildet, die aus der aufgelösten jüdischen Jugendbewegung oder dem Kreis der Zwangsarbeiter bei Siemens kamen, wo Baum Sprecher der jüdischen Arbeitskräfte war. Lotte schloss sich der Gruppe an. Sie genoss die literarisch-musikalischen Abende und nach dem Herbst 1941 besonders die illegalen Ausflüge in das Berliner Umland ohne den Judenstern am Mantel. Dies habe besonders die moralische Widerstandsfähigkeit gestärkt, was ihr nicht weniger wichtig erschien als die Herstellung und Verbreitung von Flugblättern. Bei den Gruppentreffen befreundete sich Lotte mit Richard Holzer, einem ungarischen Juden, den sie nach dem Krieg heiratete.

Als am 8. Mai 1942 im Berliner Lustgarten die NS-Ausstellung «Sowjetparadies» eröffnet wurde, eine Propaganda-Darstellung des «bolschewistischen Grauens», wollten Herbert Baum und seine Mitkämpfer gegen diese sowohl antikommunistische als auch antijüdische Hetze ein Zeichen setzen. Am 18. Mai versuchten einige Angehörige der Gruppe, die Ausstellung mit einem Brandanschlag zu sabotieren, ein Akt, der zuvor kontrovers diskutiert worden war. Der Anschlag scheiterte, das Feuer wurde schnell gelöscht. Herbert und Marianne Baum und weitere Gruppenmitglieder wurden wenige Tage später verhaftet.[7]

Lotte hatte sich am Brandanschlag nicht beteiligt. Von den Verhaftungen waren jedoch auch Freunde der Gruppe betroffen, so dass sich diejenigen, die noch auf freiem Fuß waren, entschlossen unterzutauchen. Als Richard, der bei seiner Mutter polizeilich gemeldet war, erfuhr, dass auch er von der Gestapo gesucht wurde, versteckte er sich zunächst in der Wohnung seiner Freundin Lotte. Die achtjährige Eva, die in ihrem kurzen Schülerinnenleben dreimal die Schule wechseln musste und seit 1942 gar keine mehr besuchen durfte, musste die Botengänge quer durch Berlin zu Richards Mutter übernehmen. Wohl im Mai 1942 gelang ihm die Flucht über Wien nach Budapest. Bald darauf wollte auch Lotte untertauchen, zuvor aber noch ihr Kind in Sicherheit bringen. Sie konnte den Kontakt zu Elisabeth von Harnack herstellen, die im Rahmen der Bekennenden Kirche im Widerstand tätig war und sich bereit erklärte, Eva als evangelisches Kind in einem Kinderheim in Grünau bei Berlin unterzubringen. Als Lotte mit ihrer Tochter in Grünau erschien, wurde sie wegen einer Quarantäne auf vier Wochen später vertröstet. In dieser verzweifelten Situation sprang der Vater des Kindes ein. Gustav Paech versprach, Eva zunächst zu sich zu nehmen und sie später ins Kinderheim zu bringen. Lotte tauchte im Berliner Umland bei Bauern unter.

Am 18. August 1942 wagte sie eine Fahrt nach Berlin, um sich mit Genossen zu treffen und von ihrem Ex-Mann zu erfahren, wie es Eva gehe, die drei Tage später ihren neunten Geburtstag feiern sollte. Doch in Berlin erwarteten sie nur Schreckensnachrichten.

Gustav Paech war am 31. Juli verhaftet worden, Eva befand sich in der Obhut ihrer Großmutter väterlicherseits, der Lotte zutiefst misstraute. An einer Litfasssäule las sie ein rotes Plakat, das die Hinrichtung weiterer Mitglieder der Gruppe um Herbert Baum bekannt gab. Lotte blieb nur die Flucht zu ihrer jüdischen Freundin Rita Meyer, deren Wohnung Anlaufstelle für die Untergetauchten der Gruppe war. Rita vermittelte Lotte weitere Unterkünfte, u.a. bei einer Arbeiterin, die ihr ihren Werksausweis der AEG überließ. Die meiste Zeit lief sie durch die Straßen oder fuhr mit der S-Bahn, wenn die müden Beine nicht mehr mitmachten. Dies ging einige Wochen gut. Als Lotte am 7. Oktober 1942 zu Ritas Wohnung kam, wurde sie dort von der Gestapo empfangen. Die Situation war ausweglos, die «Abhol-Beamten» besaßen ihr Foto und sprachen sie mit ihrem Namen an. Sie habe «fast einen Todesschmerz auf der Zunge» gefühlt, die Kehle brannte. Am Beginn der bevorstehenden fast zweijährigen Odyssee durch Gefängnisse und Lager kam Lotte ins Polizeigefängnis am Alexanderplatz, wo auch ihr Ex-Mann inhaftiert war. Kurz darauf wurde er in das KZ Sachsenhausen eingewiesen. Am 16. Juli 1943 verurteilte der Strafsenat des Berliner Kammergerichts Gustav Paech wegen «Judenbegünstigung» zu zwei Jahren Gefängnis unter Anrechnung der bisherigen Haftzeit: Er hatte die Flucht seiner geschiedenen jüdischen Frau «begünstigt» und das gemeinsame Kind zu sich geholt. Nach Verbüßung der Strafe wurde er erneut in «Schutzhaft» genommen und in das Konzentrationslager Neuengamme eingewiesen.

Lotte war nicht im Zusammenhang mit der Baum-Gruppe verhaftet worden, sondern weil sie illegal Lebensmittelkarten beschafft und verteilt hatte. Nach einer kurzfristigen Verlegung in ein Arbeitslager in Fehrbellin wurde sie Mitte Januar 1943 wieder nach Berlin zurückgebracht und in die «Judenzelle» im Gefängnis Lehrter Straße eingewiesen, von wo sie immer wieder zu Verhören ins Polizeipräsidium am Alexanderplatz abgeholt wurde. Am 3. März 1943 kam sie ins Gefängnis nach Moabit. Ende April 1943 verurteilte sie ein Sondergericht wegen «Verstoßes gegen die Kriegswirtschaftsverordnung» zu einer Haftstrafe von anderthalb Jahren. Sie wurde dem Gefängnis Leipzig-Kleinmeusdorf überstellt. Wenig später entdeckte die Gestapo ihre «hochverräterischen Aktivitäten». Als am 29. Juni 1943 weitere Mitglieder der Baum-Gruppe vom Zweiten Senat des Volksgerichtshofs zum Tode verurteilt wurden, war auch Lotte unter ihnen. Da sie sich gerade wegen einer Scharlacherkrankung im Leipziger Gefängnis in einer Quarantänezelle befand, erfuhr sie erst Wochen später in Moabit, dass sie «in Abwesenheit» zur Todesstrafe verurteilt worden war. Zum Zeitpunkt der Vollstreckung der Urteile am 7. September 1943 stand Lotte erneut unter Quarantäne, inzwischen im berüchtigten Bunker des Berliner Judensammellagers Große Hamburger Straße, wo die Gestapo jüdische Häftlinge gefangen hielt.

Im Bunker lernte Lotte einen Leidensgenossen kennen, der für ihr Überleben eine entscheidende Rolle spielen sollte. Es war der junge Konrad Latte aus Breslau, der im September 1943 bei einer Routine-Razzia in die Fänge der Gestapo geraten war. Kurz nach seiner Festnahme wurde auch sein Vater gefasst. Margarete Latte, die in Potsdam illegal lebte, fand sich schließlich aus eigenem Entschluss in der Sammelstelle ein, da sie das Schicksal ihres Mannes und Sohnes teilen wollte. Familie Latte wurde dem «44. Osttransport» zugeteilt, der am 12. Oktober 1943 Berlin in Richtung Auschwitz verließ. Während seine Eltern die Fahrt in den Tod antreten mussten, wurde Konrad in letzter Minute zurückgehalten, da er in einem Prozess gegen einen Deserteur aussagen sollte. Auch Konrad drohte ein Todesurteil wegen «Beihilfe zur Fahnenflucht». Während eines Tieffliegerangriffs am Abend des 27. November 1943 gelang ihm jedoch der Ausbruch aus dem «Judensammellager». Kurz zuvor hatte er – wie Lotte später berichtete – versprochen, ihr von draußen eine Nachricht zukommen zu lassen und etwas für sie vorzubereiten.

Konrad Latte hielt Wort. Als Botin erschien Ursula Reuber, die seit Herbst 1943 selbst Häftling im Sammellager gewesen und im Frühjahr 1944 entlassen worden war. Inzwischen war das Sammellager in der Großen Hamburger Straße in das noch bestehende Jüdische Krankenhaus verlegt worden. Unter dem Vorwand, ihre im Lager begonnene Zahnbehandlung beenden zu wollen, gelang es dieser kühnen jungen Frau, zum jüdischen Lagerzahnarzt Dr. Ehrlich vorgelassen zu werden. Über ihn ließ sie Lotte eine Nachricht von Konrad zukommen, wo er draußen zu erreichen sei.

Auch Ursula Reuber hatte einen wichtigen Anteil an Lottes Rettung. Sie selbst sollte den Krieg jedoch nicht überleben. Die ehemalige Psychologiestudentin galt als «Mischling 1. Grades». Ihre Familie war evangelisch und wohnte in Berlin-Dahlem, wo Ursula während des Krieges regelmäßig die Fürbittegottesdienste in der St. Annen-Kirche besuchte. Dort hatte sie Konrad kennen gelernt, der unter dem Namen «Bauer» als Aushilfsorganist tätig war. Um nicht aufzufallen, musste Konrad stets tadellos gekleidet sein. Eines Tages half Ursula ihm mit ihrer «Kleiderkarte» aus, damit er einen fehlenden Schnürsenkel ersetzen konnte. Diese Karte fand die Gestapo bei Konrads Festnahme, was Ursula ein halbes Jahr Haft in der Großen Hamburger Straße einbrachte. Nach der Entlassung wurde sie als Zwangsarbeiterin in einer Straßenreinigungskolonne eingeteilt. Als ihre Familie gegen Ende des Krieges evakuiert wurde, blieb sie im Haus ihrer Eltern in der Ihnestraße und nahm immer wieder illegal lebende Jüdinnen auf, zuletzt die gleichaltrige Eva Gerichter, die als «Geltungsjüdin» nach Theresienstadt deportiert werden sollte. In der Bombennacht zum 22. März 1945 erhielt das kleine Haus einen Volltreffer. Die beiden jungen Frauen wurden verschüttet und starben unter den Trümmern.[8]

Lotte, die nach der Verlegung der Sammelstelle wieder als Krankenschwester eingesetzt war, sann Tag und Nacht auf eine Möglichkeit, mit Konrad Kontakt aufzunehmen. Im Sommer 1944 erreichte sie unter dem Vorwand, dringend nach ihrer Tochter sehen zu müssen, für die ein Antragsverfahren auf Anerkennung als «Mischling» lief, dass ihr ein «Nachmittagsurlaub» unter Bewachung eines jüdischen Ordners bewilligt wurde. Ohne Stern verließ sie mit Berthold Rehfeldt die Schulstraße. Sie konnte ihn dazu überreden, sie für kurze Zeit allein weggehen zu lassen. Der Zufall wollte es, dass sie Konrad tatsächlich in der Klosterstraße antraf, wo er als Hilfsluftschutzwart eingesetzt war. Von diesem «Ausflug» kehrte Lotte mit ihrem Bewacher, der unter größten Ängsten auf sie gewartet hatte, ins Lager zurück. Kurze Zeit später gelang auch ihr in einer Bombennacht im Juli 1944 die Flucht aus der Schulstraße. In der folgenden Nacht erreichte sie unter der Rufnummer, die Konrad ihr gegeben hatte, Ursula Reuber, die sogleich bereit war, sich mit ihr zu treffen. Die beiden fuhren nach Potsdam. Ursula kündigte an, sie werde Lotte zu einer Pfarrerswitwe bringen, die bereits Konrads Mutter beherbergt habe. Morgens um vier erreichten sie das Haus der Schneiders.

ZUFLUCHT IN POTSDAM

Gedacht war zunächst an den üblichen Aufenthalt der «Schneebälle» von etwa vierzehn Tagen. Lotte war jedoch nervlich am Ende, und Pfarrer Poelchau musste erst ein weiteres Quartier vorbereiten. Sie blieb fünf Wochen. Über diese Zeit sind teilweise unterschiedliche Erinnerungen überliefert. In ihrem Bericht für die Wiener Library von 1958 bezeichnete Lotte ihre Helferin als «Muttchen Schneider, eine tapfere Potsdamerin».[9] Dies hält deren Tochter für ziemlich unangemessen; ihre kleine, zarte, damals 53-jährige Mutter habe nichts «Muttchenhaftes» an sich gehabt. Sie sei allgemein «Frau Schneider» oder von ihren Freunden «Dore» genannt worden. Lotte bemühte sich, die Hilfe, die ihr zuteil wurde, als bewussten politischen Akt zu deuten, als müsse sie Dorothea Schneiders menschliches Handeln aufwerten: «Als ihr Dr. Poelchau meinen Fall unterbreitete, half sie bewusst der politischen Widerstandsbewegung, indem sie einen geflohenen Häftling der kommunistischen Widerstandsbewegung Baum bei sich verbarg. Sie war sich über die Folgen einer Entdeckung, die nur der Tod sein konnte, ganz klar.» Was genau Dorothea Schneider und ihre Tochter im Juli 1944 über Lottes politische Vorgeschichte wussten, ist nicht mehr feststellbar. Unwahrscheinlich ist jedoch, dass ihnen Pfarrer Poelchau diesen Fall «unterbreitete». Die beiden Frauen kannten zwar Poelchaus Namen, hatten ihn aber nie persönlich kennen gelernt, und ihr «Gast» kam – nach Christa-Marias Erinnerung – ohne Voranmeldung. Lottes Wunsch, Dorothea Schneiders Handeln politisch zu motivieren, kommt auch zum Ausdruck, wenn sie betont, die Pfarrerswitwe, ursprünglich «eine begeisterte Nazisse», habe sich schuldig gefühlt für das, was geschah, und habe daher «laufend Juden aufgenommen». Der Wunsch, politischen Widerstand zu praktizieren, habe für ihre Mutter keine Rolle gespielt, wendet die Tochter ein: «Meine Mutter sagte sofort Ja, aus der selbstverständlichen und spontanen Hilfsbereitschaft heraus, die immer und in jeder Lage für sie charakteristisch war, aber auch von ihrem bewussten und tief in ihrer Persönlichkeit verwurzelten Christentum nicht zu trennen ist.»

Auch Lottes Versuch, Dorothea Schneiders Tod – sie starb im August 1946 im Alter von 53 Jahren – als Folge ihrer aufopfernden Hilfe für ihre «Herzblättchen», wie sie die Untergetauchten nannte, darzustellen, schwächt die Tochter entschieden ab. Ihre Mutter sei an aplastischer Anämie gestorben. Ihre Hungerödeme waren die Folge der Mangelernährung des vorangegangenen Jahres; «das Teilen mit unseren Gästen» sei daher kaum die Erklärung für ihren frühen Tod. Christa-Maria hat ihre eigene Auslegung für Lottes Darstellung: «Lotte Holzers verschiedene Berichte über meine Mutter, mit viel Liebe verfasst, sind leider gleichzeitig voller Fehler und Verzeichnungen. Ich habe das Lotte bei unserer letzten Begegnung gesagt, und sie gab es zu, meinte aber, sie hätte sonst in der DDR nichts Positives über eine Pfarrfrau sagen können.»[10]

In den persönlicheren Gesprächsaufzeichnungen von 1967 äußerte sich Lotte über ihren Aufenthalt in Potsdam: «Also, wir vertrugen uns wunderbar.» Allerdings habe Dorothea Schneider zur Bedingung gemacht, dass sie am Sonntag mit ihr in die Kirche gehe: «Sie sagte, da passiert dir nichts. Da hält der liebe Gott die Hand über dich. Aber ich hab an diese Hand nicht so recht glauben wollen.» Dann schränkt sie ein, sie sei in den fünf Wochen ihres Aufenthalts höchstens zwei- bis dreimal in der Kirche gewesen. Die Gottesdienste hätten sie tief berührt, zum einen «wegen der relativ offenen Sprache der Geistlichen», zum anderen habe der Aufenthalt in einer Kirche nach ihren Gefängnisjahren einen starken, zum Teil erschütternden Eindruck vermittelt: «Die Musik, aber auch die Kunst, die in einer Kirche ja steckt, an Geräten, Statuen, Schmuck, an Architektur. Schon da war die Kirchenmusik für mich ziemlich schwer zu ertragen.» Einmal – so erinnert sich Lotte – sei Frau Schneider mit ihr durch die Russische Kolonie (Aleksandrowka) in Potsdam gegangen, wo die Klänge der Choräle aus der orthodoxen Kirche starke Emotionen bei ihr auslösten. «Ich hab dann nach der Befreiung einige Jahre keine gute Musik hören können, ohne zusammenzubrechen.» Ob Dorothea Schneider tatsächlich sanften Druck ausübte, um Lotte zum Kirchgang zu bewegen, und wenn dies so war, welche Motive sie dabei hatte, wissen wir nicht. Dass irgendwie geartete Bekehrungsversuche dahinter standen, wie es zuweilen christlichen Helfern nachgesagt wird, ist in diesem Fall unwahrscheinlich, zumal Lotte sich dazu nicht äußert, vielmehr hervorhebt: «Sie hat auch meine Erklärung, daß ich Kommunistin bin, angenommen, so wie es war.» Möglicherweise diente der gemeinsame Kirchgang nicht zuletzt der Tarnung. Die Besucherin wurde den Nachbarn gegenüber als «Schwester Hilde» ausgegeben, eine Krankenschwester auf Urlaub. Lottes eindrucksvollste Aussage über ihre Helferin lautet schlicht: «Sie gab mir Unterkunft, teilte mit mir ihre Lebensmittelration und schenkte mir ihre ganze menschliche Wärme.»

Ein unvergessliches Erlebnis für alle Beteiligten wurde Lottes tragikomische Abreise aus Potsdam zu ihrem nächsten, von Poelchau vermittelten Quartier in Pommern. Die Züge fuhren vom Bahnhof Oranienburg ab. Um dorthin zu gelangen, musste Lotte auf dem Bahnhof Gesundbrunnen in der Nähe ihrer alten Wohnung die S-Bahn nehmen. Davor graute ihr besonders, da sie ja gesucht wurde und den Gestapo-Spitzeln bestens bekannt war. Die beherzte Dorothea Schneider beschloss, ihr «Herzblättchen» persönlich von Potsdam nach Oranienburg an den Zug nach Anklam zu bringen. Sie machte für Lotte eine Kostümierung als Potsdamer Dame mit Hut und Brille zurecht; Lotte erreichte unerkannt ihr Ziel. Die Gefährlichkeit der Fahrt der beiden Frauen von Potsdam nach Oranienburg ist nicht zu unterschätzen, da sie in die Zeit kurz nach dem Umsturzversuch vom 20. Juli 1944 fiel, als auch das Potsdamer Netz konspirativer Verbindungen entdeckt wurde.

Der letzte Gast in der Horst-Wessel-Strasse

Der wohl letzte «Gast» bei Dorothea Schneider und ihrer Tochter war eine alte Dame. Die Bleistiftnotiz im Gästebuch lautet «L» für Gertrud Leupold, und zwar im Oktober und November 1944 und dann nach dem 20. Februar 1945. Wie Margarete Latte hatte auch diese Frau weitere illegale «Gastgeber» in Potsdam. Beide wurden von Ilse Müller aufgenommen, der Frau des evangelischen Theologen Hellmut Müller, der vor dem Krieg als Sekretär in der Lepsius-Mission in Potsdam tätig gewesen war. Karen Scholtes, älteste Tochter von Ilse und Hellmut Müller, damals vier bis fünf Jahre alt, berichtete 2002: «Noch heute kann ich mich an einiges erinnern, was ich in der Neuen Königstraße 40a miterlebte. Ganz lebendig vor Augen ist mir die ‹Tante Leupold›, eine grauhaarige alte Dame, die still und nähend am Fenster des ‹Gästezimmers› saß. Aus Vorsichtsgründen kam es wohl zu einem intensiven Kontakt mit uns Kindern nicht, damit wir von unserem ‹Besuch› nichts in der Nachbarschaft oder im Kindergarten ausplauderten.» Nach dem Krieg erhielt Familie Müller Post mit einem Foto und ein Paket von Frau Leupold aus Kanada. Ilse Müller, die damals die Verantwortung für die kleinen Töchter und ihren «Gast» alleine trug, da ihr Mann in Frankreich eingezogen war, sprach später kaum mehr über ihre mutige Hilfe.

Für einen kurzen Zeitraum hatte die alte Dame auch im Pfarrhaus der Erlösergemeinde Unterschlupf gefunden, wo gegen Ende des Krieges die Pfarrfrau Elfriede Kumbier, frühes Mitglied der Bekenntnisgemeinde, ihre Schwägerin Lotte Kumbier und eine behinderte Tochter lebten. Der Pastor war ebenfalls eingezogen worden.

Vermittler der Unterkünfte für Gertrud Leupold (geb. Igel) war Pfarrer Günther Brandt. Als er 1944 nach Potsdam kam, hatte er nach schweren Verwundungen an der Ostfront einen dreijährigen Lazarettaufenthalt hinter sich. Er wurde bei der Potsdamer Wehrmachtskommandantur eingesetzt, wo er die Blankovollmacht erhielt, Bombengeschädigte und Flüchtlinge mit Ausweispapieren, Lebensmittelkarten und Wohnungen zu versehen. Diese Stellung nutzte er, um «illegal» lebenden Juden zu helfen. Gertrud Leupold war die Mutter seines Freundes aus der Vorkriegszeit, Dr. Ullrich Leupold, der 1937 nach Kanada emigrieren konnte. Brandt und seine Frau nahmen sie zunächst für einige Wochen in ihrem Haus auf und verhalfen ihr dann zu weiteren Quartieren. Gertrud Leupold emigrierte 1947 zu ihrem Sohn nach Kanada.[11]

BEFREIUNG

Nachdem Lotte nach ihrer Abreise aus Potsdam zunächst in Anklam bei der Witwe Ursula Teichmann Zuflucht gefunden hatte,[12] schlug sie sich in den letzten Kriegsmonaten als «französische Zivilarbeiterin» durch. Über die sehnsüchtig erwartete Ankunft der Roten Armee, die sie auf dem Lande in Pommern, in der Nähe von Anklam, erlebte, sagte sie 1967: «Dann kam eine entsetzliche Befreiung für mich. Meine Kameraden konnten mich nicht behüten. Das hätte ich vorher nie gedacht. Das war für mich ganz entsetzlich.» Mit diesen Worten deutete Charlotte Holzer an, dass auch sie nicht von Vergewaltigung verschont blieb. Jahre später habe sie noch Angst vor sowjetischen Soldaten gehabt. «Ich habe das nicht abstrahieren können. Und ich glaube, das ging allen Frauen so.» Dies sei wohl auch der Grund gewesen, weshalb sie später nie in die Sowjetunion habe reisen wollen.

Am 2. Juni 1945 gelang ihr die Rückkehr nach Berlin, wo sie sich sofort in den Wedding begab: «Es gab nur eine Heimat für mich, das war das Jüdische Krankenhaus.» Dort fand sie unter den Patienten Gustav Paech, ihren früheren Mann, der mit einer Tuberkulose im Sterben lag. Nach Verbüßung seiner Zuchthausstrafe war er in das KZ Neuengamme eingewiesen worden. Bei der Lagerevakuierung 1945 konnte er flüchten und sich als Schwerkranker nach Berlin durchschlagen, wo er auf seinen Wunsch hin ins Jüdische Krankenhaus gebracht wurde. Von ihm erfuhr sie, dass die Tochter Eva noch bei ihrer Großmutter lebte. Lotte kümmerte sich um ihren früheren Mann bis zu seinem Tod im August 1945; danach kämpfte sie um Eva. Inzwischen hatte sie wieder ihre alte Wohnung in der Zechliner Straße bezogen, letzte Adresse ihrer Mutter Margarete Abraham (geb. Doeblin), die am 12. März 1943 nach Auschwitz deportiert worden war. Lotte und ihre zwölfjährige Tochter waren sich fremd geworden. Evas Beziehung zu ihrer Mutter schwankte zwischen Ablehnung und verzweifeltem Anklammern. Lotte war überfordert. 1946 brachte sie Eva in einem Auffanglager für Kinder aus Konzentrationslagern in Lübeck unter, von wo aus das Mädchen 1947 mit einer Gruppe von Waisenkindern Deutschland verließ und nach Erez Israel fuhr. Eva blieb in Israel, wo ihre Mutter sie später besuchte.

Durch einen Zufall gelang es Lotte 1946, ihren Freund Richard Holzer, der den Krieg in einem sowjetischen Kriegsgefangenenlager überlebt hatte, in Budapest ausfindig zu machen. Nach seiner Rückkehr nach Deutschland lebten sie einige Monate im UNRRA-Lager in Ulm und heirateten. Im April 1947 ging das Paar nach Berlin zurück. Lotte brachte am 2. Juni 1947 einen Jungen zur Welt. Das Kind starb kurz nach der Geburt. Sein Vater bestattete es auf dem jüdischen Friedhof in Weißensee. Sie bekamen keine weiteren Kinder mehr, worunter besonders Richard Holzer litt. Im März 1950 zogen sie nach Ostberlin (Niederschönhausen). Dort fühlten sie sich als «Opfer des Faschismus» und Widerstandskämpfer geachtet. 1953 ließ sich Lotte Holzer in die SED aufnehmen. Richard Holzer bekleidete eine Stelle im Außenhandel. Fünf Jahre nach dem Tod ihres Mannes, der 64 Jahre alt wurde, starb Lotte Holzer in ihrem 71. Lebensjahr am 29. September 1980. Beide sind auf dem jüdischen Friedhof in Weißensee begraben.

Für Dorothea Schneider und ihre Tochter waren die letzten Kriegswochen die quälendsten, als sie kaum mehr aus dem Luftschutzkeller ihres Hauses herauskamen und die Versorgung völlig zusammenbrach. Am Tag vor dem größten Luftangriff auf Potsdam, in der Nacht vom 14. auf den 15. April, bei dem innerhalb einer halben Stunde große Teile der Stadt zerstört wurden, hielt Pastor Brandt im Hause der Kumbiers eine Andacht: «Am 14. April sammelten wir uns um den 23. Psalm: ‹Ob ich schon wanderte im finsteren Tal, fürchte ich kein Unglück, denn du bist bei mir.›» Ein Eintrag im Tagebuch, das die 25-jährige Christa-Maria in diesen Wochen führte, lautete am 4. Mai 1945, nach den letzten Kampfhandlungen und der Ankunft der Sowjets in Potsdam: «Auf dem Hinweg waren wir bei Frau Leupold gewesen, die nun wieder Leupold heißen darf und plötzlich Bürger erster Ordnung ist im Gegensatz zu uns.» Hier klingt an, was viele befürchteten, die kurz zuvor noch unter großem Risiko verfolgten Juden geholfen hatten: Dass niemand von ihrem Handeln Notiz nehmen würde, dass ihr Mut nichts mehr galt.

Im Sommer 1945 nahm Christa-Maria ihr Theologiestudium in Berlin auf. Nach dem frühen Tod ihrer Mutter studierte sie auch in Göttingen, Zürich und Basel. 1948/49 hielt sie sich als Stipendiatin des Lutherischen Weltbundes in Lund auf, wo ihr schwedischer Verlobter ebenfalls Theologie studierte. Nach dem ersten Examen im November 1949 in Berlin verließ sie im Januar 1950 endgültig Deutschland und heiratete Knuth Lyckhage, der Hauptpfarrer in Göteborg wurde. Ihre philologische und theologische Vorbildung

Charlotte Holzer und Gunnar Lyckhage

nutzte Christa-Maria künftig als Übersetzerin von Dissertationen und schwedischer Literatur ins Deutsche. Potsdam hat sie seit ihrem Weggang 1950 nicht wiedergesehen. Die Verbindung zu Lotte Holzer ließ sie jedoch nicht abreißen. Viele Jahre nach dem Krieg schrieb sie über diese Beziehung: «Sie war Kommunistin, aber wir respektierten nicht nur die beiderseitige Weltanschauung, sondern wurden nahe Freunde – und sind es noch.»

Im Jahr vor ihrem Tod, im Sommer 1979, besuchte der junge Gunnar Lyckhage jene Frau in Berlin, die einst bei seiner Mutter und Großmutter in Potsdam Zuflucht gefunden hatte. Ein Foto zeigt einen freundlichen jungen Mann, der schützend seinen Arm um eine sehr kleine, sehr zerbrechliche alte Dame legt.

Nachdem Christa-Maria Lyckhage erfahren hatte, dass ihr und ihrer Mutter die Auszeichnung als «Gerechte unter den Völkern» durch Yad Vashem zuteil wurde, schrieb sie im Mai 2002 aus Göteborg: «Weder meine Mutter noch ich haben uns je als ‹Helden› gefühlt; dies ist kein bescheidenes Getue, sondern reine Wahrheit. Jeder Ehrung gegenüber fühle ich mich zwiespältig, meiner Mutter wäre es ebenso gegangen. Schade, daß das Bäumepflanzen aufhören mußte, das hätte am ehesten zu ihr gepaßt.»

Andreas Mix

Hilfe im katholischen Milieu

Das Überleben der Konvertitin Annie Kraus

Annie Kraus wurde am 14. Juni 1900 in Hamburg geboren.[1] Ihre Eltern, der Kaufmann Ludwig Kraus und seine Frau Olga Kraus, geb. Eysler, waren Mitglieder der jüdischen Gemeinde. Vermutlich genoss sie keine jüdisch-religiöse Erziehung, denn ihr Abitur erwarb Annie Kraus 1920 am katholischen St. Johannis-Realgymnasium in Hamburg. Sie studierte Philosophie in Hamburg, Marburg, Freiburg und Berlin; in Paris und Oxford belegte sie Sprachkurse. Seit 1927 lebte Annie Kraus in Berlin. Nach Abschluss ihres Studiums 1929 arbeitete sie als Sprachlehrerin und Übersetzerin. Bereits zu diesem Zeitpunkt unterhielt sie Kontakte zu zahlreichen katholischen Intellektuellen. Zu ihnen gehörten der Münchener Theologe und Pädagoge Romano Guardini, der spätere Philosophieprofessor Josef Pieper aus Münster und der Journalist Waldemar Gurian. Zu ihren Bekannten zählten zahlreiche Konvertiten – etwa der protestantische Theologe Erik Peterson, der 1930 zum Katholizismus übertrat, die Schriftstellerin Gertrud von le Fort und der Münchener Philosophieprofessor Dietrich von Hildebrand.[2] Annie Kraus unterhielt jedoch auch Beziehungen zu aktivistisch–antidemokratischen Katholiken wie dem Staatsrechtler Carl Schmitt oder dem Journalisten Paul Adams, die antisemitische Ressentiments hegten und sich nach 1933 exponierten. Für Schmitt, den sie über Verwandte kennen gelernt hatte, arbeitete Annie Kraus 1929 zeitweilig als Bibliothekarin und Sekretärin.[3]

Die antijüdische Gesetzgebung nach dem Machtantritt der Nationalsozialisten schränkte die Erwerbsmöglichkeiten von Annie Kraus sukzessive ein. Zunächst konnten ihre Übersetzungen von theologischen Werken aus dem Französischen noch in österreichischen Verlagen erscheinen.[4] Unter einem Pseudonym veröffentlichte sie auch Beiträge in der Wochenzeitschrift «Der christliche Ständestaat», der in Wien herausgegebenen Zeitschrift der christlich-konservativen österreichischen Opposition gegen den Nationalsozialismus. Nach der Eingliederung Österreichs in das Deutsche Reich 1938 fielen auch diese Publikations- und Erwerbsmöglichkeiten aus.

Helmuth Plessner, der wegen seiner jüdischen Herkunft Deutschland 1933 verlassen musste und an der Universität von Groningen lehrte, setzte sich 1939 für die Publikation zweier Aufsätze von Annie Kraus in niederländischen Fachzeitschriften ein.[5] Nach Kriegsbeginn lebte sie praktisch von ihrem Vermögen und der «heimlichen Unterstützung durch Freunde».[6] Zu ihnen gehörte ihre Vermieterin, die 1887 geborene Gertrud Kaulitz. In deren Wohnung in der Dueringzeile 33b (heute Eiderstedter Weg) in Berlin-Schlachtensee lebte sie seit 1936 zur Untermiete. Kaulitz, die ihren Lebensunterhalt als Klavierlehrerin und durch Mieteinkünfte bestritt, war es auch, die Annie Kraus dazu riet, in den Untergrund abzutauchen, um sich der drohenden Deportation zu entziehen. Als Ledige, ohne Kontakte zur jüdischen Gemeinde und ohne Arbeitsplatz in einem als kriegswichtig geltenden Rüstungsbetrieb erhielt Annie Kraus bereits im Januar 1942 die Aufforderung, sich für einen Transport «in den Osten» zu melden. Auf Anraten ihrer Vermieterin entzog sie sich dem Befehl. Ihr Verschwinden inszenierte sie mit Hilfe von Gertrud Kaulitz als Selbstmord. «Ich selbst bin mit einem Weekendkoffer, einem Rucksack und meiner Schreibmaschine in die Illegalität gegangen», erinnerte sich Annie Kraus.[7] Fortan war sie auf die Unterstützung anderer Personen angewiesen.

Hilfe aus dem «Solf-Kreis»

Seit den sechziger Jahren wird in der Bundesrepublik der «Solf-Kreis», eine offene Gruppe von Kritikern und Gegnern Hitlers, zum Widerstand gegen den Nationalsozialismus gerechnet.[8] Im Haus von Hanna Solf in Berlin, der Witwe des 1936 verstorbenen deutschen Botschafters in Tokio, Dr. Wilhelm Solf, trafen sich vornehmlich aktive und ehemalige Mitarbeiter des Auswärtigen Amts zu einem informellen Gesprächskreis. Die Beteiligten unterhielten Kontakte zu deutschen Emigranten in der Schweiz, zum Kreisauer Kreis und zum militärischen Widerstand. Dass Mitglieder aus dem «Solf-Kreis» Hilfe für untergetauchte Juden leisteten, wird in der Literatur zwar erwähnt, ohne dass jedoch konkrete Hilfeleistungen benannt werden.[9]

Annie Kraus fand zunächst für knapp sechs Wochen Unterkunft bei Gräfin Lagi Ballestrem in der Bregenzer Str. 12 in Berlin-Wilmersdorf.[10] Wie der Kontakt zwischen den beiden Frauen zustande kam, ist nicht bekannt. Gräfin Lagi Ballestrem, die Tochter von Hanna Solf, war 1938 aus Schanghai nach Deutschland zurückgekehrt. Gemeinsam mit ihrer Mutter unterstützte sie Juden bei der Emigration, indem sie ihnen Ausreisegenehmigungen und Visa besorgte. Als die Emigration aus Deutschland unmöglich wurde, halfen Ballestrem und Solf den Verfolgten bei Fluchtversuchen und der Vermittlung von Verstecken.

Materielle Unterstützung und Unterkunft erhielt Annie Kraus in den folgenden Monaten auch von weiteren Gästen aus dem Haus von Hanna Solf. Zu den Personen, die Annie Kraus beherbergten, gehörte der Legationsrat Dr. Richard Kuenzer. Der 1875 geborene Kuenzer war bereits 1923 aus dem diplomatischen Dienst ausgeschieden. Er unterhielt intensive Kontakte zu deutschen Emigranten in der Schweiz, unter anderem zum Zentrumspolitiker und ehemaligen Reichskanzler Joseph Wirth. Kuenzer nutzte diese Beziehungen, um Verfolgten bei Fluchtversuchen zu helfen. Darüber hinaus unterstützte er nach Aussage von Annie Kraus zahlreiche Juden durch materielle Hilfen: «Er lud mich zum Essen ein, um mit mir Hilfemöglichkeiten für andere Juden zu besprechen, die ihm am Herzen lagen. Er beherbergte mich unter größter eigener Gefahr fast eine Woche lang. Er veranstaltete Geldkollekten für mich – und ich weiß, daß ich nur ein Fall unter vielen, vielen anderen war.»[11]

Mit dem katholischen Geistlichen Dr. Friedrich Erxleben versteckte ein weiteres Mitglied aus dem «Solf-Kreis» Annie Kraus.[12] Erxleben war Priester in der Invalidenhaussiedlung in Hohen Neuendorf am nördlichen Stadtrand von Berlin, wo er – vermutlich mit Wissen des Kommandanten Oberst Wilhelm Staehle – untergetauchten Juden Quartier gewährte. Obwohl Erxleben im Frühjahr 1942 wegen regimekritischer Äußerungen von der Gestapo verhaftet worden war, beherbergte er Annie Kraus eine Woche lang in der Invalidenhaussiedlung.

Materielle Unterstützung erhielt sie von dem ehemaligen Diplomaten Graf Albrecht von Bernstorff.[13] Als Mitarbeiter und späterer Mitinhaber der Berliner Privatbank A. E. Wassermann unterstützte er Juden bei der Auswanderung und dem Transfer ihres Vermögens. Wie sein Bekannter Kuenzer nutzte Bernstorff dabei Kontakte zu deutschen Emigranten in der Schweiz.

In das Netz der Hilfe, das der «Solf-Kreis» geknüpft hatte, wurde Annie Kraus integriert. Trotz der Gefahr, der sie als «Illegale» dabei ausgesetzt war, und ihrem Aussehen, das «nicht gegen die jüdische Abstammung zeugte», wie eine ihrer Helferinnen nach 1945 urteilte,[14] beteiligte sie sich an der Vermittlung von Quartieren für untergetauchte Juden und der Beschaffung von falschen Dokumenten, die den Verfolgten zum Bezug von Lebensmitteln und zur Legitimation bei Straßenrazzien der Polizei verhalfen. Materielle Hilfeleistungen vermittelte sie aber nicht nur für untergetauchte Juden, sondern auch für bei der Firma Telefunken in Berlin beschäftigte russische und polnische Zwangsarbeiterinnen.[15]

MAX JOSEF METZGER UND DAS PIUSSTIFT IN BERLIN-WEDDING

Zu den Teilnehmern der Zusammenkünfte im Hause von Hanna Solf in der Alsenstraße in Berlin-Wannsee gehörte auch Dr. Max Josef Metzger. Der 1887 im badischen Schopfheim geborene Priester hatte als Feldgeistlicher am Ersten Weltkrieg teilgenommen, bevor er 1917 zu einer entschieden pazifistischen Haltung fand.[16] Metzger gehörte zu den Gründungsmitgliedern des 1919 ins Leben gerufenen Friedensbundes der deutschen Katholiken. In den zwanziger Jahren nahm er an mehreren internationalen Friedenskongressen teil. Die von Metzger gegründete Christkönigsgesellschaft, eine von Priestern und Laien getragene Missions- und Hilfsgemeinschaft, bezog 1927 in Meitingen bei Augsburg ihr Stammhaus. In den dreißiger Jahren wandte sich Metzger verstärkt der ökumenischen Arbeit zu. In Vortragsreisen, die ihn durch ganz Deutschland führten, warb Metzger für die 1938 von ihm initiierte Una Sancta-Bewegung, ein theologischer Arbeits- und Gebetskreis, der im Angesicht des heraufziehenden Kriegs eine Verständigung und Annäherung zwischen den christlichen Kirchen anstrebte.

Der nationalsozialistischen Herrschaft stand Metzger anfangs zurückhaltend gegenüber. Wegen öffentlicher Kritik an der nationalsozialistischen Weltanschauung wurde er 1934 kurzzeitig interniert. Nach dem Attentat auf Hitler im Bürgerbräukeller am 8. November 1939 verhaftete ihn die Augsburger Gestapo erneut für vier Wochen. Metzger übersiedelte daraufhin 1940 nach Berlin. In der Willdenowstraße 8 im Arbeiterviertel Wedding führte die Christkönigsgesellschaft mit dem Piusstift seit 1936 eine Außenstelle. In Berlin glaubte sich Metzger offenbar vor Verfolgungsmaßnahmen besser geschützt als in Meitingen. Im Frühjahr 1942 wurde er von Hanna Solf zu einer Zusammenkunft in ihrem Haus eingeladen, um über die Una Sancta vorzutragen. Dabei lernte Metzger Bernstorff und Kuenzer kennen. Vermutlich vermittelte sein «badischer Landsmann» (Metzger) Kuenzer den Kontakt zwischen dem Geistlichen und Annie Kraus.

In unmittelbarer Nähe zum Piusstift fand Annie Kraus im Frühsommer 1942 eine Unterkunft bei Anna Winkler, der Haushälterin von Max Josef Metzger, die in der Willdenowstraße 7 wohnte.[17] Annie Kraus verkehrte in den folgenden Monaten regelmäßig im Stift. Materielle Unterstützung in Form von Geld- und Lebensmittelhilfen erfuhr sie von Metzger, der Oberin Sophia Hauser und den anderen Stiftsschwestern. Zwischen Metzger und Kraus entwickelte sich rasch eine enge freundschaftliche Beziehung. Von ihrem «väterlichen Freund» ließ sich Annie Kraus im Juni 1942 unter Anteilnahme der Stiftsschwestern taufen.[18] Kraus zufolge unterstützte Metzger noch «eine Reihe von konvertierten und nicht konvertierten Juden aufs Tatkräftigste», indem er ihnen Obdach, Lebensmittel und falsche Ausweise vermittelte.[19] Metzger unterhielt dabei außer zum «Solf-Kreis» noch Kontakte zu weiteren Personen in Berlin, die Hilfe für Verfolgte leisteten. Zu ihnen gehörten der katholische Geistliche und Dichter Ernst Thrasolt, mit dem Metzger freundschaftlich verbunden war, und der Rechtsanwalt Dr. Franz Kaufmann, den Metzger durch seine Arbeit für die Una Sancta kennen gelernt hatte. In seinem Haus in Schildow am nördlichen Stadtrand von Berlin versteckte Thrasolt Juden. Kaufmann, der zum Protestantismus konvertiert und durch seine «privilegierte Mischehe» vor der Deportation geschützt war, beschaffte und verteilte falsche Dokumente für untergetauchte Juden. Nachdem die Gestapo Personen, die von ihm mit Ausweisen versorgt worden waren, gefasst hatte, wurde Kaufmann im August 1943 verhaftet und im Februar des darauf folgenden Jahres ohne ein Gerichtsverfahren erschossen. In die «karitativen Bemühungen» von Metzger, Thrasolt und Kaufmann war Annie Kraus als «helfendes Glied» eingeschaltet.[20]

Wie für alle Untergetauchten erwies sich die ständige Suche nach neuen Quartieren als größtes Problem für Annie Kraus. Verfolgte zu beherbergen, war mit erheblichem Risiko verbunden, besonders, wenn sie wie Metzger bereits wegen oppositionellen Verhaltens aufgefallen waren. Wiederholt musste Annie Kraus daher ihre Unterkunft wechseln. Auf Vermittlung von Metzger fand sie mehrere Monate bei Maria George in der Reinickendorfer Straße 25 in Berlin-Wedding Quartier. George, eine ehemalige Lehrerin, arbeitete als Sekretärin bei der St. Paulus-Gemeinde der Dominikaner in der Oldenburger Straße in Berlin-Tiergarten.[21] Maria George machte Annie Kraus mit Marie de Garrey bekannt, einer französischen Staatsbürgerin, die ihr versprach, Papiere für eine Ausreise nach Frankreich zu besorgen. Vermutlich wollte Annie Kraus dort bei Bekannten aus ihrer Studienzeit untertauchen. Sie brachte die geforderte Summe auf, doch die versprochenen Dokumente erhielt sie nicht. In der Angst, dass es sich bei de Garrey um eine Agentin der Gestapo handeln könnte, gab Annie Kraus daraufhin das Versteck bei Maria George auf.

Unterschlupf fand Annie Kraus auch bei Maria Helfferich in Bornim bei Potsdam.[22] Wie der Kontakt zwischen ihr und Annie Kraus zustande kam, ist nicht bekannt. Kontakte unterhielt Annie Kraus außerdem zu ihrer ehemaligen Vermieterin Gertrud Kaulitz. Mit ihrer Schwester Margarete unterstützte sie Annie Kraus regelmäßig mit Lebensmitteln und Geld.[23] In der Wohnung in der Dueringzeile versteckten die Schwestern Kaulitz seit 1942 das Ehepaar Lucie und Ernst Nachmann und zeitweilig noch weitere Juden. Maria Helfferich war ebenfalls an weiteren Hilfeleistungen für untergetauchte Juden beteiligt.

ÜBERLEBEN IN DURACH UND SCHATTWALD

Im Frühjahr 1943 verließ Annie Kraus Berlin. Die Anonymität der Großstadt bot ihr einerseits eine relative Bewegungsfreiheit; andererseits bestand die Gefahr, bei Straßenrazzien der Polizei oder durch Spitzel entdeckt zu werden. Eine weitere Bedrohung stellten die verstärkten Luftangriffe der Alliierten dar, denn als «Illegale» hatte Annie Kraus keinen Zugang zu den öffentlichen Luftschutzkellern.

Max Josef Metzger vermittelte Annie Kraus bei dem Priester Anton Fischer in Durach im bayerischen Allgäu ein neues Versteck. Metzger kannte Fischer von seinen Vortragsreisen für die Una Sancta. Fischer war seit 1935 wiederholt von der Polizei verhört und verwarnt worden, unter anderem, weil er Kontakte zu Juden in der Schweiz unterhielt.[24] In einem Brief vom 7. Mai 1943 kündigte Metzger ihm den «Besuch von einer mir sehr lieben Konvertitin» an, die Erfahrung als Stenotypistin und Übersetzerin von französischer Literatur besäße.[25] Für die Reise muss Annie Kraus mit falschen Ausweisen ausgestattet gewesen sein, die ihr vermutlich aus dem «Solf-Kreis» vermittelt wurden. Im Pfarrhaus von Anton Fischer konnte Annie Kraus für einige Wochen untertauchen. Von Durach aus suchte sie Kontakt zu den Schwestern im Stammhaus der Christkönigsgesellschaft in Meitingen. Nach der Verhaftung von Max Josef Metzger in Berlin Ende Juni 1943 wurde das Haus von der Gestapo durchsucht und observiert, so dass es kein sicheres Versteck mehr bot.[26] Nachdem ein Grenzübertritt nach Frankreich gescheitert war und auch der Lehrer Otto Rieseberg in Donaueschingen, ein Bekannter aus der Freiburger Studienzeit, Annie Kraus keine Unterkunft garantieren konnte, vermittelte Anton Fischer sie an eine Gastwirtin in Schattwald in Nordtirol. Ab August 1943 lebte Annie Kraus bei Therese Fritz im Wirtshaus «Zur Post».[27] Therese Fritz wusste, dass ihr Gast als Jüdin verfolgt wurde. In dem Ort, der damals etwa 300 Einwohner zählte, meldete sich Annie Kraus beim Bürgermeister, ohne sich jedoch polizeilich registrieren zu lassen. Bis zum Kriegsende gelang es ihr damit, sich vor weiteren Verfolgungsmaßnahmen zu schützen. Noch mehrmals verließ Annie Kraus Schattwald auf der Suche nach anderen Unterkunftsmöglichkeiten und Dokumenten. Ihre Hilfe für Verfolgte setzte sie auch in Österreich fort. In Dornbirn im Vorarlberg wurde sie im März 1944 beim Versuch, zwei verwandte russische Zwangsarbeiterinnen zusammenzubringen, kurzzeitig verhaftet, ohne dass dabei ihre Identität festgestellt werden konnte.[28] Materiell unterstützt wurde Annie Kraus, die als «Illegale» keine Lebensmittel- und Kleidermarken bezog, von Therese Fritz und von Bekannten aus Berlin wie Maria George.

Die Verhaftung von Max Josef Metzger und die Zerschlagung des «Solf-Kreises»

Wenige Wochen nachdem Annie Kraus Berlin Richtung Süddeutschland verlassen hatte, wurde Max Josef Metzger nach einer Denunziation verhaftet.[29] Die Schwedin Dagmar Imgart hatte angeboten, ein von Metzger verfasstes «Friedensmemorandum» an den protestantischen Bischof von Uppsala weiterzuleiten. Metzger kannte ihn wie auch Dagmar Imgart durch seine Arbeit für die Una Sancta. Imgart war eine Agentin der Gestapo, die Metzger am 29. Juni 1943 verhaftete. Unter dem Vorwurf der «Judenbegünstigung» wurden außerdem noch die Schwestern Bernharda Herzog und die Oberin Sophia Hauser, die sich zu dem Zeitpunkt in Meitingen aufhielt, inhaftiert, nach vier Wochen jedoch wieder freigelassen.[30] In schriftlichen Stellungnahmen räumte Metzger vor Prozeßbeginn seine Beziehungen zu Hanna Solf und ihrem Kreis ein. Dabei erwähnte er auch Richard Kuenzers Verbindungen zu Emigranten in der Schweiz. Vermutlich gelang der Gestapo durch Metzgers Aussagen der Einbruch in den «Solf-Kreis».[31] Am 5. Juli 1943 wurde Kuenzer verhaftet, am 30. Juli Bernstorff. Im September 1943 schleuste die Gestapo einen Spitzel in das Haus von Hanna Solf ein. Im Januar 1944 wurden sie und ihre Tochter Lagi Ballestrem verhaftet, im Mai Friedrich Erxleben.

Max Josef Metzger wurde am 14. Oktober 1943 vor dem Volksgerichtshof in Berlin angeklagt. Sein «Friedensmemorandum», ein

Verfassungsentwurf für einen zukünftigen deutschen Bundesstaat, brachte ihm den Vorwurf des Hochverrats und der Feindbegünstigung ein. Seine Hilfe für Verfolgte blieb der Gestapo unbekannt; «Judenbegünstigung» war kein Punkt der Anklage. Metzger wurde zum Tode verurteilt und am 17. April 1944 in Brandenburg hingerichtet.[32]

Die Ermittlungen der Gestapo zum «Solf-Kreis» zogen sich bis in den Herbst 1944. Die Angeklagten wurden in Gefängnissen in Berlin und teilweise in Konzentrationslagern inhaftiert. Im November 1944 wurde schließlich die Anklage gegen Hanna Solf, Lagi Ballestrem, Friedrich Erxleben, Richard Kuenzer und Albrecht Bernstorff wegen Wehrkraftzersetzung, Feindbegünstigung und Hochverrat erhoben. Ihre Hilfe für Verfolgte vermochten die Angeklagten gegenüber der Gestapo offenbar zu verheimlichen. Zur mehrfach verschobenen und schließlich auf den 8. Februar 1945 festgesetzten Verhandlung vor dem Volksgerichtshof kam es nicht mehr, da das Gerichtsgebäude durch Bombenangriffe schwer beschädigt und der Vorsitzende Richter Roland Freisler dabei getötet worden war. Während Solf, Ballestrem und Erxleben vor Kriegsende freigelassen oder von Alliierten befreit wurden, erschoss ein SS-Kommando Kuenzer und Bernstorff unmittelbar vor der Befreiung Berlins Ende April 1945.[33]

«Stillen Ruhm laut verkünden» – Annie Kraus' Umgang mit der Verfolgung nach 1945

Nach der über dreijährigen Zeit in der Illegalität war Annie Kraus nicht nur mittellos, sondern auch gesundheitlich so schwer geschädigt, dass sie praktisch erwerbsunfähig war. Sie lebte zunächst weiter in Schattwald, wo sie ihre schriftstellerische Tätigkeit wieder aufnahm und sich um die Veröffentlichung ihrer Arbeiten bemühte. 1948 publizierte sie eine Studie über den Existenzialismus und eine theologische Schrift «Über die Dummheit».[34] Eine im gleichen Jahr veröffentlichte Exegese der «Vierten Bitte des Vaterunser» widmete sie Anton Fischer.[35] Festanstellungen als Stenotypistin in Innsbruck musste Annie Kraus aus Gesundheitsgründen wieder aufgeben.[36] Als freie Korrespondentin arbeitete sie von 1950 bis 1954 für den Bayerischen Rundfunk in

Österreich. Trotz ihrer angespannten finanziellen Lage setzte sich Annie Kraus in den Nachkriegsjahren für ihre Helfer ein. Maria Helfferich, Maria George und die Schwestern des Piusstifts in Berlin unterstützte sie mit Lebensmittelsendungen.[37] Annie Kraus erneuerte auch ihre Kontakte zu zahlreichen katholischen Intellektuellen. Gegenüber Exilanten verteidigte sie dabei die Deutschen vehement gegen den Vorwurf der Kollektivschuld. In einem 1947 an Waldemar Gurian adressierten Brief betonte sie, dass «nicht mehr der Moment» sei, «auf Deutschland Steine zu werfen».[38] Der Bitte Gurians, der seit 1937 in den USA lebte, über ihre Erlebnisse als «Getauchte» zu berichten, folgt sie unter der selbst gestellten Aufgabe, Zeugnis vom «anderen Deutschland» abzulegen: «Weiß ich doch inzwischen, daß im Ausland leider in keiner Weise hinreichend bekannt ist, welch unerhörte Leistungen des Widerstandes, z. B. in der individuellen Betreuung politisch und rassisch Verfolgter, seinerzeit in ganz Deutschland und Berlin, wo ich im ersten Jahr meines ‹Untertauchens› lebte, vollbracht worden sind. In jenen Jahren ist das ‹andere Deutschland› so sichtbar geworden und so strahlend erglänzt, daß ich zu sagen wage: es wiegt das Grauen des Übrigen auf. Dieses andere Deutschland ist eine Realität, vor der alles übrige, von dem das Ausland mehr Notiz nimmt, vergeht, wie das Nichts des Bösen vor dem Funken der Liebe – was wiederum keineswegs heißen soll, daß jenes andere Deutschland quantitativ so gering war. Ich selbst habe es in allen Schichten erlebt... Sie wollten helfen und trösten – und waren doch selber bereits durch ihr bloßes Dasein ein großer Trost und das Wahrzeichen des wirklichen Vorhandenseins eines anderen, echten, guten Deutschlands, von dem gerade wir ‹Getauchte› so herrliche Proben erleben durften und für die Zeugnis abzulegen unsere unabdingbare Verpflichtung ist. Niemals können wir ja die Dankesschuld diesem Deutschland gegenüber, das es gab und gibt, abtragen – niemals! Aber Zeugnis ablegen, das müssen wir.»[39]

Annie Kraus erwähnte dabei nicht nur das Engagement der «intellektuellen Personen» aus dem Solf-Kreis, sondern hob ausdrücklich die Hilfe von «Portiersfrauen und Weddingbewohnern» hervor. Obwohl sie selbst Unterstützung fast ausschließlich aus dem katholischen Milieu erhalten hatte, würdigte sie gleichermaßen den

Einsatz von «Ungläubigen» wie den der Schwestern Kaulitz. Ihren Erlebnissen in der Zeit der Verfolgung schrieb die überzeugte Katholikin Kraus einen christlich-martyrologischen Sinn zu. Dabei setzte sie sich auch für «irregeleitete Nazis» ein, die ihr gleichsam als Hitlers Opfer erschienen; eine Darstellung, die durchaus der Selbstwahrnehmung der Mehrheit der deutschen Gesellschaft nach dem Kriegsende entsprach. In diesem Zusammenhang verwandte sich Kraus ausdrücklich für Carl Schmitt, der sie «plötzlich nach vielen Jahren» grüßen ließ «mit der Bitte, diesen Gruß anzunehmen».[40] Gurian hatte seinen akademischen Lehrer und ehemaligen Mentor 1934 aus dem Schweizer Exil als «Kronjurist des Dritten Reiches» bezeichnet und dessen öffentliche Rechtfertigung des staatlichen Terrors als Opportunismus gegenüber den neuen Machthabern gebrandmarkt. Dieser Einsatz für Schmitt, dem Annie Kraus «siebenmal siebzigmal» vergeben wollte, wurde ihr jedoch schlecht gedankt. In seinem Tagebuch verhöhnte Schmitt seine ehemalige Sekretärin und ihre Arbeiten mit den «vielen Worten über ‹Demut›»: «Wir armen Gojim sind nun mal doof… Und soviel, Gertrud von Le Fort in Verehrung gewidmetes ‹Über die Dummheit› zu lesen, tut mir von Annie Kraus wegen richtig weh. Sie tut wie ein kleiner Würgeengel und gehört doch gar nicht in die Gesellschaft der Prosecutuoren und Accusatoren, und wenn es an mir lag und ich dazu beigetragen habe, daß sie nun doch hineingeraten ist, so bereue ich das. Jetzt sehe ich sie also auf dem hohen Roß der christlichen Demokraten.»[41]

Annie Kraus zog 1953 von Schattwald nach Innsbruck, wo sie Anschluss an den Kreis um den Theologen Karl Rahner fand. Sie veröffentlichte theologische Schriften und übersetzte Arbeiten aus dem Französischen.[42] Mit einer Studie über den Begriff der Dummheit bei Thomas von Aquin promovierte sie 1967 bei Rahner.[43] Als er 1968 an die Universität Münster berufen wurde, folgte ihm Annie Kraus. Zum Christkönigsinstitut in Meitingen hielt sie auch nach 1945 Kontakt und veröffentlichte dort mehrfach kleinere Arbeiten.[44] Über die Umstände ihres Überlebens in der Illegalität äußerte sich Annie Kraus jedoch nur einmal öffentlich. Im Januar 1959 setzte sie sich mit einem Schreiben an den Berliner Innensenator Joachim Lipschitz für die Ehrung von Anna Winkler,

Maria George und der Schwestern Gertrud und Margarete Kaulitz als «unbesungene Heldinnen» und deren materielle Unterstützung ein.[45] Dabei erwähnte sie auch die Namen von weiteren Personen, die an Hilfeleistungen für untergetauchte Juden beteiligt waren. Maria George und Gertrud Kaulitz starben, bevor das Ehrungsverfahren beendet war. Die in der DDR lebende Maria Helfferich wurde in das Vorhaben des Westberliner Senats nicht mit einbezogen. Allein Margarete Kaulitz und Margarete Kühnel, die an Hilfeleistungen für andere Verfolgte beteiligt waren, wurden aufgrund von Annie Kraus' Aussagen 1966 vom Berliner Senat als «unbesungene Heldinnen» geehrt. Annie Kraus verstarb am 21. März 1991 in Münster.

Christina Herkommer

RETTUNG IM BORDELL

Charlotte Anna Maria Erxleben wurde am 8. Mai 1906 in Greifswald im damaligen Kreis Vorpommern geboren.[1] Der Vater von Charlotte Erxleben war der Vollzugsbeamte Wilhelm Erxleben, ihre Mutter war Emma Erxleben, geb. Lüder. Ihren eigenen Angaben zufolge besuchte Charlotte Erxleben von ihrem sechsten bis zum vierzehnten Lebensjahr die Mittelschule in Greifswald und absolvierte danach ein Jahr auf einer Fortbildungsschule. Nach ihrer Schulausbildung erlernte sie den Beruf der Hauswirtschafterin und arbeitete anschließend im Haus ihrer Eltern in Greifswald. 1933 verstarb ihre Mutter. Das Erbe bekam sie allerdings erst im April 1939 ausgezahlt. Warum sechs Jahre nach dem Tod ihrer Mutter vergingen, bis Charlotte Erxleben ihren Erbteil erhielt, bleibt unklar. Auch Angaben über die berufliche Tätigkeit Charlotte Erxlebens in dieser Zeit fehlen, ebenso wie Hinweise auf besondere persönliche Ereignisse oder darauf, wie sie die politischen Veränderungen dieser Zeit erlebte. Insgesamt bleibt das Leben von Charlotte Erxleben in den Jahren zwischen dem Tod ihrer Mutter 1933 und der Auszahlung ihres Erbteils 1939 im Dunkeln.

Mit dem Erbe ihrer Mutter begann Charlotte Erxleben schließlich ein Leben außerhalb ihrer bisherigen Umgebung in Greifswald. Sie zog in die Großstadt Berlin, wo sie eine Privatpension mit 6 Zimmern auf zwei Etagen in der Zimmerstraße 62 in Berlin-Mitte erwarb. Die Pension lag im belebten Zeitungsviertel, im Mossehaus, dem Verlagshaus, das von dem Künstler und Architekten Erich Mendelsohn Anfang der 1920er-Jahre umgebaut worden war und das bis zu ihrer Enteignung im Jahr 1933 der jüdischen Familie Mosse gehört hatte. Nach eigenen Angaben vermietete Charlotte Erxleben vier der ihr zur Verfügung stehenden Zimmer. Die übrigen Zimmer bewohnte sie selbst. Ihre berufliche Tätigkeit während dieser Zeit gibt Charlotte Erxleben später mit «Zimmervermieterin» an. Anderes berichtet hingegen die im Nationalsozialismus rassistisch verfolgte Steffi Ronau-Walter.[2] Charlotte Erxleben hat demnach in der von ihr betriebenen Pension nicht nur Zimmer vermietet, sondern auch als Prostituierte gearbeitet und die ihr zur Verfügung stehenden Räume als Bordell genutzt. Unklar bleibt allerdings, ob Charlotte Erxleben dort nur selbst als Prostituierte arbeitete oder ob sie auch ihre Zimmer an andere Prostituierte vermietete. In jedem Fall war es ihr Bordell, das verschiedenen verfolgten Juden in der Zeit des Nationalsozialismus als Unterschlupf diente.

Charlotte Erxleben lernte in der Zeit, in der sie als Prostituierte in der Berliner Zimmerstraße arbeitete, verfolgte Juden kennen und versuchte, ihnen in unterschiedlicher Weise Hilfe zukommen zu lassen. Zu ihren Schützlingen gehörte auch der am 18. März 1900 in Hamburg geborene Leonhard Frankenthal. Ihn hatte sie bereits zu Beginn ihres Aufenthaltes in Berlin kennen gelernt. Er hatte nach Aussagen von Charlotte Erxleben unter erheblichen Repressionen zu leiden, wobei ungeklärt bleibt, ob diese Repressionen gegen Frankenthal so weit gingen, dass er bereits 1940, also zu einem Zeitpunkt, zu dem noch keine systematischen Deportationen stattfanden gezwungen war, illegal in Berlin zu leben. In jedem Fall konnte Leonhard Frankenthal von 1940 bis Kriegsende mehrfach jeweils für einige Zeit bei Charlotte Erxleben Unterschlupf finden und wurde von ihr auch mit Lebensmitteln versorgt. Während seines Aufenthaltes bei Charlotte Erxleben entging er einmal bei einer Hausdurchsuchung nur knapp der Verhaftung durch die Gestapo. Leonhard Frankenthal überlebte die Zeit des Nationalsozialismus – unter anderem auch durch die Hilfe von Charlotte Erxleben.

Ende 1941, ein Jahr nachdem Charlotte Erxleben dem Verfolgten Leonhard Frankenthal zum ersten Mal ihre Hilfe angeboten hatte, lernte sie durch Bekannte den am 4. März 1905 in Posen geborenen und in Berlin aufgewachsenen Juden Fritz Walter kennen, der sich nach den Aussagen von Charlotte Erxleben ebenfalls «in großer Not» befand. Die Familie von Fritz Walter war bereits abgeholt worden und auch ihn selbst hatte man deportiert. Aus den Berichten seiner späteren Ehefrau Steffi Ronau-Walter lässt sich entnehmen, dass Fritz Walter 1941 in das polnischen Konzentrations- und Vernichtungslager Majdanek deportiert wurde, dort aber nur kurze Zeit verbringen musste, da er sehr bald nach seiner dortigen Ankunft die Chance nutzen und in einem unbewachten Moment die Flucht hatte ergreifen können.[3] Fritz Walter kehrte nach seiner Flucht auf ungewöhnliche Weise nach Berlin zurück. So berichtet Steffi Ronau-Walter, dass Fritz Walter in einen Zug einstieg und nach Abfahrt des Zuges dem Schaffner aufgeregt mitteilte, er habe seinen Mantel am Bahnhof hängen lassen. In diesem Mantel seien aber seine gesamten Papiere. Der Schaffner habe ihm daraufhin versprochen, an der nächsten Station zu telefonieren, um so den Mantel mit den Papieren sicherstellen zu lassen. Der angeblich vergessene Mantel fand sich selbstverständlich nicht mehr und Fritz Walter erhielt neue – falsche – Papiere, die er im Folgenden für sein illegales Leben in Berlin nutzen konnte. In Berlin angekommen, lernte Fritz Walter dann Charlotte Erxleben kennen, bei der er schließlich auch Unterschlupf fand. Er lebte illegal und mit seinen falschen Papieren im Bordell und wurde von Charlotte Erxleben dort auch mit Lebensmitteln versorgt.

Anfang 1943 lernte Fritz Walter durch Freunde die ebenfalls verfolgte Jüdin Steffi Ronau-Walter, damalige Hinzelmann, kennen. Steffi Ronau-Walter war Schauspielerin. Sie hatte an verschiedenen Bühnen gearbeitet, unter anderem auch im Kulturbund der Jüdischen Gemeinde Berlins, wo sie Werner Hinzelmann, den Leiter der Jugendbühne, kennen lernte und später heiratete. Im Februar 1942 wurde ihre gemeinsame Tochter Rhea geboren. Noch im gleichen Jahr starb Werner Hinzelmann an einem Herzinfarkt. Er hatte gemeinsam mit anderen Mitgliedern der Jüdischen Gemeinde die Aufgabe übernehmen müssen, Transportlisten für die Deportation der jüdischen Bevölkerung Berlins zu schreiben und war dieser erzwungenen Aufgabe gesundheitlich nicht gewachsen. Die Mutter von Steffi Ronau-Walter war zu diesem Zeitpunkt bereits nach Theresienstadt deportiert worden. Sie selbst plante für sich und ihre Tochter, nachdem ihr ein holländischer Freund namens Keun van Hoogeward dazu geraten hatte, der drohenden Deportation durch das Untertauchen in die Illegalität zu entgehen.

Fritz Walter half ihr, diesen Plan umzusetzen und verschaffte Steffi Ronau-Walter und ihrer Tochter ein Quartier bei einer Prostituierten, die «Muttchen» genannt wurde. Muttchen führte ein Bordell in den Kellerräumen der Friedrichsgracht 24 in Berlin. In einem dieser Räume konnte Steffi Ronau-Walter zusammen mit ihrer noch sehr kleinen Tochter Rhea gegen die Zahlung von Miete leben. Steffi Ronau-Walter berichtet in diesem Zusammenhang, dass Muttchen bis zuletzt nicht wusste, dass sie Jüdin war, auch wenn sie es vielleicht ahnte.

Durch Fritz Walter lernte Steffi Ronau-Walter schließlich auch Charlotte Erxleben kennen. Sie berichtet: «Und Fritz wohnte auch bei einer ebensolchen ‹Dame›, wo also Männerverkehr war ... Er lebte dort mit dieser Charlotte Erxleben ... Dort wohnte er und dort aß er zu Mittag.» Steffi Ronau-Walter macht bei der Thematisierung der Tätigkeit Muttchens und Charlotte Erxlebens als Prostituierte im Weiteren deutliche Unterschiede. Muttchen beschreibt sie als eher «primitiv» und als Prostituierte, die selbst nicht mehr dieser Tätigkeit nachging, jedoch «Mädchen laufen hatte». Sie fügt an anderer Stelle hinzu, dass Muttchen auch ein «bissel bösartig» war und es am liebsten gesehen hätte, wenn auch Steffi Ronau-Walter für sie «gelaufen» wäre. Von Charlotte Erxleben berichtet Steffi Ronau-Walter hingegen, dass sie einen «Salon» auf «gehobener Basis» geführt habe. Muttchen übernahm nach diesen Schilderungen also eher Zuhälterinnentätigkeiten für ihre Mädchen, die vor allem auf der Straße Kunden anwarben. Charlotte Erxleben arbeitete hingegen allem Anschein nach nicht auf der Straße, sondern in dem von ihr geführten Etablissement. Ob auch sie Mädchen hatte, die für sie arbeiteten, bleibt allerdings ungeklärt. Dass Charlotte Erxleben einen «Salon» auf «gehobener Basis» führte, könnte auch der Grund dafür sein, dass sie bis 1943 ihren Schützlingen weitgehend ungehindert Hilfe zukommen lassen konnte. Zum einen hatte sie so weniger unter den zunehmenden Repressionen des nationalsozialistischen Regimes gegen Prostituierte zu leiden, da diese sich vor allem gegen den Straßenstrich richteten. Zum anderen ergab sich aus der Tatsache, dass Charlotte Erxleben nicht auf der Straße Kunden anwarb, sondern diese zu ihr kamen, für Fritz Walter ebenso wie für andere Verfolgte, die bei Charlotte Erxleben Zuflucht fanden, eine besondere Möglichkeit: Die Verfolgten konnten durch die Deckung des Bordells, getarnt als Kunden, einigermaßen unauffällig zu allen Tages- und Nachtzeiten kommen und gehen.

1943 wurde Charlotte Erxleben dann jedoch vermutlich von einer «Kollegin» denunziert, wie Steffi Ronau-Walter berichtet: «Die Lotti war denunziert worden, daß sie, von einer Kollegin, so komische Gestalten verberge, und einer von ihnen muß Jude sein ... es kamen Herren rauf, die wohnten dort nicht. Es war dort ein reger Verkehr, im wahrsten Sinne des Wortes. Ja, diese Kollegin hatte wohl beobachtet, daß Fritz dort wohnte». Nach den Erzählungen von Steffi Ronau-Walter konnte Fritz Walter daraufhin nur knapp der Verhaftung durch die Gestapo entgehen; er traf sogar im Treppenhaus auf zwei Gestapo-Männer, die gekommen waren, um der Anzeige nachzugehen. Steffi Ronau-Walter berichtet, Fritz Walter habe die beiden Männer auf der Treppe zu Charlotte Erxlebens Bordell mit «Heil Hitler» gegrüßt und sei weiter nach unten gegangen, während die Gestapo-Männer zu Charlotte Erxleben gingen, um sie zu verhören und ihre Wohnung zu durchsuchen. In der Wohnung fand die Gestapo einen Koffer mit Männerkleidung. Den Beteuerungen Charlotte Erxlebens, diese Kleidung gehöre keinem Juden und sie beherberge auch keinen Juden bei sich, wurde kein Glauben geschenkt. Steffi Ronau-Walter gibt an, dass Charlotte Erxleben gegenüber den Gestapo-Männern sogar versucht hätte, deutlich zu machen, dass die Kleidung einem ihrer Kunden gehörte. Obwohl sie geschlagen wurde, habe sie Fritz Walter nicht verraten, sondern stattdessen eine Bemerkung fallen lassen, der zufolge sie es aufgrund ihrer Tätigkeit als Prostituierter wohl am besten wissen müsse, ob der Mann, der bei ihr war, Jude gewesen sei: «Lotti hat sich sehr tapfer benommen ... sie sagte immer wieder: ‹Hier wohnt kein Jude› und sagte noch so mit Fachausdrücken: ‹Na, ich würde es ja wissen, ob er Jude ist oder nicht›. Das sieht man ja, also beschnitten usw. ‹Das ist kein Jude, das ist eben mein Spezialfreund und der kommt eben und manchmal übernachtet er eben bei mir›.»

Charlotte Erxleben nutzte in diesem Fall offensiv ihre Tätigkeit als Prostituierte, um ihren Schützling zu decken. Die Gefahr, wegen Prostitution von den Gestapo-Männern angezeigt und dafür belangt zu werden, erschien ihr offenbar vergleichsweise gering zu sein – möglicherweise nahm sie aber auch die drohenden Repressionen in Kauf, um das Leben Fritz Walters zu schützen. Charlotte Erxleben wurde von der Gestapo weder wegen des Verdachts der Hilfe für Juden verhaftet noch wegen Prostitution angezeigt. Jedoch hatte Charlotte Erxleben nach dem Besuch durch die Gestapo unter mehreren Verhören zu leiden, in denen sie geschlagen und misshandelt wurde. Auch nahm die Gestapo in der Folgezeit mehrfach Hausdurchsuchungen vor. Sie stellte sogar den Schlüssel zu Charlotte Erxlebens Wohnung sicher, um auch unangemeldet und nachts Durchsuchungen durchführen zu können. Zudem wurde ihr Haft in einem Konzentrationslager angedroht, wenn sie den Aufenthalt des bei ihr vermuteten Juden nicht preisgebe. Charlotte Erxleben schwieg trotz dieser Misshandlungen, Erniedrigungen und Drohungen und führte ihre Hilfe weiter fort. Da das Bordell als Unterschlupf zu unsicher geworden war, hielt sich ihr bisheriger Schützling Fritz Walter jetzt zumeist in dem Versteck von Steffi Ronau-Walter bei «Muttchen» auf.

Aber auch dort drohte täglich die Gefahr, entdeckt zu werden, wie ein Vorfall, von dem Steffi Ronau-Walter berichtet, zeigt. Demnach wurde sie von einem Polizisten vor Muttchens Wohnung angesprochen. Der Polizist suchte nach einem Mädchen, das nicht zur Fabrikarbeit erschienen war und glaubte es in Steffi Ronau-Walter gefunden zu haben. Muttchen erklärte dem Polizisten jedoch geistesgegenwärtig, dass es sich bei Steffi Ronau-Walter um ihre Nichte handele, die ihr Kind besuchen wolle, das sie bei ihr untergebracht habe. Auf die Frage, ob Steffi Ronau-Walter verheiratet sei, antwortete Muttchen mit «ja», während Steffi Ronau-Walter den Kopf schüttelte. Nach Aussagen von Steffi Ronau-Walter bemerkte der Polizist spätestens an diesem Punkt, dass etwas nicht stimmte. Letztlich konnte sie den Polizisten nur durch einige anzügliche Ausreden und ihr schauspielerisches Talent besänftigen und weitere Fragen vermeiden.

Obwohl das Bordell von Charlotte Erxleben nun nicht mehr als Unterkunft für Fritz Walter dienen konnte, sorgte Charlotte Erxleben dennoch weiterhin für ihn, indem sie Lebensmittel für ihn besorgte und seine Wäsche wusch. Auch Steffi Ronau-Walter und deren Tochter Rhea wurden im Folgenden von ihr mit Lebensmitteln, insbesondere mit Milch und Milchmarken versorgt. Charlotte Erxlebens Etablissement stand aber auch weiterhin als Versteck für verfolgte Juden offen. Sie hatte nun jedoch, für den Fall dass die Gestapo zu einer der unangemeldeten Durchsuchungen kam, Vorbereitungen getroffen: «Ich habe auf einem Hängeboden eine große Kiste untergebracht, in der sich mein Schutzbefohlener verstecken konnte. Eine Leiter stand bereit, damit der Betreffende sofort heraufklettern konnte.» Auf diese Weise half Charlotte Erxleben, neben Fritz Walter, Steffi Ronau-Walter und deren Tochter sowie Leonhard Frankenthal auch anderen Verfolgten, wie z. B. Helene Bierbaum, die über Fritz Walter zu ihr kam. Auch einer Familie Heinz und einem Rabbiner, an dessen Namen sich Charlotte Erxleben später nicht mehr erinnern konnte, stand sie helfend zur Seite.

Im Jahr 1944 musste Charlotte Erxleben für einige Zeit ihre Hilfeleistungen unterbrechen. Ihre Pension war durch Bomben zerstört worden. Da sie so in Berlin zunächst selbst keine Unterkunft mehr hatte, kehrte sie für kurze Zeit in ihren Heimatort Greifswald zurück und hielt sich dort bei ihrem Vater auf. Bald ging sie jedoch wieder nach Berlin – nach eigenen Aussagen, um weiter Hilfe anbieten zu können. Sie konnte über die Vermittlung ihres Schützlings Helene Bierbaum ein möbliertes Zimmer in der Grunewaldstraße anmieten und bot dort einigen Verfolgten weiter Unterschlupf und Versorgung mit Lebensmitteln. Diese Lebensmittel bezahlte sie, folgt man ihren Berichten, mit Hilfe ihrer Aussteuer. Ungeklärt bleibt, ob sie auch die neue Wohnung als Bordell nutzte.

Steffi Ronau-Walter, die zusammen mit ihrer Tochter Rhea den Krieg und die nationalsozialistische Verfolgung überlebte und 1946 Fritz Walter heiratete, betont in allen ihren Aussagen und Berichten nicht nur die Uneigennützigkeit der Hilfe Charlotte Erxlebens, sondern vor allem ihren Mut, auch bei Gefahr den Verfolgten weiter helfend zur Seite zu stehen.

Durch den Krieg hatte Charlotte Erxleben ihre große Pension und damit zugleich auch nahezu ihr gesamtes Vermögen verloren.

Nach Kriegsende wohnte sie zunächst in Berlin-Neukölln und wurde von einem ihrer ehemaligen Schützlinge, vielleicht dem vertrautesten, von Fritz Walter und später von dessen Ehefrau Steffi Ronau-Walter finanziell unterstützt. Trotz dieser Unterstützung war sie auf Sozialhilfe angewiesen. Von 1953 bis 1958 konnte sie mit kleinen Unterbrechungen in einem Notstandsprogramm der Stadt Berlin arbeiten. Danach war sie arbeitslos.

1953 reichte Charlotte Erxleben beim Entschädigungsamt Berlin einen Antrag auf Entschädigung wegen im Nationalsozialismus erlittener gesundheitlicher Schäden und wegen Schadens an Eigentum und Vermögen ein. Sie gab in diesem Antrag an, durch die Aufregungen während der Zeit des Dritten Reichs, ausgelöst auch durch die Hilfe, die sie verfolgten Juden hatte zukommen lassen und den damit verbundenen Gefahren, nun an einer schweren Herzkrankheit zu leiden. Zudem machte sie die Beschlagnahme des Koffers mit Männerbekleidung als Schaden an Eigentum und Vermögen geltend. Beide Schadensansprüche wurden vom Entschädigungsamt am 30. November 1954 abgelehnt. In der Begründung wurde es als nicht erwiesen angesehen, dass die Herzbeschwerden Charlotte Erxlebens aus den Aufregungen resultierten, die mit ihrer Hilfe für im Nationalsozialismus verfolgte Juden einhergingen; zudem wurde der Herzfehler als geringfügig eingeschätzt. Auch ihr Schaden an Eigentum wurde als unbedeutend und zudem als nicht eindeutig nachweisbar bewertet.

Im Juni 1959 stellte Charlotte Erxleben dann einen Antrag auf Ehrung im Rahmen der Aktion «Unbesungene Helden» des Berliner Senats. Am 19. April 1960 wurde ihr diese Ehrung schließlich zuteil. Sie hatte für den Berliner Senat erwiesenermaßen verschiedenen vom nationalsozialistischen Regime verfolgten und illegal in Berlin lebenden Juden in ihrer Wohnung Unterschlupf gewährt und ihnen weitere Hilfe z.B. in Form von Lebensmitteln zukommen lassen. Daneben belegten die Aussagen einiger der ehemaligen Schützlinge Charlotte Erxlebens, dass sie aufgrund einer Denunziation von der Gestapo verhaftet und schwer misshandelt worden war, aber dennoch die Hilfe für verfolgte Juden fortgesetzt hatte. Dass Charlotte Erxleben während der Zeit des Nationalsozialismus, also auch während der Zeit ihrer Hilfe für verfolgte

Juden, ein Bordell in der Zimmerstraße 62 in Berlin-Mitte betrieben und dort ihren Schützlingen Unterschlupf gewährt hatte, war dem Berliner Senat jedoch unbekannt geblieben. Selbstverständlich findet sich in keinem der offiziellen Anträge Charlotte Erxlebens auf Entschädigung oder Ehrung – weder in ihren eigenen Aussagen noch in den eidesstattlichen Erklärungen ihrer ehemaligen Schützlinge – ein Hinweis darauf, dass sie während der Zeit des Nationalsozialismus Prostituierte war. Prostitution war nach wie vor gesellschaftlich geächtet und galt auch weiterhin als moralisch inakzeptabel. Hätten dem Berliner Senat Informationen über die Tätigkeit Charlotte Erxlebens vorgelegen, so hätte ihre Ehrung als «Unbesungene Heldin» aller Wahrscheinlichkeit nach nicht stattgefunden. Dies legt zumindest die Behandlung des Falls Hedwig Porschütz durch den Berliner Senat nahe. Hedwig Porschütz hatte sich im April 1958 ebenfalls um eine Ehrung im Rahmen der Aktion «Unbesungene Helden» beworben. Sie hatte erwiesenermaßen während der Zeit des Nationalsozialismus dem Helferkreis um Otto Weidt angehört, dessen Blindenwerkstatt mehreren verfolgten Juden als Zufluchtsort und Versteck gedient hatte. Dem Berliner Senat war aber bekannt geworden, dass Hedwig Porschütz 1944 von der Gestapo verhaftet und wegen «Kriegswirtschaftsverbrechen» zu eineinhalb Jahren Gefängnis verurteilt worden war. Als Begründung des Urteils wurde die Beschaffung von Lebensmitteln durch «gewerbsmäßige Unzucht» angegeben. Diese Urteilsbegründung des nationalsozialistischen Regimes nahm der Berliner Senat auf und verwendete sie als Grundlage für die Ablehnung einer Ehrung von Hedwig Porschütz: «Frau Porschütz käme für eine Anerkennung aus der Aktion ‹Die Unbesungenen Helden› ohne weiteres in Frage, wenn aus der Begründung zum Urteil vom 10. Oktober 1944 nicht hervorginge, daß die Begleitumstände zur Beschaffung von Lebensmitteln auf ein derartiges niedriges sittliches und moralisches Niveau der Frau Porschütz schließen lassen, die nach hiesigem Dafürhalten eine Ehrung für die Aktion für ausgeschlossen halten lassen.»

Charlotte Erxleben erhielt also durch das Verschweigen ihrer beruflichen Lebensumstände während der Zeit des Nationalsozialismus die verdiente Ehrung. Aufgrund ihrer schlechten finanziellen Situation bekam sie aus dem Hilfsfond «Unbesungene Helden» eine kleine Beihilfe. Auf der Rückseite einer Einverständniserklärung, die der Ehrungsakte von Charlotte Erxleben beiliegt und die eine Weitergabe ihrer Angaben über ihre Hilfeleistungen an verfolgten Berliner Mitbürgern während des Nationalsozialismus erlaubt, schrieb sie: «Die Hilfeleistung war für mich eine Selbstverständlichkeit, da liebe Menschen von mir in Not waren!»

Charlotte Anna Maria Erxleben starb am 19. Juli 1981 in Berlin.

Dennis Riffel

FLUCHT ÜBER DAS MEER

ILLEGAL VON DANZIG NACH PALÄSTINA

«400 Menschen vor den Nazi-Schergen gerettet», betitelte die Bildzeitung am 1. Februar 1961 einen Artikel, der anlässlich der Ehrung des Ehepaares Gertrude und Gustav Pietsch im Rahmen der Initiative «Unbesungene Helden» des Berliner Senats erschien. Auch die übrige Berliner Tagespresse widmete der Ehrung des Ehepaares Pietsch mehrspaltige Artikel mit Fotos und Überschriften wie «Sein Kurs: Menschlichkeit» oder «Er rettete Hunderten das Leben». Mit einem solchen Presseecho wurden nur wenige der 738 in Westberlin lebenden Frauen und Männer bedacht, denen der Berliner Senat in den Jahren 1958 bis 1966 als «Unbesungene Helden» eine Ehrenurkunde verlieh und bei Bedürftigkeit eine monatliche Ehrenrente oder eine einmalige Geldzahlung von bis zu 1000 DM gewährte.[1]
Tatsächlich ist der Fall in vielerlei Hinsicht spektakulär. Außergewöhnlich ist nicht nur die hohe Zahl von etwa vierhundert Juden, denen Gustav Pietsch im Laufe von vier Jahren zur Flucht nach Palästina verholfen hat, sondern auch der frühe Zeitraum seiner Hilfstätigkeit und die Verbindung dieser Hilfe mit einer intensiven Oppositionsarbeit. Bemerkenswert und einzigartig sind schließlich auch die Flucht einer nichtjüdischen Familie nach Palästina und die Verdienste des Gustav Pietsch beim Aufbau des israelischen Hafens Eilat.[2]
Der 1893 in Bellin in Pommern geborene Gustav Pietsch legte im Ersten Weltkrieg sein Examen als Kapitän ab und diente dann als Offizier auf einem Minenräumboot und einer U-Boot-Begleitflottille. 1918 bis 1919 war er beim Überwachungsdienst im Danziger Hafen tätig. Er heiratete 1918 Gertrude Behnke, die Tochter des

Fischers Gustav Behnke aus Glettkau bei Danzig, und ließ sich selbst dort in der Dorfstraße 18 nieder, nur wenige Häuser von Gertrudes Elternhaus in der Dorfstraße 11 entfernt. 1919 und 1920 wurden die Söhne Heinz und Karl geboren, 1923 folgte Tochter Ursula. Das zwischen dem Badeort Zoppot und Danzig gelegene Dorf Glettkau gehörte zum Territorium der Stadt Danzig, die durch den Vertrag von Versailles vom 28. Juni 1918 offiziell nicht mehr Teil des Deutschen Reiches war, sondern unter dem Schutz des Völkerbundes stand. 1920 wurde die «Freie Stadt Danzig» gegründet, die 1922 eine demokratische Verfassung erhielt. Bis 1933 verbrachte Gustav Pietsch einen Großteil seiner Zeit als Kapitän auf Frachtschiffen und Fischerbooten. Allein im Jahr 1932 verbrachte er sieben Monate an Bord des Hochseekutters «Berta Pagel», dessen Miteigentümer er war. Seine Frau Gertrude vermietete in der Sommerzeit Zimmer in ihrem Haus in Glettkau an Feriengäste, außerdem flickte sie Netze, nähte Segel und half beim Fischfang. Gustav Pietsch war Mitglied im Verband deutscher Offiziere der Handelsmarine und im Bund deutscher Frontkämpfer, seine Frau war aktiv in der Frauenschaft des Frontkämpferbundes. Damit sind sie politisch dem deutschnationalen Spektrum zuzuordnen.

Die erste direkte Konfrontation des Kapitäns mit dem Nationalsozialismus ereignete sich 1932. Nach einem längeren Aufenthalt auf See wurde ihm mitgeteilt, dass der Verband deutscher Offiziere der Handelsmarine geschlossen der NSDAP beigetreten war. Kapitän Pietsch erklärte seinen sofortigen Austritt aus dem Verband, weil er auf keinen Fall NSDAP-Mitglied werden wollte. Nach der Übernahme der Macht durch Adolf Hitler am 30. Januar 1933 im Deutschen Reich dauerte es nur wenige Monate, bis mit Hermann Rauschning ein Nationalsozialist Senatspräsident in Danzig wurde. Seine Politik war gekennzeichnet vom Versuch, gute Beziehungen zu Polen herzustellen und innenpolitisch den Kampf gegen NS-Gegner und Juden aufzuschieben.[3] Dies erklärt, wieso es zunächst nicht zum Verbot der demokratischen Parteien und zu antijüdischen Gesetzen kam. Eine völlig andere Politik verfolgte jedoch Albert Forster, der von Hitler als Gauleiter der NSDAP für Danzig-Westpreußen eingesetzt war und dem es schließlich im November 1934 gelang, Rauschning zum Rücktritt zu zwingen und durch den radikaleren Arthur Greiser zu ersetzen.[4] Forster setzte massiv auf Einschüchterung der Opposition und agitierte von Anfang an vehement antisemitisch. Schon im Frühjahr 1933 wurden ohne Gesetzesgrundlage alle Juden im öffentlichen Dienst pensioniert. Berufs- und Interessenverbände wurden aufgefordert, jüdische Mitglieder zu entlassen. Auch der Frontkämpferbund wurde gedrängt, die jüdischen Mitglieder auszuschließen. In dieser Situation wurde Kapitän Pietsch Sprecher und Vorsitzender der Frontkämpfer und schwor den Bund, der sich zuvor ausschließlich um soziale und wirtschaftliche Belange seiner Mitglieder gekümmert hatte, auf vehemente Gegnerschaft zur NSDAP ein. Pietsch gab die Parole aus, die «jüdischen Kameraden» unter allen Umständen zu schützen. Dies brachte ihm eine erste Verhaftung ein. Bemerkenswert ist, dass Kapitän Pietsch sich schon zu diesem frühen Zeitpunkt direkt gegen eine Ausgrenzung von Juden zur Wehr setzte.

Ein Vorfall zeigt eindrucksvoll die Solidarität unter den Frontkämpfern. Kapitän Pietsch erfuhr Anfang 1935, dass ein jüdischer Ehrengottesdienst für gefallene jüdische Soldaten des Ersten Weltkrieges von Nationalsozialisten gestört werden sollte. Sofort trommelte er 150 nichtjüdische Frontkämpfer als Saalschutz zusammen. Gemeinsam nahm diese Truppe am Gottesdienst in der Synagoge teil und vereitelte so die Pläne der Nationalsozialisten. Der konsequente Einsatz für Juden und die Gegnerschaft zu den Nationalsozialisten hatten schon früh Folgen für die gesamte Familie Pietsch. Da Nationalsozialisten bereits in vielen Ämtern und wichtigen Positionen saßen, war es für Gustav Pietsch schon ab 1933 schwierig, Aufträge als Kapitän zu finden. Auch seine Frau, die sich genau wie ihr Mann weigerte, NSDAP-Mitglied zu werden, wurde von Nationalsozialisten boykottiert und bekam immer weniger Aufträge als Segelnäherin. Um wieder mehr Geld zu verdienen, eröffnete sie im Herbst 1933 mit Hilfe des Konditors Paul Dettlaff in Oliva, einem Nachbarort von Glettkau, eine Konditorei.

Die Seefahrer- und Fischereischule «Gordonia Mapilim»

Auch Kapitän Gustav Pietsch fand 1933 oder 1934 neben seiner intensivierten politischen Arbeit als Vorsitzender des Frontkämpferbundes ein neues Betätigungsfeld. Eine zionistische Vereinigung namens «Zewulon» und weitere jüdische Kreise baten ihn, er möge junge Juden für die Hochseefischerei und den Seemannsberuf ausbilden und so auf die Auswanderung nach Palästina vorbereiten. Er gründete gemeinsam mit jüdischen Verbänden 1933 die Seemannsschule «Gordonia Mapilim». Er half dabei, Boote, Netze und Segel zu besorgen. Dann gab er sein Wissen und seine Erfahrung als Fischer und Seemann an mehrere hundert junge Juden aus Danzig und Polen weiter.

Der Ort, an dem die Fischerei- und Seefahrerschule «Gordonia Mapilim» gegründet wurde, war klug gewählt. Es war der Hafen Gdingen, der sich im so genannten polnischen Korridor, dem Küstenstreifen nördlich von Danzig, befand und dadurch bis September 1939 nicht unter NS-Herrschaft stand. Der kleine Ort war seit 1924 von Polen mit französischer und belgischer Unterstützung zu einem der modernsten Hochseehäfen der Welt als Konkurrenz zur Freien Stadt Danzig ausgebaut worden. Zwar gab es in Gdingen eine eigene Bezirksleitung der NSDAP, aber da die NSDAP in Polen verboten war, war ihr Einfluss in Gdingen ausgeprochen gering. Gustav Pietsch erhielt für seine Dienste als Leiter und Lehrer der Schule einen bescheidenen Monatslohn und investierte selbst nicht nur seine Zeit, sondern auch viel Geld in die Ausbildung der Schüler. Einer der ehemaligen Schüler von Kapitän Pietsch erklärte 1960, die Schule sei so arm gewesen, dass zeitweise kein Geld für Nahrungsmittel übrig gewesen sei. Gustav Pietsch habe dann aus eigenen Mitteln und von Freunden und Bekannten «Erbsen, Bohnen und Brot» besorgt. Auch Geld sammelte er in den oppositionellen Kreisen Danzigs, um seine Schüler und den Ausbau der Schule unerstützen zu können. Neben seiner Tätigkeit in der Schule trainierte Kapitän Pietsch auch Mitglieder des zionistischen Sportvereins Bar Kochba auf einem Boot, das er dem Verein zur Verfügung stellte.

Sein Einsatz für die jungen polnischen und Danziger Juden ging weit über seine Tätigkeit als Lehrer und Leiter der Schule hinaus. Da er sie für ein Leben als Fischer und Seefahrer in Palästina ausbildete, war es konsequent, dass er auch versuchte, ihnen die Auswanderung zu ermöglichen. Bis September 1939 war es auch legal möglich, aus Danzig oder Polen auszureisen, allerdings mit hohem bürokratischen Aufwand. Für Genehmigungen, gültige Pässe und Visa musste viel Geld gezahlt, mussten lange Wartezeiten und Demütigungen in Kauf genommen werden. Gustav Pietsch und seine Schüler der «Gordonia Mapilim» wählten den Weg der illegalen Flucht. Gustav Pietsch bestach die Wachen im Hafen und brachte seine Schüler auf kleinen Fischkuttern zu großen Hochseeschiffen, die im Hafen ankerten. Detailliert berichtete die Zeitung «Der Abend» am 1. Februar 1961: «Im Danziger Hafen wurde es so gemacht: Wenn es dunkel wurde am Krantor, luden die immer eingeweihten Köche alle vom Hafenpersonal in die Kombüse ein. Nur Kapitän Pietsch blieb draußen, nutzte die stille Zeit und lotste die jüdischen Seeleute aufs Schiff.»

Erstaunlich an dieser Schilderung ist, dass die hier geschilderten Aktivitäten des Kapitän Pietsch sich nicht in Gdingen, sondern im Danziger Hafen abgespielt haben sollen. Dies wird durch den Verweis auf das Krantor, das Danziger Wahrzeichen am Hafen, noch einmal betont. Wieso Gustav Pietsch die Verschiffung auch im Danziger Hafen, der von einer nationalsozialistischen Hafenbehörde kontrolliert wurde, durchführte und nicht nur in Gdingen, bleibt unklar. Zwar hätte er auch dort gegen polnische Transferbestimmungen verstoßen, wäre aber vermutlich weit weniger hart bestraft worden als in Danzig. Eine der Erklärungsmöglichkeiten ist, dass Kapitän Pietsch, wie im zitierten Artikel angedeutet wird, das Hafenpersonal und die örtlichen Gegebenheiten im Danziger Hafen sehr gut kannte und es für ihn daher ein kalkulierbares Risiko darstellte, die jüdischen Seeleute aus Danzig herauszuschmuggeln. Er hatte selbst ein Jahr lang beim Überwachungsdienst im Danziger Hafen Dienst getan und kannte aus dieser Zeit das gesamte Gelände sehr gut. Mit Sicherheit hatte er sowohl in Gdingen als auch in Danzig weitere Helfer und wurde durch zionistische Verbände unterstützt.

Die Hilfe der Frau Pietsch

Shimon Magerkewitz und Aharon Shermann, zwei junge polnische Juden, die von 1934 bis 1938 auf der Seefahrerschule in Gdingen von Kapitän Pietsch ausgebildet wurden und dann mit seiner Hilfe auswanderten, schilderten einen Vorfall, der zeigt, dass sich nicht nur Gustav Pietsch, sondern auch seine Frau Gertrude und ihre Familie für die jungen Seeleute einsetzten.

An einem Sonntag des Jahres 1934 stachen die beiden jungen Seeleute von Gdingen aus mit einem Segelboot in See, das Gustav Behnke, der Vater von Gertrude Pietsch, für die Schule gebaut hatte. Die Segel für dieses Boot, so betonten Magerkewitz und Shermann 1960, habe Gertrude Pietsch unentgeltlich genäht. Sie wollten Reserveruder für das Boot holen, die noch auf dem Grundstück des Fischers Behnke in Glettkau bei Danzig lagen. Schon bei der Landung in Glettkau brach ein Seesturm los, so dass an eine Rückfahrt mit dem Boot nicht zu denken war. Gertrude Pietsch lud die beiden jüdischen Seeleute zu sich nach Hause ein und verpflegte sie. Nachbarn hatten die Landung beobachtet und holten einige Nationalsozialisten aus dem Dorf herbei. Herr Behnke konnte sie gerade noch davon abhalten, das Boot zu zerstören, indem er erklärte, dass es sein Eigentum sei. Die Nationalsozialisten machten sich nun auf die Suche nach den jüdischen Seeleuten, konnten sie jedoch nicht finden, da Frau Pietsch die beiden auf dem Dachboden ihres Hauses versteckt hatte. Da sie nicht nach Polen auf dem Landweg zurück konnten, weil sie keine Papiere bei sich hatten, blieben die 17- und 18-jährigen Juden zwei weitere Tage im Haus der Frau Pietsch versteckt. Als der Sturm schließlich nachgelassen hatte, stachen die beiden Fischereischüler mit Hilfe des Herrn Behnke und der Söhne von Frau Pietsch mit dem Boot wieder in See. Shimon Magerkewitz und Aharon Shermann sagten 1960 aus, sie hätten später nachträglich erfahren, dass die Gestapo kurz nach dem Vorfall eine Hausdurchsuchung im Wohnhaus des Ehepaares Pietsch vornahm mit der Begründung, Frau Pietsch habe Juden geholfen.

Opposition und Verfolgung

Der Rechtsanwalt Saly Herschhorn erklärte 1960, Gustav Pietsch habe «zu den von den Nazis am meisten gehaßten Ariern» Danzigs gehört. Der Hass sei auch deshalb so groß gewesen, weil er seine praktischen Fähigkeiten als «alter Seemann» den Zionisten zur Verfügung gestellt habe. Es ist nicht sicher, wie viel die Nationalsozialisten in Danzig über die Unterstützung des Ehepaares Pietsch für die Juden und die Fischereischule in Gdingen wussten. Belegt ist jedoch mehrfach, dass die Eheleute Pietsch nicht nur als Gegner der NSDAP, sondern vor allen Dingen auch als «Judenfreunde» galten und dementsprechend behandelt wurden. Schon bald nach Eröffnung der Konditorei in Oliva wurden regelmäßig die Wände des Geschäfts beschmiert, die Schaufenster eingeschlagen und Posten patrouillierten vor der Konditorei und hielten Kunden davon ab, etwas dort zu kaufen. Dabei fielen immer wieder die Schimpfworte «Separatist», «Judenfreund» und «Judenhelfer». Die Schwägerin von Gertrude Pietsch, Maria Behnke, die im Haus des Ehepaares Pietsch wohnte, erinnerte sich später an antisemitische Lieder, die häufig vor dem Haus der Familie Pietsch von «Horden in Uniform» gesungen worden seien und an die Parole: «Heraus mit Euch Judenfreunden, Separatisten und Staatsfeinden». Die Konditorei ließ sich wegen des zunehmenden Boykotts nicht lange halten. 1935 wurde ihr ohne Angabe von Gründen die Gewerbegenehmigung entzogen. Trotz der Diffamierung, Verfolgung und zeitweisen Verhaftung streckte besonders Gustav Pietsch nicht die Waffen, sondern intensivierte seinen Kampf gegen die Nationalsozialisten. Im März 1935 gründete er die Wochenzeitung «Feldgrauer Alarm». Einen wirtschaftlichen Nutzen zog er aus dieser Arbeit nicht, die Zeitung diente nur dazu, politisch gegen die NSDAP vorzugehen und seinen Wahlkampf zu unterstützen. Gustav Pietsch trat nämlich mit einer eigenen Liste, den «Freien Frontkämpfern», zu den Volkstagswahlen am 7. April 1935 an. Damit wollte er der NSDAP die Stimmen vieler Weltkriegsteilnehmer abnehmen. Auf ein Mandat hoffte er nicht und ging, damit die Stimmen der Frontkämpfer nicht für die Opposition verloren gehen konnten, eine Listenverbindung mit der «Liste Weise» ein. Die «Liste Weise» des DNVP-

Vorsitzenden Gerhard Weise war Sammelbecken für diejenigen Deutschnationalen, die nicht zur NSDAP übergetreten waren.[5] Die NSDAP rechnete mit einem überragenden Sieg, kam aber trotz massiver Einschüchterung der Opposition und Wahlfälschung nur auf 59,3 Prozent der Stimmen und hatte damit nicht die angestrebte Zweidrittelmehrheit errungen, ein enttäuschendes Ergebnis. Gustav Pietsch erreichte mit seinen «Freien Frontkämpfern» nur 0,1 Prozent der Stimmen und kam nicht in den Volkstag.[6] Den Kampf gegen die NSDAP fochten die Oppositionsparteien nun per Klage wegen Wahlbetrugs beim Danziger Obergericht weiter. Auch Gustav Pietsch trat dort als Kläger auf und protestierte gegen die Beschlagnahmung von Flugblättern und gegen das sechsmonatige Verbot des «Feldgrauen Alarms».[7] Zwar bestätigte das Gericht einige Unregelmäßigkeiten im Wahlverlauf, insgesamt wertete es die Wahl jedoch als korrekt. Die per Gericht festgestellten Ergebnisse verbesserten das Abschneiden der Opposition etwas (so erhielten zum Beispiel die «Freien Frontkämpfer» statt 0,1 Prozent 0,2 Prozent der Stimmen), aber die politischen Ergebnisse änderten sich dadurch nicht erheblich.[8] Durch die Wahlanfechtungsklage der Oppositionsparteien wurde das politische Klima 1935 noch rauer. Angriffe auf Gegner der Nationalsozialisten fanden nun fast täglich statt. Auch das Ehepaar Pietsch wurde Opfer einer solchen Attacke. Nach einer Versammlung der «Freien Frontkämpfer» lauerten Nationalsozialisten dem Ehepaar Pietsch und drei Kriegsversehrten auf und schlugen sie mit Eisenstangen brutal zusammen. Gustav Pietsch wurde vor eine fahrende Straßenbahn geworfen und zog sich Rippenbrüche und schwere Verletzungen zu, an deren Folgen er sein Leben lang litt. Er wurde von Polizisten in «Schutzhaft» genommen und kam laut Aussage des Frontkämpfermitgliedes Paul Dettlaff nur durch die Intervention des Hohen Kommissars des Völkerbundes frei. Aufgrund der eigenen Misshandlungen und der Sorge um ihren Mann erlitt Gertrude Pietsch einen ersten Schlaganfall, dem später weitere folgten. Die heftigste Auseinandersetzung zwischen NS-Gegnern und Nationalsozialisten ereignete sich am Abend des 12. Juni 1936 im Josephshaus in der Danziger Töpfergasse.[9] Die DNVP hielt dort eine Mitgliederversammlung mit 700–750 Personen ab und auch Kapitän Pietsch sollte eine Rede halten. Nationalsozialisten versuchten den Vorredner von Pietsch, den DNVP-Vorsitzenden Gerhard Weise, zu stören, wurden aber schnell des Saales verwiesen. Sie holten Verstärkung und während der Rede von Gustav Pietsch wurde der Saal von Schlägerkolonnen der SA gestürmt. Die DNVP-Mitglieder setzten sich zur Wehr, 60 Verletzte und einen toten SA-Mann forderte die Saalschlacht, die erst sehr spät durch die Polizei aufgelöst wurde. Während die SA-Mitglieder bald wieder auf freiem Fuß waren, befanden sich die NS-Gegner, darunter auch Gustav Pietsch, der wieder einmal verletzt worden war, noch wochenlang in Haft. Nach der Schlacht im Josephshaus arbeiteten die Nationalsozialisten nun mit allen Mitteln an der endgültigen Zerschlagung der Opposition. Inzwischen war auch die einstmals demokratische Verfassung weitgehend außer Kraft gesetzt worden, ohne dass der für Danzig zuständige Hohe Kommissar des Völkerbundes dies mit Nachdruck unterbunden hatte. Auch für die Danziger Juden wurde die Situation nun immer schwieriger. Nach dem Vorbild der antijüdischen Maßnahmen im Deutschen Reich wurden nun eine Fülle von diskriminierenden Verordnungen erlassen, die jüdische Bürger immer stärker entrechteten und isolierten. Nachdem jüdischen Händlern in Langfuhr, Danzig und Zoppot kurz zuvor auf den Wochenmärkten abgetrennte Bereiche zugeteilt worden waren, kam es am 23. Oktober 1937 zu pogromartigen Ausschreitungen gegen jüdische Marktleute in der Danziger Innenstadt. Dabei wurden auch Privatwohnungen und jüdische Handwerksbetriebe geplündert und verwüstet.[10] Um Juden wirtschaftlich zu ruinieren und zur Auswanderung zu treiben, strengten die Finanzbehörden nun Ermittlungen wegen angeblicher Steuerhinterziehung gegen Juden an, um ihnen auf diesem Weg das Vermögen zu entziehen.[11] Auch die Pogromnacht des 9. November 1938 hatte ein Danziger Gegenstück – hier brannten die Synagogen am 12. November 1938. Die jüdische Gemeinde in Danzig bemühte sich danach intensiv um die Auswanderung der noch etwa 4000 auf Danziger Gebiet lebenden Juden. Nach dem Beginn des Zweiten Weltkrieges und der Eingliederung Danzigs in das Deutsche Reich hatten die verbliebenen 1200 Juden dann kaum noch eine Chance, den Nationalsozialisten zu entkommen. Viele von ihnen wurden in das bei Danzig errichtete Konzentrationslager Stutthof gebracht und starben dort, andere wurden im März 1941 ins Warschauer Ghetto und nach Lublin deportiert. Die letzte Deportation aus Danzig erfolgte Anfang 1943 nach Theresienstadt.[12]

Von Danzig nach Palästina

Für die Familie Pietsch wurden die Jahre ab 1937 in Danzig unerträglich. Immer wieder wurde Gustav Pietsch von der Gestapo verhört, bedroht und tagelang in «Schutzhaft» genommen. Wirtschaftlich hatte die Familie – von dem Lohn des Kapitän Pietsch als Lehrer der Fischereischule abgesehen – keine Einkünfte mehr.

Auch die Kinder des Ehepaares Pietsch litten sehr unter Beschimpfungen und tätlichen Angriffen ihrer Mitschüler. Die Situation wurde für die Söhne Heinz und Karl so unerträglich, dass Gustav Pietsch sie im Frühjahr 1937 aus dem Gymnasium und der Mittelschule in Danzig abmeldete und sie nach Gdingen auf die jüdische Seefahrerschule brachte. Es ist zu vermuten, dass sich der Kapitän die meiste Zeit im polnischen Gdingen aufhielt, weil er dort vor den Übergriffen der Nationalsozialisten sicher war. Im Jahre 1938 bestand keine Hoffnung mehr, den Nationalsozialisten irgendeinen Widerstand leisten zu können. Gustav Pietsch begann schon im Laufe des Jahres 1938 seine Flucht aus Danzig vorzubereiten. Dabei nahm er auch mit der Jewish Agency in Palästina Kontakt auf, wie ein Brief vom 2. Oktober 1938 zeigt, den ein Dr. Heinz Wydra vom Maritime Department der Jewish Agency aus Haifa an Kapitän Pietsch schrieb. Darin erklärt Wydra, dass es gelungen sei, für Herrn Pietsch und seine Familie eine auf ein Jahr befristete Aufenthaltsgenehmigung für Palästina zu bekommen. Aus dem Brief geht auch hervor, dass Kapitän Pietsch Holz zum Schiffsbau und Segelstoff sowie Fischernetze nach Palästina mitbringen sollte, und dass sich Wydra und Pietsch kannten, vermutlich aus Danzig. Am 24. Dezember 1938 verließ die Familie Pietsch heimlich Danzig und kam gemeinsam mit einer Gruppe ehemaliger Fischereischüler mit Schiffen über Belgien und Frankreich am 10. Januar 1939 in Palästina an. Die Familie musste alles Hab und Gut im Stich lassen. Auch ein großes Segelboot blieb in Gdingen zurück.

Kapitän Pietsch im Jahre 1954: im Hafen Eilat weihte er mit einer Regierungskommission einen von ihm konstruierten Hochseekutter ein

Zunächst sah es so aus, als könnte sich die nichtjüdische Familie Pietsch mit Hilfe der ehemaligen Schüler der Seefahrerschule eine neue Existenz aufbauen. Mit seinen beiden Söhnen, einigen ehemaligen Schülern und weiteren Zionisten gründete er das Fischerdorf Neve Yam bei Atlith und baute drei neue Fischerboote. Nach Ausbruch des Zweiten Weltkrieges wurden er und seine Söhne Heinz und Karl jedoch als «enemy aliens» von den Briten im Kriegsgefangenenlager Massra bei Akko interniert. Infolge dieser neuen Aufregung erlitt Gertrude Pietsch den zweiten Schlaganfall. Sie wurde mit ihrer Tochter Ursula in Haifa unter Hausarrest gehalten. Im Februar 1940 wurde Gustav Pietsch aus dem Lager entlassen und konnte nach Tel Aviv übersiedeln. Er durfte jedoch weder arbeiten noch Tel Aviv verlassen. Erst 1946 wurden diese Sanktionen aufgehoben und er versuchte, die Familie durch den Verkauf von Netzen, die er noch vor Kriegsausbruch beschafft hatte, und durch Gelegenheitsarbeiten zu ernähren. Nach Gründung des israelischen Staates 1948 änderte sich die Lebenssituation des Kapitän Pietsch und seiner Familie zum Besseren. Offensichtlich setzten sich nun seine ehemaligen Schüler für ihn ein, von denen einige inzwischen in der Seefahrt- und Fischereiverwaltung des jungen Staates etwas zu sagen hatten. Er wurde als Fischereifachmann nach Eilat ans Rote Meer geschickt und leitete 1951 die Firma Hamashbir, die eine Fischmehlfabrik bauen wollte. Von 1952–1953 wurde er sogar von der Regierung mit dem Ausbau des Hafens von Eilat betraut und zum Hafendirektor ernannt. Seine in Danzig erlittenen Verletzungen machten ihm jedoch so sehr zu schaffen, dass er den Posten bald aufgeben und nur noch zeitweise als Kapitän und Hafenexperte arbeiten konnte. Gertrude Pietsch erlitt in Israel weitere Schlaganfälle. Bis 1957 lebten sie in Nachlath Yehuda. Als sich der Gesundheitszustand von Frau Pietsch auch aufgrund des Klimas in Israel nicht besserte, verließ das Ehepaar Pietsch im Jahre 1958 das Land und ließ sich in Berlin nieder. Die Söhne Heinz und Karl Pietsch blieben in Israel.

Ehrung in Berlin

Da Gustav Pietsch durch seinen Wegzug aus Israel Versorgungsansprüche aus seiner Tätigkeit als Hafenkapitän nicht mehr geltend machen konnte, musste das Ehepaar in einer «dunklen 1-Zimmerwohnung ohne jeden Komfort in Berlin-Neukölln» von Sozialhilfe leben. Im Jahr 1960 wurden sie als Verfolgte des NS-Regimes anerkannt und erhielten eine größere Entschädigungssumme. Herbert Braun, den Gustav Pietsch in Eilat kennengelernt hatte, stellte am 17. Juli 1960 einen Antrag im Rahmen der Initiative «Unbesungene Helden» des Berliner Senats. Eigentlich sollte das Ehepaar Pietsch mit anderen «Unbesungenen Helden» gemeinsam im April 1961 geehrt werden. Gustav Pietsch aber machte darauf aufmerksam, dass er und seine Frau Mitte Februar 1961 zu einem Besuch bei den Söhnen Heinz und Karl in Israel aufbrechen wollten und gerne die Ehrenurkunde mitnehmen würden, da das Ehepaar auch vom israelischen Ministerpräsidenten David Ben Gurion empfangen werden sollte. Daraufhin beschloss man in der Senatsverwaltung für Inneres, dass die Überreichung der Urkunden an das Ehepaar Pietsch schon am 1. Februar 1961 stattfinden sollte.

Die Zeitungen veröffentlichten zahlreiche Artikel über die besondere Rettungsinitiative des Kapitäns und seiner Frau. Dies hatte für Herrn Pietsch ein unerfreuliches Nachspiel. Auch das in

Lübeck erscheinende und vom «Bund der Danziger» herausgegebene Mitteilungsblatt «Unser Danzig» veröffentlichte einen Artikel über Gustav Pietsch. Daraufhin erhielt die Redaktion die Zuschrift eines ehemaligen Danzigers und leitete diese an die Senatsverwaltung für Inneres weiter, die Herrn Pietsch informierte. In diesem Leserbrief wird Gustav Pietsch als «Lump und Schuft» beschimpft, «der in seinem Leben fast nie gearbeitet hat und sich jetzt auf Kosten der Steuerzahler eine auskömmliche Rente durch Intrigen beschafft hat.» Außerdem warf der Autor des Briefes Pietsch vor, er habe ihn bei der NSDAP denunziert und die Hilfsaktivitäten des Kapitäns seien gänzlich erfunden. Gustav Pietsch widerlegte in einem Brief an die Senatsverwaltung für Inneres die Anschuldigungen plausibel. Als Grund des beleidigenden Briefes nannte er eine Streitigkeit mit dem Briefschreiber Mitte der 20er-Jahre.

Gertrude und Gustav Pietsch kehrten Deutschland kurz nach der Berliner Ehrung für immer den Rücken. Zur Zeitung «B.Z.» sagte Gustav Pietsch, es gefalle ihm in Deutschland nicht besonders gut. Man tue nicht genug, «um den Spuk von gestern verschwinden zu lassen». Zunächst besuchten sie wie geplant ihre Söhne in Israel, die inzwischen Offiziere der israelischen Hochseeflotte geworden waren. Ob das Ehepaar Pietsch tatsächlich von David Ben Gurion empfangen wurde, ist nicht bekannt. Danach reisten sie nach West-Australien, wo ihre Tochter Ursula wohnte. Dort, auf einer Farm mit dem Namen «Glettkau», verbrachten sie ihren Lebensabend. Sie verstarben im Jahr 1975.

Mona Körte

HERZENSFRAGEN

ÜBERLEBEN IM NONNENKLOSTER

Auf Anfrage schlägt die Dame eines kleinen, zur Jüdischen Gemeinde Antwerpens gehörenden Büros die Familiennamen der geretteten Kinder nach: Grünblatt Hilda und Cecile; Mendlovitz Frieda; Mermelstein Ilona und Gaby; Nayman Hélène; Zweig Lea. Sachlich bestätigt sie deren ehemaligen Wohnsitz in der Provinciestraat im «Judenviertel» von Antwerpen. Widerwillig muß sie sich des 1942 von den Nationalsozialisten angelegten «Jodenregisters»,[1] der Transportlisten und der Kartei über die Räumungstermine bedienen.[2] Diese Verzeichnisse, auf die sich Täter, Überlebende und Nachkommen gleichermaßen berufen, verweisen auf den Tod der vielen in Belgien lebenden Juden, von denen nur ein kleiner Teil belgischer Herkunft war.

Zum Ende des 19. Jahrhunderts und noch einmal nach dem Ersten Weltkrieg zog es eine wachsende Zahl jüdischer Einwanderer aus Polen, der Tschechoslowakei und anderen osteuropäischen Ländern nach Belgien. Vor allem die Stadt Antwerpen, der eine zwiespältige Rolle in der Zeit der nationalsozialistischen Besetzung zukommt, wurde der Zufluchtsort vieler Juden, die sich dort niederließen oder auf die Möglichkeit zur Weiterreise in die USA warteten. Annähernd die Hälfte der jüdischen Bevölkerung Belgiens lebte zum Zeitpunkt der deutschen Besatzung in Antwerpen, und hier wie nirgends sonst in Belgien berührten sich die Extreme im Umgang mit den jüdischen Bewohnern. Zum einen machte sich die örtliche Behörde einen Teil der antijüdischen Maßnahmen zu Eigen, indem sie im Mai 1942 selbst das Tragen des Gelben Sterns verordnete, zum anderen bauten Teile der Bevölkerung, kommunistische Organisationen und katholische Institutionen,[3] ermutigt durch den Erzbischof von Malines, Kardinal Josef-Ernst van Roey,[4] an einem Netz zur Rettung jüdischer Kinder. Der Hilfe couragierter Menschen ist es zu danken, dass mehrere jüdische Kinder aus der Provinciestraat in Antwerpen dem gewöhnlichen Schicksal der Räumung, Abholung und Ermordung entgingen.

DAS KLOSTER DES HEILIGEN HERZENS
VON JESUS UND MARIA

Ein in Kontich/Altena bei Antwerpen gelegener, moderner Steinbau beherbergt Dienerinnen des Klosters «des Heiligen Herzens von Jesus und Maria», einem von Jesuiten mit angeregten, nicht-kontemplativen Orden, dessen Mitgliederzahlen rückläufig sind. Von den fünfzig Nonnen, die während des Krieges ein freies Internat führten, sind nur mehr acht geblieben. Heute haben sie einen Kindergarten und eine Grundschule unter ihrer Aufsicht.

Das Kloster wurde 1866, in der Hochphase der religiösen Gemeinschaften des Herz-Jesu- und Maria-Kultes, von Mère Jeanne gegründet und widmet sich traditionell pädagogischen und karitativen Aufgaben. Ein Blick in die Chronik des Klosters zeigt, dass das Nonnendasein sie offenbar sehr alt werden lässt: Die Wortführerin Schwester Albertine, deren Gedächtnis und Aufnahmefähigkeit sich über eine gewisse Routine in Befragungen bewährt hat, feiert bald ihren 100. Geburtstag. Ihre Erzählungen reichen zurück in die auch räumlich ausgelagerte Vergangenheit.

Der Bau des ehemaligen und nun verlassenen Klosters – zur Zeit des Krieges Versteck der jüdischen Mädchen – liegt hinter Bäumen verborgen. Seine bergende Funktion hat das Haus jedoch nicht verloren, die eigenen Erinnerungen suchen einige der ehemaligen Mädchen dort auf, manchmal in der Hoffnung, ungehindert und ohne sie fortgehen zu können. Eine unwillkürliche Erinnerung, geweckt durch sinnliche Eindrücke wie Geruch oder Geschmack, kann sie auf den schmerzhaften Weg zurückzwingen.[5] Unter den Modi der Erinnerung sind unwillkürliche Erinnerungen die härtesten, da sie schockartig aufblitzen und dabei einen ähnlichen Effekt haben wie Erkenntnisse.

Die Schönheit des Ortes irritiert die gewöhnlichen Vorstellungen von Enge und Entbehrung, von Versteck und latenter Todes-

Die jüdischen Mädchen im Klostergarten verm. 1945

drohung. Die Metapher vom Paradies, angewendet auf den weitläufigen und verwilderten Klostergarten voller Tiere und Pflanzen als dem Unterschlupf verfolgter Mädchen, ist wohl selten so wahr und falsch zugleich: aus einer ärmlichen Straße im Judenviertel von Antwerpen werden acht Kinder in ihn hineingetrieben und haben unaufhörlich zu gewärtigen, dass ihr Leben – und dadurch auch das der anderen – keine Selbstverständlichkeit ist. Von ihnen geht ein Unbehagen und eine Unruhe aus, die Helfer und Helfershelfer durch ein einziges falsches Wort in Lebensgefahr bringen kann.

Vielleicht gerade weil sich der Ort jeder Identifikation mit jüdischen Opfern widersetzt, formieren sich die Fragen nach den Bedingungen und Gefahren des Verstecks um so präziser. Schwester Albertine beginnt auf Nachfrage mit der Erzählung gleich zweier großer Ereignisse in der Chronik des Klosterlebens: neben der Aufnahme der verfolgten Kinder ist es die 23 Meter lange Tischdecke für König Balduin, die in der 1977 geschlossenen hauseigenen Wäscherei gewaschen und gebügelt wurde. Ungeachtet aller über die Tischdecke hinaus oder hinter sie zurückreichenden Fragen spricht Schwester Albertine stolz und beharrlich von der königlichen Tischdecke, ein Ereignis, das lange Zeit die interessantere

Begebenheit zu sein schien und zweifellos einen in dem belgischen Alltag und der Geschichte verankerten anekdotischen Wert besitzt. Bald wird deutlich, dass man sich einen Weg über die historisch jüngere Geschichte der 23 Meter langen Tischdecke bahnen muss, um zu der weiter zurückliegenden der acht versteckten Mädchen durchzudringen. Es handelt sich bei den beiden Erinnerungen um zwei Ereignisse, die nur über den Status einer Besonderheit miteinander verbunden bleiben und einzeln vielleicht abrufbar, aber nicht erzählbar sind.[6] Dass es zwei Erinnerungen so unterschiedlicher Art sind, die miteinander rivalisieren, mindert die Qualität des Ereignisses im Jahre 1942 nicht, sondern kehrt sie geradezu hervor. Während die Geschichte der Tischdecke offenbar weitaus häufiger abgerufen wurde, hoben sich die Nonnen ihre Erzählungen über die Zeit des Verstecks für die seltenen Besuche ihrer Mädchen auf.

Vergleichsweise zögernd beginnt Schwester Albertine von der Aufnahme der Mädchen zu reden. Hatten sich die Erinnerungen an die Tischdecke gleichsam von selbst erzählt, so muss Schwester Albertine nach richtigen Daten und passenden Wörtern kramen.

Begonnen habe alles 1942 im Zoo von Antwerpen. Mère Elise, die 1972 verstorbene Priorin des Klosters, habe eines Tages Besuch bekommen von einer jüdischen Dame namens Zweig, die sie dringend um Hilfe für ihre Tochter Lea bat. Frau Zweig berichtete von Haussuchungen durch die Gestapo und von der drohenden Abholung. Umgehend erteilte Mère Elise der Rektorin Schwester Geneviève die Erlaubnis, jüdische Kinder zu verstecken. Frau Zweig verabredete mit den Schwestern einen Termin zur Übergabe ihrer Tochter. Man wählte dafür den Zoo, der sich durch seine Unübersichtlichkeit und seine zahlreichen Besucher besonders gut dazu eignete.

Im Juli 1942 besuchten also elf Kinder des Klosterinternats von «Altena» mit ihren Betreuerinnen den Tierpark. Unterwegs trat eine Dame mit einem Kind an der Hand zielsicher auf die Schwestern zu und übergab ihnen ihr Kind. Lea spielte mit den Kindern, freute sich an den Affen, während die Mutter letzte Dinge mit den Nonnen regelte. Zu zwölft traten sie nun den Rückweg in das Kloster an. Während Lea die Abwesenheit ihrer Mutter am Tage kaum zu bemerken schien, war sie abends vor Sehnsucht nach ihr kaum zu beruhigen. Die Nonnen versicherten ihr, dass sie nichts zu fürchten habe und sich um ihre Aufgaben kümmern müsse. Schon am nächsten Tag sollte sie ihre Mutter wiedersehen. Diese brachte nämlich zwei weitere jüdische Mädchen, Leas Cousine Ilona und deren Schwester Gaby Mermelstein ins Kloster. Gaby, die als Jüngste der versteckten Kinder noch keine drei Jahre alt war, wurde in der Kinderkrippe untergebracht.

Eine andere, namentlich nicht (mehr) bekannte Frau – eine der Nonnen meint, es sei eben die Frau gewesen, die eines der Kinder einige Jahre später mit nach Israel nahm – brachte kurze Zeit später die Schwestern Hilda und Cecile Grünblatt, Hélène Nayman und ein kleines Mädchen namens Sylvie, deren Nachname von den Nonnen nicht erinnert wird. Irgendwann im Spätsommer 1942 ist das achte der jüdischen Mädchen, Frieda Mendlovitz, angekommen, nachdem ihre Eltern, wie Schwester Albertine sagt, «nach Deutschland verbracht wurden».

Den Mädchen gemeinsam war ihre Herkunft aus Einwandererfamilien, die im Gegensatz zu den wenigen Juden mit belgischer Staatsangehörigkeit, von keiner Behörde mehr geschützt, Mitte des Jahres 1942 in den Tod gingen. Verordnungen zur Regelung des Status der Juden im Herbst 1940 folgten im Sommer 1942 die ersten Deportationen. Ab dem 13. Juli 1942 gingen zehn Transporte – wöchentlich drei – mit 10 000 Juden zum «Arbeitseinsatz nach Auschwitz», und ab dem 4. August 1942 wurden täglich rund 300 jüdische Menschen im Auffanglager Dossin in Mechelen gesammelt, um deportiert zu werden.[7] Den Transportlisten ist zu entnehmen, dass jedenfalls die Mutter von Ilona und Gaby Mermelstein bereits im Sommer und der Vater im Herbst nach Auschwitz deportiert worden waren. In dem Zeitraum zwischen Sommer und Herbst 1942 wurde ein Drittel der in Belgien lebenden Juden deportiert.

Aus den klostereigenen Stellungnahmen geht hervor, dass die Kinder von der Priorin Mère Elise adoptiert und getauft wurden. Sie erhielten unverdächtige Namen, da die Gestapo zuallererst in den Namensregistern der Schulen nach untergetauchten jüdischen Kindern forschte. Die von den Schwestern erfundene Tarngeschichte machte aus den acht Kindern ohne Papiere Kriegswaisen, die sich zur Erholung im Kloster aufhielten. Wie sehr diese Notlüge auf die meisten Mädchen wirklich zutraf, konnten die Schwestern damals nicht ahnen. Diese Version, die vor den Kindern unablässig wiederholt wurde, musste dann auch früher als ihnen lieb war abgerufen werden. Ein Bewohner Kontichs nämlich hatte das Versteck der jüdischen Kinder an die Gestapo verraten, die gleich zweimal kam, um die Schwestern – unter ihnen vor allem die Hauptverantwortliche Sœur Geneviève – wegen der Kinder zu verhören: «Einmal bekamen wir Besuch von der Gestapo, sie wollten uns über die jüdischen Kinder vernehmen. Nach vielen Fragen, die meist unbeantwortet blieben, wurde Sœur Geneviève heftig in die Zange genommen, weil sie sich als Verantwortliche vor die jüdischen Kinder gestellt hatte. Inzwischen hatte man die Kinder in Sicherheit gebracht, damit niemand sie würde finden können, und dann gingen die Schwestern in die Kapelle, um Gottes Hilfe zu erbitten. Wir baten auch darum, daß das Verhör bald endige, was auch glückte. Ein anderes Mal wurde die Sache ernster. Diesmal mußten die Kinder alle vor der Gestapo erscheinen, beigestanden hat uns Herr Tollenœre, Bürgermeister von Kontich, indem er uns nicht verriet. Die Kinder wurden nach ihren Eltern und anderes mehr gefragt. Lea Zweig, die Älteste unter ihnen, war sehr klug und gab stets dieselbe Antwort. Wie heißt deine Mutter? Mama. Wie wird dein Vater angesprochen? Mit Vati. […] Die Schwestern suchten in aller Eile wieder Zuflucht im Gebet und mit zum Himmel erhobenen Händen blieben sie in der Kapelle, während alle dachten, die Kinder würden mitgenommen. Gott sei Dank kam es nicht so weit. Die Gestapo ging ohne die Kinder, also unverrichteter Dinge nach Hause», liest man in dem der Ehrung in Yad Vashem zugrunde liegenden Bericht der Schwestern.

Wie «gefährlich» gerade Kinder sind, davon können die Schwestern einiges erzählen. Sprache und Sprechen sind eng verknüpft mit Leben und Tod, denn mit ihnen ist die Gefahr verbunden, nicht nur durch Worte, sondern auch durch Intonation und Aussprache zu verraten. Die Kinder mussten gerade Erlerntes vergessen, um andere sprachliche und religiöse Konventionen zu erlernen. Die Kindern eigene Widerständigkeit, oft noch besonders hervorgekehrt durch die wenig eingängigen Gesetze und Ordnungen der Erwachsenen, zeigt sich im Spiel mit und der Verkehrung von Sprache und ihren Bedeutungen.

Die 1935 geborene Lea Zweig war bekannt für ihren Sprachwitz und ihre Klugheit, was ihre Antworten beweisen. Die Tarngeschichte, die aus einer Reihe monoton erlernter Daten bestand, machte sie sich in dem Verhör nicht zu eigen. Wohl um einem Kreuzverhör zu entgehen, gab sie Antworten, gegen die man schwerlich etwas einwenden konnte und die Schutz und Widerstand zugleich bedeuteten. Wo die Gestapo den Eigennamen der Mutter zu hören hoffte, antwortete Lea Zweig offen und ehrlich, ohne zu lügen und ohne zu verraten mit «Mama». Ihre Antworten verweisen dabei noch auf etwas anderes: Im Versteck waren die Kinder nicht etwa ein für allemal gerettet, sie mussten sich selbst immer wieder retten.

Am 3. Dezember 1943 – dieses Datum erinnern die Nonnen sehr genau – fiel eine Bombe auf einen Teil der Klostergebäude und richtete starke Verwüstungen an. Die Fenster waren zerborsten und die Kinder des Internats mussten das Kloster umgehend verlassen. Man schickte sie nach Hause zu ihren Eltern, der Schulbetrieb wurde eingestellt. Wohin aber mit den jüdischen Kindern? Für die Mädchen wurde eine vorübergehende Bleibe bei Familien in Kontich gefunden, die namentlich bekannt sind. Sehr hilfreich bei dieser Aktion war der damalige Bürgermeister von Kontich, der von Anbeginn über die Identität der Kinder unterrichtet war.

Einige Zeit später kehrten die jüdischen Kinder in einen notdürftig in Stand gesetzten Teil des Klostergebäudes zurück, und blieben dort – unter veränderten Umständen, nämlich ohne den Schutz der christlichen Kinder – bis zum Kriegsende versteckt. Die verantwortlichen Schwestern zogen sich nach Schließung der Schule zurück, so dass die Kinder zeitweise vollkommen sich selbst überlassen blieben.

Nach der Eroberung Brüssels und Antwerpens im September 1944 schlugen britische Soldaten im Kloster ihr Lager auf. Sie bildeten einen deutlichen Gegenpol zu der bis dahin von Frauen geprägten Welt. Die Gefahr war jedoch noch nicht vorüber: nur zwei Monate lang war ganz Belgien befreit. Im Dezember 1944 wurde das Land in Teilen erneut von den Deutschen besetzt. Die weiterhin versteckten jüdischen Mädchen freundeten sich mit den Soldaten an, deren rettende Funktion sie deutlicher wahrnahmen als die der Schwestern. Die Soldaten brachten den Mädchen ein neues Leben mit, das mit allem bis dahin Gewohnten brach und sie allmählich aus ihrem Versteck hervorholen sollte. Bald war das «erlaubte» Leben assoziiert mit Schokolade und fremden Früchten wie Orangen, die zu schälen man eine Stunde brauchte.

Der Krieg ging zu Ende und mit ihm, so dachten die Kinder, ihr Versteck. Als erste wurde Sylvie von einer Familienangehörigen abgeholt. Niemand weiß, was aus ihr wurde; die Schwestern haben nie wieder etwas von ihr gehört. Frieda Mendlovitz, während des Krieges von einer katholischen Familie in Brüssel adoptiert, wurde von einer oder einem Verwandten – der Mutter oder dem Onkel, wie es in einer öfter korrigierten Klosterakte heißt – mitgenommen. Ihre Adoptiveltern durften sie nicht wiedersehen – der Versuch, sich über das Verbot hinwegzusetzen, schlug fehl. Hilda und Cecile Grünblatt wurden ein Jahr nach dem Krieg von einer Cousine abgeholt und nach Palästina gebracht. Hélène Nayman hat erst spät von Angehörigen in den USA erfahren und ist über New York nach Israel emigriert. Gaby Mermelstein war sehr früh von einer Verwandten Schwester Albertines adoptiert worden, die sie bis heute als ihre einzige Mutter anerkennt.

Für eines der Kinder wollte sich niemand rechtes finden: Ilona Mermelstein war mit neun Jahren adoptiert, allerdings bald darauf den Nonnen zurückgegeben worden. Der von Ilona unternommene Versuch, sich in die Pflegefamilie der Schwester Gaby zu integrieren, scheiterte, da die Familie nicht willens und in der Lage war, sie ebenfalls aufzunehmen.

Ilona Mermelstein, Hélène Nayman und Lea Zweig blieben bis zum Schulabschluss in einer Dependance des Klosters in Antwerpen. Lea Zweig, die im Gedächtnis aller am stärksten mit der erfolgreichen Rettung und einer kindlich-vitalen Regenerationsfähigkeit assoziiert wird, starb mit nicht einmal neunzehn Jahren im Hause ihrer Adoptiveltern an einer unerkannten Tuberkulose.

Mythen

Immer wieder entzünden sich die Erzählungen der Nonnen an Lea oder kehren zu ihr zurück. Während Frieda Mendlovitz jedes Jahr an Weihnachten Blumen schickt und wie Ilona Mermelstein und Hilda Grünblatt die Nonnen alle Jahre aufsucht, begegnet Lea ihnen nur noch in ihren Erinnerungen. Auch Cecile Grünblatt ist gestorben, doch scheint man ihren Tod ähnlich wie den von Lea vergessen zu haben: im Gedächtnis der Schwestern führen Lea und Cecile ein Eigenleben.

Lea war zwar die Erste der Mädchen, die sich im Kloster verstecken musste, aber keineswegs die Älteste, wie die Nonnen immer wieder behaupten. Sie ist unter anderem wohl deshalb in der Phantasie der Schwestern an die Stelle gerückt, da sie für einen intelligenten, charmanten und daher irgendwie verzeihbaren Widerstand gegen die klösterliche Ordnung steht: «Lea, Deine Schrift tanzt», schrieb ihr die Lehrerin in das Schulheft. «Was tanzt sie, Walzer oder Tango», bekam die Lehrerin einen Tag später zu lesen. Lea war offenbar auf besondere Weise in der Sprache und im Sprechen zu Hause, die es ihr erlaubte, all deren Dimensionen auszuloten. An ihrer Person haftet das ganze Repertoire kindlicher Sprachspiele und Lieder. Flämische Verse und Reime waren ritualisierte Texte, in denen die Kinder sich sicher und dauerhaft verstecken konnten. Sie waren persönlich und unpersönlich zugleich: obgleich sie jeder kannte und man sie unbefangen rezitieren oder singen durfte, waren sprichwörtlich gewordene Fabeln wie die vom «hässlichen Entlein» und Spiele wie «Die Reise nach Jerusalem» in je eigener Weise aufgeladen. Sie wurden Bedeutungsträger, in denen der unverständliche Bruch, die Trennung von den Eltern im ganzen Doppelsinn des Wortes, aufgehoben waren. Sie waren ähnlich dem Schweigen,[8] das als lebensrettender Mechanismus tief eingelassen ist in wohl alle versteckten Kinder, ein ungefährlicher Ausdruck: «K'zah twee beren, brootjes smeren, oh, dat was een wonder!»,[9] sangen die Mädchen, nur ahnend, dass ihre vernehmlichen Stimmen selbst wohl das größte Wunder waren.

Vielleicht wird in Leas – von den anderen «Mädchen» als besonders sinnlos empfundenem – Tod der namenlose der vielen anderen betrauert. Sie starb einen persönlicheren Tod, um so vieles konkreter als das anonyme Sterben all der jüdischen Verwandten, die einzeln zu betrauern unmöglich ist.

Lea jedenfalls ist das Band, das die meist divergierenden Erinnerungen der Schwestern und ehemaligen Mädchen zusammenhält. Über so vieles herrscht große Verwirrung; wer von wem wann und unter welchen Umständen abgeholt wurde, darüber scheiden sich die Geister. Für die Gedenkstätte Yad Vashem in Jerusalem hat Schwester Albertine auf Veranlassung von Frieda Mendlovitz erst 1992 die Umstände von Versteck und Rettung sowie die Daten der Mädchen aufgeschrieben. Handschriftliche Korrekturen verraten etwas von der Diskrepanz in ihren Erinnerungen: bei Hélène Nayman blieb unentschieden, ob es ihre Mutter oder ihr Onkel war, der sie nach dem Krieg abholte, und für den Geburtstag von Ilona Mermelstein standen zwei Daten zur Auswahl.

Nicht zuletzt durch Lea wirken die Begegnungen in ihrem immer gleichen Ablauf wie Erzähltermine und dienen der Bedeutungssicherung. Die Erzählung stützt Erinnerung und Gedächtnis und nicht umgekehrt. Was zunächst ein Weitergeben der erinnerten Geschehnisse war, ist ein kanonischer Erinnerungstext geworden, eine eigenwillige Privatsprache der Erinnerung, deren Vokabular von Besuch zu Besuch geschliffen wurde. Darin zeigt sich bis heute die Autorität der Ordensträger, die die Interpretation der Ereignisse von Anbeginn in Anspruch nahmen: «Einige der Kinder wurden getauft und erhielten die Kommunion, vielleicht erinnern sich einige Kinder an ihre katholische Erziehung, aber wir sind überzeugt, daß sie unter jüdischem Einfluß zu richtigen Juden, zu Mitgliedern ihres Volkes wurden», schrieben die Nonnen einhellig in ihrem Bericht für Yad Vashem. Bei diesen Worten klingen einem die Sätze des Kardinals van Roey im Ohr, der in einem offenen Brief an die katholische Gemeinschaft appellierte, den unter der NS-Herrschaft Verfolgten ohne Ansehen ihres Glaubens zu helfen. Gleichzeitig stechen die relativierenden Aussagen ins Auge, etwa dass nur «einige der Kinder» getauft worden seien. Dem widersprechen die Erinnerungen der Mädchen entschieden.

Die Nonnen haben in ihrer Akte die Mädchen charakterisiert und deren Werdegang skizziert. Ihre Lebensläufe lesen sich wie Erfolgsmeldungen, aus denen ein lebenslanges Verantwortungsgefühl der Nonnen spricht. Auffallend an ihrer Erfolgsbilanz ist die Selbstverständlichkeit, mit der deren Rückkehr in die jüdische Gemeinschaft beschrieben wird.

Dass die Zugehörigkeit der Kinder nach Kriegsende alles andere als geklärt war, darüber sprechen die Nonnen nicht. Die ehemaligen Mädchen erinnern sich an erbitterte Kämpfe um das Anrecht auf sie. Spätestens hier werden Fragen nach dem tief in das Selbstverständnis des Ordens eingelassenen Herzen, seiner Metaphorik und Symbolkraft immer drängender.[10] Die Mädchen waren den Schwestern, die ihretwegen Ängste und Todesdrohungen ausgestanden haben, eine Herzensangelegenheit, daran besteht kein Zweifel. Zu fragen ist jedoch, an welches der vielen in Frage kommenden Herzen sie dachten, als sie die Patenschaft für die jüdischen Waisen nicht aus der Hand geben wollten. War es das Herz der Kinder, ihr eigenes oder eben das Herz, das den Schwestern als personales Symbol für Jesus und Maria und dem Orden den Impuls gab. Bis heute gilt das Herz als pars pro toto für den ganzen Zustand des Menschen. Die antike Vorstellung vom Herzen in der Funktion eines Regulators des Mutes zwischen Verstand und Begehren findet sich heute als Surrogat in Sprichwörtern und Redewendungen. Ob ihr Herz am richtigen Fleck war, die Schwestern ein gutes, großes oder enges Herz hatten, ob sie mehr als an das Leben der Kinder an deren Seelen dachten, steht bis heute zur Verhandlung.

Fest steht, dass jüdische Organisationen im Laufe der ersten Nachkriegsjahre gegen das Kloster um die Herausgabe der jüdischen Kinder prozessiert haben. Damals involvierte Angehörige der Organisationen sind über den Ausgang der Verhandlungen bis heute derart erbittert, dass ihr Gefühl die Tatsache der Errettung überschattet. Die Frage nach der Patenschaft für die Holocaust-Waisen bewegte sich, da sie in dem Ausmaß bisher nicht da gewesen war, in einem rechtsfreien Raum. Diese schwer lösbaren Fragen führten häufig zu großen Spannungen zwischen den um den Wiederaufbau der Jüdischen Gemeinden Belgiens bemühten jüdischen Organisationen und ihren Betreuern während des Krieges. Die Nonnen weigerten sich, die Kinder herauszugeben, wenn kein oder kein naher Verwandter nachweisbar war, und so sind die Klagen im Sande verlaufen. Und auch manch ein Kind, das nach langen und mühseligen inneren Kämpfen katholisch fühlen gelernt hatte, wollte nicht einem fast oder gänzlich fremden jüdischen Angehörigen in die Emigration folgen müssen. Ilona Mermelstein berichtet von einem 1997 stattgefundenen Treffen mit Hilda Grünblatt aus Israel, Gaby Mermelstein aus Antwerpen und einigen ehemaligen Mitgliedern jüdischer Organisationen und der Jüdischen Gemeinde Antwerpen, die bis heute nur mit Verachtung vom Kloster in Altena sprechen. In manchen Diskussionen geraten die Schwestern unversehens zu Platzhaltern der eigentlichen Feinde. Vergessen wird mitunter, dass nicht die Nonnen das den Mädchen zugedachte Leben verhindert haben, sondern die Judenpolitik der Nationalsozialisten. Die Nonnen ermöglichten ihnen ein durch die Bedingungen, unter denen es stattfand, verwirrendes und kompliziertes Leben – aber immerhin ein Leben.

Manches der «Mädchen» möchte das Gewicht nicht auf das strapazierte und mehrdeutige Wort Rettung legen, das nie frei ist von dem Vorwurf, es wäre vorrangig um die Rettung der Seelen gegangen, sondern auf das Wort Versteck. Die Leistung der Schwestern, unter Lebensgefahr Kinder auch dann noch versteckt zu haben, wo der Schutz durch die Anwesenheit der christlichen Klosterschülerinnen nicht mehr gewährleistet war, lässt sich nur anerkennen, wenn man die zweieinhalb Jahre andauernde Ungewissheit über den Ausgang der Situation immerzu mitreflektiert. Das Versteck war im vorliegenden Fall identisch mit der Aufnahme in eine katholische Gemeinschaft, mit Taufe, Namensänderung, Kommunion, kurz, dem Zwang, ein den Mädchen fremdes Leben mitzuleben. Schutz und Zwang, die Chance auf Leben und katholische Erziehung, haben sich derart verflochten, dass die Gründe zu entwirren ein auswegloses Unterfangen ist. Hinter dieser Unentscheidbarkeit, die eine klare Einschätzung der Motive erschwert, verbirgt sich die Einsicht, dass Retter nicht zwingend und in jedem Moment gut und uneigennützig waren.

Bei so viel Ungewissheit, Ungewissheit über den Erfolg des Verstecks, Ungewissheit über den Ausgang des Krieges und Ungewissheit über das Schicksal der jüdischen Eltern, ist doch zu vermuten, dass zumindest eine gezielte Indoktrination erst zu dem Zeitpunkt begann, als klar wurde, dass für Ilona, Lea und Hélène keine jüdischen Angehörigen zurückkehren würden. Die Mädchen erinnern sich an die extreme Körperfeindlichkeit, den Vorwurf an die Juden, sie seien Christusmörder, an die Beichte, die Ilona Mermelstein als Lüge empfunden hat, da sie Kinder, die nichts zu beichten hatten, überhaupt erst zum Lügen einlud. Große Verwirrung löste auch die Vorstellung aus, Kinder seien abgesehen von kleineren Sünden im Vergleich zu Erwachsenen unschuldig und verdienten es, gerettet zu werden. Dieser Logik zufolge mussten ihre Eltern alle schuldig sein.

In Hilda Grünblatts Erzählungen ist deutlich von Indoktrination die Rede. Die katholische Erziehung mit all den notwendigen Riten wie Taufe und Kommunion war Schutzmantel und Beeinflussung zugleich, was für die Mädchen nach der Vereinigung mit jüdischen Angehörigen zu einer ausweglosen Situation führte. An den Heiligenbildern, deren Prägekraft durch die dem Herz Jesus und Maria-Kult eigene blutige Ikonographie (Wundmale und tropfende Herzen) nachvollziehbar wird, haften die Erinnerungen Hilda Grünblatts besonders hartnäckig. Mehr als durch Besuche in der Kirche haben die «Abtrünnigen» unter den Kindern über die starke affektive Besetzung der Heiligen ihren Schwestern noch lange die Treue gehalten. Hilda Grünblatt, die heute in einem Kibbuz lebt, erzählt eindringlich von der Nachkriegszeit, die sie mit ihrer Cousine und deren Tochter in Israel verbrachte. Ihr Zimmer blieb noch lange mit Heiligen- und Andachtsbildern geschmückt. Ihre Cousine ließ sie gewähren und machte ihren Glaubensäußerungen erst dann ein Ende, als Hilda begann, die Tochter ihrer Cousine zu beeinflussen.

Wie kompliziert ein von ständigem Ab- und Auf-, Unter- und Hervortauchen geprägtes Leben auch noch heute ist, zeigen standardisierte Erzählungen auf beiden Seiten, die sich oft genug an die Stelle der Erinnerung setzen. Will man den bewährten Erzählmechanismus außer Kraft setzen, so gelingt dies, indem man Missverständnisse sprachlicher und inhaltlicher Art hinterfragt. Manchmal zeigt sich, dass sich Missverständnisse vor allem auf Seiten der (ehemaligen) Mädchen auch nach ihrer Aufklärung halten, da sie einen Nutzen haben. Das Insistieren auf Missverständnissen und unterschiedlichen Erzählversionen kehrt den wunden Punkt hinter den Fehlinterpretationen hervor. Mitunter nämlich entstehen aus Verständigungsproblemen und Verschiebungen Mythen, die mit einer gewissen Hartnäckigkeit als Erzählpartikel die vielen Lücken und Löcher auffüllen helfen, die die ungewisse Identität der Mädchen hinterlassen hat. Sie haben die Überlebenden über schwere Zeiten gerettet. So mussten wenigstens Ilona und Gaby Mermelstein, ebenso wie Hilda und Cecile Grünblatt, Abschied nehmen von der Vorstellung, ihre eigene Mutter habe sie gerettet. Nicht ihre, sondern Leas Mutter hatte den Kontakt zum Kloster hergestellt, das bestätigen die Nonnen einhellig und immer wieder. Derartige Mythen zeugen von dem großen Wunsch der Kinder, von ihrer Mutter, wenn schon nicht erzogen, so doch wenigstens versteckt worden zu sein.

Ewige Gegenwart der Kindheit

Die zu Beginn des Versteckens zwei bis sieben Jahre alten Mädchen haben abgesehen von ihren ureigenen Befindlichkeiten auch aufgrund ihres damals unterschiedlichen Alters gänzlich andere Schicksale: Die zweijährige Gaby, die, soweit sie sich erinnern kann, von Nonnen bzw. Christen sozialisiert wurde, war am ungefährlichsten, da sie sich nicht verraten konnte, und Lea Zweig schon wieder nicht mehr gefährlich, da sie die Ereignisse durchschaute. Nur einige wenige Jahre entschieden über die geistige und sprachliche Flexibilität, Anpassungsbereitschaft und Formbarkeit der Kinder. Überall dort, wo das Erinnerungsvermögen begonnen hatte, lauerte Gefahr. Durch absolutes Sprechverbot bekamen die Erinnerungen keine neue Nahrung. Kinder, die sich nicht über ihre Vergangenheit definieren sollten, mussten mit dem Verstand von Erwachsenen Kinder sein oder Kindheit unbefangen vortäuschen. Das verlangte von ihnen ein Reflexionsvermögen darüber, was Kindsein bedeutet.

Allen ehemals versteckten Kindern eigen ist wohl ein besonderes Verhältnis zu Zeitformen. Um die Vergangenheit und mit ihr verbundene Umstände nur tröpfchenweise durchsickern zu lassen, luden die Kinder die Gegenwart emphatisch auf. Vielleicht, um zwischen erlaubter und unerlaubter Vergangenheit zu unterscheiden, war ihre Kindheit im Versteck geprägt von einer ewigen Gegenwart, die Vergangenheit nur in Gestalt abgelegter Gegenwart kannte. Das ungefährliche Gedächtnis reichte nur zurück bis zum Eintritt ins Kloster.

Die extreme Konzentration auf die ohnehin für jeden Menschen bedeutende Kindheit diente einer strengen Selbstkontrolle, führte aber auch zur völligen Hingabe an Spiele und Unsinn jedweder Art. Ilona Mermelsteins Erinnerungsvermögen ist, wie sie sagt, gekoppelt an unerhebliche Ereignisse, nämlich an all die kindlichen Verrücktheiten, die in einer derart verkehrten Welt im Übermaß vorhanden waren. Immer wieder scheint die kindliche Anfälligkeit für den Nicht- oder Unsinn durch. Zur mitunter großen Irritation von Schwestern und Stiefeltern, die kreativen Unsinn nur unter dem Aspekt der Verhaltensauffälligkeit oder der Unverträglichkeit mit dem Alltag interpretierten, retteten sie sich in und mit dem Unsinn.

Großen Anteil an der Empfindung ewiger Gegenwart hatte der wilde Klostergarten, indem man sich ähnlich gut verstecken konnte, wie in den vielen Liedern und Reimen. An Wochenenden, an denen die christlichen Kinder nach Hause gingen und die Schwestern sich zum Gebet zurückzogen, herrschte eine Narrenfreiheit, die der Umgebung die Abenteuerlichkeit gab, die sie auf den ersten Blick versprach. In ihm konnte man verschwinden, die Angst vor dem Entdecktwerden besiegen.

Auch hält dieser Garten über seine Funktion hinaus bis heute etwas unter Verschluss. In ihm liegt ein Kästchen mit Dokumenten der versteckten Kinder begraben. Ähnlich dem Archiv des Klosters in Kontich, das wie in geheimer Übereinkunft mit dem Feind von Bomben zerstört wurde, ist das Kästchen nicht mehr zugänglich. Die Not erlaubte den Nonnen, das Kästchen an einer heiligen Stelle vor einer Reliquie zu vergraben. Heute kann keine der noch lebenden Nonnen den genauen Ort des Kästchens angeben und dort zu graben würde ohnehin niemand gestatten. Alle Fragen nach den Papieren enden immer mit dem Verweis auf Sœur Geneviève: Ob und wo die Papiere noch vergraben liegen und was sie beinhalten, das weiß nur Schwester Geneviève. Sie jedoch ist seit bald zwanzig Jahren tot. Das Kästchen kehrt zwar in den Gedanken der Geretteten wieder, aber nur dem Außenstehenden erscheint es als das brennende Geheimnis, das noch immer auf Enthüllung wartet.

Die Ungewissheit ist so sehr ein Teil der Mädchen geworden, dass ihnen ihre ursprünglichen Namen, Ausweise und Dokumente wohl auch keine Genugtuung verschaffen würden. Das manch einen ohnehin irritierende Geheimnis der ersten vier Lebensjahre wird, da sich zu dem Nicht-Wissen-Können ein Nicht-Wissen-Dürfen gesellte, unlösbar. Selten wie nirgends sonst wird deutlich, dass für die eigenen ersten Jahren immer nur andere bürgen können; wo keine Erzählungen, Photos oder Briefe vorhanden sind, erfolgt die (zweite) Geburt der Kinder mit ihrem Erinnerungsvermögen.

Das Kloster bedeutet den Überlebenden Rettung, es hat aber auch zu den fehlenden Gliedern ihrer Biographien mit beigetragen. Die Möglichkeit des Sprechens über die Kindheit im Versteck definiert sich offenbar über ein bestimmtes Maß an emotionaler Nähe und Ferne, aber auch über die Fähigkeit und den Mut, mit dem Fehlen von Geschichte umzugehen. Das Nicht-Wissen ist ebenso ein Teil des Holocaust wie Vertreibung und Räumung, Transport und Vernichtung. Die mit Lücken und Löchern durchsetzten Biographien der Überlebenden tragen die Spuren eines verbotenen Lebens, das nicht, wie vorgesehen, im Jahre 1942 mit der Geschichte ihrer Eltern zu Ende ging.

IV Unterschiedliche Motive. Bezahlte Hilfe, Risiko und Eigennutz

Isabel Enzenbach

DIE VERMIETERIN

In den letzten Februartagen des Jahres 1943 finden in ganz Deutschland Razzien gegen die letzten jüdischen Zwangsarbeiter statt. In diesen Tagen verlassen Waldemar und Charlotte Wagner mit ihrer siebzehnjährigen Tochter Lissy Ingeborg ihre Wohnung, um der drohenden Deportation zu entkommen. Mit Hilfe einer ehemaligen Nachbarin und für den Preis von 90 Reichsmark gelingt es ihnen, ein Zimmer in einer Berliner Wohnung zu mieten. Am 23. August 1943 durchsuchen Gestapobeamte die Wohnung und verhaften die Familie. Drei Wochen später werden Waldemar, Charlotte und Lissy Ingeborg Wagner nach Auschwitz deportiert. Dort werden sie im Oktober 1943 ermordet. Irene Kleber, die ihnen das Zimmer vermietet hatte, bleibt, von Beschimpfungen abgesehen, unbehelligt.

Diese Ereignisse sind durch einen achtzehnseitigen Brief, den Irene Kleber 1963 an den Berliner Innensenator schreibt, ungewöhnlich gut dokumentiert. Mit diesem Schreiben schlägt sie sich für die Ehrungsinitiative «Unbesungene Helden» des Berliner Senates vor. Das Berliner Entschädigungsamt, mit der Aufgabe betraut, die Angaben auf ihre Glaubwürdigkeit zu prüfen, folgt dem Antrag und empfiehlt knapp zwei Jahre später dem Berliner Innensenator, Irene Kleber als «Unbesungene Heldin» mit einer Urkunde und einer monatlichen Ehrenrente auszuzeichnen.[1] An das Leben der Familie Wagner bis zum Kriegsbeginn und an Irene Klebers Erzählungen während der 50er-Jahre erinnert sich auch Klaus Peter Wagner, der Sohn, der 1939 mit einem Kindertransport Deutschland verlassen konnte.

Waldemar Wagner stammt aus einer niederschlesischen jüdischen Familie. Mit seinen beiden Brüdern führt er eine Getreidehandlung, die seit mehreren Generationen im Besitz der Familie ist. Hauptsitz der Firma ist in Breslau, Waldemar Wagner betreibt die Geschäfte in Berlin. Er handelt mit hochwertiger Braugerste und lebt mit seiner Frau Charlotte und den beiden Kindern Klaus Peter und Lissy Ingeborg in dem großbürgerlichen Haus der Familie in Berlin-Grunewald in der Giesebrechtstaße 15. Dort bewohnen sie bis 1941 die acht Zimmer große Beletage. Eine der Wohnungen im Haus ist an Hildegard v. Giese, die bei der Suche nach einem Versteck eine entscheidende Rolle spielen wird, vermietet. Im gleichen Haus, das als Eckhaus in die Sybelstraße 64 übergeht, wohnen zahlreiche weitere Parteien und ein Portier. Die Familie Wagner und Hildegard v. Giese kennen sich als Nachbarn, bzw. als Vermieter und Mieterin, lange und gut.

Umgeben von einem großen nichtjüdischen Freundeskreis, etabliert und wohlhabend, denken Waldemar und Charlotte Wagner bis zur Pogromnacht im November 1938 nicht an Auswanderung. Noch im Sommer 1938 fahren sie in die Tschechoslowakei in den Urlaub. Sie orientieren sich an den Freunden, die ihnen geblieben sind, an jenen, die sich «anständig» verhalten. So erinnert sich ihr Sohn Klaus Peter zwar daran, dass seine Schule, das Schiller-Realgymnasium, in Clausewitzgymnasium umbenannt worden war, erzählt vom Rassekundeunterricht, aber vor allem berichtet er eben von jenen Lehrern, die ihre jüdischen Schüler nicht diskriminierten und weiter an humanistischen Bildungsidealen festhielten.

In der Pogromnacht 1938 versteckt Hildegard v. Giese ihren Vermieter in ihrer Wohnung. Sie bedrängt die Familie nun mit Informationen über die Nationalsozialisten und ihre Pläne. Die Warnungen ihres Sohnes, der als Offizier keinen Zweifel am baldigen Kriegsbeginn hat, bringen die Wagners schließlich dazu, den damals fünfzehnjährigen Klaus Peter mit einem Kindertransport nach England zu schicken. Die zwei Jahre jüngere Lissy Ingeborg soll bei den Eltern bleiben, um möglichst bald gemeinsam mit ihnen das Land zu verlassen. Nur wenige Tage vor Kriegsbeginn kommt Klaus Peter in England an. Waldemar und Charlotte Wagner bemühen sich vergeblich um Einreisegenehmigungen nach Großbritannien. Die Versuche, in die Vereinigten Staaten oder nach Shanghai auszuwandern, ziehen sich in die Länge. Die Verdienstbescheinigung eines amerikanischen Onkels ist für das

Affidavit, das die US-Behörden verlangen, zu niedrig, die Wartenummern sind zu hoch. Als sie weitere Einkommensbelege nachreichen, ist es zu spät: Das Auswanderungsverbot von Oktober 1941 ist bereits in Kraft. Noch erhält Klaus Peter in England manchmal Rot-Kreuz-Postkarten mit Grüßen seiner Familie. Auch Bekannte aus der Schweiz und den Niederlanden leiten gelegentlich Botschaften weiter.

Im Laufe des Jahres 1941 wird das Haus in der Giesebrechtstraße beschlagnahmt. Waldemar, Charlotte und Lissy Ingeborg Wagner müssen ihre Wohnung räumen, können aber im gleichen Haus in einer kleineren Wohnung bleiben. Bis zum Untertauchen im Februar 1943 müssen Wagners noch zweimal in jeweils kleinere Wohnungen in der Giesebrecht- bzw. Sybelstraße umziehen, in der letzten Wohnung wird ein zusätzlicher Untermieter einquartiert. Vermutlich durch Bestechung gelingt es Waldemar Wagner, als Zwangsarbeiter bei einem Uhrmacher angestellt zu werden. Zwischenzeitlich ist er auch bei der Jüdischen Gemeinde beschäftigt. Vielleicht ist es diese Tätigkeit, die ihn vor einer frühzeitigeren Deportation schützt.

Im August 1942 wird Charlotte Wagners Mutter nach Theresienstadt deportiert. Von dort schreibt sie noch eine einzige Karte, danach gibt es kein Lebenszeichen mehr von ihr. Waldemar und Charlotte suchen nun wieder nach Wegen, vor der bevorstehenden eigenen Deportation ins Ausland zu fliehen. Schließlich scheint ihnen aber der Versuch zu emigrieren aussichtslos und sie konzentrieren sich darauf, ein Versteck in Berlin zu finden. Zwar unterstützen sie Bekannte gelegentlich mit Lebensmitteln, doch niemand erklärt sich bereit, sie aufzunehmen. Auch Hildegard v. Giese hilft mit Lebensmitteln, sieht jedoch keine Möglichkeit, die Wagners in ihrer Wohnung unterzubringen. Ein Versteck im gleichen Haus scheint ihr zu verdächtig. Ihr kommt jedoch der Gedanke, ihre ehemalige Gesellschafterin Irene Kleber zu fragen, ob diese nicht gegen entsprechende Mietzahlung bereit wäre, die dreiköpfige Familie aufzunehmen.

Irene Kleber berichtet, sie sei nur sehr zögernd auf die Bitte Hildegard v. Gieses eingegangen: «Ich war zuerst entsetzt über diese Bitte, denn ich bedachte, daß der übel berüchtigte Himmler ja rücksichtslose Befehls-Gewalt ausübte!» Als ausschlaggebend für ihre Bereitschaft die Familie aufzunehmen bezeichnet sie Hildegard v. Gieses Versprechen, «die Wagners würden sehr sehr vorsichtig sein und ich würde bestimmt nichts zu befürchten haben!» Die 1893 geborene Irene Kleber kennt Hildegard v. Giese und ihre Familie schon lange: bis 1941 hatte sie zunächst bei Hildegards Mutter und schließlich bei ihr selbst als Gesellschafterin gearbeitet. Auch in der Folgezeit, in der sie als Postangestellte tätig ist, bleibt sie mit ihrer ehemaligen Arbeitgeberin in Verbindung.

Nachdem Hildegard v. Giese von ihrem Erfolg bei Irene Kleber berichtet hat, gehen Wagners einzeln und möglichst unauffällig in die Wohnung in der Charlottenburger Goethestraße. Für den Weg entfernen sie die Judensterne an ihren Kleidern. In ihrer eigenen Wohnung hinterlassen sie einen Abschiedsbrief, der ihren Selbstmord suggeriert. Platz ist genug in Irene Klebers Wohnung. Zwar sind zwei der vier Zimmer untervermietet, doch die Mieter, ein bulgarischer Professor und ein Soldat, sind seit längerer Zeit schon nicht mehr in Berlin. «Ich wies ihnen ein kleines Zimmer an, das ich bisher bewohnt hatte, ich selbst zog in das Zimmer eines Untermieters, der als Flieger-Offizier im Felde stand.» Und, zumindest aus der Perspektive Irene Klebers, lässt sich das Zusammenleben gut an: «Sie waren mir auf den ersten Blick sehr sympathisch und das Band des gegenseitigen Vertrauens war sogleich hergestellt!»

Über die folgenden sechs Monate, die Waldemar, Charlotte und Lissy Ingeborg Wagner in der Wohnung verbringen, gibt allein der Bericht Irene Klebers Auskunft. Der Kontakt zwischen Klaus Peter Wagner und seinen Angehörigen beschränkt sich in dieser Zeit auf ein Telegramm, das er im August 1943 aus Schweden erhält und das ihm mitteilt, seine Eltern und seine Schwester seien noch am Leben. Die Wagners halten sich in den ersten Wochen ihres Lebens im Untergrund ausschließlich in der Charlottenburger Wohnung auf. Irene Klebers Bruder, ein Musiker, der zeitweise ebenfalls in der Wohnung lebt, unterhält sie gelegentlich mit Musikdarbietungen. Hildegard v. Giese war es währenddessen gelungen, einige Teppiche aus dem Besitz der Familie zu verkaufen und den Erlös Wagners zu übergeben.

Prägendes Thema in Irene Klebers Brief ist die Frage, wie die Gestapo von Wagners Versteck erfuhr. Irene Kleber entwickelt eine Dramaturgie, die eine Antwort auf diese Frage anbietet: «Doch nun ging es in den Frühling hinein. Es wurde ihnen zu langweilig, den ganzen Tag in der Wohnung herum zu sitzen und da sie sich so grenzenlos sicher fühlten, beschlossen die beiden Damen, Frau Lotte Wagner nebst Tochter Lissy, öfter spazieren zu gehen, zum Friseur zu gehen, sich die Haare waschen zu lassen!»
Irene Kleber beschreibt sich selbst in der Rolle der Warnenden, die hilflos zusehen muss, wie die Familie ihr sicheres Versteck gefährdet: «Auch Herr Waldemar Wagner wagte sich zu Spaziergängen auf die Straße, entgegen all meiner dringenden Warnungen, doch ja vorsichtig zu sein.» Um Herrn Wagner zu ermöglichen, schnell wieder ins Haus zurückzugelangen, händigt sie ihm einen Wohnungsschlüssel aus. Da anscheinend Waldemar Wagner nicht mit Irene Kleber über eine mögliche akute Gefährdung des Verstecks spricht, deutet sie ein Erlebnis als Schlüsselszene: «Plötzlich läutete es Sturm an meiner Wohnungstür. Als ich öffnete, stand zu meinem größten Erstaunen Herr Wagner da. Er hatte Sturm geläutet, obwohl er die Wohnungs-Schlüssel hatte. Er machte einen überaus verstörten Eindruck und hastete gleich an mir vorbei nach hinten in die Wohnung zu seinen Damen! ... Erst am nächsten Tag sah ich sie wieder, aber ich fragte nicht und sie sagten auch nichts!» Irene Kleber betont den verstörten Eindruck, den Herr Wagner auf sie machte, die Tatsache, dass Herr Wagner zwar einen Haustürschlüssel hatte, ihn aber nicht benutzte, und das veränderte Verhalten der Familie: «Wieder vergingen einige Wochen, aber Wagners zogen es nun vor, nicht mehr spazieren zu gehen und daheim zu bleiben!»
Für die Theorie, dass Wagners sich im Sommer 1943 zu sicher fühlten, führt Irene Kleber ein weiteres Indiz an: «In dieser Zeit hatten Wagners sich auch falsche Pässe auf einen anderen Namen besorgt. Sie hätten damit nach Frankreich ... reisen können, wo ein Pfarrer sie aufnehmen wollte. Aber sie konnten sich nicht entschließen, die Unsicherheit einer Reise auf sich zu nehmen, sie fühlten sich eben bei mir so grenzenlos sicher und heimisch.»
Klaus Peter Wagner legt in seiner Erzählung, die sich im Wesent-

lichen auf Gespräche mit Irene Kleber in den 50er-Jahren und die Korrespondenz mit Hildegard v. Giese stützt, das Gewicht auf einen anderen Aspekt. Ihm war berichtet worden, dass seine Eltern in der Zeit, in der sie in der Goethestraße bei Irene Kleber lebten, weiter auf der Suche nach anderen Unterschlupfmöglichkeiten waren. Auch der Portier in der Giesebrechtstraße, den Klaus Peter Wagner bei seinem ersten Besuch in Berlin 1952 traf, hatte ihm erzählt, er habe Herrn Wagner – mit einem Spitzbart nur schlecht getarnt – gelegentlich in der Nähe seines Hauses in der Giesebrechtstraße beobachtet. Natürlich, betonte der Portier, habe er mit niemandem darüber gesprochen.

Wer Wagners Versteck wem verraten hat, lässt sich nicht mehr ermitteln. Ob es sich um eine direkte Anzeige handelte oder um Gerüchte, die schließlich bei der Gestapo landeten, ist Spekulation. Auch, ob tatsächlich jene von Irene Kleber beschriebenen Situationen der Auslöser war. Wobei sich in diesem Fall die Frage stellt, warum nun noch einige Wochen bis zur Verhaftung verstrichen. Als das Entschädigungsamt, anderthalb Jahre nachdem Irene Kleber ihren Bericht geschrieben hatte, sie noch einmal zu einem Gespräch bittet, konkretisiert sie ihren Verdacht: Waldemar Wagner sei bei einem Besuch in der Giesebrechtstraße 15 von einem Spitzel beobachtet worden. Irene Kleber schildert detailliert den Tag der Verhaftung, ihren Geburtstag: «Ich war vormittags mit Staubwischen beschäftigt, als es an meiner Wohnungs-Tür läutete. Als ich öffnete, standen 2 Gestapo-Leute in voller Uniform vor mir! – Sie fragten mich: ‹Wohnt hier Wagner?› Ich war erschrocken und mir klopfte das Herz bis an den Hals! Ich antwortete aber kühl: ‹Nein, der wohnt hier nicht.› Darauf fragten sie: ‹Können wir uns mal die Wohnung ansehen?› Ich sagte kühl und beherrscht: ‹Ja bitte schön!› Innerlich aber wußte ich, es war aus! Denn ich konnte ja Wagners, die ahnungslos in ihrem Zimmer saßen, nicht warnen! Dazu hätte ich die Gestapo-Leute vorn stehen lassen müssen, um nach hinten zu den Wagners zu eilen und das wäre aufgefallen! Die Gestapo-Leute gingen also von einem Zimmer ins andere, so kamen sie denn auch nach hinten an die verschlossene Tür, hinter der die Wagners saßen. Der eine Gestapo-Mann drückte auf die Klinke, fand die Tür verschlossen und wandte sich fragend an mich. In diesem Augenblick öffnete Frau Lotte Wagner die Tür von innen im Glauben, ich wolle ihr Geburtstags-Gäste vorstellen! Alle drei Wagners wurden totenblaß, als sie die Gestapo-Leute vor sich sahen, die gleich die Situation erfassten und Herrn Wagner anherrschten, ob er Wagner sei. Herr Wagner stand von seinem Sessel auf und sagte demütig: ‹Ja der bin ich›.»

Als der Gestapobeamte ihr vorhält, sie hätte doch behauptet, in ihrer Wohnung würden keine Wagners leben, entgegnet Irene Kleber «ganz harmlos tuend: ‹Ach daran habe ich im Moment nicht gedacht, die Leute sind erst vor 3 Tagen zu mir gekommen, ich fand sie weinend unten im Regen stehend vor und sie wußten nicht, wohin. Da habe ich sie kurz und bündig mit rauf in meine Wohnung genommen.›» Die Situation spitzt sich nun in der Schilderung weiter zu. Der Barbesitz der Wagners wird entdeckt. «Sehen Sie mal, was die für vieles Geld haben.» Doch auch als der Gestapomann mit dem Topos jüdisches Geld ein klassisches antisemitisches Themenfeld eröffnet, beschreibt sich Irene Kleber als distanziert: «Ich sah ihn nur verächtlich an und antwortete: ‹Fremdes Geld kümmert mich nicht.› Worauf er mich fuchsteufelswild anfauchte: ‹Seinen Sie nicht so frech, Sie kommen mit zur Wache!› Ich antwortete kühl und seelenruhig: ‹Bedaure sehr, das kann ich nicht, mein Bruder kommt gleich zum Essen.›» Irene Kleber erzählt nun von einem weiteren, für sie erfolgreichen Schlagabtausch. Als sie sich nun ausweisen soll und dazu einen Postausweis zeigt, will der Wortführer der beiden Beamten diesen nicht akzeptieren. Durch ihre verbale Überlegenheit nötigt sie ihn schließlich, den Postausweis anzuerkennen. Nun versucht sie, zu Gunsten der Entdeckten zu intervenieren: «Ich fragte ihn noch, was er von den Wagners wolle, er solle die Leute doch zufrieden lassen, sie hätten ihm doch nichts getan. Aber er fauchte mich an, daß mich das nichts angeht, das verstände ich nicht! ‹O›, sagte ich und sah ihn geringschätzig überlegen an, ‹ich verstehe sehr gut!›».

Sie beschreibt die erfolglosen Bitten der Wagners, verschont zu werden. Sie werden aber barsch angefahren, sie sollten schnell machen. Nun muss die bis dahin nicht um Worte verlegene Vermieterin hilflos zusehen, wie «totenblaß und bitterlich weinend» Waldemar, Charlotte und Lissy Ingeborg abgeführt werden: «Es schnitt mir ins Herz, ich gab Ihnen schmerzlich bewegt die Hand und wünschte ihnen Gute Nacht.» Von der Charlottenburger Goethestraße werden der 63-jährige Waldemar und die 48-jährige Charlotte Wagner mit ihrer 17-jährigen Tochter Lissy Ingeborg in die Sammelstelle in der Großen Hamburger Straße gebracht. Sie bleiben dort knapp drei Wochen und werden am 10. September 1943 nach Auschwitz deportiert. Das Amtsgericht Charlottenburg setzt nach dem Krieg als Todesdatum den 19. Oktober 1943 fest.

Nach der Verhaftung verschließt und plombiert die Gestapo das Zimmer in der Goethestraße. Nach drei Tagen wird es noch einmal durchsucht und erneut versiegelt. Zwei Wochen später kommen die gleichen Beamten, diesmal in Begleitung «eines Zivilisten, dem man den Verbrecher, den Mordbuben schon an der Nasenspitze ansah» wieder. Bei dieser Gelegenheit beschlagnahmen sie den verbliebenen Besitz der Wagners. Klaus Peter Wagner erinnert sich, im Rahmen des Entschädigungsverfahrens die entsprechenden Belege gesehen zu haben, in denen unter anderem eine «ungezählte Summe Bargeld» vermerkt war. Irene Klebers Beschreibung legt dagegen nahe, der Besuch habe vor allem dazu gedient, sie zu unüberlegten Äußerungen zu provozieren, die dann eine Verhaftung gerechtfertigt hätte. «Sie breiteten vor dem Klavier eine große wollene Decke aus! Während dem reizte mich der Zivilist durch herausfordernde Redensarten über Hitler u.s.w. Ich sah aber klar, was mit dem Kerl los war, er hatte die rechte Hand in der Hosentasche, in der er einen Revolver verbarg! – Hätte ich ihm die gebührende Antwort auf seine frechen Reden erteilt, dann hätte er mich mit dem Revolver in meiner eigenen Wohnung runter geknallt, sie hätten mich tot oder schwer verletzt in die wollene Decke gewickelt und mich runter getragen in den großen Kastenwagen, der unten stand. Mein Bruder hätte nie erfahren, wohin ich geraten sei. – In diesen aufregenden Secunden war mir das alles klar!» Folgt man ihrer Darstellung, dann meistert Irene Kleber auch diese Situation durch reserviertes, vermeintlich überlegenes Verhalten, bis schließlich die zwei Uniformierten und der Zivilist mit einem beschlagnahmten Oktavheft die Wohnung verlassen.

In den beiden folgenden Wochen wurde die Wohnung noch zweimal durchsucht. Bei allen drei Gelegenheiten blieb Irene Kleber, von Beschimpfungen abgesehen, unbehelligt. Betrachtet man ihre Hilfe wie später das Entschädigungsamt unter der Fragestellung, ob es sich hier um eine potenziell lebensbedrohliche Unterstützungsaktion für illegal lebende Juden handelte, irritiert dieser Umstand. Der Dialog, «Seien Sie nicht so frech, Sie kommen mit zur Wache!» – «Bedaure sehr, das kann ich nicht, mein Bruder kommt gleich zum Essen», wirkt als Erklärung eher verblüffend als überzeugend. Anders stellt sich die Situation dar, wenn man davon ausgeht, dass Irene Kleber glaubhaft machen konnte, dass sie nicht wusste und auch gar nicht wissen konnte, dass Wagners nach den Nürnberger Gesetzen Juden waren. Der Gestapo gegenüber nahm sie den Standpunkt ein, sie habe die Familie erst vor wenigen Tagen aufgenommen. Zumindest implizit gab sie der Gestapo zu verstehen, dass sie die Familie selbstverständlich für «arisch» hielt. Und tatsächlich hatten Wagners Papiere, die sie nicht als Juden auswiesen.

In der Befragung durch das Entschädigungsamt betont Irene Kleber auch ausdrücklich: «Ich habe natürlich der Gestapo nicht gesagt, daß ich gewußt habe, daß es sich bei der Familie Wagner um Juden gehandelt habe, sonst wäre ich sicherlich festgenommen worden.» So ist es viel nachvollziehbarer, dass sie nicht belangt wurde. Ein Risiko bestand natürlich trotzdem. Bei näheren Recherchen hätte leicht ans Tageslicht kommen können, dass die Wagners doch schon länger bei Irene Kleber wohnten und sie sich so zumindest eines Verstoßes gegen die Meldepflicht schuldig gemacht hatte.

Als Irene Kleber 1963 ihren Brief an den Berliner Innensenator formulierte, sah sie die Notwendigkeit, ihren Antrag zu rechtfertigen. «Ich würde mich niemals zu dieser Aktion ‹Unbesungene Helden› gemeldet haben, aber eine gute Bekannte, die um meine jetzigen mißlichen finanziellen Verhältnisse weiß, riet mir dazu. Wenn ich es nicht täte, wolle sie mich nicht mehr beachten! Mir selbst liegt es völlig fern, dieses furchtbare Geschehen wieder aufzurühren und Gott allein weiß, wie schmerzlich mir die Erinnerung daran ist, ich konnte ja die Familie Wagner beim besten Willen nicht vor der Grausamkeit der Gestapo retten».

Der Berliner Innensenator hatte in den Richtlinien über die «Ehrungen von Berliner Bürgern, die in der NS-Zeit Verfolgten uneigennützig Hilfe gewährt haben» als wesentliches Kriterium festgesetzt, dass die Hilfe «uneigennützig» und in «nicht unerheblichem Maße» gewährt worden war. Beide Merkmale wurden nicht näher definiert, sondern jeweils im Einzelfall ausgelegt. Das Berliner Entschädigungsamt, das die Anträge bearbeitete, befragte im Rahmen seiner Recherchen Antragsteller und Zeugen und entschied dann, ob die Hilfe als «uneigennützig» und als in «erheblichem Maße» geleistet qualifiziert werden konnte. Bei diesen Recherchen wird bekannt, dass Wagners für das Zimmer Miete bezahlt hatten. Diese Zahlungen gehören zu jenen Themen, die Irene Kleber in ihrem Bericht ausgespart hatte. Als sie jedoch am 9. März 1965 vom Entschädigungsamt vorgeladen und «mit dem Gegenstand der Verhandlung vertraut» gemacht wird, also mit der Frage, ob die Hilfe uneigennützig und in ausreichendem Umfang geleistet wurde, kommen die Mietbeträge erstmalig zur Sprache.

Irene Kleber hatte 1943 zwei Zimmer ihrer Wohnung für 30 bzw. 40 Reichsmark untervermietet. Beide Mieter hielten sich jedoch nicht in der Wohnung auf, doch zumindest der Offizier zahlte nach Irene Klebers Aussage die Miete regelmäßig weiter. Das Entschädigungsamt musste nun beurteilen, ob es die Hilfe trotz der Mietzahlung von 90 Reichsmark als uneigennützig einschätzte. Zu diesem Zweck und um die benannten Zeugen zu befragen, schrieben die zuständigen Sachbearbeiter im April 1965 an Hildegard v. Giese und an Klaus Peter Wagner. Während Hildegard v. Giese vor allem um Auskunft gebeten wurde, ob Irene Kleber bewusst war, dass sie das Zimmer an verfolgte Juden vermietet hatte und es in der Absicht tat, diese vor einer Deportation zu schützen, zielten die Fragen an Klaus Peter Wagner direkt auf den Aspekt der Uneigennützigkeit. Man bat ihn um Antwort auf folgende Fragen: «Welche Absicht verband Frau Kleber wohl mit dieser Beherbergung? Ging es ihr dabei wirklich nur darum, ihre Familie uneigennützig vor Verfolgungsmaßnahmen zu schützen? Wie hoch war wohl die Miete, die ihre Eltern monatlich für das ihnen zur Verfügung gestellte Zimmer zahlen mußten?» Nachdem beide Zeugen sich eindeutig für eine Ehrung von Irene Kleber aussprachen – Hildegard v. Giese allerdings nicht, ohne gleichzeitig sich selbst und ihre Mutter als ebenfalls zu ehrende Helferinnen vorzuschlagen – bittet der Prüfer des Entschädigungsamtes Irene Kleber zu einer weiteren Aussprache im Mai 1965. Irene Kleber erklärt nun, dass sie regelmäßig zwei Zimmer vermietetet hatte, «als aber die Familie Wagner zu beherbergen war, machte ich eine Ausnahme und vermietete mein drittes, großes Zimmer. Ich war geldlich auf das Zimmervermieten angewiesen. Von meinem Arbeitslohn hätte ich die Wohnungsmiete von 100 RM gar nicht aufbringen können. Die Familie Wagner fand die Miete von 90 RM für ein Zimmer nicht zu hoch; sie war froh, daß sie überhaupt ein Unterkommen fand. Die Familie Wagner wirkte äußerlich sehr jüdisch. Ich habe trotzdem das Risiko ihrer Beherbergung auf mich genommen. Hätten Wagners sich vorsichtiger verhalten, hätten sie bei mir von Verfolgungsmaßnahmen verschont bleiben können. Ich habe alles dazu getan.»

In seinem Abschlussbericht empfiehlt das Entschädigungsamt dem Innensenator Irene Kleber als «Unbesungene Heldin» zu ehren und sie mit einer monatlichen Rente finanziell zu unterstützen. Die Bearbeiter waren zu dem Schluss gekommen: «Auch der Tatbestand der Uneigennützigkeit kann als erfüllt angesehen werden. Fräulein Kleber war auf die Einnahmen aus Untervermietung angewiesen... Zwar hat die Familie Wagner fast die gesamte Wohnungsmiete, die 100.– RM betrug, getragen. Es würde jedoch zu weit gehen, daraus zu schließen, daß Fräulein Kleber die Familie Wagner nur aus finanziellen Gründen bei sich aufgenommen hat.»

An diesem Punkt wich der Innensenator dann von der Empfehlung des Entschädigungsamtes ab und reduzierte, da «der Tatbestand der Uneigennützigkeit bei Frau Kleber nicht als vollkommen erfüllt angesehen werden kann», die vorgeschlagene monatliche Ehrenrente um die Hälfte.

Für Juden in Deutschland entschied 1943 die Frage, ob sie nichtjüdische Helfer fanden oder nicht, über Leben und Tod. Angesichts dessen ist es nahe liegend, das Phänomen der Hilfe mit moralischen Begriffen zu diskutieren. Gleichzeitig liegt es in der Natur illegaler Aktivitäten, dass sie nur selten schriftlich – und wenn, dann in verzerrenden Kontexten wie in Polizei- und Gerichtsakten – dokumentiert sind. Allzu leicht lässt sich unter diesen Voraussetzungen die Schilderung der Ereignisse im Sinne der jeweiligen geschichtspolitischen oder pädagogischen Interessen färben oder manipulieren. Das gilt natürlich für jede Epoche, für jedes Interesse. Im Kontext, in dem Irene Klebers Brief und die Recherchen des Entschädigungsamtes stattfanden, wurden die erkenntnisleitenden Interessen offen beschrieben: es galt, «Unbesungene Helden» zu finden.

Folgt man der Fragestellung des Entschädigungsamtes, die darauf zielte, Übereinstimmungen mit dem im Begriff des «Unbesungenen Helden» enthaltenen Anspruch zu finden, wecken einige Passagen in Irene Klebers Brief Zweifel, ob sie diesem Anspruch gerecht wurde. Auch lässt sich die Frage des Entschädigungsamtes bzw. des Innensenators, ab welcher Grenze finanzielle oder auch andere Gegenleistungen für Hilfe dem «Tatbestand der Uneigennützigkeit» widersprechen, tatsächlich schwer beantworten. Mir scheint daher, man wird den hier geschilderten Geschehnissen und Personen besser gerecht, wenn man Irene Kleber nicht am Klischee der selbstlosen Heldin misst und ihre Beziehung mit der Familie Wagner nicht als die zwischen einer «Retterin» und «Geretteten» (was auch angesichts deren Ermordung in Auschwitz deplaziert ist) beschreibt, sondern als eine zwischen einer Vermieterin und ihren Mietern.

Einer Vermieterin gesteht man selbstverständlich eigene Interessen zu. Nimmt man diese als gegeben hin, statt sie moralisch zu problematisieren, lässt sich Irene Klebers Verhalten schlüssiger beschreiben. 1941 hatte sie – aus unbekannten Gründen – ihre Stellung als Gesellschafterin bei der Familie von Giese aufgegeben. Im gleichen Jahr war ihre Mutter gestorben. Nach ihren Aussagen hätte sie mit dem Lohn für ihre Arbeit als Postangestellte die Vierzimmerwohnung in der Goethestraße nicht länger finanzieren können, auch wenn mindestens einer ihrer Untermieter weiterhin Miete zahlte. Hildegard v. Giese, bei deren Familie sie jahrzehntelang gearbeitet hatte, bat sie in dieser Situation dringend, den verzweifelten Wagners ein Zimmer zu vermieten. Das war freilich nur möglich, weil Hildegard v. Giese annehmen konnte, Irene Kleber sei nicht in einem Ausmaß antisemitisch, das es von vornherein verbot, sie zu fragen. Irene Kleber selbst argumentiert an keiner Stelle ihres Briefes mit einer humanitären oder politischen Begründung ihrer Hilfe. Die Entscheidung, die Familie Wagner aufzunehmen, begründet sie allein mit Hildegard v. Gieses Versicherung, «ich würde bestimmt nichts zu befürchten haben.» Uneigennützig oder nicht, Irene Klebers Haltung war selten genug: Nach Klaus Peter Wagners Aussagen hatten seine Eltern verzweifelt versucht, noch weitere Vermieter zu finden, die bereit gewesen wären, ihnen gegen gute Bezahlung ein Zimmer zu vermieten. Ihre Suche war erfolglos, obwohl sie einen großen nichtjüdischen Bekanntenkreis hatten.

Ab 1952 war Irene Kleber Mieterin von Klaus Peter Wagner. Sie wohnte zu vergünstigten Bedingungen in einem Haus, das dieser 1952 aus dem beschlagnahmten Besitz seiner Familie zurückerhalten hatte.

Marion Neiss

«HERR OBERSTURMBANNFÜHRER
LÄSST DARAN ERINNERN,
DASS DIE RATE NOCH NICHT DA IST.»

EINE RETTUNG AUF ABZAHLUNG

Als ich Susanne von Schöhler[1] in ihrer Berliner Wohnung im Westend im November 1984 besuchte, war sie 78 Jahre alt. Meine Befürchtungen, mich in adligen Kreisen ungeschickt zu benehmen, erwiesen sich als vollkommen überflüssig, als sie mir, schlank, burschikos, in Jeans und Pullover gegenüberstand, und mit ihrer heiseren Stimme, die den jahrelangen Konsum schwarzer Tabake nicht verleugnen konnte, erklärte, dass sie doch verwundert sei, dass sich heute noch jemand für diese alten Geschichten interessiere, die sie absolut hinter sich gelassen hätte. Die Gegenwart sei ja wohl kompliziert genug, da könne sie mir viel erzählen. Zum Beispiel sei sie letztens, als sie Prospekte in die Briefkästen der Nachbarschaft verteilte, von einem Hausmeister so heftig niedergeschlagen worden, dass sie sich ärztlich versorgen lassen musste. Auf meine Frage, um welche Broschüren es sich denn gehandelt habe, offenbarte sie mir, sie habe sich, nach dem Tod ihre Mannes, ihren Lebenstraum erfüllt und sei in die SPD eingetreten. So lange habe sie warten müssen, um sich diesen Wunsch zu erfüllen, denn ihrem Mann, dem Baron, hätte sie «so etwas» doch nie zumuten können. Aber nach ihrem Parteieintritt kam schon die erste Enttäuschung. «Nur Lehrer und Sozialarbeiter in dieser Partei. Keinen Arbeiter hab´ ich dort getroffen. Sagen Sie mal, wo sind eigentlich die Arbeiter? Wo findet man die eigentlich? In der SPD auf jeden Fall nicht. Nur Intellektuelle!» Sie nimmt eine Zigarette, erklärt mir, sie sei mittlerweile bei der Marke «Lord Extra» angekommen (in ihrer Stimme liegt unverkennbar ein wenig Wehmut), zündet sie an und empört sich wieder – mit Berliner Zungenschlag – über den Hausmeister. Man stelle sich das vor, in einer Demokratie werde man angegriffen, nur weil man politische Broschüren verteilt. Nun sei sie doch auch zweifach enttäuscht. Einmal wegen der vielen Lehrer und Sozialarbeiter in der SPD und zum anderen, dass man sie, als ältere Frau, niederschlägt, nur weil sie für ihre Partei Werbung mache. In Susanne von Schöhlers Empörung über diesen gewalttätigen Angriff – sie wurde mit dem Hinterkopf an die Briefkästen geschleudert – liegt Fassungslosigkeit und Traurigkeit zugleich. «Nun, was wollen Sie eigentlich von mir wissen», fragt sie mich, «Ihre Geschichte, wie Sie in Berlin überlebt haben», gebe ich zurück. «Na, dann fangen wir mal an», sagt sie und nimmt noch einen Zug aus der Lord Extra, bevor sie sie energisch im Aschenbecher begräbt.

Susanne von Schöhler wurde als einziges Kind des Justizrates Gustav Friedemann und seiner Frau Ella 1906 in Berlin geboren. Der Vater, der sich inständig einen Sohn gewünscht hatte, war über die Geburt einer Tochter so sehr enttäuscht, dass er – auch in Gegenwart der Tochter – immer das maskuline Personalpronomen benutzte. Susanne wuchs als ein «er» auf. Sprach der Vater über Susanne, hieß es: ‹Wo ist er? Hat er seine Schularbeiten gemacht? Ich habe ihm gesagt, daß ich ihn bei Tisch sehen will.›

Susannes Eltern waren beide jüdischer Herkunft und hatten sich taufen lassen. Der Vater, 1863 geboren, war schon früh zum Protestantismus übergetreten, die Mutter konvertierte zum Zeitpunkt ihrer Heirat. Die Familie lebte in Berlin-Friedenau im eigenen Mehrfamilienhaus und der Vater führte seine Anwaltskanzlei bis zu seinem Tod. Susanne wuchs heran und wusste über den Religionswechsel ihrer Eltern nichts. Erst als sie im Alter von zwölf Jahren mit einer Kindergruppe die Sommerferien im Riesengebirge verbracht hatte und, nach Hause zurückgekehrt, den Eltern erzählte, dort habe auch die sehr reiche jüdische Familie Walfisch Urlaub gemacht, mit der sie aber selbstverständlich nichts zu tun haben wollte, «waren meine Eltern über diese Haltung entsetzt. Aber das kommt davon, wenn man nicht weiß, wo man herkommt.» Dies war nun der Anlass, der Tochter den eigenen Familienhintergrund zu offenbaren. «Da erst habe ich gehört, daß ich von Juden abstamme und war empört! Ich war empört, ich wußte das ja nicht, ich habe es erst gar nicht geglaubt. Das hat mir das Leben später nicht erleichtert, diese Stellung.»

Mit 16 Jahren verließ Susanne das Lyzeum, besuchte die Handelsschule und beschäftigte sich ein wenig mit Modezeichnen. Die Zwanziger Jahre, so schwärmt sie, «waren elegant, amüsant. Ich habe mir keine Gedanken gemacht, ich war jung». Religionszugehörigkeit und Herkunft waren unwichtig. Im Jahr 1930 stirbt Susannes Vater und im gleichen Jahr heiratet sie den Chemiker Botho Hollaender. Hollaender war sechs Jahre älter als sie, auch er war getaufter Jude. Nach der Machtübergabe an Hitler waren sich Susanne und ihr Mann ganz sicher «das geht alles vorbei. Ein Jahr noch.» Es ging nicht vorbei und Botho Hollaender entschließt sich, ins Ausland zu gehen. «Er hat gesagt, er geht nach London. Da habe ich ihm gesagt, ‹daß es Dir klar ist, ich komme nicht mit!› Das mache ich mir heute noch zum Vorwurf. Dann ist er nach London gegangen und weil ich nicht nachgekommen bin, ist er wieder zurückgekommen.» An das Jahr seiner Ausreise bzw. seiner Rückkehr nach Deutschland kann sich Susanne von Schöhler nicht mehr erinnern. Die Ehe war bereits zerrüttet, als er das Land verließ und kurz nach seiner Rückkehr nach Berlin ließ sich das Ehepaar scheiden. Beide verloren sich aus den Augen, doch sie hörte später von Bekannten, dass er versuchte in Berlin unterzutauchen. Botho Hollaender gelang es nicht, in Berlin zu überleben. Er wurde im Oktober 1943 nach Auschwitz deportiert.

Susanne von Schöhler lebte nach dem Weggang ihres Mannes zusammen mit ihrer Mutter im elterlichen Haus in Friedenau. In Kladow[2] hatte sie ihren späteren Mann Max von Schöhler kennengelernt, «der sich wie ein Held benommen hat. Nicht wie, sondern wirklich als Held. Ohne ihn würde ich nicht überlebt haben.» Die neue Verbindung mit dem Baron machte Susannes Mutter Ella so stolz, dass sie ihr Herz auf der Zunge trug und allen Freunden und Bekannten von dieser neuen und viel versprechenden Beziehung erzählte. Ella hatte fünf Geschwister, darunter auch den Bruder Hans, der in den Zwanziger Jahren eine Schuhverkäuferin geheiratet hatte. Nachdem Hans infolge eines Herzinfarktes verstorben war, heiratete die Witwe Mitte der Dreißiger Jahre den Bankangestellten Bredow und lud Mutter Ella zu ihrer Hochzeit ein. Hier, auf dieser Feier, so vermutete Susanne von Schöhler, hatte wohl die «Quatschsucht meiner Mutter» wieder eine dankbare Zuhörerschaft gefunden, die den Ausführungen über diese neue Verbindung ihrer Tochter aufmerksam folgte.

Susanne von Schöhler erzählte, wie sie und ihre Freunde 1933 alle glaubten, der Spuk des Nationalsozialismus sei bald vorbei, das alles gehe nach spätestens einem Jahr wieder vorüber. «Das war ein Wunschdenken. Das war alles Quatsch» resümierte sie 1984. Die Gefahr, die auf sie zukam, hatte sie zwar gesehen, «aber ich habe nicht gesehen, daß ich umgebracht werden sollte. Das konnte ich damals noch nicht sehen. Das habe ich gar nicht für möglich gehalten. Aber dann kam die Beschriftung, Juden dürfen sich nicht auf die Bänke setzen, nicht Straßenbahn fahren, keine Verkehrsmittel benutzen. Die durfte ich erst benutzen, als ich zur Zwangsarbeit eingezogen wurde. Zuerst habe ich Ballons geklebt. Ich habe auf den Knien gesessen und diese Sperrballons geklebt. Das waren Sperrballons, die über Berlin hochgingen, gegen die feindlichen Flugzeuge. Aber die Flugzeuge haben sich daran nicht gestört. Bloß meine Knie haben das nicht ausgehalten, ich bekam Schleimbeutelentzündungen auf beiden Knien und mußte dann da weg.» Susanne von Schöhler wurde nun für die Firma Elektro-Glimmer und Presswerke Scherb & Schwer KG in Berlin Weißensee dienstverpflichtet und arbeitete anfangs nachts mit der «jüdischen Schicht». «Es war schrecklich. Der Meister mochte mich gerne und hielt mich für äußerst intelligent, was ich gar nicht war. Eines Tages sagte er zu mir: ‹Du kannst mit der arischen Schicht mitarbeiten, Du kannst doch sicher Karten und Zeichnungen lesen.› Das konnte ich nicht, aber ich habe es gelernt. Ich habe dann tagsüber mit der arischen Schicht gearbeitet, es war entsetzlich, aber es ging auch. Und das hat mir schließlich das Leben gerettet, 1941, als ich abgeholt werden sollte.»

Als sie eines Morgens bei Scherb & Schwer zur Arbeit erschien, hielt sie der Pförtner mit der Nachricht auf, die Gestapo habe angerufen, sie müsse sich sofort zu Hause melden und dort anrufen. «Als ich zu Hause anrief, da wurde mir von einem Herrn, der bereits in meiner Wohnung rumhopste, gesagt, ich solle sofort nach

Hause kommen, ich würde sofort evakuiert werden, wie sich das vornehm anhört! Ich dachte aber, ich gehe nicht nach Hause, das wird doch fürchterlich werden.» Sie entschied das einzig Richtige und ging nicht nach Hause, sondern nahm ihren Stern vom Revers und ging direkt zu ihrem Freund. Hier berieten sie sich im Beisein eines Freundes von Max und entschlossen sich, gemeinsam in das Haus ihres Freundes nach Kladow zu ziehen und Susanne dort als Frau Petri vorzustellen. Da Max von Schöhler bei der NSDAP unbeliebt war, war die Wohnsituation in diesem überschaubaren Villenviertel sowohl für ihn als auch für Susanne nicht besondern sicher, so dass sie einige Male ihr Schlafquartier wechselte. Darüber hinaus hatte Susanne keinerlei Papiere, keine Lebensmittelkarten und war in Kladow nicht registriert.

Eines Tages – Susanne steht gerade mit Männerhosen und hohen Stiefeln im Garten – hält vor dem Haus ein Wagen, zwei lange Kerle steigen aus und ein SS-Sturmbannführer[3] kommt durchs Gartentor und spricht sie mit Frau Hollaender an. «Nein, da müssen Sie sich irren» antwortet sie auf die Anrede und er erwidert: «Na, dann kommen Sie mal mit. Ich weiß doch, wer Sie sind. Die Susi.» Es war Bredow, der ehemalige Bankangestellte, der ihre Tante geheiratet hatte, auf dessen Hochzeit ihre Mutter eingeladen war. Und wie Susanne feststellte, hatte er bei den Nationalsozialisten Karriere gemacht. Kaum waren sie im Haus, kam auch Bredows Frau – Susannes ehemalige Tante – herein, und Susanne war schnell klar, was die beiden wollten. Er drohte, Susanne an die Gestapo auszuliefern, denn «ich bin Obersturmbannführer, da kann ich kein Pardon geben.» Die Unterhaltung führten vorwiegend die Frauen und Bredows Frau ließ anklingen, dass man das Schweigen ihres Mannes durch die Herausgabe von Schmuck erkaufen könne. Sie, als ehemalige Schwiegertochter von Susannes Großmutter, habe schließlich nach deren Tod nicht den ihr zustehenden Anteil des Familienschmucks bekommen. Auf Susannes Einrede, sie habe als Jüdin allen Schmuck abliefern müssen und könne ihr damit nun nicht mehr dienen, wusste das Ehepaar nicht mehr weiter. Schließlich einigte man sich darauf, die Verhandlungen am nächsten Tag im Bredowschen Haus weiter zu führen.

Der erste Gedanke von Susanne war Flucht, doch als sie sich

wenig später mit Max und ihren Freunden beriet, schlug ihr einer vor, doch erst mal dort hin zu gehen um zu sehen, wie sich die Sache weiter entwickeln werde. Susanne und Max besprachen ihre Vorgehensweise. Max schlug vor, dem noch vorhandenen Schmuck nicht nachzutrauern, wenn es denn ihr Leben rettete, doch Susanne konterte: «Du bist wohl besoffen, wenn Du das tust, dann holen die mich am nächsten Tag ab. Die lassen doch keinen Zeugen leben. Abzahlen werden wir, abzahlen, jeden Monat!» Am nächsten Tag im Haus der Bredows wurde um das Leben von Susanne gefeilscht. «Es war eine Rangelei um mein Leben, nein, nein. Und das war eigentlich das Schlimmste, was ich damals erlebt habe. Ich habe gehandelt um mein Leben, ich habe gesagt, wir können nur abzahlen, mein Max ist kein Krösus, leider.» Schließlich wurde man handelseinig und vereinbarte eine monatliche Zahlung von 298 Mark. Während unseres Gespräches ist sie sich nicht mehr sicher, ob die Zahlungen per Überweisung oder per Scheck getätigt wurden. «Der Bredow hatte dadurch ein prima Einkommen. Mein Mann verdiente nicht so sehr viel und es war sehr schwierig für uns, das immer zu bezahlen. Und oft klingelte dann das Telefon und durch den Hörer schnarrte es: ‹Hier ist das SS-Hauptquartier. Herr Sturmbannführer läßt daran erinnern, daß die Rate noch nicht da ist!› Solche Sachen haben die gemacht, das hält man doch gar nicht für möglich.»

Ganz nebenbei hatte sich Bredow während der Verhandlung über das Schweigegeld auch nach dem Verbleib der Mutter Ella erkundigt. Susanne wusste, dass sich ihre Mutter nach Erhalt des Deportationsbefehls zu einer kommunistischen Familie geflüchtet hatte, die sie auf einem Hausboot auf der Havel verbargen. Eine zeitlang ging es gut, aber als es auch dort zu unsicher wurde, wandte sich Ella an die Bekennende Kirche. Durch deren Hilfe wurde sie in Pfarrhäusern bis Kriegsende beherbergt. Durch die Vermittlung von Dritten wusste Susanne immer, dass ihre Mutter noch am Leben war. Bredow gegenüber gab sie an, von ihrer Mutter schon lange nichts mehr gehört zu haben und sie vermute, ihre Mutter habe sich das Leben genommen.

Max und Susanne wohnten in Kladow, bis sie aufgefordert wurden, das Haus für einen verdienten Parteigenossen zu räumen.

Max mietete daraufhin ein Haus in Glienicke[4] und Susanne ging wieder als Frau Petri mit. In Kladow kannte die Nachbarschaft Max schon lange und auch Susanne hatte dort Freunde gefunden. In Glienicke waren beide unbekannt. Hinzu kam, dass die Tante der Hausbesitzerin ausgebombt wurde und deswegen ins neue Domizil von Max und Susanne aufgenommen werden musste. Die Dame stellte sich als besonders überzeugte Nationalsozialistin heraus. «Vor der habe ich Todesangst gehabt», erinnerte sich Susanne von Schöhler.

Als Bredow an die Ostfront abkommandiert wurde, erfuhren die Erpressten davon nichts. Auch nichts davon, dass er in Russland gefallen war. Zwar wunderten sich Max und Susanne, wenn der Sohn von Bredow anrief, um an die ausstehende Rate zu erinnern, doch aus Angst um Susannes Leben wurde der Scheck immer wieder ausgestellt, bis zum Ende des Krieges.

Im Verlaufe dieses Interviews sind viele Zigaretten geraucht worden, und hin und wieder hat sich Susanne von Schöhler einen Cognac eingegossen mit den Worten «ich brauch' jetzt einen Schnaps, das wühlt mich total auf. Ich seh' ihn noch im Garten stehen, ein schöner großer Kerl war das. – Das waren also die Glanzstücke der Nation! Ein arbeitsloser, rausgeschmissener Bankangestellter, der nichts gefunden hatte und dann sah er Morgenluft bei der Partei und trat in die SS ein, und da wurde er was. Beinahe wäre er noch General geworden, das hat mir seine Frau später erzählt. Er wollte so gerne General werden. In Berlin hatte er es ja schon zu etwas gebracht. Und so ein Mann macht so was? Wie kann er so was machen, wie kann er so was mit jemandem machen, mit dem er eigentlich noch ein Stück verwandt war? Ich weiß nicht, die Sache finde ich einfach unglaublich. Ein Schwein sondergleichen und er war so ein hübscher Kerl.»

Claudia Schoppmann

FLUCHTZIEL SCHWEIZ

DAS HILFSNETZ UM LUISE MEIER UND JOSEF HÖFLER

«Ich habe 28 Menschen zur Flucht über die Schweizer Grenze verholfen. Geld oder Schmuck als Gegenleistung für meine Hilfe nahm ich niemals an. Meine Ausgaben für Reisen und anderes in Zusammenhang mit meiner Tätigkeit wurde von denen gedeckt, denen ich habe helfen können. Sie alle verfügten über genügend finanzielle Mittel. Ich hatte keine Verbindung zu irgendeiner Organisation, niemand stand ‹hinter mir›. Mein einziger Kontakt war Herr Höfler und sein jeweiliger Helfer.»[1]

Ohne Pathos und ganz bescheiden resümierte 1955 Luise Meier, eine damals 70-jährige Witwe aus Soest in Westfalen, ihre außergewöhnliche Hilfeleistung für Juden im Dritten Reich. Doch was hatte sie einst bewogen, so mutig zu handeln? Was für Schicksale, welche Gefahren verbargen sich hinter ihren nüchternen Worten?

Angesichts der drohenden Deportationen suchten immer mehr Verfolgte verzweifelt nach einem Ausweg. Doch wohin sollten sie fliehen? Die Schweiz – als einziges an Deutschland angrenzendes neutrales Land – mag vielen als rettende Insel erschienen sein. Doch nicht nur wegen des deutschen Auswanderungsverbots war dieses Ziel fast unerreichbar: Aufgrund ihrer judenfeindlichen Flüchtlingspolitik hatte die Schweiz schon seit August 1938 Personen ohne Visum zurückgewiesen, und vier Jahre später, ab August 1942, verwehrte man den Verfolgten – schätzungsweise mehreren Tausend Juden – generell die Einreise. Auch wurden etliche nach geglücktem Grenzübertritt wieder des Landes verwiesen – mit oftmals tödlichen Folgen.[2]

Umso mehr waren diejenigen, die einen Fluchtversuch aus dem Deutschen Reich wagen wollten, auf die Hilfe Dritter – insbesondere aus den Grenzregionen – angewiesen. Deren Kenntnis der Topographie und der örtlichen Gepflogenheiten und Sicherheitssysteme war durch nichts zu ersetzen. Da die allermeisten untergetauchten Jüdinnen und Juden sich in Berlin verbargen, war eine Flucht in die Schweiz mit einer sehr weiten Reise zur Grenze verbunden, die zahlreiche Risiken barg. Dies war ebenfalls kaum ohne fremde Unterstützung zu bewältigen, zumal ja auch der Kontakt zu möglichen Helfern vor Ort hergestellt werden musste.

Dass eine – wenn auch wohl nur geringe – Anzahl von nichtjüdischen Deutschen bereit war, Hilfe beim illegalen Grenzübertritt zu leisten, zeigt das Netz um Luise Meier und Josef Höfler, durch das 28 jüdische Flüchtlinge 1943/44 in die Schweiz gelangten.[3] Trotz der bestehenden Gefahr – seit Oktober 1941 sah ein Gestapo-Erlass bei «Judenbegünstigung» Schutzhaft bzw. Einweisung in ein KZ vor – handelten sie zugunsten Verfolgter. Wie es dazu kam, welche Probleme und Konflikte dabei auftraten und aus welchen Gründen die Beteiligten gehandelt haben mögen, sei nun geschildert.

Ihren Anfang nahm die Geschichte in Berlin, im Bezirk Grunewald. 1936 war die 1885 in Westfalen geborene Luise Meier mit ihrem Mann Karl, einem Buchhalter, von Köln in die Reichshauptstadt gezogen. Sie bezogen eine geräumige Wohnung im obersten Stock einer dreigeschossigen Gründerzeitvilla in der Taubertstr. 5, die bis 1933 Rathenauallee hieß – zur Erinnerung an den ermordeten Reichsaußenminister und seinen Vater, den AEG-Gründer Emil Rathenau. Luise Meier war nicht berufstätig und hatte sich in früheren Jahren vor allem um die Erziehung ihrer vier Kinder – drei bereits erwachsene Söhne und eine Tochter – gekümmert. Ebenso wie ihr Mann lehnte die gläubige Katholikin das Regime ab.

Auf derselben Etage betrieb Fedora Curth, eine aus Potsdam zugezogene Jüdin, seit 1936 eine Pension. Luise Meier kam in Kontakt mit den jüdischen Pensionsgästen, darunter war das etwa gleichaltrige Ehepaar Felix und Herta Perls. So lernte sie die Nöte derjenigen kennen, die verzweifelt auszureisen versuchten, und sie half den Pensionsgästen, indem sie sie etwa bei sich telefonieren ließ, als dies Juden bereits verboten war. Diese standen ihrerseits Frau Meier während der langen Krankheit ihres Mannes bei, der 1942 an Magenkrebs starb.

Nach der zwangsweisen Schließung der Pension 1941 mussten Fedora Curth und ihre Gäste in «Judenwohnungen» ziehen. Durch Bestechung eines Gestapobeamten gelang es ihr, ihre Deportation vorläufig aufzuschieben. Schließlich wagte sie die Flucht in Richtung Bregenz am Bodensee, nachdem ihr ein «menschenfreundlicher»[4] Polizeiwachtmeister aus ihrem Bekanntenkreis zu falschen Papieren verholfen hatte. Mithilfe eines ortskundigen Bauern, den ihr Bekannte in Grenznähe vermittelt hatten, und gegen Zahlung von mehreren Tausend Mark gelangte sie im November 1942 in die Schweiz, indem sie bei St. Margrethen durch den Alten Rhein schwamm. Begleitet wurde sie von Ilse Franken, einer jüngeren Freundin, die Frau Meier schon aus Köln kannte (dort war Herr Franken Meiers Kohlenhändler gewesen).

Luise Meier setzte nun alles daran, um diesen Fluchtweg ausfindig zu machen, um so die Perls in Sicherheit zu bringen, die im Oktober 1942 hatten untertauchen müssen, um der drohenden Deportation zu entgehen. Anfangs nahm Frau Meier sie bei sich auf, was aber gefährlich war, da sie ja von früher im Haus bekannt waren. Jede Nacht verbrachten sie in einem anderen Quartier. Ihre Lage wurde immer auswegloser, und sie waren dem Suizid nahe. Da erreichte sie das rettende Telegramm von ihrer «besten Freundin»,[5] die den Bauern bei St. Margrethen ausfindig gemacht hatte. Nach einer strapaziösen Flucht und Flussdurchquerung gelangten Herta und Felix Perls am 2. Dezember 1942 in die Schweiz.

Anfang 1943 suchte ein Schweizer Delegierter des Internationalen Roten Kreuzes, Jean-Edouard Friedrich, die Witwe im Grunewald auf. Er überbrachte ihr Grüße von Ilse Franken und Fedora Curth und deren falsche Papiere mit der Bitte, auch anderen Bedrängten zu helfen: insbesondere einer Jüdin namens Lotte Kahle, der Nichte von Frau Frankens früherem Chef Ludwig Schöneberg. Durch Zufall hatte Ilse Franken Schöneberg, der seit 1938 mit seiner Frau Ilse in Lausanne lebte, in der Schweiz wiedergetroffen. Schönebergs suchten nun nach einem Weg, um ihre Nichte Lotte in Sicherheit zu bringen, die nach der Deportation ihrer Eltern im Oktober 1942 in Berlin untergetaucht war. Doch der Weg zur Schweizer Grenze war weit und gefahrvoll und bedurfte – neben einer gehörigen Portion Mut – einer ausgeklügelten Logistik sowie falscher Papiere, die Kontrollen während der langen Zugfahrt standhielten.

Mithilfe von Schönebergs Bekannten Jean Friedrich glückte die Suche nach einer Verbindungsperson in Berlin: Luise Meier war bereit, auch der ihr bislang unbekannten Jüdin zu helfen. Frau Meiers politische Einstellung und ihre christliche Überzeugung, die sie ernst nahm, mögen die Gründe dafür gewesen sein, dass sie sich auf das Wagnis einließ. Ob darüber hinaus die von Lotte Kahle in ihren Erinnerungen geäußerte Vermutung zutrifft, ihre Helferin habe befürchtet, dass einer ihrer Söhne an Kriegsverbrechen beteiligt gewesen sein könnte und sie deshalb Menschenleben zu retten versuchte, konnte bisher nicht belegt werden.[6] Anzunehmen ist jedoch, dass sie durch ihre an der Ostfront eingesetzten Söhne von den Massenmorden an der jüdischen Bevölkerung im Osten wusste.

So wichtig Luise Meiers Hilfsbereitschaft für das Gelingen des Fluchtversuchs von Lotte Kahle auch war – es bedurfte außerdem der Unterstützung Ortskundiger, denn die unregelmäßig verlaufende Grenze barg die Gefahr, dass Flüchtlinge, die allein den Weg suchten, sich unversehens wieder auf deutschem Gebiet befanden. Diesmal sollte der Grenzübertritt jedoch nicht am Bodensee, sondern nahe Singen am Hohentwiel versucht werden, wo es eine längere «trockene» Grenze zu Deutschland gab. Dort hatte Schöneberg zwei Helfer gefunden, und zwar durch die Vermittlung eines aus Deutschland geflohenen jüdischen Arztes, Dr. Nathan Wolf.

Eine von Dr. Wolfs Patientinnen – er praktizierte trotz des Arbeitsverbots für Emigranten – war die aus der Schweiz stammende Elise Höfler, die mit ihrem Mann und der 1938 geborenen Tochter im badischen Gottmadingen – nur zehn Minuten von der Grenze entfernt – lebte. Der 1911 geborene Josef Höfler, von Beruf Schlosser, war in der Rüstungsindustrie bei den Aluminium-Walzwerken in Singen beschäftigt. Höflers, die praktizierende Christen waren, erklärten sich bereit, Lotte Kahle in die Schweiz zu bringen. Außerdem konnte Dr. Wolf über einen anderen Patienten den 1915 geborenen Elektromonteur Willy Vorwalder zur Mitarbeit gewinnen. Dieser, ein Arbeitskollege von Höfler, sah es als seine «menschliche Pflicht»[7] an, den Verfolgten beizustehen, wie er

Josef Höfler, Luise Meier, Gertrud Höfler (verh. Eisele), Elise Höfler, um 1952

nach Kriegsende angab. Allerdings dürften auch finanzielle Interessen eine Rolle gespielt haben.

Ende April 1943 fuhren Luise Meier, die die Fahrkarten besorgt hatte, und die knapp 30-jährige Lotte Kahle schließlich mit dem Zug nach Singen – letztere ausgestattet mit dem «arischen» Ausweis einer jungen Quäkerin, Hella Gorn, bei der sie zuvor versteckt war und die ihr ähnlich sah. Nur schwer war Lotte Kahle zu überreden gewesen, ohne ihren ebenfalls illegal lebenden Freund und späteren Ehemann Herbert Strauss zu fahren. Die Fluchthelfer scheuten offenbar dieses Risiko, denn junge Männer im «wehrfähigen» Alter wurden von der nach Deserteuren fahndenden Polizei häufig und genau kontrolliert. Deshalb mussten sie über hervorragend gefälschte Papiere (Wehrpass u. a.) verfügen, was bei Herbert Strauss nicht der Fall war.

Am Bahnhof in Singen wurde Lotte Kahle – vor der verabredeten Zeit – von einem Unbekannten angesprochen und erschrak sehr. Dank Luise Meiers beherztem Eingreifen ging diese «konspirative» Ungeschicklichkeit glimpflich aus. Der junge Mann entpuppte sich als Willy Vorwalder, der Lotte Kahle zum Haus von

Höflers brachte, wo sie übernachtete. Am 1. Mai spazierten sie, als Sonntagsausflügler getarnt, Richtung Grenze. Höfler und Vorwalder gingen vorneweg, die beiden Frauen folgten. Ihr Töchterchen hatte Frau Höfler zur besseren Tarnung mitgenommen. Und Lotte Kahle hatten sie, wie es bei den Frauen in dieser Gegend damals üblich war, mit einem blumengeschmückten Hut ausgestattet, um ihre großstädtische Kurzhaarfrisur zu verbergen. So passierten sie dank der genauen Ortskenntnisse von Höflers den Grenzposten. Bei Buch gelangte Lotte Kahle auf Schweizer Boden. Nach wenigen Minuten bereits lief sie einem Grenzer in die Arme. Um nicht womöglich nach Deutschland zurückgeschickt zu werden, sagte sie, dass sie «lieber auf der Stelle erschossen werden wolle».[8]. Wie fast alle anderen Flüchtlinge vor und nach ihr, musste sie sich Verhören unterziehen und wurde zeitweilig inhaftiert, wobei sie jedoch, durch Höfler entsprechend instruiert, keine kompromittierenden Angaben machte.

Erst durch die Panne auf dem Singener Bahnhof hatte Luise Meier also die einheimischen Helfer kennen gelernt. Trotz der Gefahr, die ihnen bei Entdeckung drohte, waren alle bereit, ihre Hilfe fortzusetzen. Teils spontan, teils zielgerichtet entstand so eine Verbindung, die schließlich 27 weiteren Flüchtlingen den Weg in die Schweiz ermöglichen sollte. Dabei ging man meist so vor, dass Luise Meier die in Berlin untergetauchten Jüdinnen und Juden persönlich nach Singen begleitete. Dort holte Willy Vorwalder sie am Bahnhof ab und führte sie Josef Höfler zu, der sie (mehr oder weniger nahe) an die Grenze brachte.

Nach der geglückten Flucht von Lotte Kahle konnte Luise Meier – Deckname «Tante Luise» – nun versuchen, einen Menschen in Sicherheit bringen, den sie bereits seit Anfang März 1943 in den eigenen vier Wänden versteckte: Wally Heinemann, eine 1887 geborene Jüdin, die sie möglicherweise über Perls kennengelernt hatte. Deren Aufenthalt in der Grunewaldvilla war jedoch nicht ungefährlich, da nur etwa acht Mietparteien im Haus wohnten, darunter Emil Frotscher, Chefredakteur einer Nazizeitung.[9] Dadurch fielen Fremde leicht auf, zumal Frau Heinemanns Ausseher nach Luise Meiers Dafürhalten «eben sehr jüdisch»[10] war.

Interessanterweise wurde im selben Haus, ebenfalls in den Jah ren 1943/44, zeitweise auch eine andere Jüdin, Käthe Bibo, die Ehefrau des Berliner Operettenlibrettisten Günther Bibo, versteckt, und zwar von Olga von Kuk, der Tochter eines jüdischen Kaufmanns, die mit ihrer Familie im ersten Stock wohnte. Möglicherweise durch die Hausmeisterin Frieda Neumann – deren Mann Kurt war Luise Meier bei der Beschaffung von Fahrkarten behilflich, ohne jedoch Genaueres zu wissen – erfuhren die beiden Helferinnen voneinander, und Luise Meier lernte Käthe Bibo kennen. 1944 wurde die Jüdin jedoch verhaftet und nach Theresienstadt deportiert. Ihr Sohn Franz kam durch die Vermittlung von Frau von Kuk bei einem Installateurmeister im Bezirk Tiergarten unter. Doch auch er wurde entdeckt und im September 1944 nach Auschwitz verschleppt. Bibos überlebten und emigrierten in die USA, wo Franz Bibo – übrigens ein früherer Mitschüler von Herbert Strauss – ein bekannter Dirigent wurde. 1960 dankte Frau Bibo Luise Meier für ihre «Absicht, uns zu retten».[11] Möglich also, dass sie vorgehabt hatte, Bibos ebenfalls in die Schweiz zu bringen.

Doch zurück zu Wally Heinemann. Wie teilweise auch in späteren Fällen, reiste Höfler eigens nach Berlin, um die Flucht zu besprechen, denn telefonisch oder schriftlich wäre dies zu gefährlich gewesen. Ende Mai 1943 fuhren Luise Meier und Wally Heinemann nach Singen. Beide Frauen setzten sich Kopftücher auf, um den dort zahlreich eingesetzten Zwangsarbeiterinnen ähnlich zu sehen. Nachts gingen sie an die Grenze, und so glückte am 30. Mai auch diese Flucht. Immer «dorthin zu gehen, wo es hell ist», waren Frau Meiers wegweisende Worte. So konnten die Lichter in den Schweizer Grenzgemeinden den Flüchtlingen als Orientierungshilfe dienen.

Wenig später, im Juni 1943, waren die Fluchthelfer bereit, ihr Lotte Kahle gegebenes Versprechen einzulösen, auch Herbert Strauss in die Schweiz zu geleiten. Begleitet wurde er von seinem Freund Ernst Ludwig (Lutz) Ehrlich; beide hatten an der Lehranstalt für die Wissenschaft des Judentums studiert. Damit wagten zum ersten Mal zwei junge Männer im «wehrfähigen» Alter die Flucht – nachdem es ihnen zuvor gelungen war, hervorragende falsche Papiere zu erhalten, die sie beide als Mitarbeiter des Speer-Ministeriums auswiesen! «Hätte ich diesen Ausweis nicht gehabt», stellte Lutz Ehrlich 1996 fest, «wäre eine Flucht bis an die Schweizer Grenze nicht denkbar gewesen. 1943 wurde ja schon überall nach Deserteuren gesucht, und jeder junge Mann mit zwei Beinen, Armen und Augen war verdächtig».[12]

Für seine Hilfe erhielt Höfler von Ehrlich ein Fahrrad und einen Fotoapparat – beides hatte im Krieg einen ziemlich hohen Wert –, und dazu eine kleinere Geldsumme. Zu Ehrlichs Enttäuschung brachte Höfler sie jedoch nach ihrer Ankunft in Singen nicht direkt bis an die Grenze, da dort nach dem Fluchtversuch britischer Kriegsgefangener die bewaffneten Posten sehr verstärkt worden waren. Deshalb zeigte Höfler ihnen lediglich die genaue Richtung an, die sie nachts einschlagen sollten. Da Vollmond war, mussten die beiden lange auf einen günstigen Moment warten, um den deutschen Grenzposten nicht aufzufallen, bevor sie schließlich am 12. Juni 1943 Schweizer Boden erreichten.

Hierbei, wie auch an anderen Begebenheiten, zeigt sich, dass das Verhältnis zwischen den Helfern einerseits und den Flüchtlingen andererseits nicht unproblematisch und von unterschiedlichen Interessen geprägt war. Diese Konflikte lagen in der Natur der Sache. So wollten die Verfolgten möglichst lange von der Ortskenntnis der Einheimischen profitieren, während diese bemüht waren, das Risiko für sich, aber auch für den Fluchtweg so gering wie möglich zu halten. Problematisch bzw. gefährlich war auch, dass manche Flüchtlinge sich nicht an die getroffenen Absprachen bezüglich des Treffpunkts hielten oder zusätzliche Begleitung mitbrachten. Auch war Luise Meier mehrmals «entsetzt über das Riesengepäck» der Flüchtlinge, die ihrerseits ihr letztes Hab und Gut retten wollten. Dass die Gefahr, durch das Gepäck oder anderweitig Verdacht zu erregen, sehr groß und – zumindest für die Jüdinnen und Juden – unmittelbar lebensbedrohlich war, sollte sich bei zwei Fluchtversuchen bald zeigen.

Anfang Juli 1943 begleitete Luise Meier das seit Februar untergetauchte Ehepaar Bernhard und Eugenia Einzig und Elisabeth Goldschmidt, eine Bekannte von Frau Curths Schwester, im Zug nach Singen. Als sie dort aussteigen wollten, wurde Herr Einzig bei einer Ausweiskontrolle festgenommen. Die drei Frauen konnten entkommen, ohne jedoch dem Verhafteten helfen zu können.

Er verriet niemanden. (Allerdings wurde bei der Überprüfung seiner Papiere die Mitwirkung von Einzigs Beherberger in Berlin, Josef Jakubowski, festgestellt, der daraufhin festgenommen wurde. Nach dreimonatiger Gestapohaft kam er in das Berliner Arbeitserziehungslager Wuhlheide, wo er eine unbestimmte Zeit verblieb.) Die beiden Jüdinnen konnten dank der Hilfe von Luise Meier und Josef Höfler abends die Grenze überschreiten. Bernhard Einzig dagegen, der sich laut Luise Meier im Zug – «laut redend und lebhaft gestikulierend» – auffallend benommen hatte, wurde am 4. August 1943 nach Theresienstadt deportiert, wo er im Dezember desselben Jahres umkam. «Es war ein großes Unglück, das durch größere Zurückhaltung *vielleicht* hätte vermieden werden können», mutmaßte die Helferin 1955, die die «Unvorsichtigkeit der meisten Flüchtlinge» generell als enormes Problem empfand. Später gab Eugenia Einzig, die ab 1947 bei ihren Kindern in England lebte, Luise Meier die Schuld am Tod ihres Mannes.

Dass im Oktober 1943 auch der Singener Pfarrer August Ruf im Zusammenhang mit dem Fluchtversuch einer Berliner Jüdin, Käthe Lasker-Meyer, verhaftet wurde, dürften die Helferinnen und Helfer vermutlich erfahren haben. Zuvor, im Mai 1942, war der Pfarrer Eugen Weiler aus dem badischen Wiechs am Randen festgenommen worden. Er hatte der bei ihm untergekommenen Frau Lasker-Meyer den Weg über die Grenze nach dem schweizerischen Thayngen gezeigt. Beim dortigen Verhör gab sie jedoch den Namen ihres Helfers preis, was die Gestapo erfuhr. Im Oktober 1943 kam Pfarrer Weiler ins KZ Dachau, wo er bis kurz vor Kriegsende blieb. Die weiteren Recherchen enthüllten seine Verbindung zu Pfarrer Ruf in Singen. Dieser wurde vom dortigen Amtsgericht am 29. Oktober 1943 zu einer sechsmonatigen Haftstrafe verurteilt. Am 8. April 1944, eine Woche nach seiner vorzeitigen Entlassung, verstarb er an den Haftfolgen.

Trotz dieser tragischen Zwischenfälle sagte Luise Meier auch der 23-jährigen Ilse Arndt, einer Cousine von Lutz Ehrlich, ihre Unterstützung zu. Ausgestattet mit einem gefälschten Ausweis von Lutz Ehrlich, sollten die junge Jüdin und ihr Freund Hans-Georg Kornblum erst in Singen mit Luise Meier zusammentreffen. Zum verabredeten Zeitpunkt, am 1. November 1943, erschien jedoch nur Ilse Arndt. Frau Meier brachte sie schließlich zu Höflers, wo beide Frauen übernachteten. Am nächsten Abend, im Schutz der Dunkelheit, gelangte Ilse Arndt über die Grenze. In der Zwischenzeit hatte Luise Meier herausgefunden, dass sich Kornblum unvorsichtigerweise in einem Singener Gasthof einquartiert hatte und – trotz seines gut gefälschten Ausweises – verhaftet worden war. Kornblum sah keinen Ausweg und nahm sich am 5. November 1943 das Leben. Seine Aussagen im Verhör waren wohl zu vage gewesen, so dass Luise Meier der Gestapo, die auf dem Bahnhof nach ihr suchte, entging. Offenbar hatten sich die Polizisten ihr Aussehen ganz anders vorgestellt und nicht nach einer älteren Dame aus gutbürgerlichen Verhältnissen Ausschau gehalten.

Inzwischen hatte sich die Hilfstätigkeit von Luise Meier und ihren Komplizen in Untergrundkreisen in Berlin herumgesprochen, denn sie erhielt eines Tages – vermutlich im Herbst 1943 – Post von einer ihr unbekannten Frau mit der Bitte, sie zu treffen. Die gleichaltrige Mathilde Staberock, ebenfalls verwitwet, arbeitete als Fahrstuhlführerin in einem großen Geschäftshaus nahe dem Bahnhof Zoo. Nachdem sie mitangesehen hatte, wie Juden verhaftet und in Möbelwagen gepfercht wurden, um deportiert zu werden, war sie zur Hilfe entschlossen. «Die Tränen dieser Menschen haben in meinem Herzen jede Hemmung weggerissen»,[13] äußerte sie 1954. Sie ließ mehrere Verfolgte, darunter Ilse Arndt, das Ehepaar Walter und Lotte Heskel[14] sowie Else Murzynski und deren Tochter Margot, in den Büroräumen übernachten. Eines Tages bat weinend auch ein 13-jähriges Mädchen namens Eva um einen Unterschlupf. Evas Eltern, Ruth und Rudolf Caro, die Zwangsarbeit bei Siemens geleistet hatten, waren wohl bei der Großrazzia, der «Fabrikaktion» Ende Februar 1943, verhaftet und nach Auschwitz deportiert worden. Frau Staberock nahm das Mädchen über ein Jahr lang bei sich auf. Nachdem sie durch eine illegal lebende Jüdin von Frau Meier erfahren hatte, eröffnete sich so ein Weg, um mehrere ihrer Schützlinge in Sicherheit zu bringen – nicht zuletzt vor den immer stärker werdenden Luftangriffen.

Ende 1943 stieg Willy Vorwalder aus unbekannten Gründen aus dem Hilfsnetz aus. Doch Höfler gelang es, neue Helfer zu gewinnen: den 36-jährigen Mechaniker Wilhelm Ritzi, einen Arbeitskollegen bei den Aluminium-Walzwerken, und dessen Vetter, den zwei Jahre älteren Zollassistenten Hugo Wetzstein, der in dem einige Kilometer nördlich von Gottmadingen gelegenen Grenzdorf Büsslingen wohnte. Außer der Besetzung änderte sich auch das Prozedere: Nun führte Höfler den beiden Komplizen die Flüchtlinge zu, die sie dann von Büsslingen aus zur Grenze bei Hofen brachten. Auf dieser Route gelangten sechs weitere Menschen in Sicherheit.

Im Lauf der Zeit arbeitete die Gruppe professioneller, d.h. es wurden zunehmend Vorsichtsmaßnahmen ergriffen, die alle Beteiligten, aber auch den Fluchtweg schützen sollten. Man versuchte im wahrsten Sinn des Wortes, keine Spuren zu hinterlassen. Dass dies für die Flüchtlinge unangenehm war, bekam nachdrücklich auch Jizchak Schwersenz, der Leiter von Chug Chaluzi, einer jüdischen Jugendgruppe im Untergrund, zu spüren, der im Februar 1944 von Berlin aus die Flucht angetreten hatte. In Singen angekommen, weigerten sich die beiden Fluchthelfer (wohl Ritzi und Wetzstein), ihn und seine Begleiterin, Jacheta Wachsmann, noch am selben Abend über die Grenze zu bringen. Aufgrund heftigen Schneefalls, in dem man ihre Fußspuren leicht hätte zurückverfolgen können, schien ihnen das zu gefährlich. Zwangsläufig mussten die Flüchtlinge in Singen bzw. Radolfzell übernachten, was für sie ein zusätzliches Risiko darstellte. Nur durch seine Geistesgegenwart überstand Schwersenz eine nächtliche Ausweiskontrolle im Hotel. Am 13. Februar 1944 überschritten er und Frau Wachsmann, von den Fluchthelfern mit weißen Tüchern getarnt, die Schweizer Grenze.[15]

Da sich Luise Meier seit Februar 1944 wegen einer Handverletzung bei ihrer Nichte im westfälischen Belecke aufhielt, war es schließlich Mathilde Staberock, die an Ostern 1944 Eva Caro sowie die ebenfalls untergetauchte Emmi Brandt, die sich um das Mädchen kümmerte, nach Singen begleitete. Doch Frau Brandt und Eva Caro fanden den von den Fluchthelfern gezeigten Weg nicht und kehrten nach Singen zurück. Dabei fielen sie wohl aufgrund ihres Gepäcks auf und wurden am 22. Mai verhaftet. Im Verhör gab Emmi Brandt die ihr bekannten Namen preis. Mathilde Staberock wurde anderntags noch in Singen verhaftet. Luise Meier nahm die Gestapo in Belecke fest und überstellte sie nach Singen, wo sie Emmi Brandt gegenübergestellt wurde. Leugnen war zwecklos. Auch alle beteiligten Männer wurden kurz darauf verhaftet, während Elise Höfler, die in die Aktivitäten ihres Mannes involviert war, mit ihrer Tochter über die Grenze entkam. Auch in der Schweiz wurden zwei Fluchthelfer – Nathan Wolf und Johann Seemann, der den Kontakt zu Vorwalder hergestellt hatte – verhaftet und verurteilt. Das Schicksal von Eva Caro ist bislang ungeklärt. Emmi Brandt wurde am 24. November 1944 ins KZ Ravensbrück verschleppt. Zuvor hatte sie – sei es aufgrund von Misshandlungen, sei es in der Hoffnung, dadurch selbst der Deportation zu entgehen – andere «U-Boote» und ehemalige Helfer in Berlin verraten. Unter ihnen befand sich August Sapandowski, der 1942 auch Herbert Strauss und Lotte Kahle versteckt hatte; er kam im März 1945 im KZ Bergen-Belsen um. Emmi Brandt überlebte die Inhaftierung.

Luise Meier wurde fünf Tage lang durch den Singener Gestapobeamten Speer verhört, aber nicht geschlagen. Vielleicht, so mutmaßte sie 1955, schützten sie die Urkunden, die ihren beiden gefallenen Söhnen die Verleihung mehrerer hoher Tapferkeitsmedaillen bestätigten? Alle Beteiligten wurden vom Amtsgericht Singen im Juni 1944 in Untersuchungshaft genommen. Das Sondergericht Freiburg – gegen Entscheidungen der Sondergerichte war kein Rechtsmittel zulässig – ermittelte gegen «Luise Meier und 5 Andere» (d.h. Höfler, Vorwalder, Ritzi, Wetzstein und Staberock) wegen «fortgesetzter Beihilfe zur illegalen Auswanderung von Juden nach der Schweiz». Von Interesse war bei den Ermittlungen offenbar die Frage, ob «in Berlin noch weitere Hintermänner ermittelt werden» könnten und «die Meier nur ein Mitglied einer noch größeren Judenschlepporganisation ist ... wenn sich auch bisher keine sicheren Anhaltspunkte dafür gewinnen ließen». Allerdings sollte die Anklageerhebung nicht durch weitere Ermittlungen verzögert werden, zumal dies «bei den derzeitigen Verhältnissen in der Reichshauptstadt wenig Aussicht auf Erfolg»[16] bot.

Es dürfte auch eine Rolle gespielt haben, ob die Beschuldigten primär aus humanitären Gründen gehandelt hatten oder um sich zu bereichern, indem sie von den Flüchtlingen Geld oder Sachwerte forderten. Zahlreiche Gebrauchs- und Wertgegenstände, die die Gestapo in den Wohnungen (fast) aller Beschuldigter beschlagnahmt hatte, wurden «sichergestellt». Dabei war jedoch keineswegs eindeutig feststellbar, was tatsächlich von den Flüchtlingen stammte und was diese möglicherweise nur zur Aufbewahrung zurückgelassen hatten. Ob das Sondergericht Freiburg – wie in einem andern Fall von Fluchthilfe[17] – zu dem Schluss kam, dass auch Luise Meier und ihre Komplizen in erster Linie aus Gewinnsucht handelten, kann nicht mehr festgestellt werden, da die Anklageschrift als durch die Kriegsereignisse verloren gilt. Die Beschuldigten werden gut daran getan haben, einer solchen Argumentation nicht zu widersprechen, da eine «kriminelle» Motivation sich wohl strafmildernd ausgewirkt hätte. Denn wer an den jüdischen Flüchtlingen lediglich verdienen wollte, erschien den Machthabern weniger gefährlich als jemand, der aus Mitmenschlichkeit oder gar aus politischen Gründen Widerstand gegen die Judenvernichtung leistete, indem er Menschenleben zu retten versuchte.

Doch im Juli 1944 gab der zuständige Oberstaatsanwalt Dr. Weiß auf Geheiß des Reichsjustizministers den Fall an den für die Aburteilung von Hoch- und Landesverrat zuständigen Volksgerichtshof nach Berlin ab, wo die Anklage auf «Feindbegünstigung» lauten sollte. Im Januar 1945 galten dort die Ermittlungen als abgeschlossen, und der Oberreichsanwalt wollte Anklage erheben. Wieso es nicht mehr zur Verhandlung kam, kann aufgrund fehlender Gerichtsakten nicht mehr mit Sicherheit gesagt werden. War der Volksgerichtshof nach dem 20. Juli 1944 mit Prozessen überlastet? Lag es am Chaos der letzten Kriegsmonate? Oder waren die von Luise Meiers Tochter Lieselotte, einer damals in Kattowitz lebenden Studienassessorin, eingeschalteten Anwälte erfolgreich? Diese versuchten, so Luise Meier 1955, das Verfahren dadurch in die Länge zu ziehen, dass geltend gemacht wurde, sie sei «nicht normal». Möglicherweise stellten ihre Anwälte sie als geistig verwirrt dar, worauf ein Dokument in ihrer Entschädigungsakte hindeutet. Demzufolge hatte das Erbgesundheitsgericht in Arnsberg im August 1940 beschlossen, dass eine 1907 geborene Luise Meier (d.h. eine andere Frau) wegen «angeborenem Schwachsinn» nach dem Gesetz zur Verhütung erbkranken Nachwuchses von 1933 sterilisiert werden sollte.

Im Fall einer Verhandlung vor dem Volksgerichtshof rechnete Luise Meier, ebenso wie Mathilde Staberock, mit dem Schlimmsten. Ob zu Recht, darüber kann nur spekuliert werden. Schließlich, nach elf bzw. zwölf Monaten Haft und bangem Warten, erlebten sie die Befreiung: die beiden Frauen am 21. April 1945 im Gefängnis in Stockach am Bodensee (wohin sie im März 1945 von Singen aus verlegt worden waren) und Höfler und Ritzi am 25. Mai(!) im Landgerichtsgefängnis Konstanz. Vorwalder und Wetzstein wurden dagegen aus dem KZ Dachau befreit, wohin sie kurz vor Kriegsende, am 23. April, überstellt worden waren.

Das Fluchthilfenetz um Luise Meier und Josef Höfler war keine feststrukturierte «Judenschlepporganisation», wie es im NS-Jargon abschätzig hieß. Es waren (zunächst) mutige Einzelpersonen, die sich in einer konkreten Situation entschlossen, Fluchthilfe zu leisten. Nicht zuletzt durch die Unterstützung aus der Schweiz entwickelte sich daraus eine Verbindung, die über einen vergleichsweise langen Zeitraum von zwölf Monaten funktionierte. Dabei handelten die Beteiligten – wie andere Helferinnen und Helfer auch – aus vielschichtigen Motiven, die humanitärer, religiöser und politischer Natur waren. Geld spielte dabei ebenfalls eine Rolle. Jizchak Schwersenz zufolge forderten die badischen Fluchthelfer zunächst 6000 Mark von ihm. Doch Frau Meier, die ohne Entgelt handelte, habe erreicht, dass die Männer schließlich bereit waren, statt des Bargelds vier Koffer mit Wäsche anzunehmen.

Auch wenn sie Geld forderten bzw. annahmen – sei es zur Deckung von Unkosten, sei es zur Absicherung ihrer Familien bei einer möglichen Verhaftung oder weil sie einem Zusatzverdienst nicht abgeneigt waren – so habe es doch, wie Herbert Strauss äußerte, «einfachere und sichere Wege gegeben, um Geld zu verdienen».[18] Wie auch in anderen Fluchthilfefällen war die Grenze zwischen der Hilfe für Juden – als einer besonderen Form des Widerstands – und Gelderwerb fließend. Dennoch konnte Willy Vorwalder 1946 in einem Brief an Luise Meier zu Recht folgendes feststellen: «Auf alle Fälle haben wir ein gutes Werk getan und vielen armen Menschen das Leben gerettet».[19]

Wer Fluchthilfe leistete, musste mit der Verurteilung durch ein Sondergericht oder gar mit der Einweisung in ein Konzentrationslager rechnen. Dass Fluchthelfer, mit deren Hilfe an der Schaffhauser Grenze ab 1942 knapp 100 jüdische Flüchtlinge entkommen konnten, mit dem Tod bestraft wurden, ist nicht bekannt. Nach bisherigen Erkenntnissen gilt dies auch für die in Deutschland geleistete Hilfe für Juden insgesamt, während in Polen häufig die Todesstrafe angewandt wurde. Allerdings konnte auch eine Gefängnishaft tödliche Folgen haben, wie das Beispiel des Singener Pfarrers Ruf zeigt.

Dass sie sich mit dem «Menschenschmuggel» strafbar machten, war Luise Meier und ihren Komplizen also klar. Dennoch hatten sie die Gefahr in Kauf genommen, um Verfolgten, die sie in den meisten Fällen vorher nicht kannten, zu helfen. Gleichwohl verstanden sie sich nicht als «Helden». Schmerzhaft war es für sie jedoch, dass sie jahrelang um eine finanzielle Entschädigung für die Haft kämpfen mussten. So wurde etwa Josef Höflers Antrag auf Entschädigung 1951 zunächst abgelehnt, da er nicht nachgewiesen habe, dass er aus politischer Gegnerschaft gegen den Nationalsozialismus heraus und nicht wegen des Geldgewinns gehandelt habe. Erst nach einem Prozess gegen diesen Entscheid wurde ihm Haftentschädigung gewährt.[20]

Auch eine offizielle Anerkennung zu Lebzeiten blieb allen – bis auf Höfler, der 1984 mit dem Bundesverdienstkreuz geehrt wurde – versagt. Erst im Jahr 2001 wurden Luise Meier und Josef Höfler (1979 bzw. 1994 verstorben), ebenso wie Jean Friedrich, posthum für ihre Hilfe von der Gedenkstätte Yad Vashem als «Gerechte unter den Völkern» anerkannt – nicht zuletzt auf Vorschlag von Herbert und Lotte Strauss. Wer ein Leben rettet, rettet die ganze Welt, heißt es in der talmudischen Tradition.

Wolfgang Benz

Gegenleistungen

Stationen eines Kirchenasyls zwischen Weserbergland und Lausitz

Über Lilly Neumark wissen wir nicht viel. Sie war unverheiratet, hatte in besseren Zeiten im Archiv des Ullstein Verlages in Berlin gearbeitet und war schließlich als Jüdin zur Zwangsarbeit in eine Fabrik der Rüstungsindustrie rekrutiert worden. Sie entzieht sich, nach einer anonymen Warnung, der «Fabrikaktion» Ende Februar 1943, die dazu dient, die letzten jüdischen Zwangsarbeiter direkt von der Werkbank zur Vernichtung in den Osten zu deportieren.

Lilly Neumark entging dem Holocaust – sie überlebte mit Hilfe der Bekennenden Kirche. Ihre Rettung bestand in einer Odyssee durch protestantische Pfarrhäuser, über die sie bald nach dem Krieg einen Bericht verfasst hat.[1] Dieser Bericht ist bemerkenswert, weil er den Rettern eine sehr kritische Distanz entgegenbringt, es spricht aber alles dafür, dass die geschilderten Ereignisse der Wahrheit entsprechen, denn andere Erfahrungen bestätigen die Tendenz und einzelne Situationen des Rettungsweges lassen sich durch Berichte von Bezugspersonen verifizieren. Der Schilderung der Lilly Neumark folgend ist die Geschichte ihrer Rettung eine Kette von Zumutungen, Demütigungen, Kränkungen. Manches, was sie erfuhr, ist symptomatisch, findet sich in ähnlicher Form auch in anderen Zeugnissen, gehört damit zur Realität der Hilfe für verfolgte Juden.

Anfang 1943 wohnte Lilly Neumark zusammen mit Gertrud Prochownik, einer Angestellten der Jüdischen Gemeinde, in Berlin-Charlottenburg. Da sie sich, durch einen anonymen Brief («Warne dringend 27., 28. Februar zur Arbeit zu gehen, längere

Reise dringend geboten»] gewarnt, der Razzia der «Fabrikaktion» hatte entziehen können, wurde sie auch in ihrer Wohnung gesucht. Sie erhielt dann die Aufforderung, sich zur Deportation zu melden, verließ daraufhin bis Anfang April ihre Wohnung nicht mehr. Eine flüchtige Bekannte, Elisabeth Zimmermann, die nach eigenen Angaben als «Judenbetreuerin der Bekennenden Kirche» tätig war, vermittelte Gertrud Prochownik ein Versteck außerhalb Berlins; sie bot auch Lilly Neumark eine Bleibe in einem Pfarrhaus im Spreewald an. Sie packte sofort ihre Sachen und fuhr am anderen Tag dorthin. Das Angebot war kostenpflichtig. Für die Vermittlung wurden Geld und Sachwerte verlangt und, damit nicht genug, nahm die Vermittlerin auch untergestelltes Eigentum an sich und bei einem Besuch im Spreewald verlangte (und erhielt) sie eine Uhr und anderes.

Der Aufenthalt im Pfarrhaus stand unter einigen Zwängen: «Die Pfarrfrau, gebürtige Bremerin, von Beruf Lehrerin, war eine kluge, fanatisch religiöse Dame. Ich mußte bei ihr Haus und Küche übernehmen, im Garten arbeiten und für das Dorf Strümpfe stopfen, was ich gerne tat, weil ich dafür Lebensmittel bekam. Ich war den ganzen Tag mir selbst überlassen, eine weltliche Unterhaltung mit der Dame war unmöglich, da sie sofort mit einem Bibelzitat antwortete, weltliche Literatur durfte ich nicht lesen, wurde dagegen mit theologischer Literatur gefüttert. Gelegentlich eines Karfreitaggespräches ließ sie durchblicken, daß sie von mir als Gegenleistung erwarte, daß ich zum Christentum übertrete. Sie führte mich, trotzdem ich ausweichend antwortete und ihr sagte, daß dies gerade jetzt für mich nicht in Frage komme, in abendlichen Andachten in die Bibel ein und übte stets einen leisen Druck aus. Sie erzählte mir dann auch, daß sie in ihrer Jugend glühende Antisemitin gewesen sei.»

Das Asyl im Spreewald wird zwei Monate lang gewährt, dann wird der Platz knapp, weil die Mutter der Pfarrfrau zu Besuch kommt. Die Bekennende Kirche sorgt für ein neues Versteck in ländlicher Umgebung, irgendwo an der Oberweser, wieder in einem Pfarrhaus. Lilly Neumark erreicht es nach längerer Bahnreise. Deren Gefährdungen – wegen der Ausweiskontrollen – übersteht sie, obwohl sie als Legitimationspapier nur einen längst abgelaufenen Postausweis vorzeigen kann. «Die Pfarrfrau im Weserbergland, auch Lehrerin von Beruf, eine unendlich tüchtige Hausfrau mit einer Hausfrauenneurose, spannte mich tüchtig ein. Ich mußte von morgens um 7 Uhr bis abends um 11 Uhr ununterbrochen arbeiten, teils im Haus, teils in der Küche und im Garten. Morgens erhielt ich weiter eine Andachtsstunde, denn an sie war der Auftrag weitergegangen, mich zu bekehren. Für Regen-, Sonn- und Feiertage schickten die Schwiegereltern und eine Schwägerin mit 10 Kindern ihre gesamten Flickkörbe und Wollvorräte. Sonntage, wo nach außen hin nicht in Erscheinung treten durfte, daß im Pfarrhaus gearbeitet wurde, mußte ich von morgens bis abends stopfen und stricken. Eine freie Stunde für mich hatte ich in den 9 Wochen meines Aufenthalts im Weserbergland nicht kennengelernt. Die Pfarrfrau, äußerst launisch, sprach tagelang, außer den Arbeitsanweisungen, kein Wort mit mir. Als sie mir einmal erzählte, daß sie 10 000 M. geerbt habe und diese anlegen wolle, riet ich ihr, dafür Acker zu kaufen. Sie sagte mir, daß sie Reichsschatzanweisungen kaufen wolle und als ich antwortete, daß sie damit die Wände tapezieren könne, antwortete sie ‹wir sind dazu zu rechtschaffen, wir wissen so etwas nicht›. Als die 9 Wochen meines Aufenthalts abgelaufen waren, ich aber das mir zugedachte Arbeitspensum nicht geschafft hatte, mußte ich auf meinem nächsten Platz noch zwei Westen für ein 10jähriges Mädchen, 1 Pullover und zwei Schlüpfer stricken. Eine Vergütung für all diese Arbeiten gab es selbstverständlich nicht. Ich habe im Weserbergland aber auch etwas sehr Schönes erlebt. Im gleichen Pfarrhaus wohnte eine in Essen ausgebombte Pfarrfrau, die mir auf das verständnisvollste entgegenkam und mir in jeder Weise auch später durch Zusendung von Lebensmittelkarten weiterhalf.»

Dritte Station ist Brandenburg. Gastgeberin ist eine alte Dame aus dem Bruderrat der Bekennenden Kirche. Sieben Wochen lebt Lilly Neumark bei ihr, die ersten zwei Wochen ist sie allein in der Wohnung, was lange entbehrte Gefühle an Freiheit und Unabhängigkeit auslöst. Die Harmonie wird aber auch im Zusammenleben nicht getrübt, denn hier sei sie zum ersten Mal wahrer Nächstenliebe begegnet, erinnert sich Lilly Neumark. Wegen der Luftangriffe auf Berlin muss sie schweren Herzens das Quartier wechseln;

sie findet sich in einem Pfarrhaus in der Mark Brandenburg wieder. Nach abweisendem Empfang wird ihr ein kleines Kämmerchen angewiesen, das sie tagsüber nur zur Morgenandacht verlassen darf (der Gang zur Toilette auf dem Hof ist ihr nur nachts gestattet). An den Mahlzeiten der Familie nimmt die Jüdin nicht teil, ihr wird das wenige, das ihr zugeteilt wird, in die Kammer hineingereicht, und die kulinarische Kluft zwischen dem, was die Pfarrfamilie speist, und dem, was für die Asylantin abfällt, bleibt ihr auch nicht verborgen. Der Aufenthalt ist kurz: «Nach elf Tagen war dieses Martyrium zu Ende, die Pfarrfrau fand, daß sie ihrer Pflicht Genüge getan habe und daß nun ein anderer mich aufnehmen sollte».

In der Stadt Züllichau östlich der Oder, wo sie von einem Pfarrhaus für Pflegedienste an einer bettlägerigen alten Frau und deren beinamputiertem Sohn angefordert worden war, aber überflüssig ist, weil gerade eine Hausangestellte für diesen Zweck gefunden wurde, wird Lilly Neumark zwar unsensibel empfangen, aber in den drei Wochen, die sie bleiben darf, obwohl man sie nicht braucht, ganz gut behandelt: «Der Pfarrer erklärte mir gleich am ersten Tag in einem Gespräch, daß er glühender Antisemit gewesen sei, die alte Dame schikanierte mich nach Strich und Faden und die junge Dame war nett und freute sich, daß sie eine Ansprache hatte. Ich mußte im Haushalt helfen, stricken und stopfen und hatte es im großen und ganzen nicht schwer.»

Die Mutter der Züllichauer Pfarrfrau verabredet mit Lilly, dass sie zu ihr und ihren vier Kindern nach Guben in die Niederlausitz kommen kann. Davor liegen aber noch einige Wochen in einem anderen Pfarrhaus in der Mark Brandenburg, wo sie bei einem scheuen Pastor, einem «Satan von einer Pfarrfrau» und drei Kindern als Haushaltshilfe rastlos tätig ist: «Die Pfarrfrau hatte mir das Leben zur Hölle gemacht und ich war glücklich, als meine Zeit dort vorüber war. Sie war von einem Antisemitismus beseelt, der Hitler alle Ehre gemacht hatte, und ließ mich unentwegt fühlen, dass ich ein Mensch ‹zweiter Garnitur› wäre, der vor ihr auf den Knien rutschen müsse.»

In Guben bei der Mutter der Züllichauer Pfarrfrau gibt es dann andere Probleme. Die vier Kinder, der 18-jährige Sohn, verwundet von der Front zurück, und drei Töchter von 17, 15 und 12 Jahren, verstehen sich so gut mit dem jüdischen Hausgast, dass die Mutter eifersüchtig wird und in einem großen Krach der jählings Unerwünschten den Stuhl vor die Tür setzt. Der Aufenthalt hatte viereinhalb Monate gedauert.

Von einer verheirateten Stieftochter der Widersacherin, einer Ärztin, aufgenommen, bleibt Lilly Neumark in Guben. Sie berichtet von andauernden Auseinandersetzungen mit Vertretern der Bekennenden Kirche, lebt aber mit ihrer neuen und letzten Gastgeberin in Harmonie und Freundschaft. Im Februar 1945, als der Kriegsschauplatz immer näher rückt, flieht sie mit ihrer Helferin nach Sangerhausen in Thüringen. «Dort meldete ich mich polizeilich an, da keinerlei Unterlagen verlangt wurden, und erhielt nach zwei Jahren das erste Mal wieder Lebensmittelkarten. Damit war meine Legalisierung vollzogen».

Lilly Neumark nennt in ihrem Bericht nie die Namen ihrer Helfer und beschreibt die Aufenthaltsorte nur grob. Es ist deshalb schwer, die Wahrhaftigkeit ihrer Aufzeichnungen im Einzelnen nachzuprüfen.[2] Aber es gibt andere Fälle, in denen die Bigotterie und Engstirnigkeit frommer Helfer ähnlich beschrieben wird, und eine handelnde Person der Rettungsgeschichte der Lilly Neumark ist durch einen späteren Zufall aufgetaucht: Elisabeth Zimmermann. Die 1895 geborene Berlinerin erscheint in den Akten mehrerer Rettungsfälle und ist unzweifelhaft die Frau, die Lilly Neumark das erste Quartier in einem Pfarrhaus vermittelte. Elisabeth Zimmermann, deren Funktion in der Bekennenden Kirche («Leiterin der Buchabteilung» und «mit der Hilfe und Betreuung jüdischer Menschen beauftragt») unklar bleibt, reagierte im Frühjahr 1972 auf die Ausstrahlung des Beitrages «Wer ein Menschenleben rettet... Judenhelfer, damals gefährdet – heute vergessen?» mit einem Brief an die zuständige Redaktion des Zweiten Deutschen Fernsehens. Sie beklagte sich, dass sie nur durch Zufall von der Sendung erfahren habe, und fragte, wie es möglich sei, «daß derartige Geschehnisse sozusagen unter dem Ladentisch manipuliert werden». Dann teilte sie Folgendes mit: «Ich habe einer Anzahl jüdischer Menschen geholfen, habe bis zu ihrem völligen Verschwinden aus Deutschland monatlich von unserem Blockwart acht Lebensmittelkartensätze zu dem ungewöhnlich hohen Preis von 300–400 RM je Satz gekauft und verteilt, sechs Kennkarten mit meinem vollständigen Namen und meiner Anschrift, sowie vier Postausweise waren ständig unterwegs, nur die Bilder wurden jeweils ausgewechselt».[3] Lilly Neumark wird namentlich erwähnt, allerdings verballhornt als Lilli Neumann.

Im April 1972 sandte Elisabeth Zimmermann an den Koordinierungsrat der Gesellschaften für Christlich-Jüdische Zusammenarbeit Dokumente, um ihre Hilfe zu beweisen, und zwar eine handschriftliche Aufstellung von Namen, Adressen und Leistungen:

> Chefdramaturg Dr. Karl Wolff, Dresden, Staatstheater (Frankreich), Lebensmittelkartensatz
> Jenny Schaffer-Bernstein, Berlin-Halensee, Joachim-Friedrich-Straße, Postausweis, Lebensmittelkartensatz
> Otto Bernstein, Staatstheater Dresden, Kartensatz
> Erich und Frieda Leopold, Berlin-Zehlendorf, Krumme Lanke, Kennkarte, Lebensmittelkartensatz
> Prof. Prager, Kunstmaler, Slowakei, Kennkarte, Lebensmittelkartensatz
> Gertrud Prochownik, (Königswusterhausen), Kennkarte, Lebensmittelkartensatz
> Lilli Neumann, Guben, Pfarrhaus, Kennkarte, Geld, Lebensmittelkartensätze
> Edith Beer, Gut Hohenferchesar, Mark, Kennkarte, Lebensmittelkartensatz
> Erich Fuchs, Postausweis, Lebensmittelkartensatz
> Jüdischer Pfarrer Traub, Kennkarten, Stempel entworfen
> E. Zimmermann, Habelschwerdter Allee 24.

Außerdem war eine Erklärung beigefügt, abgegeben in London am 24. Oktober 1946 und beglaubigt von Landesbischof Hanns Lilje mit einem Stempel «Centralausschuß für die Innere Mission der Deutschen Evangelischen Kirche», in der die Tochter Edith Beers die entscheidende Hilfe von Frau Elisa Zimmermann-Istand im März 1943 bestätigte. Sie habe mehrere Verstecke auf dem Land für ihre Mutter gefunden, wo sie unerkannt bis zur Befreiung Deutschlands durch die Alliierten lebte. «I need not stress that this action should not leave any doubt about Frau Zimmermann-Istand's political convictions. The grave risk she was taking at the time will readily be recognized, and she carried out the rescue plans with complete disregard for her own safety». Eine Erklärung von Landesbischof Hanns Lilje, datiert vom 6. Mai 1947, war ebenfalls beigefügt, in der Frau Zimmermann attestiert wurde, dass sie sich «in der Zeit des nationalsozialistischen Regimes in ganz besonderer Weise verfolgter jüdischer Familien angenommen und ihnen nach Maßgabe ihrer Kräfte in jeder Situation Beistand geleistet» habe, «ohne die ihr damit drohenden persönlichen Gefahren» zu scheuen. Lilje nannte vier Personen namentlich (mit Adressen): Erich Fuchs, Gertrud Prochownik, Edith Beer und «Fräulein Lilli Neumann». Aufgrund der Adressengleichheit mit Gertrud Prochownik sind Zweifel ausgeschlossen, dass es sich um Lilly Neumark handelt.

Der Koordinierungsrat verlangte eindeutige Beweise, worauf Elisabeth Zimmermann am 14. Juni 1972 eine ausführliche Schilderung ihrer Aktivitäten gab. Sie habe selbst unter Beobachtung der Gestapo gestanden und im August 1943 sei sie ausgebombt worden und nach Beelitz in Brandenburg gezogen. Dort lebte sie mit ihrer Tochter und zwei Enkelkindern, wurde 1944 «als Judenhelferin und wegen Volkszersetzung» denunziert und dann von der Gestapo in Potsdam häufig verhört. Über ihren weiteren Lebenslauf erfahren wir aus diesem Brief, dass sie nach Kriegsende «für den Russen als Kulturamtsleiter» tätig war, 1948 übersiedelte sie nach Westdeutschland, 1972 lebte sie in Trier. Vom Schicksal ihrer Schützlinge nach der Befreiung wusste sie nichts, ihre Hilfeleistungen beschrieb sie aus dem Gedächtnis: «Wie oft habe ich in einer Hausnische gestanden, mit Lebensmitteln und Obst bepackt, um für die armen Menschen etwas zu bringen und – gottlob, ich darf es sagen – es gab auch menschliche SA Leute, die es geschehen ließen, wenn sie nach Arbeitsschluß im Trupp zurückgeführt wurden nach der Großen Hamburger Straße». Von geographischen und zeitlichen Irrtümern abgesehen, sind die Angaben von Elisabeth Zimmermann, deren Briefstil sie als Person von schlichtem Gemüt und einfacher Bildung ausweist, durch Zeugnisse anderer Helfer zu verifizieren. Über Lilly Neumark schreibt sie: «Ob Fräulein Neumann und Frau Prochownik noch am Leben sind ist mir unbekannt. Frau Gertrud Prochownik war auf einem großen Gut in Königswusterhausen untergebracht. Solange ich noch die Möglichkeit hatte, habe ich sie besucht und Lebensmittelkarten hingebracht. Fr. Prochownik hatte dort 2 Zimmer abgeschnitten von allen übrigen Menschen. Sie nähte und flickte für die Familie und Domestiken. Sie mochte die Gutsherrin nicht – letztere sah in ihr eine Gefahr für Leben und Gut. Der Gutsherr war Hauptmann bei der Wehrmacht. Gleich mir gehörte er zur B. K. Fräulein Lilli Neumann war in Guben im evgl. Pfarrhaus untergebracht. Ein vornehmes Menschenkind, das sich dort zutiefst unglücklich fühlte. Doch ich hatte keine Möglichkeit sie irgendwo anders noch unterbringen zu können. Die Pfarrfrau war wenig nett im Wesen und auch der Charakter nicht schön, die Notlage von Frl. Neumann hat sie mehr als ausgenutzt. – Von einer Flüchtlingsfrau die aus Guben gekommen war hörte ich, daß Frl. Neumann das Pfarrhaus verlassen und zu einer alten Dame übersiedelt war. Von keinem der Schützlinge habe ich noch gehört. Die Situation hatte sich sehr zugespitzt, meine Post wurde gelesen – es war äußerst schwierig Geld und Lebensmittelkarten nach Guben zu bekommen.»

Elisabeth Zimmermann, offensichtlich unzufrieden mit den Reaktionen auf ihre Briefe an verschiedene von ihr für zuständig gehaltene Instanzen, reklamierte am 30. Mai 1972 beim Bundeskanzler Willy Brandt eine Entschädigung als Judenhelferin. Sie hatte zwei Wochen zuvor schon an den Bundesinnenminister Genscher geschrieben und da eine Antwort ausblieb, machte sie den Regierungschef auf ihre Ansprüche aufmerksam: «Meine ehemals inhaftierten Bekannten sind längst mit hohen Summen entschädigt worden, doch diejenigen, die für sie ihre jüdischen Freunde mit falschen Papieren versehen und ihr Leben gerettet haben, sind bis heute leer ausgegangen».

Die 77-jährige Elisabeth Zimmermann fühlte sich als Opfer, die um das gerechte Äquivalent für ausgestandene Gefährdung oder um den Lohn guter Taten zu kämpfen gezwungen war. «Ich war auch eingesperrt, die Gestapo ging bei mir aus und ein, und dennoch habe ich jüdischen Menschen geholfen, habe sie mit Kennkarten versehen, die meinen Namen trugen und ganze Sätze Lebensmittelkarten für sie gekauft ... Es ist beschämend für unser Land, daß noch keiner sich bemüßigt gefühlt hat, hier etwas gut zu machen, das schon längst hätte geschehen müssen. England, Frankreich, Schweiz und die Niederlande haben diese Schuld mit hohen Entschädigungssummen bezahlt, nur die Deutschen fühlen sich nicht angesprochen – sie waren ja keine Nazis!»

Das Gefühl, benachteiligt, ja betrogen worden zu sein, mag ihr solche seltsamen Vorstellungen eingegeben haben, ganz klar hingegen artikulierte sie ihren Anspruch: «Sie werden verstehen, Herr Kanzler, daß ich bei meinem Alter keine Zeit mehr zu verlieren habe und von dem mir Zustehenden etwas sehen möchte.» Sie sei nicht gewillt, fügte sie abschließend hinzu, einfach alles hinzunehmen und zu warten, denn mit ihrem Tod habe die Regierung den Nutzen davon: «Und wie viele Judenhelfer mögen auf diese Weise um das ihnen Zustehende gekommen sein?!» Er sei doch ein Mann der Versöhnung und Gerechtigkeit, deshalb appelliere sie an den Bundeskanzler und sein Gewissen, «denn es ist kein Almosen, das mir zusteht!».

Eine Reaktion aus dem Kanzleramt ist in den Akten nicht überliefert.

Christine Zahn

VON EINEM QUARTIER ZUM NÄCHSTEN
EINE ODYSSEE IM BERLINER UNTERGRUND

Durch einen Zufall entging Edith Rosenthal dem Zugriff bei der «Fabrikaktion» Ende Februar 1943. Sie versteckte sich bis zur Befreiung im Mai 1945 im Berliner Untergrund. Ihr Ehemann Bernhard aber wurde verhaftet und am 3. März 1943 nach Auschwitz deportiert. Nur die Hoffnung, ihn und ihre beiden nach Palästina verschickten Töchter einmal wiederzusehen, hielt Edith Rosenthal am Leben. Die zweieinhalbjährige Schreckenszeit im Versteck fristete sie, nach eigenen Angaben, in etwa siebzig Unterkünften. Die Menschen, die ihr Obdach gaben, taten dies aus den unterschiedlichsten Beweggründen. So halfen ihr einige, die in «Mischehe» lebten, darunter auch Verwandte, trotz eigener Verfolgung uneigennützig. Andere, darunter meist Arbeitskontakte des Vaters, halfen unbeschadet ihrer oft nur ärmlichen Lebensumstände. Aber es fanden sich auch Helfer, die ihr nicht ohne Absichten beistanden – bis hin zum Ansinnen auf sexuelles Entgegenkommen.

Nicht nur die Verfolgung durch die Gestapo bedrohte das Gelingen der verschiedenen Hilfsangebote bei der Überlebensanstrengung von Edith Rosenthal – sie hatte in dieser Zeit fast dreißig Kilogramm abgenommen und wog bei der Befreiung gerade noch 37 Kilogramm – sondern auch die Spitzeltätigkeit ihrer Kusine Ruth Danziger, die ihr und ihren Helfern nachstellte.

Anderthalb Jahre nach ihrer Befreiung in Berlin begann Edith Rosenthal, ihre Erinnerungen in ein kleines Heft zu notieren. Doch war wohl die tiefe Enttäuschung über die Verhältnisse in der Nachkriegszeit als auch ihre zerrüttete physische und psychische Verfassung schuld daran, dass dieses Unternehmen fragmentarisch blieb.[1]

Edith Rosenthal, geborene Davidsohn, und ihr Ehemann, der Gastwirt Bernhard Rosenthal – sie hatten im Dezember 1924 im Alter von achtzehn und fünfundzwanzig Jahren geheiratet – stammten beide aus großen Familien. Einmal im Monat wurde «Familientag» abgehalten und vor allem mit Anbruch der NS-Zeit rückte man in der geräumigen Rosenthalschen Wohnung in der Klosterstraße 100 im Kreise der Großfamilie noch enger zusammen, um «die Zeiten auch ein wenig zu vergessen». Sowohl der enge Familienzusammenhalt als auch die beruflichen Kontakte von Bernhard Rosenthal als allmorgendlicher Groß-Kunde in der Berliner Zentralmarkthalle sollten Edith Rosenthal in der Illegalität das Leben retten helfen.

Alle Auswanderungsversuche der Familie nach den USA, Südamerika oder Shanghai scheiterten aus familiären, gesundheitlichen oder finanziellen Gründen. Es gelang Edith und Bernhard Rosenthal nur, die beiden Töchter Hanna und Regina im Juli und im November 1939 nach Palästina zu schicken. «Der Abschied von den beiden Kindern war schwer für uns und denke ich einige Monate weiter, der 28.11.39, wo wir unser Rinalein als achtjähriges Menschlein in die Bahn setzten (wir durften nicht einmal am Zug bleiben, bis er abfuhr, da wir um 8 Uhr nicht mehr auf der Straße bleiben durften), da könnte ich heute noch schreien vor Jammer. Mit der Puppe im Arm saß sie im Zug und ihre letzten Worte waren: Kommt bald nach. Was wir, mein Goldchen und ich litten, kann kein Mensch empfinden und wie verabredet, sprachen wir beide nicht von unserem gegenseitigen Leid. Ich überraschte häufig meinen guten Mann, als er vor den Bildern stand und sich verstohlen die Tränen fortwischte. Dann nahm ich ihn an seinen Händen und drückte sie fest. Das war ein Zeichen des «Durchhaltens» und Verstehens. Der entsetzliche Krieg war im Gange. Da hieß es, alle Juden, die müssen arbeiten oder ins KZ und so kam ich 1940 zu Siemens. Über die Behandlung bei der Arbeit zu schreiben lohnt sich nicht.»

Nach der Nachricht von der Deportation ihres Vaters Dr. Wolff Davidsohn, er war liberaler Rabbiner in Breslau, sowie angesichts der Abholung ihrer kleinen elternlos in Berlin in einem Kinderheim lebenden Nichte Ditti Pollack im November 1942 war Edith

Edith Rosenthal im Kreis ihrer Familie am 9. Juli 1939, dem Vorabend der Abreise ihrer Tochter Hanna und Schwester Ilse nach Palästina: Bernhard, Hanna, Edith und Regina Rosenthal, Ilse, Rabbiner Dr. Wolff Davidsohn und Ehefrau (von rechts nach links).

Rosenthal nur mit Mühe von Selbstmordabsichten abzubringen. Der Kinder wegen müssten sie durchhalten – damit konnte Bernhard Rosenthal seine Frau schließlich überreden, und die beiden trafen Vorbereitungen, sich vor einer überraschenden Razzia in ihrer Wohnung zu schützen.

«Unser Namenschild wurde abgemacht, der Judenstern, der an jeder Tür sein musste, wurde entfernt. Das war eigentlich schon ein Grund, ins KZ zu wandern. Die Leute im Hause waren zum großen Teil evakuiert, die anderen wie der Postbote, zeigten uns nicht an, dafür bekamen sie Bett- und Tischwäsche und so stopften wir ihnen ihren Mund.

Die Klingel wurde abgestellt, dafür in jedem Raum Glühbirnen angebracht, und leuchteten die Birnen nicht 3 mal ganz auf, war Gefahr und wir rannten hinten runter. Einen Luftschacht hatten wir von der Badestube aus, eine aus Leine gemachte Leiter, da ließen wir uns oft runter. Einige Male stand die SS vor der Tür, mit Gewalt haben sie die Tür nicht öffnen dürfen, waren sie vorne, liefen wir hinten raus oder umgekehrt. In der Wohnung verhielten wir uns wie Räuber, so ruhig, und hörten wir schwere Schritte, setzte bei jedem fast das Herz aus. Alle Türen wurden verklebt, damit kein Lichtschein rausdringt. Diese Stunden, diese Tage, diese Monate wünsche ich allen Nazis, die Angst, die wir um unser bißchen Leben hatten. – Dabei mußten wir aber täglich in die Fabrik. Wer fehlte oder krank war, war sicher, einige Tage später ins KZ zu wandern. War Alarm und wenn wir die ganze Nacht im Keller zubrachten, pünktlich um $^1/_2$ 6 Uhr, Sommer wie Winter, mußten wir da sein.»

In ständiger Angst, zuhause, unterwegs oder bei ihren Zwangsarbeitsstellen willkürlich aufgegriffen zu werden, machten sich die Rosenthals auf Quartiersuche, um für den Übergang in ein Leben in der Illegalität gerüstet zu sein. Geld und Lebensmittelmarken wurden zusammengekratzt und zwei erste getrennte Anlaufstationen ausgemacht. Die Leiterin der Kinderpension in der Oranienburgerstraße, aus der die siebenjährige Nichte Ditti abgeholt worden war, sollte Kontaktperson sein. Clara Nathansohn, sie war der nichtjüdische Part einer «Mischehe», galt als erklärte Nazigegnerin. Sie bekam für ein Vierteljahr Zigaretten ausgehändigt und sollte dafür jede Woche einen Laib Brot und etwas Butter an Bernhard Rosenthal übergeben. Er befand sich als Mann in größerer Gefahr, da fast alle Männer im wehrfähigen Alter eingezogen waren und er, bei Nachforschungen zur Rede gestellt, zumindest Argwohn ausgelöst hätte. Doch alle Vorkehrungen erwiesen sich mit Eintreten der Fabrikation als umsonst. So wie alle anderen jüdischen Zwangsarbeiter in Berlin wurde auch Bernhard Rosenthal direkt von seiner Arbeitsstelle aufgegriffen und nach Auschwitz verschleppt. Edith Rosenthal, die durch einen freien Tag zufällig der Razzia entgangen war, musste, nachdem sie ihren Mann im Sammellager suchend, von einem jüdischen Ordner warnend abgewiesen wurde, ihren Weg in die Illegalität allein antreten. «Ich fuhr noch mal nach der Klosterstraße, hoffte, der Eine oder Andere wäre zurückgekommen und ging mit 1500 Mark aus der Wohnung nach dem Prager Platz, zu guten Menschen, die mich versteckt halten wollten. 1.3. Montag Abend, der erste große Angriff auf Berlin. Ich wache auf und nun beginnt meine Leidenszeit. Es gibt einen Knall, eine Erschütterung. Das hört sich recht einfach an. Wer war schon mal von Euch verschüttet? Die seelischen Aufregungen der letzten Februar-Tage waren so groß, daß ich abgestumpft im Keller saß und als wir verschüttet nach Luft suchten, das Schreien und Stöhnen der vielen Menschen hörten, war ich wie versteinert, als ob es mich nicht anginge. Nur fühle ich heute noch die kalte Hand meiner guten Freundin, die tot neben mir saß, wie viele Stunden ich dort unten saß und ob ich an etwas dachte, weiß ich heute nicht mehr. Mein Bewußtsein verließ mich und ... ich wachte auf, da beugte sich jemand über mich in einem weißen Kittel, ein Arzt aus dem St. Hedwig-Krankenhaus, der mich fragte: Frau Rosenthal, sind Sie eine flüchtige Jüdin, dann müssen Sie noch heute das Krankenhaus verlassen. Sie sind von 76 Menschen als einzige aus dem ganzen Haus lebend gerettet und waren 4 Tage eingeschlossen. Ich trug meine Judenkennkarte zwischen Hemd und Hüfthalter, die der Arzt fand. Spät abends brachte er mir meine Sachen und brachte mich am 5.3. bis auf die Straße. Ich ging nochmals, mit vielen Mühen, denn ich war so schwach, alles tat mir weh, nach der Klosterstraße. Da war die Wohnung schon versiegelt durch die Gestapo.

Wohin?»

Zuflucht suchte Edith Rosenthal nun bei einer früheren Untermieterin ihrer Großeltern, Lisa Porsche, einer 43-jährigen allein stehenden Frau. Die kleine Kellerwohnung mit Stube und Küche in der Schönhauser Straße schien sie nicht gekannt zu haben, denn in ihren Erinnerungen ringt Edith Rosenthal in der Beschreibung der dort vorgefunden Verhältnisse um Worte: «Sie ließ mich ein, und da weinte ich erst mal stundenlang, sie war Sekretärin, eine große Hitler-Gegnerin, aber so schmutzig, daß sie sonst keinen Menschen in ihre Behausung oder Buchte, wie sie es nannte, reinließ. Ja, wenn es mir jemand erzählen würde, würde ich es nicht glauben, daß im 20. Jahrhundert so etwas möglich ist. So gab es eine Schüssel, in der sie kochte, aß, duschte und ihre Geschäfte, groß und klein, machte, und ich aß 14 Tage mit aus dieser Schüssel. Daß ich nicht die Gelbsucht vor Ekel bekam, wundert mich heute noch. Aber ich war durch die Verschüttung so schwach und krank und alles war mir egal und wo sollte ich hin?» Als aber

Edith Rosenthal nach zwei Wochen wieder einigermaßen zu sich gekommen war, sah sie sich mit Erwartungen konfrontiert, die sie als Zumutung empfand. Das Angebot eines weiteren Aufenthalts bei Lisa Porsche wurde an eine Bedingung geknüpft: «Wenn Du meine Freundin werden willst, kannst Du bleiben bis Kriegsende, Du brauchst nur einen Teil der Miete zu geben und mir Geld geben, ich kaufe ein, es wird schon reichen.» Ich verstand zuerst nicht und fragte: «Was heißt Freundin werden?» Sie brauche keinen Mann und ich gefalle ihr. Nein, ich war so entsetzt und lief fort.» Aber Edith Rosenthal war in zweierlei Hinsicht noch einmal davongekommen, denn kurz nach ihrer Flucht aus Lisa Porsches Wohnung kam diese bei aller Hilfsbereitschaft nicht ganz uneigennützig gebliebene Helferin bei einem Bombenangriff auf ihr Haus ums Leben.

Zunächst ziellos durch die Straßen irrend kam Edith Rosenthal die bis Mitte Mai verwaiste Wohnung ihrer Kusine Käthe Lohberger in den Sinn. Diese galt nach Naziterminologie als «privilegierter Mischling», was sie jedoch nicht davor bewahrt hatte, für ein geringfügiges Lebensmittelkarten-Vergehen mit drei Monaten Gefängnishaft unverhältnismäßig hart bestraft zu werden. Von einer Freundin Käthe Lohbergers wollte sich Edith Rosenthal die Schlüssel der Wohnung in der Mulackstraße 21 besorgen. Eine bitterlich kalte Nacht musste sie allerdings noch auf der Straße zubringen, bis es mit der vereinbarten Schlüsselübergabe endlich klappte. Der Aufenthalt in der leerstehenden Wohnung war nur unter Einhaltung größter Vorsichtsmaßnahmen möglich. «Es durfte kein Mieter merken, daß sich jemand in der Wohnung aufhält, also kein Licht machen, die Verdunkelung mußte unten sein, d.h. nicht hochgezogen, kein Wasser in der Toilette laufen lassen und in der Küche so leise den Hahn aufdrehen, daß es keiner merkte, laufen nur auf Strümpfen. Fast täglich ging ich fort. Das Rausgehen, Abschließen oder Wiederkommen war mit Gefahren verbunden. Es sah mich die ersten Wochen kein Mensch. Nun, fragt Ihr sicherlich, warum gingst Du überhaupt fort? Ich mußte leben, Essen und Trinken ranschaffen. So hatte ich Menschen und Bekannte, bei denen ich für viel Geld Lebensmittel kaufen konnte und die suchte ich, mal den, mal jenen, auf und brachte für 1 bis

2 Tage Essen in mein Versteck. Oft lief ich umsonst, einige Male waren diese oder jene nicht zu Hause, andere vertrösteten mich, sie hätten im Moment nichts, ich sollte wiederkommen. Ein Teil der Menschen verbat sich meinen Besuch.» Einmal wäre Edith Rosenthals Aufenthalt in der Mulackstraße beinahe aufgeflogen. Sie hatte sich bei ihrer abendlichen Rückkehr von der Arbeit, die sie bei einem Mischehepaar aufgenommen hatte, verspätet. «Leise steckte ich den Schlüssel rein und schloß auf und der Schlüssel ging nicht mehr raus. Weder vor noch raus. Ich probierte eine Stunde lang. Dort trieb sich so viel Gesindel rum, jeder, der vorbei kam, machte eine Bemerkung. Ich war verzweifelt. Sprach zwei Männer an, ob sie mir helfen können. Sie probierten und wollten gleich mit mir rauf gehen, weil sie dachten, ich will was von ihnen. Da kam ein Sicherheitspolizist zu mir ran, die Männer rannten fort. Was ist hier los? Ihren Ausweis! Ich erzählte, ich kam von der Arbeit, mein Mann ist oben, der Schlüssel geht nicht raus, ich hole aber meinen Mann runter, rief rauf. Inzwischen war es 10 Uhr geworden. Die Nachbarin von Käthe Lohberger. Ein bezahltes Mädchen. Ich klingelte und erzählte ihr: Käthe hat mich aus dem Sanatorium angerufen, ich soll ihr Sachen bringen und morgen früh muß ich zeitig zur Arbeit, da sollte ich es heute holen und bekomme den Schlüssel nicht raus. Diese Nutten sind sehr hilfsbereite Menschen. Sie lief runter und mit etwas Mühe hatte sie den Schlüssel raus, das Schloß sei kaputt, erzählte sie mir. Ich drückte ihr 20 Mark in die Hand und sie war zufrieden und ich schlief die ganze Nacht nicht. Ende April fing ich die Wohnung an, von Kopf bis Fuß zu säubern. In der Zwischenzeit habe ich die ganzen Strümpfe und Wäsche ausgebessert, Kleider und Wäsche gewaschen, geplättet, Gardinen, und wie ich Ende April beim Reinemachen bin, kommt die Portierfrau und will wissen, wer ich bin, was ich mache. Der erzählte ich das Märchen, Käthe kommt jetzt aus dem Krankenhaus, ich mache alles sauber und bin Käthes Verwandte. Sind Sie keine Jüdin?, fragte sie mich. Wie kommen sie darauf, ich heiße Edith Berger und wohne in Moabit, wollen Sie meine Ausweispapiere sehen? Ein Glück, sie sagte nein, und ich gab ihr ein Stück Brot und Geld und damit stopfte ich ihr auch den Mund und wir trafen uns noch einmal, sie war freundlich und

fragte, haben Sie nicht wieder mal ein Stück Brot? Ich sagte, ich komme noch mal her, dann bringe ich es. Jedenfalls brauchte ich vor der keine Angst haben, ich gab ihr und so fragte sie mich nicht weiter.»
In der Wohnung Käthe Lohbergers kam es zu einem Treffen besonderer Art. Zunächst mit Edith Rosenthals Tante Charlotte Hopp, die mit Sohn Wolfgang und Ehemann Erich Hopp ebenfalls den Weg in den Untergrund gegangen war. Sie hatte über Bernhard Rosenthals Schwester Rosa, die im Schutz einer Mischehe verheiratet war und gemeinsam mit ihrem Mann Conrad Walther Kontakt zu den versteckt lebenden Verwandten hielt, von dem neuen Aufenthaltsort Edith Rosenthals gehört und sich dorthin geflüchtet, um ihre Wäsche auszuwaschen. Bald wurden die beiden Frauen bei ihrem Wiedersehen jedoch durch heftiges Sturm-Klingeln aufgestört und befürchteten das Schlimmste, die Gestapo vor der Tür. Als sie öffneten, stand eine weitere Verwandte davor: Kusine Hertha Rosenthal, die ebenfalls untergetaucht lebte und zitternd um Einlass bat. «Nimm mich auf, sie sind hinter mir her. So waren wir drei versteckt. Die Nacht hat keiner ein Auge zugemacht. Alarm war auch und wir konnten nicht ruhen vor Angst, entdeckt zu werden. Hertha blieb einige Tage bis ihr Bekannter für sie ein Obdach besorgt hatte.» Der Aufenthalt in der Mulackstraße endete mit der Rückkehr von Käthe Lohberger, die ihrer Kusine schwere Vorhaltungen machte, sie in Gefahr gebracht zu haben.

Die Odyssee durch wechselnde Quartiere in und außerhalb Berlins nahm ihren Fortgang. In Hertha Rosenthals neuem Versteck in einer evakuierten Wohnung in Reinickendorf fand sie eine erste Unterkunft, anschließend für drei Monate bei Nathansohns in der Oranienburger Straße und immer wieder eine Zeit lang bei Walthers oder den nichtjüdischen Verwandten Radtkes auf einem Laubengrundstück am Rande Berlins. Diese Adressen wurden jedoch immer gefährlicher, da sie auch Ruth Danziger bekannt waren. Diese Nichte Edith Rosenthals hatte sich unter welchen Androhungen und Versprechungen auch immer zum jüdischen Fahndungsdienst der Gestapo verdingen lassen und war den untergetauchten Verwandten dicht auf den Fersen. Mehrere Male gelang Edith Rosenthal, gewarnt von ihren Helfern, die Ruth Danziger in Begleitung von Gestapomännern erkannt hatten, die Flucht nur in letzter Minute.[2] Um sich und ihre Helfer nicht weiter zu gefährden, musste sie sich auf neue Quartiersuche begeben. Nicht immer gelang es, ein Obdach zu finden, und sie musste die Nächte in fortgesetzt panischer Angst vor Entdeckung in U-Bahnschächten oder auf der Straße zubringen. Mehr und mehr fand sie nun wechselnde Quartiergeber unter den ehemaligen Bekannten ihres Vaters aus der Zentralmarkthalle. So beispielsweise bei «Tante Erna», der Betreiberin des Gurkenstandes in der Markthalle, deren Hilfsangebote von Edith Rosenthal immer wieder angenommen wurden. Oder bei Rochus Jarosz, dem Fahrstuhlführer, der sie in der Markthalle versteckte oder sie auf seinem Fahrrad zu anderen Unterbringungen brachte.[3]

In ihrer Entschädigungsakte erwähnte Edith Rosenthal acht Jahre nach ihrer Befreiung sechsundzwanzig ihrer siebzig Helfer namentlich: «Es ist mir heute nicht mehr möglich, jeden einzelnen der Beherberger anzugeben. Ich entsinne mich auch nicht mehr auf die genauen Daten, an welchen ich bei den einzelnen Herbergsgewährern gewohnt habe. Von den vielen Adressen, unter welchen ich lebte, sind mir lediglich die Nachfolgenden in Erinnerung:

Franz Chemnitz, Berlin O, Weidenweg 42
Ella Fobe, Berlin, Senefelderstraße 14
Alfred Lutter, Berlin N, Rodenbergstr. 16
Käthe Lohberger, Berlin, Mulackstraße 26
Franz Schaerfke, Alt-Glienicke, Am Kiesweg
Dr. Paul Held, Berlin, Rosenthalerstraße
Frau Dr. von Watter, Berlin, Schönhauser Allee 9a
Rosa Radtke, Berlin, Schönhauser Allee Ecke Bornholmerstraße
Conrad Walther, Berlin-Gatow, Gatowerstraße 320
Albert Pagel, Berlin-Moabit, Stephanstr. 7
Albert Nernheim, Berlin-Moabit, Beusselstr. 78
Nathansohn, Berlin C 2, Oranienburgerstr. 22
Else Ptach, Strausberg, Friedrichstr.
Baecker, Moabit, Helmholtzstr. 26
Walter Feind, Neue Schönhauserstr. 39/40 (bereits verstorben)
Lisa Porsche, Alte Schönhauserstr. Ecke Münzstr. (bereits verstorben)
Robert Jarosz, Reinickendorf-Ost, Kolonie Kleinwerderstr. 7
Frau Scheil, Waidmannslust
Hopfgarten, Weimar, Abraham Lincolnstr.
Knopf, Borsigwalde, Räuschstr. 57

Ella Lehmann, Berlin, Koppenstr. 65
Dr. Meyer, Berlin, Alte Schönhauserstr.
Fritz Endrikat, Berlin-Neukölln, Ziethenstr. (bereits verstorben)
Otto Weidt, Blindenanstalt, Rosenthalerstr. Ecke Hackescher Markt (bereits verstorben)
Marie Fobe und Frl. Muecke, Berlin-Moabit, Bochumerstr. 10»

Edith Rosenthal kam nach der Befreiung erneut bei den Nathansohns unter. Körperlich durch Hunger und Entbehrungen während ihres Lebens in der Illegalität völlig entkräftet und von schweren Depressionen heimgesucht, erlitt sie immer wieder Nervenzusammenbrüche. Als sie die Nachricht vom Tod ihres Ehemanns erhielt, versuchte sie, ihrem Leben ein Ende zu setzen, was von Clara Nathansohn vereitelt wurde. Erst als im Januar 1946 die ersten Lebenszeichen ihrer beiden Töchter Hanna und Regina aus Palästina eintrafen, fasste sie neuen Lebensmut. Ende Oktober 1947 gelang ihr die illegale Einwanderung nach Palästina.

Doris Tausendfreund

«JÜDISCHE FAHNDER»

VERFOLGTE, VERFOLGER UND RETTER IN EINER PERSON

Das nationalsozialistische System bediente sich häufig seiner jüdischen Opfer selbst, um deren Verfolgung und anschließende Vernichtung voranzutreiben. Dies führte zu der paradoxen Situation, dass die Handlanger von den Betroffenen oft weit mehr als Verfolger empfunden wurden als die eigentlichen Verfolgungsorgane des NS-Staates wie Gestapo oder SS. Im Zusammenhang dieser Instrumentalisierung von Opfern des NS-Terrors müssen auch die jüdischen Fahnder – die «Greifer» – gesehen werden, die von der Gestapo ab Frühjahr 1943 in Berlin benutzt wurden, um der im Untergrund «illegal» lebenden Juden habhaft zu werden. Wie Zeitzeugen nach Kriegsende berichteten, wurden einige Hundert versteckt lebende Juden in Berlin von solchen Fahndern aufgespürt und inhaftiert. Die genaue Anzahl der Verhaftungen ist aufgrund der lückenhaften Quellenlage nicht mehr feststellbar. Zum einen sind Gestapo-Unterlagen, welche über die Umstände der Verhaftung Auskunft geben könnten, vernichtet worden. Zum anderen existieren nur wenige Erlebnisberichte festgenommener Juden, da deren Verhaftung meist die Deportation nach Auschwitz bedeutete, wo nur wenige überlebten. Eine auf Erlebnisberichten basierende quantitative Erhebung ist so kaum möglich. Dessen ungeachtet bleibt die Gewissheit, dass die Gestapo ohne die Mitwirkung dieser Fahnder deutlich weniger Verhaftungen hätte vornehmen können.

Seit der «Fabrikaktion», der am 27. Februar 1943 durchgeführten Razzia, bei der Juden ohne Vorwarnung direkt am Arbeitsplatz verhaftet wurden, griff die Gestapo gezielt auf jüdische Fahnder zurück. Sie richtete einen «Jüdischen Fahndungsdienst» ein, um versteckt lebende Juden aufzuspüren. Die Jüdin Else Seelenfreund berichtete im Sommer 1944: «Seit einiger Zeit sind die Illegalen von einer besonderen Gefahr bedroht, nämlich einer Spitzelgruppe von Juden, etwa 20 an der Zahl, die früher ebenfalls sich illegal in Berlin aufhielten, aber als sie erwischt wurden, sich in die Dienste der Gestapo begaben mit dem Auftrage, den Aufenthalt von illegal wohnenden Juden ausfindig zu machen und sie der Behörde auszuliefern. In der Amtssprache heißt dieses Dezernat ‹Jüdischer Fahndungsdienst›.»[1] Fahnder aus dem Kreis der jüdischen Verfolgten zu rekrutieren, hatte für die Gestapo klare Vorteile. Zum einen wurden die eigenen Mitarbeiter entlastet, zum anderen waren diese Juden durch ihre genaue Kenntnis des Lebens in der Illegalität besonders geeignet, um nach Untergetauchten zu suchen. Zudem verfügten die Fahnder meist über einen großen jüdischen Bekanntenkreis; die nationalsozialistische Politik der Separierung von jüdischer und nichtjüdischer Bevölkerung verstärkte die Segregation. Der Fahnder Bruno Goldstein arbeitete über mehrere Jahre hinweg in der Kleiderkammer der jüdischen Gemeinde, welche von vielen immer bedürftiger werdenden Juden aufgesucht wurde. Stella Kübler-Isaaksohn hingegen, die in den Kreisen der Verfolgten wohl bekannteste Fahnderin, hatte eine jüdische Schule besucht, war mit anderen Juden zur Zwangsarbeit verpflichtet gewesen und traf sich regelmäßig mit ihrem ersten Ehemann Manfred Kübler und weiteren jungen Juden zum Musizieren und um Musik zu hören. Schließlich kannte sie Künstler und Besucher des Jüdischen Kulturbundes, da sie und ihre Eltern an künstlerischen Darbietungen beteiligt waren. Besonders viele untergetaucht lebende Juden kannte ihr zweiter Ehemann, der Fahnder Rolf Isaaksohn. Vor seiner Festnahme als Fälscher von Personaldokumenten tätig, waren ihm nicht nur die «Getauchten» selbst, sondern auch deren angenommene Identitäten geläufig.

Die Fahndungen gingen vom Sammellager in der Großen Hamburger Straße 26 in Berlin-Mitte aus. Dort wurden auch die festgenommenen Juden eingeliefert, wo sie in der Regel verblieben, bis ihre Deportation nach Theresienstadt oder Auschwitz erfolgte. Einige Fahnder lebten im Sammellager und hatten dort ein eigenes Zimmer. Andere wohnten außerhalb bei ihren Familien oder irgendwo zur Untermiete. Offizieller Leiter des Lagers war der Gestapo-Angehörige Walter Dobberke. Zu seinen Aufgaben gehörte die Rekrutierung der jüdischen Fahnder. Er war es auch, der ihnen ihre Aufträge zuteilte. Ende Februar/Anfang März 1944 wurde das Lager in einen Gebäudekomplex des Jüdischen Krankenhauses in die Schulstraße 78 im Bezirk Wedding verlegt.

Die meisten Verhaftungsaktionen lassen sich auf Denunziationen zurückführen, die aus der Bevölkerung eingingen oder von neu eingelieferten Häftlingen erpresst wurden. Die Sekretärin des Lagerleiters Dobberke, Johanna Heym, erklärte in einer Zeugenaussage zum Ablauf solcher Verhaftungen: «War der Unterschlupf eines untergetauchten Juden durch eine anonyme Anzeige bekannt geworden, so wurde das ‹jüdische Fahndungskommando›, d.h. Juden, die sich zu Spitzeldiensten hergaben und auch ‹Greifer› genannt wurden, von Dobberke eingesetzt. Diese ‹Greifer› holten den sich verborgen haltenden Juden aus seinem Versteck und lieferten ihn in der Sammelstelle ab. Sie waren mit amtlichen Ausweisen der Stapoleitstelle Berlin ausgestattet. Anschließend vernahm Dobberke die eingelieferten Juden, insbesondere deshalb, um die Anschriften weiterer, sich versteckt haltender Juden herauszubekommen. Die Protokolle der Vernehmungen, ich sagte es schon, nahm ich auf. Um die Aussagefreudigkeit zu steigern, versprach Dobberke ihnen, dafür zu sorgen, daß sie nach Theresienstadt kommen, wenn sie weitere Angaben über sich versteckt haltende Juden machen würden. Diese zugesagte Vergünstigung führte meist zum Erfolg. Ob Dobberke später auch Wort gehalten hat, kann ich nicht sagen, möchte es aber glauben.»[2]

Neben solchen direkt durch Dobberke erteilten Aufträgen gingen Fahnder jedoch auch selbständig vor. Sie durchkämmten ganze Straßenzüge und suchten Lokale auf, die als Treffpunkt Untergetauchter galten, in der Hoffnung, dabei auf illegal lebende jüdische Bekannte zu treffen, die dann von ihnen selbst, von herbeigerufenen oder mitunter sie schon begleitenden Gestapo-Beamten festgenommen wurden. Auch in der Straßenbahn, in U-Bahnhöfen und auf Kartenstellen führten sie Kontrollen durch, und selbst unter den Besuchern von Oper und Theater suchten sie gezielt nach Illegalen. Die Fahnder besaßen mit Lichtbild versehene amtliche

Ausweise, die sie berechtigten, «Maßnahmen in Judenangelegenheiten» vorzunehmen und dabei die Unterstützung von Behörden in Anspruch zu nehmen. Im letzten halben Jahr vor Kriegsende erhielten sie zudem eine Dienstwaffe.

Häufig gingen die Fahnder nach dem gleichen Prinzip vor, wie sich anhand von Zeugenberichten feststellen lässt. Danach erfolgten Festnahmen nicht immer sofort. Trafen Fahnder allein auf versteckt lebende Juden, verabredeten sie sich mit diesen für einen anderen Tag unter dem Vorwand, bis dahin beispielsweise Lebensmittel oder auch eine Unterkunft beschaffen zu können. Dabei nutzten sie bewusst die Tatsache aus, selber Juden zu sein, um ihre Opfer über ihre wirklichen Absichten zu täuschen und deren Vertrauen zu gewinnen. Teilweise gelang es ihnen sogar, auf diesem Wege Informationen über Verstecke und Aufenthaltsorte anderer Illegaler zu erlangen. Beim nächsten Treffen kam es dann zur Verhaftung dieser Vertrauensseligen. Über eine solche Vorgehensweise berichtete Eva Ronsfeld, die als «Mischling ersten Grades» in der Küche des Sammellagers arbeitete und Stella Kübler-Isaaksohn über ihre Tätigkeit aushorchte: «Mit der Stella Kübler hatte ich mich quasi angefreundet. Diese Art Freundschaft nutzte ich aus, um von ihr über ihre Spitzeltätigkeit näheres zu erfahren. Sie hat sich mir gegenüber oftmals damit gebrüstet, diesen oder jenen abgeholt bzw. abgefangen zu haben. Ihre Methode, diese Personen abzufangen, bestand darin, daß sie illegal lebende Juden ansprach und diesen anbot, für sie Lebensmittel etc. zu beschaffen. Diese Personen, die die Kübler nicht näher kannten, gingen auf ihr Anerbieten ein und trafen dann am Tage darauf oder etwas später an einem vorher verabredeten Ort zusammen, wo sie dann entweder durch die Kübler selbst oder durch Angehörige der Gestapo (Greifer) festgehalten und in das Lager gebracht wurden. Auch lag es in der Methode der Kübler, Personen während einer Straßenbahnfahrt aufzuspüren, weil es den Juden seinerzeit untersagt war, öffentliche Verkehrsmittel zu benutzen. Ebenfalls suchte die Kübler ihre Opfer in Gaststätten oder Kinos.»[3] Maßgebliches Motiv für die Entscheidung, als Fahnder zu arbeiten, dürfte die Zurückstellung von der Deportation nach Auschwitz oder Theresienstadt gewesen sein, und zwar nicht nur die der eigenen Person, sondern auch nahe stehender Angehöriger, wie der Lager-Ordner Harry Schnapp in seiner Aussage vom 27. April 1965 hervorhob: «Für alle Ordner, die sich nicht für derartige Spitzeldienste bereitfanden, hieß es ganz unerbittlich: Mit einem der nächsten Transporte gehen sie mit.»[4] Die Zurückstellung von den Transporten war jedoch immer nur vorläufig. Die Deportation konnte jederzeit durch die Gestapo angeordnet werden. Dies widerfuhr beispielsweise dem Fahnder Feodor Friedländer, der am 13. Oktober 1944 nach Theresienstadt deportiert wurde, ebenso den beiden Fahndern Dr. Kurt Jacobsohn und Dr. med. Herbert Jacob, die am 23. Februar 1944 «auf Transport» gingen. Fritz Neuweck, ebenfalls Fahnder, und seine Ehefrau entzogen sich ihrer angesetzten «Evakuierung» durch Selbstmord am 13./14. Oktober 1944. Für ihre Tätigkeit wurden die Fahnder auch finanziell von der Gestapo entlohnt, wie der ehemalige Lagerinsasse Dr. Iwan Katz am Beispiel Abrahamsohns darlegte: «Als Entgeld für seine Mitbeteiligung an diesen Verbrechen blieb Abrahamsohn für seine Person von einem sonst auch für ihn vorgesehenen Abtransport in ein Vernichtungslager verschont. Daneben aber bekam er von der Gestapo ein festes Gehalt von monatlich 160,– RM netto, freie Beköstigung und vielfache Annehmlichkeiten, wie sie mit dem Dienst für die Gestapo verbunden waren.»[5]

Im Widerspruch zu ihrer Fahndungstätigkeit standen die Hilfeleistungen, mit denen Fahnder einigen jüdischen Verfolgten den Verbleib in Berlin und damit das Überleben ermöglichten. Am häufigsten warnten sie vor bevorstehenden Verhaftungen. Doch auch die Beschaffung von Ausweisen oder die Unterstützung bei Ausbruchversuchen gehörten dazu.

Gerhard Behrendt lebte als «3/4 Jude» mit seiner nicht-jüdischen Ehefrau und zwei kleinen Kindern. Im Rahmen seiner Tätigkeit für die Gestapo beteiligte er sich an Abholungen jüdischer Personen aus ihren Wohnungen oder Verstecken. War mit dem Erscheinen weiterer Illegaler zu rechnen, wartete er zuweilen mit anderen Fahndern, bis diese eintrafen, und nahm sie dann fest. Ihm wurde vorgeworfen, sich am Besitz seiner Opfer bereichert und in Begleitung von Gestapo-Beamten einen besonderen Eifer bei Festnahmen an den Tag gelegt zu haben. Vor seiner Zeit als

Fahnder war Gerhard Behrendt bei einer Firma für Damenoberbekleidung tätig gewesen. Dort hatte er Herta Zowe kennengelernt, die als «Geltungsjüdin» zwangsverpflichtet worden war. Da sie ihre kleine Schwester versorgen musste, war es ihr erlaubt, zu Hause zu arbeiten. Einmal in der Woche brachte sie dann rund 35 Uniformmäntel in die Firma in der Greifswalder Straße. Dort nahm Behrendt die Mäntel entgegen und zahlte den Lohn aus. Als Herta Zowe nach der Fabrikaktion eines Tages verbotenerweise und überdies ohne Stern mit der Straßenbahn fuhr, traf sie auf Gerhard Behrendt. In einem Interview schilderte sie dieses Zusammentreffen: «Also, eines Tages fahre ich in der Straßenbahn. Auf einmal sehe ich Herrn B. Ich sage ‹Ach Herr B. wie geht es ihnen?› Sagt er ‹Sprich mich nicht an, ich rufe Dich an.› Und er verläßt mit einem Mann die Straßenbahn. Den hatte er gefesselt ...»[6]
Tatsächlich meldete er sich später bei ihr. Sie hatte inzwischen begriffen, dass er als Spitzel für die Gestapo arbeitete, und erklärte, nichts mehr mit ihm zu tun haben zu wollen. Er versicherte ihr jedoch, sie und ihre Familie mit allen ihm zur Verfügung stehenden Mitteln schützen zu wollen, damit sie nicht «wegkämen». In der Folgezeit meldete er ihr telefonisch, wenn er von Aktionen der Gestapo gegen Juden wusste. Herta Zowe tauchte dann für einige Zeit unter. Als Gerhard Behrendt sie bei einem Treffen vor einer weiteren Gestapo-Aktion warnen wollte, humpelte er. Salomon – genannt Bulli – Schott, der aus Auschwitz geflohene Verlobte ihrer Freundin Gerda Lewinnek, hatte ihn angeschossen und war geflohen, als Behrendt ihn mit anderen Helfern hatte verhaften wollen. Herta Zowe eilte daraufhin in die Wohnung ihrer Freundin, wo sie von der dort wartenden Gestapo festgenommen wurde. Da man bei ihr zudem einen Brief von ihrem ebenfalls aus Auschwitz entflohenen Freund und späteren Ehemann Max Drimmer fand, nahm man sie trotz der von ihr betonten Bekanntschaft mit Gerhard Behrendt fest und brachte sie in das Sammellager in die Schulstraße.[7] Damit war es Behrendt zwar gelungen, Herta Zowe über eine gewisse Zeitspanne zu schützen, doch haben ausgerechnet seine Informationen schließlich zu ihrer Verhaftung geführt.

Leopold Stargardter scheint sowohl als Fahnder wie auch als Ordner im Sammellager tätig gewesen zu sein. Er ging Denunziationen nach und lieferte in diesem Zusammenhang Illegale ein. Ferner nahm er mit weiteren Fahndern sogar Verhaftungen vor, die weder angeordnet noch erwartet wurden. Der Ordner Fritz Danziger bezeichnete ihn als «Kriecher», der «eine dicke Nummer bei Dobberke hatte». Ein ebenfalls negatives Zeugnis stellte ihm Harry Schnapp aus, der im selben Lager Große Hamburger Straße als Ordner tätig gewesen war. Er zählte ihn zu denjenigen, die versuchten, «unter Außerachtlassung ihrer Würde dem fluchbeladenen Regime mehr zu dienen, als erforderlich gewesen». Doch auch Stargardter warnte einen Verfolgten und rettete ihn dadurch vor der Deportation, wie ihm der nach 1945 als «Opfer des Faschismus» anerkannte Moritz Mandelkern bescheinigte: «Herr Stargardter ist bis zum 22. Dezember 1942 jeden 2. Tag zu mir gekommen und hat mir gesagt, daß ich noch nicht auf der Liste (Schulstr.) stehe. Am 23.12. kam er mir sagen, daß ich nun doch auf der Liste stehe und somit bin ich selbst gerettet worden.»[8]

Unter den Verfolgten war Stella Kübler-Isaaksohn als Fahnderin berüchtigt und gefürchtet. Man nannte sie das «blonde Gift» oder den «Schrecken des Kurfürstendamms». Viele Zeitzeugen berichteten, wie effektiv und skrupellos sie Untergetauchte aufspürte. Allein durch sie sollen über hundert Personen festgenommen worden sein. Stella Kübler-Isaaksohn suchte bewusst öffentliche Orte auf, an denen sie Untergetauchte vermutete. Traf sie allein auf solche, war sie bestrebt, ein weiteres Treffen zu vereinbaren, an dem dann die Festnahme durch Gestapo-Beamte oder andere Fahnder erfolgte. War sie in Begleitung der Fahnder Rolf Isaaksohn und Bruno Goldstein, kam es unmittelbar zur Verhaftung. An Razzien nahm sie ebenfalls teil, wobei die Ausweispapiere von Passanten kontrolliert wurden und die sofortige Verladung auf einen bereitstehenden LKW erfolgte, wenn es sich um Juden handelte.

Trotz ihres Fahndungseifers schützte auch Stella Kübler-Isaaksohn andere Juden. Für ihren ehemaligen Kinderarzt Fritz Gottschalk und dessen Ehefrau Margarete war sie «der gute Stern». Sie warnte beide, sobald ihr bekannt wurde, dass sie abgeholt werden sollten. Auf ein bestimmtes Stichwort hin verließen sie die Wohnung und hielten sich verborgen, so dass sie mit der Gestapo nicht zusammentrafen. Auch Robert Zeiler berichtete, wie er von Stella

Kübler-Isaaksohn am Kurfürstendamm angesprochen wurde. Beide kannten sich noch von früher, und sie gab ihm den Tipp, schnell zu verschwinden, so dass er nicht bei der kurz darauf beginnenden Razzia verhaftet wurde. Stella Kübler-Isaaksohn nutzte damit den ihr offensichtlich zur Verfügung stehenden Handlungsspielraum zu seinen Gunsten.

Wie verschiedene Zeugenaussagen belegen, stellte Kübler-Isaaksohn ihre Fahndungstätigkeiten zum Ende des Jahres 1944 mehr und mehr ein, weshalb ihr Dobberke auch Vorhaltungen gemacht haben soll. Sie hielt sich statt dessen häufig bei Hertha Eichelhardt auf, die später für sich in Anspruch nahm, einen starken Einfluss auf Stella Kübler-Isaaksohn ausgeübt zu haben, so dass diese nicht nur gänzlich auf Fahndungen verzichtete, sondern sogar Informationen an sie weitergab, die zur Rettung von Juden führten. Demnach sei Stella Kübler-Isaaksohn in ihrem Haushalt auf verschiedene Illegale gestoßen, ohne dass diese daraufhin verhaftet worden seien.[9] Dies bestätigte auch der versteckt lebende Konrad Friedländer, der Stella Kübler-Isaaksohn zunächst bei Hertha Eichelhardt begegnete. Allerdings wurde dabei sein Status als «Illegaler» nicht weiter erwähnt. Einige Tage später traf er sie erneut während eines Bombenangriffs im Zoobunker. Bei dieser Gelegenheit wurde er ihr nochmals durch seinen Begleiter, dem ebenfalls illegal lebenden und mit Stella Kübler-Isaaksohn gut bekannten Karl-Heinz Gutkind, vorgestellt. Dieser ließ keinen Zweifel daran, dass es sich auch bei Friedländer um einen Untergetauchten handelte, und er drohte, jeden Fahnder «über den Haufen zu schießen», der versuchen würde, Friedländer oder einen seiner übrigen Freunde festzunehmen. Konrad Friedländer traf mit Stella Kübler-Isaaksohn und ihrem Mann noch öfters zusammen. Dabei wurde er bei einem Treffen von ihnen gebeten, andere Verfolgte zu warnen: «Bemerkenswert ist vor allem ein Treffen, das im November 1944 gelegen haben kann. Bei dieser Gelegenheit traf ich sie an der Ecke Kempinski am Kurfürstendamm. Da kam wieder die Rede auf unsere Lage und daß nun Hoffnung wäre, daß bald alles vorüber sei. Da wurde mir von ihnen erklärt, daß noch Gefahr bestünde. Sie hätten einen Auftrag für einen Juden, der so ähnlich wie Michaelis geheißen hat und in der Fasanenstraße neben dem Kempinskihaus wohnte. Dieser sollte von ihnen abgeholt werden. Sie baten mich nun, diesen Michaelis zu warnen. Ebenso machten sie mich darauf aufmerksam, daß im damaligen Café Heil am Olivaerplatz ein Treffpunkt von untergetaucht lebenden Schicksalsgenossen sei, denen ebenfalls Gefahr drohte. Auch hier baten sie mich, hinzugehen und die Leute in der Form zu warnen, daß ich dem Kellner dort Bescheid sagte. Ich bin sowohl bei Michaelis als auch im Café Heil gewesen. Michaelis ist nichts passiert, über den Kreis von Heil kann ich nichts sagen, nehme aber an, daß der Kellner die Bestellung ausgerichtet haben wird.»[10] Der im Sammellager als Handwerker beschäftigte Alexander Rotholz sagte nach Kriegsende aus, dass Karl-Heinz Gutkind von den Isaaksohns über Monate hinweg geschützt worden sei.[11] Stella Kübler-Isaaksohn zufolge ist Gutkind allerdings später durch den Fahnder Feodor Friedländer in der U-Bahn verhaftet worden.[12]

Bereits sehr früh begann Günther Abrahamsohn mit seiner Tätigkeit als Fahnder. Er recherchierte eigenständig nach Untergetauchten, deren Familienmitgliedern und Bekannten. Dabei bediente er sich sowohl Drohungen als auch Versprechungen. Von ihm ist bekannt, dass er Personen und Wohnungen überwachte und sich gar tagelang in deren Nähe aufhielt, wenn er sich dadurch die Ergreifung eines gesuchten Illegalen versprach. Zusammen mit dem Fahnder Heinz Gottschalk nahm er Verhaftungen vor, wobei es vorkam, dass sie ihre Opfer mit Schusswaffen einschüchterten und in Schach hielten. Günther Abrahamsohn galt allgemein als sehr erfolgreicher Fahnder.

Um so erstaunlicher erscheinen nachfolgende Fälle, in denen er Leute rettete. Er unterstützte die in «privilegierter Mischehe» lebende Jüdin Hertha Flügge, deren Töchter und einen Bekannten. Nach ihrer Schilderung wurde sie im Juni 1943 von der Gestapo in der Burgstraße aus «politischen Gründen» in Haft genommen. Sie kam ins Frauengefängnis Tempelhof und später nach Fehrbellin. In diese Zeit fiel der Besuch ihrer Töchter Margot und Gisela bei Maria Langer in Mahlow bei Berlin. Während sich beide dort befanden, erschienen drei vorgebliche Gestapo-Beamte, die nach zwei versteckt lebenden Juden suchten. Glücklicherweise waren jene zu diesem Zeitpunkt nicht anwesend, doch wollte man nun Hertha Flügges Töchter mitnehmen. Maria Langer gelang es jedoch, auf die Fahnder einzuwirken, so dass diese darauf verzichteten. Zwei Fahnder blieben sogar und ließen sich von ihr bewirten. Einer davon war Abrahamsohn. Beim Abschied gab er den Töchtern noch seine Telefonnummer und bot an, ihnen im Notfall zu helfen. Im September 1943 wurde Hertha Flügge aus der Haft entlassen. Nachdem sie von Abrahamsohn vor einer erneuten Verhaftung gewarnt wurde, ging sie nach Friedebergschbruch/Neumark. Dort lebte sie mit einem alten Freund der Familie, Dr. Ernst Coenning, als dessen Ehefrau sie sich ausgab. Als nach einem weiteren Ortswechsel diese Tarnung aufflog und ihre Verhaftung drohte, flohen beide im November 1944 zurück nach Berlin. Inzwischen wurde auch Ernst Coenning gesucht, da er sich nicht zum Volkssturm eingefunden hatte. Sie wandten sich nun an Abrahamsohn, dem sie ihre Lage schilderten. Dieser besorgte ihnen nach etwa 14 Tagen zwei Ausweise des Oberkommandos der Wehrmacht, die sie als Dr. Brettschneider und seine Sekretärin Renate Hübner auswiesen. Mit Hilfe dieser Ausweise gelangten sie in den Harz nach Blankenburg, wo sie das Kriegsende erlebten. Als Folge der Fahndung nach Hertha Flügge hatte ihre Tochter Margot eine Ladung zur Gestapo erhalten. Abrahamsohn schritt auch hier ein und verhinderte ihre Festnahme.[13]

An verschiedenen Hilfeleistungen Abrahamsohns für Verfolgte wirkte der nichtjüdische Kaufmann Werner Gerth mit. Dieser lebte mit seiner jüdischen Ehefrau Harriet in «Mischehe» und unterstützte deren jüdische Kusine Marion Eisenstädt, nachdem diese von ihren Eltern getrennt allein in Berlin zurückblieb. Werner Gerth gab an, Marion Eisenstädt falsche Papiere besorgt zu haben, welche sie als eine «Arierin» namens Eichler auswiesen. Etwa ein halbes Jahr danach, im Sommer 1944, wurde sie jedoch festgenommen, in die Schulstraße eingeliefert und in den dortigen Bunker gesperrt. Auf ihr Bitten gingen Abrahamsohn und Gottschalk zu Gerth, um Lebensmittel für sie zu besorgen. Von nun an standen die Männer im Austausch miteinander. Wie Werner Gerth berichtete, gelang es Abrahamsohn in der Folgezeit, Marion Eisenstädt im Jüdischen Krankenhaus unterzubringen, so dass sie zunächst von den Transporten zurückgestellt war. Während einer Kontrolle im Krankenhaus wurde sie jedoch von dem SS-Oberscharführer Schwöbel, der sie ursprünglich verhaftet hatte, wiedererkannt. Dieser wollte Marion Eisenstädt nun mit dem nächsten Transport nach Auschwitz deportieren lassen. Abrahamsohn gelang es allerdings mittels Bestechung, stattdessen ihre Deportation nach Theresienstadt zu erwirken. Noch im Jahre 1944 erhielt Werner Gerth dann durch einen Vorarbeiter aus Christianstadt/Schlesien die Nachricht, dass Marion Eisenstädt im dortigen Rüstungsbetrieb zu Zwangsarbeiten herangezogen wurde. Gerth benachrichtigte Abrahamsohn, der sich daraufhin erbot, sie zu befreien. Marion Eisenstädt selbst berichtete Werner Gerth später, Abrahamsohn und Gottschalk tatsächlich am Lagerzaun gesehen zu haben, wie sie versucht hätten, ein Loch hinein zu schneiden. Dieser Fluchtversuch missglückte jedoch. Im Februar 1945 gelang ihr indes zusammen mit Alice Licht die Flucht nach Berlin. Werner Gerth brachte sie, zunächst für zehn Tage, in der Privatwohnung des Unternehmers Gerd Ramm unter. Sie erhielt von Abrahamsohn falsche Papiere, die sie als Flüchtling aus Schlesien auswiesen, und begab sich, durch die einsetzenden Flüchtlingsströme geschützt, nach Bayern. Nach 1945 wanderte sie in die USA aus.[14]

Der Bürstenfabrikant Otto Weidt, der von Abrahamsohn in Zusammenhang mit der Flucht von Marion Eisenstädt und Alice Licht als Zeuge angeführt wurde, entrüstete sich in einer Befragung jedoch über die Behauptung Abrahamsohns, er habe mit diesem zusammen die zweite Flucht geplant. Weidt betonte, dass beide Frauen aus eigener Kraft entkommen seien. Abrahamsohn selbst sei ihm nur als Fahnder bekannt und habe am 15. Oktober 1943 die Ehefrau einer seiner illegalen Angestellten, Frau Rosa Cohn, verhaftet.[15]

Dessen ungeachtet bezeugte Werner Gerth rund fünf Fälle, in denen er von Abrahamsohn Adressen versteckt lebender Juden erhalten hatte und die er vor einer bevorstehenden Abholung warnen sollte. Einer von ihnen war Kurt Loewenthal, der sich seit dem Tod seiner «arischen» Ehefrau am 9. Oktober 1943 illegal in Berlin aufhielt. Dieser berichtete über Gerths Hilfe: «Ich lebte 1944 illegal. Um meine finanzielle Notlage zu bestreiten, arbeitete ich bei einer Garage in Halensee unter dem Namen Lorenz. Es muß im Herbst 1944 gewesen sein, als eines Tages ein Herr mich herausrief und mir auf den Kopf zusagte, ich sei Loewenthal und Jude. Da ich keine anderen Ausweispapiere hatte, gab ich zu, diese Person zu sein. Der Herr sagte mir, ich solle innerhalb von 5 Minuten verschwinden. Er gab mir seine Adresse, ich könne in ca. einer Woche bei ihm vorsprechen. Er könne mir im Moment keine nähere Auskunft geben. Der Herr, der mich warnte, war, wie ich aus der Adresse sah, Herr Gerth. Herr Gerth war mir in keiner Weise bekannt. Ich bin sofort weggegangen und auch nicht in den nächsten Tagen zurückgekehrt. Nach einer Woche habe ich Herrn Gerth in seiner Wohnung aufgesucht.»[16] Dort wurde er dahingehend informiert, dass die Warnung von zwei «Halbjuden» ausgegangen sei, die für die Gestapo arbeiteten und Fahndungsdienste leisteten, aber moralische Bedenken hätten.

Auch Heinz Jacobius erfuhr Unterstützung durch Günther Abrahamsohn und Heinz Gottschalk. Bereits Ende des Jahres 1940 in Berlin untergetaucht, wurde er durch Gerd Ramm unterstützt und zeitweise versteckt. Die beiden Fahnder lernte er bei der Familie Gerth kennen, als man darüber beriet, wie Leute gewarnt werden sollten. «Am 17. November 1944 wurde ich von der Kriminalpolizei verhaftet und zum Zoo gebracht. Von dort wurde ich von Herrn Abrahamsohn und Herrn Gottschalk abgeholt, um zur Schulstraße gebracht zu werden. Am Zoo wurden mir Handschellen angelegt, die mir draußen aber sofort abgenommen wurden. Herr Abrahamsohn ging erst mit mir essen und brachte mich abends erst zur Schulstr. Kurz vor Erreichen der Schulstr. wurden mir die Handschellen wieder angelegt. Unterwegs erklärten mir Abrahamsohn und Gottschalk, ich sei Mischling und würde als Mischling ins Lager eingeliefert. Ich bin in Wirklichkeit, wie auch beide wußten, Volljude. Ich habe vorher 4 Jahre illegal gelebt. Dieses war auch beiden bekannt. Da ich als Mischling eingeliefert wurde, wurde ich für den Transport nach Theresienstadt bestimmt. Abrahamsohn hat es verstanden, zu verhindern, daß ich vernommen wurde. Ich bin überhaupt nicht vernommen worden. Meinen Abtransport konnte Herr Abrahamsohn nicht verhindern. Als der Zug, womit wir abtransportiert werden sollten, bereit stand, sind

Herr Abrahamsohn und Gottschalk, angeblich als Gestapobeamte, in den Zug hineingegangen, um ihn zu kontrollieren. Sie haben bei der Gelegenheit das Fenster geöffnet, aufgeschraubt, so daß ich Gelegenheit haben sollte, zu fliehen. Außerdem hat Herr Abrahamsohn mir vorher ins Lager Watte, Trainingsanzug, Verbandszeug und einen Mantel gebracht, weil ich ja abspringen wollte. Leider ist die Sache verraten worden, so daß ich nur immer unter Kontrolle zur Toilette gehen durfte und eine Flucht nicht möglich war.»[17]

Ähnlich ging Abrahamsohn im Fall Karl-Heinz Gutkind vor. Auch diesem wollte er die Flucht aus dem Zug nach Theresienstadt ermöglichen. Die im Jüdischen Krankenhaus beschäftigte Stationsschwester Margrete Roesnick hatte zu diesem Zweck von Abrahamsohn Papiere und Fahrscheine für Gutkind erhalten. Sie stopfte zudem dessen Hose in Kniehöhe für den Sprung aus.[18] Über den Verlauf des Fluchtversuchs selbst liegen keine weiteren Aussagen vor. Am 13. Oktober 1944 erfolgte jedoch Gutkinds Deportation nach Theresienstadt. Später wurde er nach Auschwitz überstellt, wo er ermordet wurde.

Einen weiteren Rettungsversuch bezeugte Martha Gerichter. Demzufolge begab sich Abrahamsohn im November 1944 mit einem anderen Fahnder zu ihr. Er hatte den Auftrag, ihre jüdische Pflegetochter Eva Gerichter zu verhaften. Statt diese jedoch mitzunehmen, kam er mit der aufgebrachten Mutter überein, sie zu verstecken. In einem Telefonat mit der Gestapo gibt er vor, Eva Gerichter nicht angetroffen zu haben, so dass für ihre Abholung kein Wagen benötigt würde. In seinem Bericht an die Lagerleitung schrieb er, dass die Zeugin fortgelaufen sei.[19] Eine Unterkunft für Eva Gerichter wurde nach einigen Zwischenquartieren bei Ursula Reuber in Dahlem gefunden. Letztere kannte Abrahamsohn noch von ihrer eigenen Inhaftierung im Sammellager in der Großen Hamburger Straße, wo sie als «Mischling» wegen angeblicher «Judenbegünstigung» sechs Monate festgehalten worden war. Die Journalistin Ruth Andreas-Friedrich gibt in ihren Tagebuchaufzeichnungen wieder, was Ursula Reuber am 10. März 1945 im Kreis der Gruppe «Onkel Emil» von dieser Unterbringung berichtete: «Ich habe Einquartierung bekommen. Eva Gerichter. Mischling – wie ich. Sie sollte nach Theresienstadt, weil sie ihres jüdischen Glaubens wegen zu den Geltungsjuden zählt. Da hab' ich sie aufgenommen. Als U-Boot in der Ihnestraße. Unangemeldet. Ihr versteht!»[20] Abrahamsohn hat nach eigenem Bekunden öfters erfolgreich mit Ursula Reuber zusammengearbeitet, um Unterkünfte für untergetauchte Juden zu finden, denn «ein großer Teil meiner Bemühungen wäre jedoch fehlgeschlagen, wenn nicht eine Frau gewesen wäre, die es durch schonungslosen Einsatz ihrer Person immer wieder unternommen hätte, für Unterkunftsmöglichkeiten unserer Leute zu sorgen und an schwierigsten Unternehmungen mitarbeitete. Ursula Reuber.»[21]

Auch Ruth Andreas-Friedrich bestätigte in ihren Aufzeichnungen, dass Ursula Reuber Verbindungen zu einem jüdischen Gestapo-Angestellten unterhalten habe, der u.a. einwilligte, sie zu unterrichten, wenn etwas gegen die in «Mischehe» lebenden Juden unternommen werden sollte. Zudem habe er versprochen, sie anzurufen, sollte er Befehl erhalten, einen Juden abzuholen. Er würde sich auf dem Weg viel Zeit lassen, so dass Ursula Reuber in der Zwischenzeit die entsprechende Person warnen könne. Am 21. März 1945 fanden die Bemühungen um Eva Gerichter ein tragisches Ende, als beide Frauen in Ursula Reubers Wohnung in Dahlem durch einen Bombeneinschlag ums Leben kamen.

Von Warnungen durch Günther Abrahamsohn berichtete auch Konrad Friedländer, der sich als jüdischer «Mischling» bedroht fühlte und bereits ab Februar 1942 versteckte. Der Inhaber der Firma, bei der er zwangsverpflichtet war, hatte die jüdischen Angestellten vor einer Razzia in seinem Betrieb gewarnt und angeboten, sie zu verbergen oder an Bekannte zu vermitteln. Konrad Friedländer nahm dieses Angebot an und wurde seitdem von Gerd Ramm versteckt. Bei einer Frau Steiner lernte er Ende 1943 Günther Abrahamsohn kennen. Dieser wusste, dass Konrad Friedländer illegal lebte und kannte seine Adresse. Er ging jedoch niemals gegen ihn vor, sondern warnte ihn stattdessen, wenn Gefahr drohte, so dass er die Zeit bis zur Befreiung überstand, ohne verhaftet zu werden. Laut Konrad Friedländer hat Abrahamsohn zudem sämtliche Akten einer Familie Kaiser aus dem Sammellager in der Schulstraße verschwinden lassen.[22]

Weitere Warnungen bezeugte der namensgleiche, aber nicht mit ihm verwandte praktische Arzt und Geburtshelfer Dr. Hermann Abrahamsohn. Bei diesem wurde Günther Abrahamsohn im Jahre 1942 durch das Wohnungsamt Berlin-Mitte als Untermieter eingewiesen. Nachdem der Arzt von Abrahamsohns Tätigkeit als Fahnder erfuhr, hielt er öfters in dessen Zimmer Umschau, wo er auch tatsächlich Akten über festzunehmende Personen fand. Anhand dieser Unterlagen war es ihm dann möglich, einige dieser versteckt lebenden Juden persönlich zu warnen. Später willigte Günther Abrahamsohn nach Vorhaltungen und Bitten von Dr. Hermann Abrahamsohn ein, selbst Verfolgte zu warnen, so dass diese untertauchen konnten.[23]

Hilfe durch Günther Abrahamsohn erfuhr nach eigenen Angaben auch Erik Blumenfeld. Dieser war vom 10. Januar bis zum 15. April 1945 im Lager Schulstraße inhaftiert. Über die Krankenschwester Margarete Herz kam er mit Abrahamsohn in Verbindung, dem er sich anvertraute, obschon er ihm als Fahnder bekannt war: «Er wußte, daß ich Fluchtabsichten hatte. Abrahamsohn war mir in der Folge behilflich in der Herstellung von Verbindung mit meiner Familie und meinen Freunden durch Zustellung von Briefen und Mitteilungen sowie Besprechungen mit meinen Freunden und Familienangehörigen. Weiterhin beschaffte mir Abrahamsohn einen gefälschten Personalausweis, der mir durch eine andere Person, deren Namen ich nicht mehr weiß, ausgehändigt wurde, da Abrahamsohn zu diesem Zeitpunkt selber von der Gestapo in Haft gesetzt war. Abrahamsohn war in die Vielzahl verschiedener Fluchtpläne meinerseits voll eingeweiht und wäre, wenn diese zur Durchführung gelangt wären, dann aktiv beteiligt gewesen.»[24]

Ein erster Fluchtversuch misslang ihm, doch entkam ein Mithäftling namens Benno Karminski, der im folgenden von Abrahamsohn gedeckt wurde, denn dieser war über Karminskis Fluchtort informiert gewesen. Auch Erik Blumenfeld verließ einige Tage nach Abrahamsohns eigener Festnahme das Lager. Dies wurde ihm sowohl durch die von Abrahamsohn organisierten Papiere, als auch durch dessen Stillschweigen gegenüber der Lagerleitung ermöglicht. Abrahamsohn erklärte dazu, dass es ihm gelungen sei, «jegliche Verbindung mit Erik Blumenfeld abzustreiten. Er erhielt darauf zwei Tage später seinen Passierschein und kam nicht mehr ins Sammellager zurück.»[25]

Aus Berichten und Aussagen zu den einzelnen Fahndern ist ersichtlich, dass die Motive für Hilfeleistungen vielfältig gewesen sind. So gab etwa Günther Abrahamsohn an, sich auf die Fahndungstätigkeit nur eingelassen zu haben, um in einem «Doppelspiel» für die Verfolgten zu arbeiten. Demgegenüber steht die kritische Bemerkung von Alexander Rotholz, der bezweifelte, dass Abrahamsohn ohne Gegenleistungen geholfen habe: «Wenn er sich heute zu seiner Entlastung darauf beruft, gelegentlich auch Juden behilflich gewesen zu sein, so soll ihm das gar nicht bestritten werden. Das war Art aller Fahnder, selbst der berüchtigsten Stella Kübler und des Rolf Isaaksohn ... Wenn Abrahamsohn Juden beschützt hat, dann nur in solchen Fällen, in denen er vielleicht gewisse persönliche Vorteile hatte. Leider sind von den evakuierten Juden, die auch Abrahamsohn auf dem Gewissen hat, kaum ein Prozent zurückgekehrt, die Aussagen gegen ihn hätten machen können.»[26]

Unstreitig gab es Fahnder, die anboten, gegen Bezahlung zu helfen. Der illegal lebende Eli Wachtel wurde Ende Mai 1944 von zwei Fahndern verhaftet. Dabei wurden ihm sämtliche Wertsachen noch vor Einlieferung in das Sammellager abgenommen. Später folgte eine Haussuchung, wobei ebenfalls eine große Summe Bargeld gefunden und einbehalten wurde. In beiden Fällen soll derselbe Fahnder federführend gewesen sein, und es ist anzunehmen, dass das Geld niemals im Lager abgegeben wurde. Doch selbst nach seiner Inhaftierung trat dieser Fahnder nochmals an Eli Wachtel heran, «nachdem er mich ausgehorcht hatte, ob ich noch über Werte und Barmittel verfüge, und er hatte es mir in Aussicht gestellt, durch ihn, gegen Zahlung von 5000 RM, aus den Klauen der Gestapo befreit zu werden. In Ermangelung von Mitteln konnte ich diesem Anerbieten nicht näher treten.»[27]

Neben materiellen Beweggründen gab es jedoch auch andere Motive. Im Fall Behrendt, der Herta Zowe zu schützen versuchte, erfolgte beispielsweise keine finanzielle Entlohnung. Er half, da er sie von früher kannte und ihr wohl persönlich zugetan war. Ähnlich motiviert dürfte Stella Kübler-Isaaksohn gewesen sein, als sie ihren ehemaligen Kinderarzt und dessen Frau regelmäßig warnte. Bei Robert Zeiler mag das frühere Verhältnis zu ihm und eine bestehende Sympathie ausschlaggebend für ihr Verhalten gewesen sein. Günther Abrahamsohn half zudem Personen, die ihm völlig fremd waren. In keinem der bekannten Fälle wurde er dafür finanziell oder in irgendeiner anderen direkten Form entlohnt. So unterstrich Hertha Flügge, dass Abrahamsohn niemals mit Forderungen an sie herangetreten sei und völlig uneigennützig gehandelt habe. Auch hätte keine persönliche Beziehung zwischen ihm und einer ihrer Töchter bestanden, die für seine Hilfe ausschlaggebend gewesen sein könnte. Entsprechend erklärte Heinz Jacobius, dass ihm Abrahamsohn und Gottschalk nur flüchtig über die Familie Gerth bekannt waren und ein freundschaftliches Verhältnis nicht bestand. Kurt Loewenthal, der weder Gottschalk noch Abrahamsohn vorher kannte, gab an: «Aus welchen Beweggründen man mich gewarnt hat, weiß ich nicht. Ein materielles Interesse konnte auch nicht vorliegen, denn ich besaß damals nichts. Mir wurde auch ausdrücklich gesagt, daß die Warnung nur aus rein menschlichen Überlegungen geschehen war.»[28]

Entschieden kritisch gegenüber der humanen Motivation und Haltung Abrahamsohns äußerte sich hingegen Iwan Katz: «Abrahamsohn tat das aber nicht aus allgemein anständiger Gesinnung heraus, sondern weil er als sehr intelligenter Mensch nach der Niederlage von Stalingrad – gerade um diese Zeit war ich im Sammellager gefangen – den Zusammenbruch des Naziregimes mit voller Sicherheit voraussah und sich für den Fall eines Umschwungs durch sein Verhalten zu mir als dem früheren Reichstagsabgeordneten der KPD ein Alibi sichern wollte. Das machten die übrigen Gestapo-Agenten und auch die SS-Angehörigen mir gegenüber genau so und teilweise noch bewußter und ungeschminkter. (Sie werden doch später aussagen können, lieber Katz, daß ich immer anständig Ihnen gegenüber war.) Und zum anderen tat man das gleiche auch gegenüber anderen früher prominenten Häftlingen ... Das anständige Verhalten Abrahamsohns mir gegenüber ist also auf unanständige Motive zurückzuführen.»[29]

Zweifelsohne gab es unter den Fahndern Personen, die sich mit den Verfolgern identifizierten und ihre Position allein zum eigenen Vorteil nutzten. Auch mag der von der Gestapo ausgeübte Druck dazu geführt haben, dass «kriminelle» Charaktere eher einwilligten, sich in diesem Bereich als Spitzel zu betätigen, doch kann genauso der Wunsch, die eigene Familie schützen zu wollen, ausschlaggebend gewesen sein.

Über die Motive der Fahnder, Verfolgten zu helfen, lassen sich letztlich nur Vermutungen anstellen. Die Hilfeleistungen mögen aus einer inneren Zerrissenheit erfolgt sein, denn schließlich gehörten Fahnder selbst zum Personenkreis der Verfolgten. Sie arbeiteten aus ihrer Notlage heraus für die Gestapo, nämlich um sich selbst und eventuell ihre Familien vor der Deportation zu schützen. Der Widerspruch, zugleich Verfolger und Verfolgter zu sein, war sicherlich in jedem Fahnder unterschiedlich ausgeprägt. Je mehr sich ein Fahnder als Verfolgter empfand, um so größer dürfte auch seine Bereitschaft gewesen sein, anderen Verfolgten zu helfen. Doch war dies auch eine Frage der persönlichen Möglichkeiten und Fähigkeiten. Es gehörte Intelligenz und Mut dazu, sich gegen die vom Terror-System zugewiesene Rolle zu wenden, und die Fahnder gingen ein hohes persönliches Risiko ein, wenn sie halfen. Wurden sie gefasst, war ihre eigene Deportation nach Auschwitz vorgegeben. Abrahamsohn sollte sogar in Berlin exekutiert werden. Allein dem Einlenken des Lagerleiters Dobberke, der in Anbetracht des verlorenen Krieges nicht mehr willens war, diesem Befehl nachzukommen, hatte Abrahamsohn es zu verdanken, dass er überlebte.[30] Jüdische Fahnder waren damit weit mehr und direkter gefährdet als nichtjüdische Retter, wenn sie andere Juden unterstützten.

ZIVILCOURAGE UND HELDENMUT.
VOM RISIKO DER HELFER

Frank Görlich

Der Druckereibesitzer Theodor Görner

Helfer aus antifaschistischer Gesinnung

Der Berliner Druckunternehmer Theodor Görner fertigte ein Jahr nach Kriegsende eine Liste von 84 Personen jüdischer Herkunft an, mit denen er während der nationalsozialistischen Diktatur in «persönlicher Fühlung» stand, und die er «mehr oder weniger betreute». In einem Nachtrag nannte er 1947 weitere 24 Personen, die er auf verschiedene Art unterstützt hatte, darunter 22 polnische Zwangsarbeiterinnen.[1] «Meine Hilfen bewegten sich», erläuterte Görner 20 Jahre später, «von mehrfachen Lieferungen von Eiern für zwei kleine Kinder bis zur Ummauerung einer Holzlaube, die für die beiden Einwohner dadurch winterfester wurde». Damit wollte Görner wohl der Tatsache Ausdruck verleihen, dass er den Verfolgten auf jede erdenkliche Weise Hilfe geleistet hatte. Das Spektrum seiner Unterstützungsleistungen war mit dieser Umschreibung freilich bei weitem nicht abgedeckt. Dennoch hat nur ein kleiner Teil seiner Schützlinge unter den verschiedensten Umständen die nationalsozialistische Diktatur überlebt, insgesamt 22 Personen. So meinte Görner rückblickend, er habe «viel Tränen und Verzweiflung gesehen, ohne wesentlich helfen zu können.»[2]

Im Ostteil Berlins, wo sich die Ereignisse größtenteils abgespielt hatten, blieben sie nach 1945 lange Zeit annähernd unbeachtet, obwohl Görners Engagement nicht wenig mit seiner sozialistischen Überzeugung zu tun hatte. Erste Aufmerksamkeit fand der Fall in Westberlin, wohin der Unternehmer Ende der 50er-Jahre gezogen war. Auf Vorschlag seiner Tochter Johanna Nörper wurde er 1959 dort als «Unbesungener Held» geehrt.[3] 1967 wurde er von der israelischen Gedenkstätte Yad Vashem als einer der ersten Deutschen dann auch mit dem Titel «Gerechter unter den

Völkern» ausgezeichnet. Die Initiative dazu war von der Schriftstellerin Inge Deutschkron ausgegangen, deren Mutter von Görner unterstützt worden war. Mit der Erwähnung des Druckereibesitzers in ihrem Buch «Ich trug den gelben Stern» machte sie 1978 eine breitere Öffentlichkeit auf den Retter aufmerksam.[4] Zwei Jahrzehnte später wurde Görners Geschichte dann von einer Gruppe von Schülerinnen wieder aufgegriffen und im Rahmen des Geschichtswettbewerbes des Bundespräsidenten zum Gegenstand einer Darstellung gemacht.[5] Theodor Görner selbst hat zu seinen Erlebnissen und Handlungen während der NS-Diktatur wenig mitgeteilt. Sie seien «keine Gesprächsthemen» gewesen, so Görner 1967 an Inge Deutschkron, und er habe darüber – von der erwähnten Liste abgesehen, die auch Angaben zum Schicksal der Verfolgten enthielt – «genau so wenig geschrieben wie über die gleichen Ursachen der Jahre 1914–1918». Der Bezug zum Ersten Weltkrieg war wohl nicht zufällig gewählt, denn er brachte für Theodor Görner wie für viele Zeitgenossen einschneidende Erfahrungen mit sich. Entscheidende Prägungen hatte er aber schon vor 1914 erfahren.

Am 10. Dezember 1884 wurde Theodor Görner als neuntes von zwölf Kindern in Leipzig geboren. Er wuchs in einer evangelisch-lutherischen Familie auf, in der großer Wert auf Bildung und berufliches Fortkommen gelegt wurde. Der Vater war leitender Polizeioffizier und die Mutter betrieb eine Gaststätte im Leipziger Buchdruckerviertel. So kam es, dass nicht nur seine Schwestern allesamt Männer aus dem Druckermilieu heirateten, sondern er selbst das Drucker- und Setzerhandwerk erlernte, zumal der Besuch einer höheren Schule nicht bezahlt werden konnte. Einen Nebenverdienst erzielte der junge Mann als Tanzmusiker, da er mehrere Instrumente beherrschte. Seine Fremdsprachenkenntnisse kamen ihm nach der Lehre schließlich zugute, als er als Monteur bei einem Druckmaschinenhersteller regelmäßig nach Holland, Belgien und Frankreich geschickt wurde, um dort Maschinen aufzustellen und in Betrieb zu nehmen. Mit zwanzig zog Görner nach Berlin. Arbeit fand er in der boomenden Friedrichsstadt, dem Presseviertel rund um die Kreuzberger Kochstraße – zunächst bei Ullstein, einem der drei führenden Verlage der Millionenstadt, als

Maschinenmeister dann bei Trowitz & Sohn. In Berlin lernte der Facharbeiter auch seine zukünftige Ehefrau kennen, die 1887 in der Lausitz geborene Minna Reif. Im Jahre 1911 heirateten die beiden, und zwei Jahre später wurde ihr einziges Kind, die Tochter Johanna, geboren. Die Familie war fest im sozialdemokratischen Milieu verwurzelt. Noch in Leipzig war Theodor Görner der SPD beigetreten, und in der Reichshauptstadt soll er Zugang zu führenden Parteikreisen gefunden haben. Aus der Kirche waren er und seine Frau ausgetreten. Görner verstand sich als Atheist, was ihn freilich nicht hinderte, auch später immer wieder auf seine ausgezeichneten Bibelkenntnisse zurückzugreifen. 1914 bezogen die Görners eine Wohnung der Baugenossenschaft «Ideal» im Vorort Britz. Dort war eine Modellsiedlung mit dem Ziel gegründet worden, für Arbeiter und Angestellte gesunde und komfortable Wohnverhältnisse zu schaffen. Der Genossenschaftsgedanke fand seinen Niederschlag auch in zahlreichen gemeinsamen Aktivitäten von politischer Betätigung bis hin zu gemeinsamer Kinderbetreuung.

Es waren die Vorstellungen und Werte der Arbeiterbewegung von Gleichheit und Gerechtigkeit, Solidarität und Internationalismus, die Theodor Görner für sein gesamtes Leben prägten. Dabei scheint er sich schon früh der antimilitaristischen Opposition innerhalb der SPD zugehörig gefühlt zu haben, die den Kriegseintritt Deutschlands im Jahre 1914 und den «Burgfrieden» im Inneren vehement ablehnte. Görner verweigerte den Dienst an der Waffe und musste sich dafür vor einem Kriegsgericht verantworten. Er wurde zu Schanzarbeiten an der Ostfront herangezogen, von denen er mit derart schweren Erfrierungen nach Berlin zurückkehrte, dass er zeit seines Lebens an einer Gehbehinderung litt. In der Folgezeit intensivierte Görner sein politisches Engagement, veröffentlichte Artikel in Gewerkschaftszeitungen und trat der 1917 von der Mutterpartei abgespaltenen Unabhängigen Sozialdemokratie bei. Zusammen mit einem weiteren Funktionär der USPD wurde er im Zuge der Novemberrevolution 1918 zum Volksbeauftragten des Arbeiter- und Soldatenrates seiner Gemeinde gewählt und bevollmächtigt, «in Berlin-Britz die Kontrolle der gesamten Verwaltungen auszuüben».[6] Jedoch bereitete die von Teilen der Armee und den Freikorps entfachte antibolschewistische Pogromstimmung Görners politischer Karriere ein jähes Ende, bevor sie recht begonnen hatte. Im Familiengedächtnis ist die Erinnerung an eine brutale Hausdurchsuchung haften geblieben, und daran, dass Görner im Rathaus Britz festgenommen und schwer misshandelt wurde. Vielleicht war er Anfang Januar 1919 am «Spartakusaufstand» beteiligt, bei dem das Presseviertel in der Friedrichsstadt im Mittelpunkt bürgerkriegsähnlicher Auseinandersetzungen stand. Belegt ist, dass er den im Zuge der Kämpfe verhafteten Otto Franke unterstützte, einen engen Mitarbeiter Karl Liebknechts und Mitgründer von Spartakusbund und KPD.[7] Dass Görner im Frühjahr 1919 zeitweise selbst inhaftiert war, beweist ein Entlassungsschein aus dem Strafgefängnis Tegel vom 26. März. Seine Verteidigung hatte die Kanzlei von Theodor Liebknecht übernommen.[8] Der Bruder des im Januar ermordeten Karl Liebknecht blieb weiterhin in der USPD aktiv – wie offenbar auch Theodor Görner.

Den Erinnerungen seiner Angehörigen zufolge soll Görner auch am Druck der ersten Ausgabe des Kampfblattes «Rote Fahne» beteiligt gewesen sein. Jedenfalls stellte er seine handwerklichen Fähigkeiten über Jahre in den Dienst der radikalen Linken. So bestätigte ihm der Buchbinder und ehemalige Funktionär der USPD Otto Gäbel, dass er seit 1919 als «technischer Berater mit sehr weitgehenden Befugnissen» bei der Zentrale der KPD tätig war,[9] und aus den Tagen des Kapp-Putsches datiert eine vom damaligen USPD-Vorsitzenden Ernst Däumig unterzeichnete Bevollmächtigung Görners, «im Interesse der Generalstreikführung» Druckaufträge auszuführen und die dafür nötigen Arbeitskräfte zu rekrutieren.[10] Im Jahre 1921 organisierte er Otto Gäbel zufolge dann den Aufbau der Druckerei der Roten Fahne und übernahm zunächst auch deren Leitung. Ende 1922 wandte sich Theodor Görner dann «rein beruflichen Interessen» zu, wie Gäbel weiter berichtete. Offenbar schied er nicht im Zorn, denn seine Leistungen sollen «allseits auch immer anerkannt» worden sein. Dennoch scheint der Rückzug aus der Politik mit enttäuschten Hoffnungen zu tun gehabt zu haben. Im Jahre 1920 hatte sich seine Partei gespalten. Während die linke Mehrheit mit der KPD zusammenging, blieb die Rest-USPD zunächst selbstständig, schloss sich 192 jedoch wieder der SPD an. Zwar existierte unter dem alten Parteinamen eine Splittergruppe weiter, die unter der Führung Theodor Liebknechts vor allem in München noch eine gewisse Rolle spielte, bis sie 1931 in der neugegründeten Sozialistischen Arbeiter Partei (SAP) aufging. Theodor Görner jedoch gehörte zu den nicht wenigen USPD-Anhängern in Berlin, die wenige Jahre nach der Revolution politisch «heimatlos» geworden waren.

Im August 1922 wurde Görner Teilhaber einer Druckerei in der Rosenthaler Straße in Berlin-Mitte, in unmittelbarer Nähe der ersten Parteizentrale der KPD. «Görner-Druck», wie sich die Firma später nannte, befand sich im 1. Hof des heute nicht mehr existierenden Hauses Nr. 26, 4. Etage. Das Haus gehörte der Firma Wertheim, die nebenan ein großes Kaufhaus betrieb. In der Rosenthaler Straße und der ganzen «Spandauer Vorstadt» lebten und arbeiteten vor allem Arbeiter, kleinere Angestellte und Gewerbetreibende, darunter zahlreiche Juden. In der Oranienburger Straße stand die neue Synagoge, das kulturelle Zentrum der Berliner Jüdischen Gemeinde, und in den umliegenden Straßen befanden sich das Krankenhaus, das Altersheim und zahlreiche andere größere und kleinere jüdische Einrichtungen. Östlich der Rosenthaler Straße, im «Scheunenviertel», lebten die meist ärmeren Juden osteuropäischer Herkunft. Jüdisches Leben und jüdische Kultur prägten das Umfeld Theodor Görners wie kaum eine andere Wohngegend Berlins. Görner soll sich auf die jüdische Kundschaft eingestellt haben, indem er seine Maschinen so einrichtete, dass auch hebräische Texte gesetzt werden konnten. Freilich dürfte dies nicht der entscheidende Faktor für den Erfolg der Existenzgründung im Krisenjahr 1923 gewesen sein. Bei ihm wurden farbige Kunstkalender und die Zeitschrift «Die Gartenschönheit» hergestellt, das vielverkaufte «Handbuch der Rationalisierung» und die halbamtliche Steuerschrift «Eildienst». Ein wichtiger Kunde war der frühere USPD-Politiker Otto Brass, der die Laub'sche Verlagsbuchhandlung übernommen hatte und sozialistische Literatur auflegte. Aber auch wenn das Geschäft prosperierte – zeitweise sollen bis zu 60 Menschen beschäftigt worden sein – und Görner einen recht aufwendigen Lebensstil pflegte, fühlte er sich nach wie vor der Arbeiterbewegung zugehörig. Als es dem Unternehmen im Zuge der

Wirtschaftskrise schlechter ging, hielt er an einem festen Stamm von Mitarbeitern fest. Damit mag zusammengehangen haben, dass die Belegschaft sich zu keinem Zeitpunkt gegen ihren Chef wandte, auch als er nach 1933 in Gegensatz zu den Machthabern geriet.

Nach der «Machtergreifung» der Nationalsozialisten war Theodor Görner von politischer Verfolgung zunächst nicht betroffen, obwohl er zuletzt einige Ausgaben der dezidiert antinationalsozialistischen Zeitschrift «Der Gegner» gedruckt hatte, die von dem damals erst 23-jährigen Harro Schulze-Boysen herausgegeben wurde. Der Nationalrevolutionär wurde im April 1933 in ein Konzentrationslager verschleppt und brutal misshandelt; ein jüdischer Redakteur wurde ermordet. Es ist nicht ausgeschlossen, dass sich Görner dem Gegner-Kreis nahe fühlte, der von einem Sympathisanten als «ein Forum rechts und links wegen ihrer Eigenwilligkeit ausgeschalteter Elemente» bezeichnet wurde.[11] Es liegt jedoch kein Hinweis darauf vor, dass er zu einem späteren Zeitpunkt Kontakte zu den Widerstandszirkeln um Schulze-Boysen unterhielt. Dagegen scheint der Drucker schon in der Frühphase des NS-Regimes politisch Verfolgte unterstützt zu haben. Otto Gäbel bescheinigte ihm 1945 wohl nicht nur aus Gefälligkeit, «daß viele Gesinnungsfreunde Dich um Rat, Hilfe und Arbeitsmöglichkeit gebeten haben, und jeder, der zu Dir kam, konnte auf Hilfe rechnen.» Dabei war der ökonomische Spielraum für solche «Bekenntnisse der Tat» zunächst nicht allzu groß, auch wenn Theodor Görner mittlerweile Alleininhaber der Druckerei war. Nachdem 1932 bereits ein Konkursverfahren gegen ihn eingeleitet worden war, bedeutete die Beschlagnahme des Verlags von Otto Brass im Jahre 1933 und der Wegfall von Gewerkschaftsaufträgen beinahe das Aus für den Drucker. Erst Mitte der dreißiger Jahre konsolidierte sich die Firma wieder, nicht zuletzt aufgrund Görners technischem Erfindungsgeist. Besonders erfolgversprechend war die Möglichkeit, Stoffe zu bedrucken, die «Görner-Druck» neue Aufträge einbrachte, etwa die Produktion von Fahnen und Tischwimpeln für die Olympischen Spiele. Das war auch die Voraussetzung dafür, dass das Unternehmen seit 1939/40 Wehrmachtsaufträge erhielt und den Status der «Kriegswichtigkeit» erlangte.

Für das Olympiajahr 1936 verfügen wir auch über den ersten konkreten Hinweis auf die Unterstützung eines Verfolgten. Es handelte sich um den ehemaligen KPD-Funktionär Jacob Schlör, der nach längerer Haft im Konzentrationslager Lichtenburg und anschließender Erwerbslosigkeit bei Görner als Korrektor Beschäftigung fand.[12] Der gelernte Kellner hatte Anfang der 20er-Jahre den Aufbau der «Roten Hilfe Deutschlands» geleitet und der von prominenten Wissenschaftlern und Künstlern unterstützten Hilfsorganisation für politische Gefangene der Arbeiterbewegung später auch als Generalsekretär vorgestanden. Als er 1929 als «Rechtsabweichler» aus der KPD ausgeschlossen und aus seinem Amt bei der Roten Hilfe gedrängt worden war, übernahm er die Führung der ähnlich arbeitenden «Internationalen Hilfsvereinigung» (IHV) und trat der dissidenten Kommunistischen Partei-Opposition (KPO) bei. Nach einer Schutzhaft im Jahre 1933 wurde er 1934 zusammen mit seiner Ehefrau und einer Reihe anderer Genossen erneut inhaftiert; vor Gericht konnte ihm eine hochverräterische Tätigkeit jedoch nicht nachgewiesen werden. Die Stelle bei «Görner-Druck» bot Schlör ein sicheres Einkommen und eine geschützte Atmosphäre, denn sein Arbeitgeber war ein erklärter Gegner der Nazis «und brachte das», wie Schlör 1946 hervorhob, «auch immer wieder zum Ausdruck, sodass die Belegschaft und alle Geschäftsfreunde darüber unterrichtet waren». Den «Hitler-Gruß» habe Görner nie angewandt oder auch nur beantwortet, Sammlungen der Deutschen Arbeitsfront oder der Nationalsozialistischen Volkswohlfahrt habe er nicht zugelassen, und im Büro seien Kunden und Vertreter «im antifaschistischen Sinne bearbeitet» worden. Ähnlich äußerte sich auch Görners Sekretärin Ilse Lewin, die nach den Nürnberger Gesetzen als «Mischling» galt: «Der gesamte Betrieb war antifaschistisch eingestellt infolge der Haltung des Herrn Görner».[13] Letztere war offenbar auch den NS-Behörden nicht verborgen geblieben. Schon Ende 1935 war der Drucker nach einer Denunziation durch einige SS-Männer wegen «staatsfeindlicher Einstellung und Heimtücke» einmal vorübergehend festgenommen worden. Obwohl man einen «politischen Bericht» anlegte, scheint die Sache für Görner keine größeren Folgen gehabt zu haben.[14]

Im Jahre 1937 wurde sein Mitarbeiter Jacob Schlör im Zuge einer letzten großen Verhaftungswelle gegen die illegale KPO dann wieder zeitweise in Schutzhaft genommen. Zusammen mit seiner Ehefrau schloss sich Schlör danach dem Oppositionskreis um Karl Baier an, einem langjährigen Weggefährten, der als führendes Mitglied der SAP seit Mitte 1933 ununterbrochen in Haft gewesen war. Baier, einst einer der Anführer der Matrosenrevolte im Ersten Weltkrieg, hatte hohe Ämter in der Roten Hilfe bekleidet, bevor er wie Schlör 1929 aus der KPD ausgeschlossen und in der IHV aktiv wurde. In seiner Wohnung kamen führende KPD-Mitglieder zu politischen Aussprachen zusammen, darunter der frühere Sekretär der Reichstagsfraktion Franz Demuth sowie Otto Marquard und Georg Dünninghaus, zwei Funktionäre der «Internationalen Arbeiterhilfe» der KPD, die bis 1933 vor allem mit der Versorgung notleidender Arbeiterfamilien beschäftigt war. Bei der illegalen Arbeit ging es zunächst wohl um die Unterstützung von bedrängten Nazi-Gegnern – darunter auch solchen jüdischer Herkunft – mit Geld, Lebensmitteln und Papieren. Von Karl Baier ist bekannt, dass er darüber hinaus jüdische Familien aus seiner Nachbarschaft im Stadtteil Prenzlauer Berg unterstützte.

Sehr wahrscheinlich standen Karl Baier und Theodor Görner in persönlichem Kontakt. Um Lebensunterhalt und illegale Tätigkeit miteinander verbinden zu können, hatte Baier einen Kleinwagen erworben und handelte mit Kaffee und Schokolade, die er vielleicht von Franz Demuth bezog, der ebenfalls in das Geschäft eingestiegen war. Baier belieferte seine Kunden sowohl mit den Genussmitteln als auch mit illegalen Schriften und geheimen Nachrichten. Alles spricht dafür, dass Schlör und Görner zu den Empfängern gehörten, und anscheinend haben die drei in mindestens einem Fall auch bei der Unterstützung von Verfolgten zusammengearbeitet: Den Erinnerungen seiner Angehörigen zufolge unterstützte Karl Baier einen jüdischen Genossen namens Cohn, dessen minderjährigem Sohn er auch bei einem Fluchtversuch über die Schweiz nach England behilflich war, wo sich bereits die Tochter Cohns befand.[15] Allem Anschein nach handelte es sich um denselben Mann, der zusammen mit seiner Ehefrau bei «Görner-Druck» als Setzer eingestellt war. Theodor Görner wusste von der Flucht der Kinder und war möglicherweise involviert. Aus seinen Aufzeichnungen geht hervor, dass die Tochter im Jahre 1942 nach England gelangte, also noch nach dem endgültigen Ausreiseverbot vom Oktober des Vorjahres. Zu ihrem Bruder heißt es: «versucht, über Schweizer Grenze zu entkommen, letzte Nachricht April 1944 vor Abstieg, dann verschollen».

In den vierziger Jahren beteiligten sich die Schlörs, Karl Baier und insbesondere Demuth, Dünninghaus und Marquard an der Arbeit der Widerstandsgruppe um Anton Saefkow. Unklar bleibt, inwieweit Theodor Görner über diese Aktivitäten informiert war, und ob er sich zu irgendeinem Zeitpunkt selbst an politischen Widerstandshandlungen beteiligte, etwa an der Herstellung von Flugschriften. Im Wesentlichen konzentrierte Theodor Görner sich jedenfalls auf die Unterstützung von jüdischen Bürgern aus seinem unmittelbaren Umfeld: ehemalige Kunden, Nachbarn und deren Angehörige. Wir wissen nicht, wann genau Görner damit begann. Die Notwendigkeit umfassender Unterstützung war jedoch spätestens im Jahre 1938 unübersehbar geworden, als die antijüdische Politik noch erheblich an Schärfe zunahm. Die jüdische Minderheit war einer zunehmenden Verelendung und immer mehr auch unmittelbarer Verfolgung ausgesetzt. Mit der Benachteiligung bei der Verteilung von Nahrung und Kleidung und der systematischen Heranziehung zur Zwangsarbeit nach Kriegsbeginn und schließlich den Deportationen wurde die Not existenziell.

Im Mittelpunkt von Görners Hilfeleistungen scheint zunächst vor allem die Versorgung mit Lebensmitteln gestanden zu haben. Diese stammten zum Teil von nichtjüdischen Freunden und Bekannten – seine Tochter erinnerte sich an «einige Geschäftsleute», die über Jahre hinweg Fleisch, Milch und Brot gaben –, zum Teil wurden sie aber auch von dem Mietgrundstück der Görners im südöstlichen Berliner Vorort Woltersdorf herangeschafft, das von Minna Görner intensiv bewirtschaftet wurde. Die begeisterte Gärtnerin baute Obst und Gemüse an und züchtete diverses Kleinvieh. Die Verteilung von Nahrung und anderen Hilfsgütern wie Kleidung oder Brennstoff übernahm meist Ilse Lewin, die als Mittlerin zwischen ihrem Chef und den hilfsbedürftigen Familien fungierte. Reichte das Angebot nicht aus, vergab Görner Lebensmittelmarken, die er auf dem Schwarzmarkt erwarb. Wie Leopold Danziger, ein langjähriger Kunde und Freund bezeugte, setzte Görner erhebliche Mittel für die Unterstützung jüdischer Familien ein, auch wenn Geld für eine Ausreise zusammengebracht werden musste. Der Andrang Bedürftiger muss den Druckereibesitzer mitunter überfordert haben, wegschicken aber mochte er offenbar niemanden. «Das Kommen und Gehen von jüdischen Menschen in seinem Büro war schon derartig, dass die Hausbewohner darauf aufmerksam wurden», erinnerte sich Danziger. Den Hausmeister, der Anstalten machte einzugreifen, habe Görner mit Geld zur Duldung gebracht.[16] Dass sich so viele Menschen an ihn wandten, führte Görner selbst später darauf zurück, dass seine Adresse immer weiter gegeben wurde. Tatsächlich handelte es sich bei vielen, die als Betreute in seiner Liste verzeichnet waren, um Menschen, die in unmittelbarer Nähe wohnten, etwa in den Hackeschen Höfen in der Rosenthaler Straße 41/42; anscheinend waren nicht wenige auch miteinander verwandt.

Von besonderer Bedeutung war, dass Theodor Görner auch falsche Papiere zur Verfügung stellen konnte, die ansonsten nur zu kaum erschwinglichen Preisen gehandelt wurden. Leider erfahren wir wenig Konkretes darüber, ob sie tatsächlich auch bei «Görner-Druck» hergestellt wurden, und um welche Art von Papieren es sich handelte. Seine Tochter Johanna, die in der Firma arbeitete, erinnert sich nur vage daran, dass ihr Vater «manches heimlich gedruckt» habe, und sie selbst mehrfach «Fluchtausweise» zu überbringen hatte. Fest steht, dass der Betrieb über die dafür nötigen technischen Voraussetzungen verfügte, denn Kriegswichtigkeit genoss er vor allem, weil seewasserfeste Ausweise für die Marine hergestellt wurden. Möglicherweise konnten aber auch manipulierte Originaldokumente beschafft werden, etwa über Jacob Schlör. Der Anschein von Authentizität konnte in beiden Fällen mit «echten» behördlichen Stempeln sichergestellt werden. Diese erhielt Theodor Görner, wie seine Tochter berichtete, beim nahen Revier 16 am Hackeschen Markt 1, wo einige Polizisten tätig waren, die über Jahre hinweg Verfolgte schützten, indem sie etwa vor Razzien warnten. Als «der beherzte Reviervorsteher» ist vor allem Wilhelm Krützfeld bekannt geworden, ein konservativer Beamter, der schon der preußischen Schutzmannschaft im Kaiserreich angehört hatte und die Verantwortung für einen für die Verhältnisse im Dritten Reich ungewöhnlichen Polizeieinsatz trug: den Schutz der Neuen Synagoge in der Oranienburger Straße während der «Kristallnacht». Als Helfer kommt auch der Polizist Bellgardt in Frage, der den Einsatz vom 9. November 1938 vor Ort geleitet und in den Hackeschen Höfen gewohnt haben soll. Insbesondere dürfte Görner dem zeitweiligen Leiter der Meldestelle Willi Steuck nahe gestanden haben: Der 1943 zum Polizeimeister beförderte Mann sympathisierte mit der SPD, verkehrte aber auch mit Kommunisten wie Max Fiedler, der im KZ Oranienburg gesessen hatte und danach in einem Lebensmittellager in der Großen Hamburger Straße tätig war.[17]

Theodor Görner war Teil eines vielgestaltigen subkulturellen Beziehungsgeflechts, in dem Freundschaften, politischer Widerstand, Hilfe für Verfolgte und Schattenwirtschaft auf heute kaum noch zu rekonstruierende Weise miteinander verknüpft waren. Inge Deutschkron berichtet, dass der Druckereibesitzer Geschäfte mit dem ehemaligen Ingenieur bei Osram, Hans Rosenthal, machte, der bei der Jüdischen Gemeinde als Materialverwalter und Einkäufer fungierte und von seinen Unterstützern derart gut mit den verschiedensten Waren versorgt wurde, dass er als Lieferant selbst bei der Gestapo anerkannt war und mehrfach von der Deportation verschont blieb. Mit Reinigungsgerätschaften etwa wurde er von dem legendären Otto Weidt versorgt, der in seiner Blindenwerkstatt in unmittelbarer Nachbarschaft zur Druckerei Görner zahlreiche jüdische Verfolgte beschäftigte, darunter die junge Inge Deutschkron. Rosenthal war es auch, der Deutschkrons Mutter Ella an Theodor Görner vermittelte, als die beiden Frauen bereits illegal lebten und dringend auf zusätzliche Einkünfte angewiesen waren: «Görner – es muß 1942/43 gewesen sein – erklärte sich sofort bereit, meine Mutter in der Setzerei als Arbeiterin einzustellen. Er fragte nicht nach den näheren Umständen, erklärte meiner Mutter, dass er sie als Frau Richter in seinem Betrieb einführen und ihr jeden Monat die Lebensmittelkarten zustecken würde, die jeder Arbeiter für das Kantinenessen abzuführen hätte. Somit fiel sie unter den anderen Arbeitern nicht auf.»[18] In der

Setzerei seines Betriebes beschäftigte Görner neben den Eheleuten Cohn schon seit längerem zwei weitere verfolgte Juden, vermutlich um sie vor Zwangsarbeit zu schützen. Freilich dürften ihm zusätzliche Arbeiter auch wegen des seit Kriegsbeginn grassierenden Arbeitskräftemangels willkommen gewesen sein. Mit dem 1923 geborenen Rudolf Goldbach gab er dann noch einer weiteren Person Beschäftigung, die sich der Deportation entzogen hatte. Auch wenn die «Illegalen» mit falschen Papieren ausgestattet waren, blieb die Gefahr, dass sie bei Kontrollen entdeckt wurden, da sie etwa bei der Buchdruckerkrankenkasse nicht angemeldet werden konnten, wie Jacob Schlör betonte.

Dass Theodor Görner solche Risiken einging, hing mit seiner Überzeugung vom verbrecherischen Charakter des Nationalsozialismus zusammen. Dass er wusste, was Verschleppungen «in den Osten» für die Betroffenen bedeuteten, lange bevor im Oktober 1941 die Deportationen aus Berlin einsetzten, entnehmen wir einer Mitteilung aus dem Jahre 1962, wonach er bereits «über die Austreibung der jüdischen Mitmenschen aus Stettin und die Verhältnisse im Ghetto Warschau und Lublin durch daselbst hin Transportierte schriftlich erfuhr».[19] Das bezog sich allem Anschein nach auf Briefe eines Nachbarn in der Rosenthaler Straße, Pinkus Feiner, der 1939 zusammen mit seinem Sohn nach Polen abgeschoben worden war – seine Ehefrau folgte «freiwillig» –, sowie auf eine Frau namens Jacobsohn, die im Februar 1940 von Stettin nach Lublin deportiert wurde und mit Görner bis 1943 korrespondierte. Von dem Nachfolger Wilhelm Krützfelds im Amt des Vorstehers beim Revier 16 erhielt Theodor Görner schließlich eindeutige Belege dafür, dass man nach dem Überfall auf die Sowjetunion zum systematischen Massenmord übergegangen war. Der zeitweise nach Minsk kommandierte Mann überließ ihm eine wohl Ende 1941 entstandene Fotografie, welche die Opfer eines Massakers in Weißrussland zeigt. Nach Kriegsende hielt Görner fest, was ihm der befreundete Polizist berichtet hatte: «Die jüdischen Personen mußten die Oberbekleidung ablegen, sich anstellen und wurden dann von in Erdhöhlen befindlichen Maschinengewehren umgelegt; die zu flüchten versuchten, wurden aber, wie die Abbildung zeigt, trotzdem erreicht.» Sein Informant sei vor dem Erlebten so herzkrank geworden, dass er bis Kriegsende keinen Dienst mehr versehen konnte.[20] Nach dem weißrussischen Minsk war am 14. November 1941 ein Deportationstransport aus Berlin abgegangen. Unter den 1030 verschleppten Juden waren auch die von Theodor Görner betreuten Eheleute Hertz. Von den verbliebenen etwa 80 Personen auf seiner Liste, die seit Oktober 1941 akut von Deportation bedroht waren, wurden in der Folgezeit fast drei Viertel zu den Vernichtungsstätten in den besetzten Ostgebieten oder in das «Altersghetto» Theresienstadt im Protektorat Böhmen und Mähren verschleppt. 1942 war erstmals auch einer der jüdischen Arbeiter in Görners Betrieb betroffen, ein Mann namens Blankenstein, der mit seinen Eltern abtransportiert wurde. Die Eheleute Cohn gehörten zu den annähernd 40 Görner-Schützlingen, die im Jahre 1943 deportiert wurden – größtenteils im Zuge der «Fabrikaktion» –, und im Folgejahr wurden noch einmal mindestens 11 Personen «abgeholt». Einige Betroffene sollen zuvor noch in die Druckerei gekommen sein, um sich zu verabschieden. Eine Flucht – ob in das Ausland oder in den Untergrund – kam für viele nicht in Frage, weil ihnen die Erfolgschancen zu gering erschienen, und sie sich den Anforderungen an ein Leben in der Illegalität nicht gewachsen sahen. Andere hatten die vage Hoffnung, dass es nicht zum Äußersten kommen würde, oder sie wollten ihre Angehörigen nicht im Stich lassen. Wie verzweifelt die Lage war, lässt sich daran ermessen, dass allein drei von Görners Bekannten angesichts der bevorstehenden «Abholung» den Freitod wählten.

Knapp 20 der von Theodor Görner erfassten Personen unternahmen den Versuch, sich durch eine Flucht dauerhaft zu entziehen. Möglicherweise von ihm mit falschen Papieren ausgestattet, versuchten insgesamt vier Verfolgte, ins Ausland zu entkommen. Neben den jungen Cohns waren dies der Sohn der Eheleute Hertz, der über Belgien und Frankreich in die Schweiz gelangte, sowie Herbert Neisser, der jedoch festgenommen und im Sommer 1942 von dem französischen Internierungslager Drancy nach Auschwitz deportiert wurde. 15 Görner-Schützlinge tauchten schließlich in Berlin unter. Die ersten waren wohl Leopold Danziger und seine Ehefrau. Görner hatte ihnen «Mittel und Wege gezeigt», wie sie sich der «Evakuierung» entziehen konnten, wie Charlotte Danziger rückblickend feststellte.[21] Am 12. Dezember 1941 sollte sie sich eigentlich bei der Gestapo einfinden. Leopold Danziger: «Wir sprachen vorher darüber mit Görner. Dieser verschaffte meiner Frau einen Ausweis der ‹N.S.-Frauenschaft› auf den Namen Charlotte Schmidt. Nachdem meine Frau monatelang abwechselnd bei Freunden Nachtquartier fand, mietete Herr Görner in der Invalidenstraße unter seinem Namen ein Zimmer, und meine Frau wurde dort einquartiert und polizeiseitig angemeldet als Arbeiterin der Buchdruckerei Görner. Ich selbst arbeitete als Zwangsarbeiter bei der Firma Daimler Benz, Marienfelde, und sollte am 8. Januar 1942 in der Fabrik verhaftet werden zum Abtransport; davon bekam ich Wind und flüchtete. Nachdem ich auch bei Freunden verschiedentlich übernachtete und, wenn dies nicht klappte, mich auf der Straße herumtrieb, verschaffte Görner mir bei seinen Bekannten ab und zu Nachtunterkunft. Dann bot sich ihm Gelegenheit, mich als Nachtwächter in Zehlendorf unter falschem Namen, Gerhard Ferner, unterzubringen, und dort blieb ich auch bis Kriegsende.»[22] Auch die beiden minderjährigen Kinder der Danzigers haben überlebt; sie waren bereits 1938 im Zuge eines Kindertransports nach England ausgereist.

Es liegt auf der Hand, dass Theodor Görner nicht alle, die sich an ihn wandten, so komfortabel unterbringen konnte wie die Danzigers. Hilfesuchende beherbergte er zunächst oft in seiner Druckerei. Sie hielten sich dann hinter großen Regalen im Papierlager versteckt oder verbrachten die Nacht auf Stoffballen im Büro. Vorübergehend schickte er Verfolgte auch nach Babelsberg bei Potsdam, wo seine Tochter mit ihrem Ehemann Willi und ihren beiden Kindern wohnte. «Die Menschen kamen abends nur mit einer Unterschrift von meinem Vater», erinnerte sich Johanna Nörper, «dann haben wir nicht viel gefragt. Sie wurden beköstigt und schliefen im Gästezimmer. Und morgens wurden sie wieder beköstigt und gingen.» Später bekannte sie: «Ich konnte gar nicht so viel zittern, wie ich Angst hatte, vor allem davor, daß man mir die Kinder wegnehmen würde, wenn es herauskam.»[23] Willi Nörper, der als Referent beim Heereswaffenamt häufig auf Dienstreisen war, duldete die gefährlichen Aktivitäten seiner Ehefrau. Zwar war er Mitglied der NSDAP; unter dem Einfluss seiner Frau hatte er sich jedoch schon früh zu einem Regimegegner gewandelt und war mit seinem nicht viel älteren Schwiegervater eng befreundet. Auf längere Dauer konnten oder wollten die Nörpers Untergetauchte jedoch nicht aufnehmen. Eine Frau, die dazu in der Lage war, war Friedl Maisch, die geschiedene Frau eines ehemaligen Görnerkunden, des Wirtschaftsstatistikers Dr. Zuckermann, der 1942 deportiert worden war. Die gemeinsame Tochter Sinaida erinnerte sich später, dass Görner eines Tages mit der Bitte an ihre Mutter herangetreten war, einem befreundeten Ehepaar ein Zimmer zu vermieten. Erst nach dem Krieg habe sie erfahren, dass «Herr König und Fräulein Lange» ein jüdisches Paar waren, das mit falschen Papieren bei ihnen wohnte. Wie aus Görners Aufzeichnungen hervorgeht, hießen sie tatsächlich Kornblum und Eckstein.[24] Die Rettung scheiterte, denn am 16. Dezember 1943 kamen die beiden bei einem alliierten Bombenangriff im Luftschutzkeller des Hauses in der Flemingstraße im Bezirk Tiergarten zu Tode, zusammen mit ihrer Beherbergerin Friedl Maisch und 26 weiteren Bewohnern.

Um die zur Vollwaisen gewordene Sinaida, die sich in der «Kinderlandverschickung» befunden hatte, kümmerte sich in der Folgezeit Theodor Görner. Um das als «Mischling» geltende Mädchen besser schützen zu können, hatte er zunächst versucht, die Vierzehnjährige zu adoptieren, was die Geheime Staatspolizei jedoch vereitelte. Als sie im März 1944 dann der Schule verwiesen wurde, sandte Theodor Görner einen Brief an den Direktor, in dem er beklagte, dass «irgendeine der vielen Verordnungen die Unmenschlichkeit gegen das seiner Mutter beraubte Kind vorschreibt». Um an ihm «auszugleichen, was von andrer Stelle verursacht», beabsichtige er, die Vormundschaft zu übernehmen.[25] Der Adressat, ein Dr. Nitzsche, wandte sich an die Gestapo. Am 4. Juli 1944 wurde Theodor Görner in seiner Druckerei verhaftet. Vor versammelter Belegschaft wurde er als Volksfeind hingestellt und die Schließung des Betriebes angekündigt. Danach wurde der Unternehmer in dem zum Deportationssammellager umfunktionierten ehemaligen jüdischen Altersheim in der Großen Hamburger Straße festgehalten, wo man auch ein Gestapogefängnis eingerichtet hatte. Vorgeworfen wurde ihm nicht nur die Missachtung der Rassengesetze in der Sache Zuckermann sowie der Boykott des nationalsozialistischen Winterhilfswerks (WHW), sondern auch, dass er in seinem Betrieb eine Gruppe von Zwangsarbeitern verpflegt hatte, die nach dem Einschlag einer Brandbombe dort Aufräumungsarbeiten hatte durchführen müssen. Dass Görner bereits einmal einer größeren Gruppe von polnischen Zwangsarbeiterinnen, die in einer Metallfirma tätig waren, hochwertige Stoffe zur Anfertigung dringend benötigter Wäsche überlassen hatte,[26] wurde ebenso wenig bekannt wie seine Rettungsaktivitäten für die untergetauchten Juden – offenbar hatte kein Betriebsangehöriger seinen Chef belastet. Aus diesem Grund sah die Gestapo wohl auch von einer Durchsuchung oder Versiegelung der Druckerei ab. Jedenfalls konnten Johanna Nörper und Ilse Lewin ganz unbehelligt verdächtiges Material beiseite schaffen: Ausländische Zeitschriften und Presseartikel, Briefe von geflohenen oder deportierten Juden, Adresslisten und Flugblätter sowie zwei geladene Revolver, die in Görners Schreibtisch lagerten.

Mit dem Mut der Verzweiflung intervenierte Theodor Görners Tochter dann beim «Judenreferat» der Gestapo, wo sie schon einmal für Ilse Lewin vorstellig geworden war. Gehör fand sie ausgerechnet bei einem SS-Mann, der wegen seines brutalen Vorgehens bei der Verhaftung von Untergetauchten berüchtigt war und offenbar auch ihren Vater verhört hatte: Kriminaloberassistent Ernst Sasse, der sich schon bei den Einsatzgruppen «bewährt» hatte hoffte offenbar auf großzügige Vergütung durch den vermeintlich wohlhabenden Druckereibesitzer, oder er spekulierte bereits au eine entlastende Nachkriegsaussage, denn um beides bat er später Zunächst behauptete er, dass Görner einen Fluchtversuch unter nommen habe und im «Arbeitserziehungslager» Großbeeren süd lich Berlins erschossen werden solle. Dann führte er Johanna Nör per zu ihrem Vater, dem allerdings vorläufig nur drei Wochen Frei heitsentzug zudiktiert worden waren. Nachdem Nörper auf Sasse Rat hin ein Schreiben aufgesetzt hatte, in dem auf die wehrwirt schaftliche Bedeutung von «Görner-Druck» hingewiesen wurd und entsprechende Belege beigebracht waren, durfte der Unte nehmer den Rest seiner Strafe als Freigänger verbüßen und tag über seinen Geschäften in der Druckerei nachgehen. Dort war offenbar ohne Unterbrechung weitergearbeitet worden. Bei seiner Entlassung am 8. August 1944 wurde Theodor Görner eröffnet, dass er mit «den schärfsten staatspolizeilichen Maßnahmen» und der Einweisung in ein Konzentrationslager zu rechnen habe, falls ihm nochmals «judenfreundliches Verhalten» zur Last gelegt würde.[27] Für Sinaida Zuckermann wurde vom zuständigen Jugendamt ein Amtsvormund bestellt. Untergebracht in der Niederlausitz, musste sie ihren Lebensunterhalt in der Landwirtschaft verdienen, ständig davon bedroht, wie ihr Vater «abtransportiert» zu werden.[28] Besonders hart dürfte Görner getroffen haben, dass er von der Gestapo wegen des vergeblichen Einsatzes für das Mädchen zur Zahlung von 5000 Reichmark zugunsten des verhassten WHW verpflichtet wurde. Weniger schlimm war die Auflage, sich täglich bei seinem Polizeirevier zu melden, denn dies konnte er mit einem befreundeten Beamten telefonisch regeln.

Seine Befreiung hatte Theodor Görner im Wesentlichen dem energischen Einsatz seiner Tochter zu verdanken. Sie hatte ihre Besuche im Gestapogefängnis auch dazu genutzt, die anderen Insassen mit Nahrung zu versorgen und Briefe herauszuschmuggeln. Auch Willi Nörper kam 1944 mit dem Regime in Konflikt. Wegen kritischer Äußerungen wurde er denunziert, aus der NSDAP ausgeschlossen und beim Heereswaffenamt fristlos entlassen. Der Einziehung zum Fronteinsatz konnte er in der Folgezeit nur dadurch entgehen, dass er als Ersatzteillieferant für eine «wehrwichtige» Firma aus Nürnberg ständig in Deutschland hin und herreiste. Dies hatte Johanna Nörper eingefädelt. Sie war es auch, die Ilse Lewin vor der Anfang 1945 drohenden Einziehung zur Zwangsarbeit bei der Organisation Todt bewahrte, indem sie bei der Gestapo wiederholt auf die Unabkömmlichkeit der bewährten Sekretärin im väterlichen Betrieb beharrte. Die Druckerei in der Rosenthaler Straße scheint in den Wirren der letzten Kriegsmonate wieder verstärkt ein Anziehungspunkt für Verfolgte geworden zu sein, offenbar nicht nur für Juden. Johanna Nörper berichtete 1957, dass «verschiedene jüdische und andere Verfolgte» bis Kriegsende im Betrieb ihres Vaters gearbeitet hätten – «getarnt als christliche Flüchtlinge aus Schlesien».[29] Am Ende fälschte Görner auch noch in eigener Sache: Bei den Behörden in Woltersdorf ließ er sich um einige Jahre älter machen und entging so der Einziehung zum «Volkssturm». In der Nacht vom 29. auf den 30. April 1945 wurde seine Druckerei bei einem Bombenangriff dann völlig zerstört. Nicht alle der von Theodor Görner betreuten Illegalen hatten die Verfolgung überlebt. Rudolf Goldbach und sein Bruder Erich, die Görners Liste zufolge «mehrere Male geflitzt» waren, waren im Februar 1944 bzw. im Juni 1943 nach Auschwitz deportiert worden, und die Eheleute Paul und Charlotte Heymann wurden, nachdem sie verraten worden waren, im Juni 1943 mit ihrem Sohn Günther nach Theresienstadt verschleppt. Acht Untergetauchte hatten überlebt. Neben den Danzigers und den Deutschkrons waren es Wilbert Taubmann und Helene Hirsch, über die wenig bekannt ist, sowie der Arzt Julius Nagel und seine Ehefrau, die Görner 1946 für die Unterstützung mit Lebensmitteln, die Beschaffung wichtiger Dokumente und die Aufbewahrung von Wertsachen dankten, und für seine «aufopfernde Bereitwilligkeit, uns Wohnung zu verschaffen». Gerettet wurde auch ein zweijähriges Kind, dessen Eltern 1943 verschleppt worden waren. Görner hatte es den eigenen Angaben zufolge «bei Leuten in Berlin untergebracht».

Schon 1947 übernahm Theodor Görner im westlichen Stadtteil Neukölln wieder einen eigenen Betrieb, eine Schraubenfabrik, in der zeitweise 20 Menschen Arbeit fanden. Jahrelang lebte er als Grenzgänger zwischen dem sozialdemokratisch regierten Westteil und dem kommunistischen Ostteil Berlins – eine Situation, die man als bezeichnend für sein ganzes politisches Leben betrachten könnte. Aus der SED war der Nonkonformist bereits 1946 ausgetreten, unmittelbar nach der Zwangsvereinigung von SPD und KPD. Obwohl Görner nach eigenem Bekunden «das sowjetzonale System» aus Gewissensgründen ablehnte und diese Meinung auch offen vertrat, blieb er weitgehend unbehelligt,[30] denn in seinem Wohnort Woltersdorf war er wegen seiner antifaschistischen Verdienste ein angesehener Mann. Den bundesrepublikanischen Umgang mit der Vergangenheit kommentierte er Freunden gegenüber später nicht ohne Verbitterung – mit Bemerkungen über die «Zuhälter» des «Idioten Hittler» (sic!) etwa, die zum Teil wieder

«in Amt und Würden» seien, oder die Stilisierung der Generale des
20. Juli, die in Wahrheit «jahrelang alles mitgemacht» hätten.[31]
Ein «stiller Held» ist Theodor Görner schon während des Nationalsozialismus höchstens gezwungenermaßen gewesen. Eher war
er «ein wütender Hasser des Systems», wie Leopold Danziger konstatierte. Bei einem gemeinsamen Spaziergang, bei dem heftig
debattiert wurde, habe er zum Beispiel einmal auf offener Straße
Anstalten gemacht, eine Hakenkreuzfahne herunterzureißen –
«nur, daß ich ihm schnell den Arm herunterschlug», so Danziger,
«sind wir dem Schafott entkommen.»[32] Auf Theodor Görner trifft
wohl das Wort Leo Baecks zu, wonach für viele Deutsche die Hilfe
für Juden die einzige Möglichkeit gewesen sei, ihren Widerstand
gegen den Nationalsozialismus zum Ausdruck zu bringen. Er
selbst sah sich als Weltbürger und als Philanthrop. Es sei der Kategorische Imperativ des Aufklärers Kant gewesen, so sagte er Inge
Deutschkron, der ihm «gebot, so zu handeln, wie getan».[33] Am
7. August 1971, wenige Monate nach dem Tod seiner geliebten
Ehefrau, verstarb Theodor Görner im Alter von 85 Jahren. Die
hohen Ehrungen, die er erhalten hatte – 1970 war ihm noch das
Bundesverdienstkreuz verliehen worden – betrachtete er eher
skeptisch. Mit Matthäus 6,3 glaubte er, die eigene Gerechtigkeit
nicht öffentlich zur Schau stellen zu sollen. Ähnlich sah es auch
seine Enkelin Gertrud Staeck: «Diese Heiligenverehrung, die um
ihn entstand, hat mich manchmal doch entsetzt. Es gab auch Seiten an ihm, die nicht so heilig waren». Johanna Nörper resümierte,
ihr Vater sei eben ein «eigenwilliger Vertreter reiner Menschlichkeit» gewesen. Ganz sicher aber war er, darin waren sich beide
einig, «ein sehr, sehr guter Druckfachmann».[34]

Peter Widmann

DIE KUNST DER FRECHHEIT

EIN MALER UND DAS ÜBERLEBEN IN MÜNCHEN

Den «Roten Pimpernell» nannte ihn Kurt Grossmann, der Autor, der 1957 über die «unbesungenen Helden» schrieb. Gemeint war Franz Herda, ein Maler und Kunstprofessor, der in München vielen Bedrohten half. Er ließ sich, so schien es Grossmann, mit dem englischen Adeligen vergleichen, der in den Jahren der Französischen Revolution Todgeweihte vor dem Fallbeil bewahrte.[1] Die Parallele liegt nah: Gewitzt und respektlos war Herda gegen Vertreter des Regimes. Wie in Pimpernell konnte man auch in ihm den lachenden Helden sehen. Das Bild ist nicht falsch, aber unvollständig – stehen Helden doch oft allein. In Wirklichkeit war Herda einer von mehreren in einem Netzwerk des Überlebens.

Herda war Amerikaner, geboren in Brooklyn, New York. Sein Vater war Deutscher und nahm ihn mit sechs Jahren mit nach Deutschland zurück. Den Pass, erworben durch die Geburt auf dem Boden der USA, behielt er auch in der Heimat des Vaters. Franz Herda meldete sich freiwillig zur Luftwaffe im Ersten Weltkrieg. Dort wurde er Kampfflieger in der Staffel von Hermann Göring. 1917 wurde er abgeschossen und von da an betrat er kein Flugzeug mehr. Er lag für eineinhalb Jahre im Lazarett mit Durchschüssen und mit Brüchen. Danach studierte er Kunst in Berlin. An der Kunstakademie Hannover wurde er Professor. Er arbeitete als Maler und zog schließlich nach München. In der Gabelsbergerstraße 36 in der Maxvorstadt hatte er sein Atelier.

Früh wurde Herda zum Gegner der Nationalsozialisten und der Antisemiten. Judenfeindliche Propaganda erlebte er schon als Student in Berlin. Das stieß ihn ebenso ab wie später in München ein Zufallstreffen mit Hitler. Herda begegnete ihm in der Wohnung des Architekten Paul Ludwig Troost. Wie Herda sich später erinnerte, habe er sich mit Hitler gestritten. Keinen Hehl habe er daraus gemacht, dass er dessen Ideologie verabscheute.² Antisemitismus war schon im München der zwanziger Jahre ein Faktor. Gewalttätige Gruppen der extremen Rechten hatten einen Nährboden in der Stadt. Dass die Machtübernahme Hitlers der Judenfeindschaft ein neues Niveau gab, sah man wenige Wochen danach. Am 1. April 1933, am Tag des Boykotts jüdischer Geschäfte, kam es in München zu Übergriffen. Einen Tiefpunkt erreichte die Entwicklung 1938 noch vor der «Kristallnacht». Am 9. Juni riss man auf Befehl Hitlers die Münchner Hauptsynagoge ab. Sie störte die Vorstellung des «Führers» vom Stadtbild und musste aus Anlass des «Tages der Deutschen Kunst» weichen. Der Gemeinde teilte man den Abriss einen Tag vorher mit.

Der Terror, der mit dem Pogrom im November folgte, erregte bei manchen Münchnern zwar Scham, doch öffentlicher Protest blieb aus. Viele Münchner Juden hatten die Illusion verloren, in ihrer Heimat sei eine bürgerliche Existenz noch möglich. Sie wanderten aus, wenn sie konnten. 7500 waren es zwischen 1933 und 1942.³ Der Rest war bald in Todesgefahr.

Diese Atmosphäre schien bei Franz Herda, der jederzeit in die USA hätte gehen können, den Widerstandsgeist zu wecken. Wie vielen er geholfen hat, ist kaum mehr zu ermitteln. Doch einige Fälle sind bekannt. So rettete er 1940 auf dem Münchener Lenbachplatz einen offenbar jüdischen Mann aus einer gefährlichen Situation. Mit einer blonden jungen Frau stand der Mann inmitten eines Menschenauflaufes. Ein Uniformierter der SA beschimpfte ihn laut, er habe sich nicht mit einem «arischen Mädchen» herumzutreiben. Herda kam vorbei und drängte sich durch die Menge hindurch. Er hakte das Mädchen unter und behauptete, mit ihr eine Verabredung zu haben und dass der Mann sein Bekannter sei. Er zeigte seinen amerikanischen Pass, und zog mit den beiden ungehindert ab.

Seine Unterstützung fanden manche auch auf andere Art. Kurt Grossmann, der mit Herda in den fünfziger Jahren in New York sprach, gibt eine solche Episode wieder. Er berichtet, wie Herda der Pianistin Alma Weiß zu 6.500 Mark verhalf. Alma Weiß wurde mittellos, weil die Gestapo das Geld beschlagnahmte, das die Versteigerung eines Bildes aus ihrem Besitz erbracht hatte. Das Gemälde hatte sie von einem Freund bekommen, der nach Amerika ausgewandert war. Diesem Mann sandte Herda die Nachricht, er wolle sich selbst als Besitzer ausgeben. So bat er ihn um die Bestätigung, dass er Herda das Kunstwerk übereignet habe. Herda ging damit in München zur Deutschen Bank, die den gesperrten Betrag verwahrte. Dort musste man ihm den Betrag am Ende übergeben. So erhielt Alma Weiß das Geld. Sie überlebte und kam später in die Vereinigten Staaten.

Einen weiteren Fall erfuhr Grossmann aus seinem Gespräch. Herda half 1939 einem jüdischen Handwerker, der im Konzentrationslager Dachau saß. Man beschuldigte ihn, er habe einen Witz über Goebbels gemacht. Herda ging zur Gestapo und sprach mit einem Beamten. Er erklärte ihm, er kenne prominente Nationalsozialisten, die ähnliche Witze rissen. Der Gestapobeamte wollte die Namen nicht hören und sagte zu, die Sache prüfen. Der Inhaftierte kam frei. In solchen Fällen ließ Herda oft Namen aus Kreisen um Göring fallen, an die er sich aus seiner Zeit als Kampfflieger noch erinnerte. Immer wieder verfing dieser Bluff.

Die Lage für die Juden in München wurde 1941 lebensgefährlich. Die Gestapo bereitete Deportationen vor. Im Frühjahr 1941 begann man, Münchner Juden in ein Barackenlager einzuweisen. Es lag in Milbertshofen an der Knorrstraße 148. Ab November desselben Jahres nutzte es die Gestapo als Sammellager für die einsetzenden Deportationen.

Am 20. November 1941 sollte der erste Zug München verlassen. Die Gestapo hatte für diesen Transport eine Liste erstellen lassen, die 1000 Personen umfasste. Unter ihnen war Albertine Gimpel. Zwei Tage, bevor man sie in die Knorrstraße bringen wollte, erhielt sie einen Brief. Darin forderte man sie auf, sich bereit zu halten. Die Bedrohte rief Franz Herda zu Hilfe. Sie hatte ihn 1936 beim Bridgespiel kennen gelernt.

Albertine Gimpel lebte in einer «Judenwohnung» im Stadtteil Bogenhausen. An dem Tag, an dem man sie holen wollte, stellte sich Herda dort vor dem Haus auf. Ein Omnibus kam, der Frau Gimpel in das Sammellager bringen sollte. Ihm entstieg ein Gestapomann. Herda berichtete später, dass er diesen ansprach und behauptete, der zuständige Oberregierungsrat habe Frau Gimpel vom Transport ausgeschlossen. Herda kannte dessen Namen, denn er hatte sich mehrmals für Juden bei ihm verwendet. In Verbindung mit dem amerikanischen Pass machte das offenbar Eindruck. Der Beamte stellte Frau Gimpel zunächst vom Transport in das Lager zurück. Die List wirkte nicht lange, denn schließlich musste sie doch in ein Lager in der Lindwurmstraße. Von dort konnte sie fliehen. Als ein Transport das Lager verließ, schlich sie sich heraus. Sie tauchte unter – zuerst bei einem Ehepaar in der Hohenzollernstraße, Freunden Herdas, und dann bei ihm selbst. Später, nachdem Bomben sein Atelier zerstört hatten, kam sie bei Herdas Tochter unter, die bei Bauern am Chiemsee lebte.[4]

Wäre sie am 20. November 1941 in Milbertshofen in den Zug gestiegen, hätte sie noch fünf Tage zu leben gehabt. Es ist heute bekannt, was mit den tausend Menschen aus diesem Transport geschah. Begleitet von Beamten der Münchener Schutzpolizei war der Zug drei Tage unterwegs. Er fuhr nach Kaunas in Litauen. Am 25. November 1941 fielen die Verschleppten einer Massenexekution zum Opfer, der ersten an deutschen Juden in den besetzten Ostgebieten. Männer des Einsatzkommandos 3 der Einsatzgruppe A erschossen sie und Juden aus Berlin und Frankfurt am Main in der Nähe von Kaunas. Bis zum Februar 1945 sollten noch 38 weitere Transporte München verlassen. Man schätzt, dass die Gestapo über 3.600 Juden aus München deportieren ließ.[5]

Unter denen, die Herda versteckte, war Max Bachmann. Nach dem Krieg wurde er für kurze Zeit Präsident der Israelitischen Kultusgemeinde in München. Auch ihn versteckte Herda im Maxvorstädter Atelier. Wie leicht jemand hätte dahinter kommen können, zeigt eine Begebenheit, an die sich Richard Marx erinnert, Herdas Schwiegersohn. Es war bereits dunkel, und mit Herda lebten im Atelier zwei Versteckte. Man erschrak, als man im Treppenhaus Schritte hörte. Die beiden Illegalen schlüpften in Schränke und man war auf das Schlimmste gefasst. Als es klopfte und Herda zur Tür ging, fand er dort den Verdunklungsbeauftragten stehen. Es dringe Licht aus dem Fenster, sagte dieser, und ging wieder davon. Franz Herda habe immer Glück gehabt, kommentiert der Schwiegersohn die Geschichte.

Richard Marx lernte seinen späteren Schwiegervater im Sommer 1943 kennen. Marx lebt heute in München-Pasing und praktiziert mit 78 Jahren noch immer als Psychoanalytiker. Als er Herda traf, war er 18 Jahre alt. Damals schmuggelte Marx Lebensmittel in die verschiedenen Sammellager für Juden in München, vor allem in das Krankenlager der Lindwurmstraße. Er war im Auftrag seiner Mutter, Rosa Marx, unterwegs. Sie besaß ein Textilgeschäft in der Augustenstraße, von dem aus sie Lebensmittel in die Sammellager Münchens verteilen ließ. Ihre Vorräte stammten aus Aich bei Moosburg in Niederbayern. Dort war sie als Tochter eines katholischen Großhändlers zur Welt gekommen, und dort tauschte sie Eßbares gegen ihre Stoffe ein.

Auf dem Oktoberfest hatte sie nach dem Ersten Weltkrieg Justin Marx kennengelernt und ihn 1923 geheiratet. Sie verstand etwas vom Handel und nahm den Laden ihres Mannes in die Hand. 1931 überschrieb er ihr das Geschäft. Justin Marx war nicht religiös. Doch für die Behörden galt er 1933 nur noch als Jude. Die Kinder der beiden waren ohne Bekenntnis. Rosa und Justin Marx hatten beim Standesamt deren Zuordnung als «mosaisch» streichen lassen. So lebten sie in «privilegierter Mischehe», wie es im Behördenjargon der Diktatur hieß. Das ersparte Justin Marx im September 1941 den gelben Stern und ermöglichte dem Sohn Richard 1943 das Abitur am Alten Realgymnasium.

Die Familie wanderte auf einem schmalen Grat. Als die Nationalsozialisten 1938 in der Pogromnacht zum 10. November jüdische Geschäfte zerstörten und plünderten, kamen sie auch zur Textilhandlung Marx. Ein SA-Mann hatte eine Liste der zu zerstörenden Läden. Auch das Marxsche Geschäft stand darauf. Ein Fragezeichen hinter dem Eintrag ließ den Mann zögern. Er beschlagnahmte schließlich nur die Schlüssel. Die SA hat, so erinnert sich Richard Marx, «die Scheiben nach Plan nicht eingeschlagen». Wenig später bekam seine Mutter die Schlüssel zurück. Sie konnte mit List den Eindruck erwecken, sie lebe von ihrem Mann getrennt.

In den Laden kam 1943 Franz Herda. Er hatte in einem Sammellager die Adresse bekommen und suchte Verpflegung für die

Juden, die er versteckte. Franz Herda und Rosa Marx begannen zusammenzuarbeiten. So kamen vom Sommer 1943 an Lebensmittel in das Maxvorstädter Atelier. Der Überbringer war Richard Marx, dem eine neue Welt aufging. Er sah Bilder, roch Terpentin und lernte einen Mann kennen, der mit Oskar Kokoschka befreundet war und mit den Künstlern des Blauen Reiters. Herda schloß ihn ins Herz und lehrte ihn zu zeichnen – Portraits, später Landschaften. «Ich war im Paradies», sagt Richard Marx über diese Zeit.

An einem Tag des Jahres 1943 traf Marx in dem Atelier Vera Manthey, die Tochter Herdas, und verliebte sich in sie. Herda lud ihn und die Tochter zu einem Ausflug ein – nach Garmisch, wo er ein Stammhotel hatte. Was Marx dabei erlebte, hinterließ bei ihm einen bleibenden Eindruck bis heute: Dass Herda mitten im Krieg in den Urlaub fuhr, war das wenigste, schwerer wog, dass ihm jede Angst zu fehlen schien. Angeregt durch eine feuchtfröhliche Nacht stolzierte er morgens schon auf dem Weg zum Bahnhof wie ein Soldat bei einer Parade. Er sang dazu Spottlieder auf das Regime und hörte auch später in der Trambahn nicht auf. Als er dann im Wartesaal des Starnberger Bahnhofs Soldaten lagern sah und die Sieben-Uhr-Nachrichten aus den Lautsprechern hörte, marschierte er zwischen ihnen hindurch und rief: «Lauter Siege, lauter Siege!» Richard Marx wurde nervös, denn er fürchtete, die Fahrt könnte in Dachau enden statt in Garmisch.

Anekdoten dieser Art gibt es viele über Herda. Doch der Ernst der Lage stand ihm vor Augen. Er schien bewusst in Deutschland geblieben zu sein, um denen, die ihn brauchten, beizustehen. Die Behörden hätten ihn, so berichtet Marx, 1941 aufgefordert, das letzte Schiff zu besteigen, das nach Amerika fuhr. Später musste er sich alle zwei Wochen bei der Gestapo melden.

Mit vielen, die halfen, hatte Herda gemein, dass er kein einsamer Held war, der sich gegen die Flut stemmte. Er fand andere, und nur mit ihnen gelang es, Bedrohten zu helfen. Nicht nur bei sich verbarg er Verfolgte, er vermittelte auch anderswo Zuflucht. Er kannte Familien, die bereit waren, Menschen zu verstecken. Er war Teil eines Netzes, zu dem auch die Familie Marx gehörte.

Sie alle waren Helfer, und manche von ihnen bedurften am Ende auch selbst der Hilfe. Justin Marx etwa, der mit seinem Sohn

Richard die Festgehaltenen in den Münchner Sammellagern mit Lebensmitteln versorgt hatte. Obwohl er in «privilegierter Mischehe» lebte, bekam er die Verfolgung immer wieder zu spüren. 1936 mussten er und seine Familie die Wohnung räumen, die in der Herzogstraße lag. Der Vermieter hatte entdeckt, dass Justin Marx Jude war. 1938 kam er in Haft. Man warf ihm vor, illegal Vermögen in Holland zu haben. Am Ende sprach man ihn frei, und an Sylvester 1938 kam er zu seiner Familie zurück. 1941 kommandierte man ihn zur Zwangsarbeit ab – nach Rottach-Egern am Tegernsee, wo man Baracken abriss. An der Knorrstraße in Milbertshofen wurden sie wieder aufgebaut, um bei den Deportationen als Durchgangsstation zu dienen.

Mit den letzten Transporten wollte ihn die Gestapo im Februar 1945 noch deportieren. Längst zeichnete sich der Zusammenbruch ab, und so konnte er untertauchen. Er fand Zuflucht im Vorort Neu-Aubing im Westen von München. Das Versteck hatte seine Frau Rosa organisiert. Eine kommunistische Familie nahm ihn auf. Der Sohn Richard beschreibt sie als einfache Arbeiter. Die Hilfe für seinen Vater beeindruckte ihn so, dass er sich für die Münchener Kommunisten nach dem Krieg engagierte. Das währte nur kurz, denn Menschen wie die, die dem Vater halfen, spielten bald keine Rolle mehr. Funktionäre, in der Sowjetunion ideologisch geschult, übernahmen die Führung, erinnert er sich.

Zu diesem Zeitpunkt war Richard Marx schon über drei Monate untergetaucht. Er war in der Abiturklasse einer von sieben gewesen, die man nicht einzog. Bei der Musterung kam sein jüdischer Vater zur Sprache. Daraufhin trug man in seinen Wehrpass ein: «Ersatzreserve IV, nicht zur Verwendung». In einer feinmechanischen Werkstatt fand er eine Stelle. Die Zivilproduktion war dort längst eingestellt, man baute Geräte für Jagdflugzeuge. Richard Marx arbeitete im Materiallager und fuhr in der Stadt als Bote herum. Mit dem Fahrrad holte er Schrauben bei anderen Firmen. Dabei geriet er im November 1944 in einen Luftangriff. Er flüchtete in einen der Bunker der Innenstadt. Das nutzte er als Anlass, um München zu verlassen und zu Herdas Tochter Vera Manthey zu fahren. Sie war inzwischen wieder in Berlin.

Richard Marx hatte die Fahrt vorbereitet und sich Briefbögen aus der feinmechanischen Werkstatt besorgt. Einen davon versah er mit Stempel und Codeziffer. Damit konnte er sich als Kurier ausweisen, auf der Fahrt zur Firma AEG nach Berlin. So kam er unbehelligt in die Reichshauptstadt, wo er mit Vera bis zum April 1945 blieb.

Als die sowjetische Armee sich Berlin näherte, erschien es Richard Marx besser zu fliehen. Er fürchtete, dass man ihm seine Verfolgung als «Mischling» nicht glaubte. Er nahm einen weiteren Briefbogen und fertigte ein Schreiben, das ihn als Angestellten der AEG auswies, den man in die feinmechanische Werkstatt nach München abgeordnet habe. Noch heute wundert sich Richard Marx, dass die List wirkte. Längst reichte es zu dieser Zeit nicht mehr, dass der Grund der Fahrt «kriegswichtig» war – nun musste er «kriegsentscheidend» sein. Die Stelle, bei der Marx sein Schreiben einreichte, wies viele ab. Er kam durch, und so fuhr er am 2. April mit dem Zug nach München. Zum Kriegsende war er in Aich bei Moosburg im Haus einer Bäuerin. Sie hatte auf ihrem Hof viele Menschen versteckt. Marx berichtet von 80 verletzten KZ-Flüchtlingen, Russen, Polen und Franzosen. Noch in den letzten Tagen des Krieges kam die SS auf den Hof und richtete ein Geschütz auf Soldaten der US-Armee. Zu dieser Zeit war München schon befreit.

Richard Marx erzählt auch von gescheiterten Rettungsversuchen. Die Opernsängerin Rita Runge, die engste Freundin seiner Mutter, ging freiwillig zur Deportation. Sie kam aus einer wohlhabenden, orthodox-jüdischen Familie. Ihrem Ehemann zuliebe war sie zum Katholizismus übergetreten. Sie wurde zur gläubigen Christin und blieb es auch nach der Scheidung von ihrem Mann. 1933 verlor sie ihrer Herkunft wegen ihr Engagement an der Oper und verdiente fortan ihr Brot als Sängerin in der Kirche. Sie lernte einen Mann kennen, auch er katholischer Kirchensänger jüdischer Herkunft. Sie wollte ihn heiraten – die Hochzeit war für das Frühjahr 1942 geplant.

Der Sänger kam auf die Liste zur Deportation am 20. November 1941. Rita Runge beschloss, nun früher zu heiraten, um ihren Mann begleiten zu können. Rosa Marx und ihr Sohn versuchten sie umzustimmen. Man sei die Theresienstraße auf- und abgelaufen und habe auf sie eingeredet, erinnert sich Richard Marx. Doch Rita Runge blieb bei ihrem Plan. Sie konnte nicht wissen, wohin die Fahrt ging, sie glaubte, das Ziel sei ein Arbeitslager in Polen. Bis heute steht Richard Marx die Hochzeit vor Augen. Sie fand in der Josefskirche statt. Viele Kirchensänger waren da, und die Hochzeitsgäste weinten. Wenig später ging das Ehepaar zum Sammellager in Milbertshofen.

Richard Marx heiratete 1950 Vera Manthey. Das Paar hatte nur wenige Jahre. Vera wurde krank und starb 1955. Drei Jahre vorher hatte Franz Herda Hochzeit gefeiert – mit Albertine Gimpel, die er gerettet hatte. Er ging mit ihr nach New York. Herda kam später nach Deutschland zurück. Ab 1960 lebte er wieder in Oberbayern. Er starb in Staudach im Chiemgau am 1. Dezember 1965.

Beate Kosmala

ROBERT EISENSTÄDTS FLUCHT AUS DEM KZ MAJDANEK

ÜBER FRANKFURT AM MAIN IN DIE SCHWEIZ

Obwohl die Jüdische Gemeinde zu Frankfurt am Main 1933 mit ihren 26 000 Menschen die zweitgrößte in Deutschland war, sind im Vergleich zu Berlin verhältnismäßig wenige Rettungen in der Mainmetropole bekannt. Dies liegt nur zum Teil daran, dass lange Zeit nicht nach solchen Fällen gesucht wurde; in Frankfurt haben tatsächlich viel weniger Juden als in der Reichshauptstadt versucht, im Untergrund zu überleben. Die Gründe dafür sind vielschichtig; die rapide Durchführung der Deportationen der Frankfurter Juden, die verhältnismäßig früh, bereits im September 1942, nahezu zum Abschluss gekommen waren, war sicher mit ausschlaggebend. In Berlin entschlossen sich erst seit dem Herbst 1942 immer mehr Jüdinnen und Juden dazu, sich dem Abtransport «in den Osten» zu entziehen und «illegal» zu leben.

Eine herausragende Rolle in Frankfurt spielten der Arzt Dr. Fritz Kahl und seine Frau Margarete, die mit ihren vier Kindern im Stadtteil Bockenheim lebten. Als 1943 ein aus dem Konzentrationslager Majdanek entkommener Jude aus Hanau ein Versteck brauchte, quartierten ihn die Kahls zunächst auf ihrem Dachboden ein. Einige Wochen später verhalfen sie ihm und seiner Verlobten, einer ungarischen Jüdin, zur Flucht in die Schweiz. Dass Robert Eisenstädt gerade bei diesem Ehepaar Zuflucht suchte und fand, hat eine Vorgeschichte.[1]

Fritz Kahl, 1895 im Spessart geboren, ließ sich Ende der 1920er Jahre als praktischer Arzt in Frankfurt-Bockenheim in der Blanchardstraße 22 nieder, einer vorwiegend von Arbeitern und Kleinbürgern bewohnten Gegend. Schon 1908 war er mit seinen Eltern in die Mainmetropole gezogen, als sein Vater, Pfarrer Heinrich Kahl, an die St. Markuskirche unweit der Universität versetzt wurde. Der junge Fritz, der 1914 am humanistischen Lessing-Gymnasium in Frankfurt das Abitur abgelegt hatte, gehörte zu der Generation, für die ihre Teilnahme als Soldat am Ersten Weltkrieg prägend wurde. Enttäuscht über die deutsche Niederlage, war er aus dem Krieg zurückgekehrt; den Versailler Vertrag empfand er als Unrecht. Als Medizinstudent in Marburg wandte er sich daher rechten Studentenkreisen zu. Freier war dagegen die Atmosphäre daheim im Frankfurter Pfarrhaus. Im Kreis der Studenten, denen die Eltern nach dem Ersten Weltkrieg in ihrem geräumigen Haus Zimmer vermieteten, befanden sich auch jüdische junge Leute, mit denen sich schließlich auch der Sohn des Hauses befreundete. Mutter und Vater seien für ihn stets Vorbilder geblieben und der Geist des Elternhauses sei «im besten Sinne liberal» gewesen, schrieb Fritz Kahl 1964. Der Vater, später auch Kirchenrat, arbeitete als Vorsitzender des Trägervereins des Bockenheimer Markuskrankenhauses mit dem «nichtarischen» Chirurgen Dr. Loewe eng zusammen. Aus der gemeinsamen Sorge um das Wohl des Krankenhauses entstand eine feste Freundschaft zwischen den beiden Männern und ihren Familien, in die auch Fritz Kahl und seine Frau einbezogen waren, die in der ersten Zeit ihrer Ehe noch im Pfarrhaus wohnten. 1926 hatte der angehende Arzt die um ein Jahr jüngere Margarete Zimmermann, Tochter eines Amtsrichters aus Schlüchtern im Vogelsberg, geheiratet. Bald darauf zogen sie in die Blanchardstraße, wo Dr. Kahl seine Kassen-Praxis eröffnete. In den folgenden Jahren wurden die vier Kinder geboren, Eugen 1927, Georg 1928, Gerhard 1933 und Renate 1938. Dr. Loewe, der väterliche Freund, wurde Georgs Taufpate.

Als am 10. November 1938, am Tag nach der «Reichskristallnacht», der elfjährige Eugen aus der Schule kam, fand er seine Eltern in ohnmächtiger Trauer. «Onkel Loewe» war im Gebüsch neben der Christuskirche im Frankfurter Westend, unweit seiner Wohnung, tot aufgefunden worden. Auf dem Nachhauseweg vom jüdischen Gagern-Krankenhaus, wo er seit seiner Entlassung aus dem Markuskrankenhaus als Chirurg nun ausschließlich jüdische Patienten behandelte, war er der SA, die in der nahegelegenen Festhalle jüdische Männer zusammengetrieben hatte, in die Hände gefallen und geschlagen worden. Dr. Loewe war eines der vier Todesopfer in Frankfurt in jener Nacht vom 9. auf den 10. November. Dr. Kahl war an diesem Tag zu Albert Leon, einem ihm unbekannten jüdischen Tuchfabrikanten, gerufen worden, der eine Herzattacke erlitten hatte. Noch ehe die Gestapo eintraf, gelang es dem Arzt, den Schwerkranken mit seinem eigenen Wagen unangefochten in das bereits von der Gestapo umstellte jüdische Krankenhaus einzuliefern. Seine «Frechheit» habe gesiegt, meinte er später dazu.

Eugen Kahl, 17 Jahre alt, Mai 1944 im Luftwaffenlazarett bei Frankfurt.

Als Eugen zu Hause von den antisemitischen Sprüchen seines Religionslehrers auf dem Wöhlert-Gymnasium angesichts der brennenden Synagoge berichtete, nahmen ihn die Eltern zum nächsten Versetzungstermin von dieser Schule und meldeten ihn am Lessing-Gymnasium an, wo das Klima anders war. Zwar war der Junge dadurch dem nationalsozialistischen Einfluss nicht entzogen, aber durch die Erlebnisse im Umfeld der Familie genügend gefeit, um nicht vereinnahmt zu werden. «Wenn ich als so genannter Hitlerjunge in den darauf folgenden Jahren, durch Vorträge von begeisterten HJ-Führern dazu verleitet, dem Nationalsozialismus auch nur die eine oder andere gute Seite abzugewinnen suchte, brauchte mein Vater mich nur an das Schicksal von Onkel Loewe zu erinnern. Meine Maßstäbe waren dann wieder zurechtgerückt.»

Aus nächster Nähe erlebten Kahls mit, wie sich immer mehr Freunde und Bekannte verabschiedeten, um Deutschland zu verlassen. Die meisten jüdischen Mediziner aus Frankfurt flüchteten in die Emigration. Viele jüdische Patienten im ärmeren Ostend der

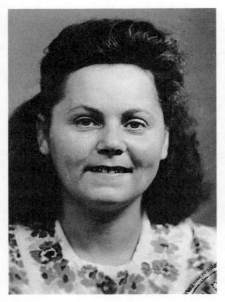

Eva Müller

Stadt blieben ohne ihre alten Hausärzte zurück. 1941 erlebte – neben all den äußeren deprimierenden Ereignissen – Familie Kahl einen schmerzhaften Verlust. Das jüngste Kind, die dreijährige Renate, starb. In dieser Zeit betreute Dr. Kahl, der zur ärztlichen Versorgung der Bevölkerung vom Kriegsdienst freigestellt worden war, zunehmend jüdische Patienten. Damit widersetzte er sich den Maßnahmen der Nationalsozialisten, die «arischen» Ärzten verboten hatten, jüdische Kranke aufzunehmen. Dr. Kahl gehörte zu einem der drei Frankfurter Mediziner, von denen bekannt war, dass sie Juden behandelten. Als er eines Tages von der Ärztekammer die rüde Aufforderung bekam, die Versorgung der jüdischen Kranken umgehend einzustellen, war er couragiert genug, diesen Einschüchterungsversuch mit dem Hinweis auf den hippokratischen Eid abzulehnen. Die Reaktion bestand in einer Schikane: «Wir teilen ihnen mit, daß die von Ihnen beantragte Lebensmittelzulage für überlastete Ärzte nicht gewährt werden kann, da Sie nicht so überlastet scheinen, was daraus ersichtlich ist, daß Sie noch Zeit finden, jüdische Patienten zu behandeln. Heil Hitler! Dr. Zöckler». Auf die Lebensmittelzulage musste Kahl nun verzichten. Mehr geschah aber nicht.

1942 muss der Arzt von Juden, die «illegal» lebten, gewusst und sie unterstützt haben. Wann immer er Lebensmittelkarten für Versteckte brauchte, fand er Hilfe im Kreis seiner Patienten, oft von einfachen Arbeitern, berichtete er später. Er habe insbesondere das Vertrauen seiner jüdischen Patienten genossen. Das sei so weit gegangen, dass eines Tages der damalige Vorsitzende der Frankfurter Jüdischen Gemeinde, von der noch ein kleiner Teil bestand, mit einer Liste von etwa zwanzig Namen mutmaßlicher jüdischer Ge stapo-Spitzel in der Praxis erschien. Zwei von ihnen waren seine Patienten. Kahl wurde zur Vorsicht ermahnt. Zu seinem Patientenkreis gehörten auch die beiden jüdischen Schwestern Tusette und Eva Molnar.[2] Sie waren ungarische Jüdinnen und kamen aus der Slowakei. 1928 waren die Eltern mit den Töchtern nach Frankfurt übergesiedelt. Eva, die jüngere, war damals etwa zehn Jahre alt. Nach der Schulzeit in Frankfurt erlernte sie den Beruf einer Schneiderin. Im November 1938 beschloss der Vater, Deutschland zu verlassen, da er als Jude und als tschechoslowakischer Staatsbürger diskriminiert wurde. Die Eltern zogen nach Riga, die Töchter wollten dagegen in Frankfurt bleiben. Bei Beginn der Deportationen im Oktober 1941 waren sie als Jüdinnen mit einem ausländischen Pass noch geschützt. Als der älteren Schwester Tusette (genannt Tuschi) schließlich ebenfalls die Verschleppung in ein Todeslager drohte, wandte sie sich an ihren Arzt. «Sie kam dann eines Tages zu mir, abends spät, weinend, und sagte: ‹Herr Doktor, jetzt bin ich auch dran. Meine Schwester und ich, wir werden beide verschleppt. Können Sie mir helfen?›», erinnerte sich Kahl. Die jüdische Patientin wurde nicht abgewiesen, der Arzt und seine Frau entschlossen sich spontan, sie aufzunehmen. Sie waren sich darüber im Klaren, welches Schicksal die Frau im Falle einer Deportation erwartet hätte. Als Dr. Kahl später danach gefragt wurde, ob er damals schon etwas über die Massenmorde im Osten gewusst habe, antwortete er: «Ich wußte alles, weil ich Patienten hatte, die zum Teil Kommunisten, zum Teil aber durchaus keine Kommunisten waren, aber das Dritte Reich und sein Regime, das ja schon ganz entartet war, hassten, die genau wussten, dass sie mir alles erzählen konnten. Ich habe sogar im Krieg, zum ersten Mal im Jahr 1942, geheim aufgenommene Aufnahmen gesehen von Massenexekutionen, und habe außerdem mehrere Leute gesprochen, die in Konzentrationslagern gewesen sind.» Tuschi Molnar blieb für einige Tage im Haus der Arztfamilie; der genaue Zeitpunkt ist nicht bekannt. Dr. Kahl konnte ihr dann ein gefälschtes Dokument besorgen. Ihr Ziel war eigentlich, nach Budapest zu gelangen. Als sie nach einer gefährlichen Reise Wien erreichte, blieb sie dort, fand Arbeit und konnte den Krieg unerkannt überleben.

Der Flüchtling aus Majdanek

Kurz nachdem Tuschi Molnar aus Frankfurt verschwunden war, bat auch ihre Schwester Eva Dr. Kahl um Hilfe, und zwar für ihren jüdischen Verlobten Robert Eisenstädt, einen jungen Mann aus dem nahen Hanau. Als er im Februar 1943 vor Kahls Tür stand, hatte er traumatische Erlebnisse hinter sich. Schon anlässlich der Pogromnacht im November 1938 war der damals Neunzehnjährige als «Aktionsjude» vier Monate Häftling des KZ Buchenwald gewesen. Seit 1940 musste er zunächst im Straßenbau, dann in kriegswichtigen Fabriken Zwangsarbeit leisten, zuletzt in Frankfurt. Im Mai 1942 sollte er mit seiner Mutter Henriette Eisenstädt und vier Geschwistern im Alter von 14 bis 26 Jahren sowie dem vierjährigen Heinz, Sohn seiner älteren Schwester, aus dem Hanauer Ghetto-Haus «in den Osten» deportiert werden. Eigentlich hatte er mit den beiden älteren Geschwistern geplant, sich bei Freunden zu verstecken. Als es akut wurde, verließ diese der Mut. Ein Bekannter riet schließlich vom Untertauchen ab. Robert ließ sich wohl durch den Hinweis, dass dann seine Mutter mit den jüngeren Geschwistern dafür büßen müsse, endgültig davon abhalten.

Nach traurigen Abschiedsszenen auf dem Bahnhof ging die erste Etappe der Hanauer Juden bis Kassel, wo sie in der Turnhalle einer Schule die Ankunft weiterer Gruppen von Juden abwarten mussten, bis ein Transport mit 1200 Menschen zusammengestellt war. Am 1. Juni begann die qualvolle Fahrt in den Osten. Die beiden älteren Geschwister Martha und Willi gaben in ihrer Verzweiflung Robert die Schuld, dass sie zur Deportation mitgegangen waren.

In der dritten Nacht mussten plötzlich auf Befehl der SS alle Männer unter fünfzig Jahren den Zug verlassen. Für die Frauen, Kinder und älteren Männer dieses Transports ging die Reise weiter und führte nach Sobibór, einem der drei Vernichtungslager der «Aktion Reinhardt», wo die Ankömmlinge direkt ins Gas geschickt wurden. Robert befand sich unter den Männern, die aus dem Zug getrieben worden waren. Er konnte auf einem Schild erkennen, dass sie sich auf dem Bahnhof der polnischen Stadt Lublin befanden. Noch in dieser Nacht wurden sie an den Stadtrand gehetzt, wo sich das neu errichtete KZ Majdanek befand. Robert hatte noch von Kassel aus durch Helfer der Jüdischen Gemeinde einen Brief an seine Verlobte hinausschmuggeln können. Für ihn stand fest, dass er um jeden Preis versuchen würde, zu Eva zurückzukehren. Einen Monat später, im Juli 1942, glückten ihm der Ausbruch aus dem KZ und die Flucht nach Frankfurt, wo er sich erschöpft und schwer erkrankt bei seiner Verlobten verbergen konnte. Seine Mutter, die Geschwister und den kleinen Neffen sollte er nie mehr wiedersehen.

Robert Eisenstädt

Über die Situation in Majdanek und die Zeit nach dem Ausbruch aus dem Lager berichtete Robert Eisenstädt: «Wir wurden in das Kriegsgefangenenlager der Waffen-SS gesteckt. Dort mußten wir allerlei Arbeiten verrichten. In einem Ersatzlager habe ich mir einen Zivilrock gestohlen, welchen ich bei einer Flucht gebrauchen konnte. Ich wurde aber erwischt und hatte nun zu befürchten, erschossen zu werden. Am 10. Juli 1942 gelang es mir dann, über Mittag über die Mauer zu klettern. Ohne vom nahen Wachposten gesehen zu werden, konnte ich entkommen. Bei der polnischen Bevölkerung bekam ich zu essen und wurde auch mit Geld versorgt. In Bakovic[?] wurde ich von der polnischen Polizei aufgegriffen und der deutschen Polizei übergeben. Ich gab an, daß ich von einem Arbeitertransport aus Minsk nach Deutschland verloren gegangen sei. Zufällig glaubte man mir diese Angaben. Ich wurde an den Stadthauptmann in Radom gewiesen, welcher mir einen Fahrschein bis nach Breslau aushändigte. Ich konnte also per Bahn bis nach Breslau. Selbstverständlich habe ich einen andern Namen angegeben. Auch durch die Kontrolle an der deutsch-polnischen Grenze bin ich gekommen. In Breslau bin ich zu Juden gegangen, welche mir andere Kleider und auch Geld gegeben haben. Ich fuhr dann per Bahn bis nach Frankfurt am Main. Die Gestapo hat mich in der Bahn nochmals kontrolliert. Ich kam auch diesmal wieder weg. In Frankfurt kam ich ganz krank bei meiner Braut an.»

Da der flüchtige junge Mann jederzeit erneut verhaftet und deportiert werden konnte, musste er ein sicheres Quartier finden. Eva Molnar war inzwischen selbst gefährdet, so dass das Versteck bei ihr zu riskant wurde. Dies war der Augenblick, als Fritz und Margarete Kahl einsprangen. Auf Bitten der Patientin nahmen sie Robert Eisenstädt auf und verbargen ihn auf dem Dachboden ihres Hauses. Das muss im Januar 1943 gewesen sein. Er verbrachte etwa vier Wochen in einem Verschlag auf dem Speicher. In der Wohnung darunter lebten die Großmutter und eine Tante, die beide über den heimlichen Bewohner im Dachgeschoss Bescheid wussten.

In dieser Zeit befand sich Sohn Eugen, inzwischen 16 Jahre alt, mit seiner Schulklasse als Flakhelfer außerhalb Frankfurts und konnte seine Familie nur noch einmal im Monat besuchen. Als er eines Tages unverhofft nach Hause kam und zufällig das Dachgeschoss betrat, erkannte er die Umrisse eines Mannes. Nach diesem Erlebnis klärten ihn seine Eltern über Robert Eisenstädts Identität auf und weihten schließlich auch den ein Jahr jüngeren Bruder Gerhard ein. Angst hatten die Eltern allerdings, dass die beiden älteren Söhne sich dem jüngsten Bruder gegenüber verplappern könnten, einem zehnjährigen lebhaften Jungen, der das Geheimnis dann vielleicht ausposaunen würde.

Durch die Gespräche mit seinen Eltern über den jüdischen Flüchtling erfuhr Eugen von der Massenvernichtung der Juden im Osten. Er musste versprechen, mit niemandem außerhalb der Familie über das Handeln seiner Eltern zu sprechen. Insbesondere bei seinen Freunden unter den Flakhelfern musste er schweigen. Die Jugendlichen führten allerdings politische Diskussionen, bei denen auch über das Schicksal der Juden gesprochen wurde. Als völliger Außenseiter unter seinen Altersgenossen fühlte sich Eugen nicht.

FLUCHT IN DIE SCHWEIZ

Robert Eisenstädts Aufenthalt auf dem Dachboden wurde für alle Beteiligten zunehmend schwieriger. Großmutter und Tante konnten in der darunter liegenden Wohnung die Schritte hören und wurden immer ängstlicher. Fritz und Margarete Kahl sannen auf einen Ausweg, wie sie den jungen Mann mit seiner Verlobten in Sicherheit bringen könnten, und erwogen eine Flucht in die Schweiz. Die wichtigste Voraussetzung, um die strengen Ausweiskontrollen auf Bahnhöfen und in Zügen zu überstehen, waren falsche Papiere. Vor allem für junge Männer waren überzeugende Dokumente unverzichtbar, da sie bei Militärkontrollen besonders streng überprüft wurden. In ihrer Not bezogen Kahls den Pfarrer Otto Fricke ein, Mitbegründer der Bekennenden Kirche und engster Freund der Familie, der zahlreiche Verbindungen in der Stadt hatte. Er gab ihnen den Hinweis auf Pfarrer Welcke, der wiederum Leute kannte, die schon zweimal offenbar erfolgreich bei einer Flucht in die Schweiz geholfen hatten. Einer von ihnen, ein Polizist, trieb schließlich einen Pass für Robert Eisenstädt auf, der auf einen anderen Namen ausgestellt war. Um auch ein Dokument für Eva Molnar zu beschaffen, musste Dr. Kahl selbst geradezu kriminelle Energie entwickeln. Sein Vorgehen zeigt die verzweifelte Situation. Zusammen mit dem Polizeibeamten drang er in eine Wohnung im Frankfurter Westend ein, um den Pass einer Arbeitsdienstführerin zu entwenden. «Die Geschichte klingt phantastisch, aber ich erinnere mich wie auch mein Bruder genau daran», schreibt später der Sohn Eugen Kahl fast entschuldigend. Die Pässe wurden fachmännisch umfrisiert, so dass eine Reise gewagt werden konnte. Margarete Kahl, die aus ihrer Jugend mit dem Schweizer Grenzgebiet gut vertraut war, heckte den Fluchtplan aus, und sie war es auch, die die beiden Flüchtlinge auf der Bahnfahrt von Frankfurt nach Singen am Hohentwiel begleitete. Eigentlich war sie eine eher ängstliche und zurückhaltende Frau, meint ihr Sohn Eugen über seine Mutter, aber in der damaligen Situation, als es um das Leben der beiden jungen Leute ging, wuchs sie über sich selbst hinaus. Sie begleitete ihre Schützlinge bis kurz vor die Schweizer Grenze und wies ihnen den Weg. Später

Adina Eisenstädt

schrieb ein jüdischer Freund der Familie, der Frankfurt 1940 verlassen hatte, aus New York, er erinnere sich an Margarete Kahl «als Mensch, bei dem sich Mut und seltene Herzensgüte vereinten und der einer ungewöhnlichen Anteilnahme fähig war».

Die letzte Strecke legten Robert Eisenstädt und Eva Molnar allein zurück. Zu Fuß gingen sie unbemerkt an der Grenze entlang und kletterten an einer geeigneten Stelle über einen Drahtverhau. Sie hatten unerhörtes Glück und blieben unbemerkt. Zu dieser Zeit schickten Schweizer Grenzpolizisten illegale Grenzgänger meist nach Deutschland zurück, was einem Todesurteil gleichkam. Am 21. Februar 1943 erreichten die beiden Schweizer Boden, ohne von Grenzposten überrascht worden zu sein. Robert Eisenstädt wurde zunächst im Schweizer Arbeitslager Olsberg interniert, aber wegen seines schlechten Gesundheitszustands bald wieder entlassen. Nach den Strapazen der Flucht aus Majdanek und Frankfurt war er so geschwächt, dass er mit seinen 24 Jahren nur mit Hilfe eines Stockes gehen konnte.

Eines Tages im Sommer 1943 erhielt Familie Kahl in Frankfurt ein Telegramm aus der Schweiz, das etwa lautete: «Wir teilen Euch mit Freude mit, dass gesunde Zwillinge angekommen sind», wie sich der älteste Sohn erinnert. Die Eltern wurden starr vor Schreck, da jede Post aus dem Ausland Verdacht erregen konnte, aber gleichzeitig waren sie erleichtert, da sie nun wussten, dass das riskante Unternehmen tatsächlich gelungen war.

Allerdings war es dafür auch höchste Zeit gewesen. Eva Molnar brachte im Juli 1943, fünf Monate nach der gefährlichen Flucht, in Basel eine Tochter zur Welt. Das Mädchen Maria Adina wurde als staatenloses Kind geboren. Eva und Robert heirateten im Dezem-

Familie Kahl nach dem Krieg

ber 1943. Eugen Kahl, der nicht erfahren hatte, dass Eisenstädts 1943 ein Kind bekamen, weiß auch nicht zu sagen, ob seine Eltern damals über Evas Schwangerschaft Bescheid wussten, vermutet aber, dass seine Mutter im Bilde war. Allerdings erscheint es naheliegend, dass Dr. Kahl als Evas Arzt davon wusste, und vielleicht war die Schwangerschaft der Grund, weshalb das Ehepaar Kahl nicht an ein weiteres Versteck in Frankfurt für das Paar dachte, sondern die Flucht aus Deutschland vorbereitete.

Nach der Geburt des Kindes wandten sich die jungen Eltern an eine Schweizer Adresse, die ihnen Dr. Kahl mit auf den Weg gegeben hatte. Es war der Pfarrer Adolf Freudenberg, der wegen seiner jüdischen Frau Else Liefland, einer Freundin der Kahls aus der Zeit im Bockenheimer Pfarrhaus, bereits 1938/39 aus Deutschland emigriert war. Freudenberg arbeitete in Genf in der jüdischen Flüchtlingshilfestelle des Ökumenischen Rates, wo Familie Eisenstädt weitere Hilfe erhielt. 1947 verließen sie die Schweiz und wanderten in die USA aus.

Nach der Befreiung

Bald nachdem am 28. März 1945 Frankfurt von den Amerikanern eingenommen worden war, suchten amerikanische Soldaten das Kahlsche Haus in der Blanchardstraße auf, um Grüße von ehemaligen Patienten zu überbringen. Dr. Fritz Kahl wurde als einer der wenigen unbelasteten Ärzte vom amerikanischen Stadtkommandanten zum «City Health Director» ernannt, «eine interessante und wilde Zeit», wie er sich erinnert. Damit war er Nachfolger jenes Dr. Zöckler geworden, der nun einen Persilschein von ihm wollte, da er sich hinter den Kulissen für ihn eingesetzt habe. Nach wenigen Monaten führte Dr. Kahl wieder seine Praxis.

Tuschi Molnar besuchte 1946 kurz vor ihrer Auswanderung in die USA ihren früheren Arzt. Auch sie brauchte von Dr. Kahl eine Bestätigung, dass sie in Frankfurt als Jüdin verfolgt war. Im Dezember dieses Jahres schrieb er ihr: «Tapfer und ungebrochen sind Sie, das weiß ich jetzt, und nach allem, was Sie durchlebt haben, werden Sie Ihr neues Schicksal meistern. Sollten Sie irgendwo in ‹God's own country› auf Frankfurter Bekannte stoßen, so grüßen Sie sie bitte von mir.»

Das Handeln von Margarete und Fritz Kahl, die mit ihrer menschlichen Haltung und mutigen Hilfe vielen Verfolgten ihr Los erleichtert und entscheidend dazu beigetragen hatten, dass sowohl Tuschi Molnar als auch Eva und Robert Eisenstädt und ihr Kind Maria Adina überleben konnten, blieb nach 1945 nahezu unbeachtet. Margarete Kahl starb 1957 im Alter von 61 Jahren. Sie und ihr Mann gehören nicht zum Kreis derer, die eine Auszeichnung bekamen. Erst im Rahmen einer schriftlichen Befragung durch den amerikanisch-jüdischen Politologen Manfred Wolfson, der in den Sechziger Jahren über deutsche Retter forschte, überlieferte Dr. Fritz Kahl einen Teil der Geschehnisse.[3] Der älteste Sohn Eugen, der ebenfalls Mediziner wurde und sich in Berlin als Internist niederließ, beschäftigte sich mit der Geschichte seiner Eltern und hielt in den letzten Jahren immer wieder Vorträge über seine Erlebnisse in der NS-Zeit.

VI Epilog

Juliane Wetzel

KARRIERE NACH DER RETTUNG

CHARLOTTE KNOBLOCHS WEG ZUR VIZEPRÄSIDENTIN DER JUDEN IN DEUTSCHLAND

Vor mehr als 20 Jahren, im November 1982, interviewte ich Charlotte Knobloch zum ersten Mal, damals allerdings interessierte mich vor allem die Geschichte ihres Vaters Fritz (Siegfried) Neuland, der als Überlebender des Holocaust zu den Initiatoren der wiedergegründeten Münchner Israelitischen Kultusgemeinde gehörte und von 1952 bis zu seinem Tod 1969 mit einigen Unterbrechungen Präsident der Münchner Gemeinde war. Zu ihrem eigenen Schicksal befragte ich – die unerfahrene, das Augenmerk nur auf das gerade zu bearbeitende Thema fixierte Doktorandin – Charlotte Knobloch damals nicht. Erst Jahre später erfuhr ich, dass sie als Kind bei einer Familie in Mittelfranken überlebt hatte. Anfang Februar 2003 traf ich mich zum zweiten Mal mit Charlotte Knobloch in ihrer Wohnung in München, in jenem Haus, in dem sie vor ihrer Flucht mit Vater und Großmutter gelebt hatte. Jetzt ist sie seit vielen Jahren Präsidentin der Israelitischen Kultusgemeinde in München und Vizepräsidentin des Zentralrats der Juden in Deutschland. Wir sprachen über ihr Leben – Verfolgung und Rettung während der NS-Zeit,[1] über Auswanderungspläne nach der Befreiung, über die Umstände ihres Verbleibens in Deutschland und schließlich über ihr Amt als oberste Repräsentantin der jüdischen Minderheit in Deutschland.

Charlotte Knobloch wurde am 29. Oktober 1932 in München als einziges Kind eines gutbürgerlichen Elternhauses geboren. Ihr Vater Fritz Neuland (geb. 1889 in Bayreuth) besaß eine prosperierende Anwaltskanzlei direkt im Münchner Stadtzentrum am Stachus. Im konservativ-jüdischen großelterlichen Haus, wo man

Deutsch fühlte und gleichzeitig nach koscherem Ritus kochte, hatte die Heirat von Fritz mit der zum Judentum konvertierten Margarethe heftige Diskussionen ausgelöst. Wie begründet diese Skepsis war, sollte sich später erweisen, als Charlottes Mutter dem nationalsozialistischen Verfolgungsdruck nicht standhielt und sich 1936 von Fritz Neuland trennte. Sie nahm dadurch dem Mann und dem einzigen Kind nicht nur den relativen Schutz einer «Mischehe», sondern ließ die damals vierjährige Tochter im Stich, was diese ihr auch später nie verzeihen konnte. An Stelle der Mutter übernahm die Großmutter Albertine Neuland (geb. 1866 in Bayreuth), die gerade Witwe geworden war, die Erziehung der kleinen Charlotte: «Sie war eine Dame, trug ein schwarzes Samtband um den Hals. Ich sehe sie noch heute vor mir mit dem grauen hochgesteckten Haar und Hut.»[2] Man spürt die kindlich liebevolle Hochachtung vor der alten Dame, die für Charlotte Mutterersatz wurde und sie prägte. Die Großmutter vermittelte ihr jüdische Traditionen und erzog sie bis zu ihrer erzwungenen Trennung 1943 nach den konservativen Regeln des Judentums.

Der Vater, der als Frontkämpfer des Ersten Weltkriegs ausgezeichnet worden war und allen Grund hatte, sich als Deutscher zu fühlen, eröffnete Charlotte den Blick in seine Arbeitswelt. Die enge Beziehung zu ihm und die ihm zufallende Beschützerrolle drückt sich in Charlotte Knoblochs Rede anlässlich der Ausstellungseröffnung «Anwalt ohne Recht» über das Schicksal jüdischer Anwälte in Deutschland nach 1933 im Oktober 2001 im Münchner Justizpalast aus: «Nur wenige Meter von diesem Ort entfernt, an dem Ihre Rechtsanwaltskammer des Oberlandesbezirks München diese wichtige und längst überfällige Ausstellung ausrichtet, führte mein seliger Vater Fritz Neuland seine stadtbekannte Rechtsanwaltskanzlei. Zum Stachus, mitten im Herzen von München, ging er Tag für Tag und oft begleitete ich ihn. Noch immer höre ich seine Schritte, noch immer fühle ich seine Nähe und spüre seine Hand mit der er meine kleine Kinderhand umfaßt hatte, wenn er mich mitnahm, hinauf in seine Kanzlei, wo ich von den Mitarbeitern und Kollegen meines Vaters willkommen geheißen wurde.»

Bereits sehr früh bekam die Familie die nationalsozialistische

Bedrohung zu spüren. Jüdische Rechtsanwälte gehörten nicht nur in Berlin, sondern auch unter dem bayerischen Justizminister Hans Frank bereits 1933 zu jenen Berufsständen, die besonders unter den antijüdischen Verfolgungsmaßnahmen zu leiden hatten. Regelmäßige Razzien galten deshalb vor allem dem Vater. Der Gesuchte konnte sich jedoch immer wieder über den Dienstboteneingang retten und beim Hausmeisterehepaar Unterschlupf finden.

Diese Möglichkeit blieb Fritz Neuland allerdings verwehrt, als er eines Tages in eine Straßenrazzia geriet, die gleichzeitig den Beginn einer Reihe von glücklichen Zufällen darstellte, die Vater und Tochter schließlich das Leben retten sollten. Während eines Spaziergangs in der Nähe der Wohnung hielt plötzlich eine «grüne Minna» neben den beiden. Die Polizisten forderten den Vater auf mitzukommen. Plötzlich spürte Charlotte eine Hand in der ihren. Sie wurde von einer Frau mitgezogen, die mit ihrem Mann und Kinderwagen an ihnen vorbeiging. Charlotte verstand sofort, dass sie – obwohl dieses Ehepaar ihr völlig fremd war – mitgehen und der Anordnung, sich keinesfalls umzudrehen, Folge leisten musste. Sie hatte diese geistesgegenwärtigen Menschen nie zuvor gesehen und auch später nicht erfahren, wer sie waren. Als keine Gefahr mehr drohte, begleiteten sie Charlotte zum Eingang ihres Wohnhauses und sagten ihr, sie solle sofort zu Hause über die Ereignisse berichten.

Der Vater war inzwischen mit anderen, die der Polizei in die Hände gefallen waren, in das Münchner Polizeigefängnis im Polizeipräsidium in der Ettstraße als «Schutzhäftling» gebracht worden. Verhaftete wurden hier oft unter der Folter verhört, bevor sie in andere Gefängnisse verlegt bzw. in Konzentrationslager verschleppt wurden. Fritz Neuland befand sich mit den anderen Häftlingen im Hof. Der Reihe nach wurden sie aufgerufen, Charlottes Vater als erster mit dem Befehl, zur Seite zu treten. Die übrigen wurden verladen und nach Dachau gebracht. Plötzlich trat ein Mann in Uniform auf Charlottes Vater zu und sprach ihn an: «Herr Neuland, sie kennen mich nicht, sie haben mich vor Jahren in einer Rechtsangelegenheit vertreten und ich konnte die Kosten nicht aufbringen.» Fritz Neuland hatte damals zu ihm gesagt, er solle das Honorar später einmal begleichen, wenn er dazu in der

Lage sei. Und dies tat er nun, indem er Neuland zur Freiheit verhalf. Vermutlich war es auch dieser alte Klient, der am 9. November 1938 telefonisch – anonym – der Familie eine Warnung zukommen ließ, auf keinen Fall die Kanzlei aufzusuchen und sofort die Wohnung zu verlassen. Vater und Tochter befolgten den Rat und irrten durch die Stadt. Aus sicherer Entfernung beobachteten sie die Ausschreitungen gegen das bekannte Münchner Kaufhaus Uhlfelder, und als sie an der Kanzlei eines guten Freundes, Justizrat Hugo Rothschild, in der Müllerstraße vorbeikamen, sahen sie, wie er mit erheblichen Kopfverletzungen aus dem Eingang weggeschleift und auf einen Wagen verfrachtet wurde. Rothschild war 1931 aus dem Judentum ausgetreten, was ihn jedoch nicht vor der Verfolgung schützte. Er verlor 1938 seine Zulassung und starb am 13. Februar 1945 in Dachau.[3]

Das stundenlange ziellose Umherirren der Neulands hatte schließlich ein Ende, als ein Telefonat mit nichtjüdischen Freunden in Gauting, die bereit waren, die beiden aufzunehmen, die Rettung brachte. Zu Fuß liefen sie den weiten Weg in den Ort außerhalb der Stadt, wo sie unterkommen konnten, bis der Pogrom vorüber war. Bald darauf – am 30. November 1938 – verlor Fritz Neuland wie weitere 97 Kollegen seine Zulassung als Rechtsanwalt und damit seine Existenzgrundlage. Bevor Fritz Neuland schließlich ab 1. Januar 1939 den Zwangsbeinamen «Israel» annehmen musste, hatte man ihn gezwungen, seinen Vornamen von Fritz in Siegfried zu ändern – eine äußerst ungewöhnliche Maßnahme, handelte es sich doch um einen ausgesprochen germanischen Namen. Bis heute kann sich Charlotte Knobloch dieses Paradoxon nicht erklären.

In der Münchner Lindwurmstraße 125/Rückgebäude, wo sich heute Unterrichts- und Seminarräume der Volkshochschule befinden, und das der Israelitischen Kultusgemeinde München in den Jahren zwischen 1938 und 1945 als Gemeindehaus mit Betsaal diente, stellte ein gewisser Koronczyk[4] die Deportationslisten zusammen. Er hatte zunächst als Verbindungsmann zwischen Gemeinde und jener NS-Stelle fungiert, die jüdisches Eigentum zugunsten von Nichtjuden enteignete. Mitte 1942 übernahm er die Leitung der nun nur noch als Zweigstelle der Zwangsorganisation für die Juden in Deutschland (Reichsvereinigung) firmierenden, ehemaligen Münchner Kultusgemeinde. Koronczyk hatte Fritz Neuland wissen lassen, dass ein Alten- und ein Kindertransport vorgesehen sei, er könne jedoch nicht beide – Großmutter und Tochter – von der Liste streichen. Die Entscheidung fiel auf Bitten der Großmutter zugunsten Charlottes, deren Namen Koronczyk von der Liste entfernte.

Im November 1941 waren die ersten Münchner Juden deportiert worden; es sollten bis 1945 weitere 42 Transporte folgen. In jenem vom 24. Juli 1942 nach Theresienstadt befand sich Charlottes Großmutter zusammen mit 49 weiteren Juden aus München.[5] Sie hatte sich freiwillig diesem Schicksal ergeben, um die Enkelin zu schützen. Frau Neuland kehrte nicht mehr zurück. Nach dem Krieg erfuhr die Familie von dem ersten Präsidenten der Israelitischen Kultusgemeinde München nach der Wiedergründung, Dr. Julius Spanier, der ebenfalls in Theresienstadt inhaftiert gewesen war, dass die Großmutter im Lager verhungert sei. Als Todesdatum wird im Theresienstädter Gedenkbuch der 19. Januar 1944 angegeben.

Durch die Hilfe des Gemeindemitarbeiters Koronczyk war Charlotte diesmal der Deportation entgangen, sie musste nun aber schnellstmöglich in Sicherheit gebracht werden. Schon zuvor war sie zweimal vorübergehend bei fremden Leuten untergekommen. Die Gründe sind ihr nicht bekannt, sie kann sich jedoch noch sehr genau erinnern, dass sie sich im ersten Ausweichquartier bei der Familie eines Kammersängers in Nymphenburg sehr unwohl fühlte und nach nur wenigen Tagen ausriss, um mit der Straßenbahn wieder nach Hause zu fahren. Das zweite Mal brachte ihr Vater sie nach Petershausen in ein Kloster, wo sie drei bis vier Wochen blieb. Die dort lebenden vielen Kinder erleichterten ihr den Aufenthalt und sie fühlte sich den Umständen entsprechend wohl.

Nicht Kinder, sondern die vielen Tiere auf dem Bauernhof halfen ihr die Zeit in ihrem dritten und schließlich rettenden Versteck zu ertragen. Charlottes Vater hatte sich mit der ehemaligen Haushälterin seines Bruders Willi, eines Nürnberger Kinderarztes, in Verbindung gesetzt, um die Möglichkeit einer vorübergehenden

Unterbringung des Kindes zu besprechen, wobei er nur von Kriegsgefahren sprach und die wirklichen Hintergründe nicht nannte. Ohne langes Zögern erklärte sich die 35-jährige Frau bereit, das Kind bei sich aufzunehmen. Nach der Emigration des Bruders und seiner Familie in die USA war die gläubige Katholikin in ihren Heimatort nach Mittelfranken zu ihrem 80-jährigen Vater und der Schwester auf den Bauernhof zurückgekehrt.

An den Abschied von der Großmutter kann sich Charlotte Knobloch noch heute bis ins kleinste Detail erinnern. Die Enkelin fuhr weg und wusste damals genau, dass sie die Großmutter nie wieder sehen würde. Sie kann sich heute nicht mehr erinnern, ob man ihr Genaueres gesagt hat oder ob sie es aus der allgemein bedrohlichen Atmosphäre und den Gesprächen zwischen Vater und Großmutter gespürt hatte.

Vater und Tochter machten sich im Sommer 1942 auf den Weg nach Mittelfranken in ein Dorf wenige Kilometer von Gunzenhausen entfernt. Die Fahrt im Zug war gefährlich, jederzeit konnten Kontrollen kommen und nach den Ausweisen fragen, die sie nicht hätten vorweisen können – ganz abgesehen davon, dass Juden das Zugfahren seit 24. April 1942 verboten war. Fritz Neuland und Charlotte reisten in unterschiedlichen Waggons und der Vater hatte dem Kind eingeschärft, an jeder Station den Bahnsteig zu beobachten, ob dort Männer mit Ledermänteln standen. Falls sie einsteigen würden, sollte das Kind sofort aussteigen und auf dem Bahnhof warten, bis er sie abholen käme. Die Fahrt verlief jedoch ohne Zwischenfälle. Vom Zielbahnhof machten sich beide dann auf den zweieinhalb Stunden langen Fußmarsch zum Wohnort der Bauernfamilie. Der Vater blieb nur kurz und machte sich dann sofort wieder auf den Heimweg. Charlotte glaubte nach ihren bisherigen Erfahrungen, auch diesmal wieder nur für kurze Zeit weg zu müssen. Aber sie blieb knapp drei Jahre in der Familie und das Stadtkind Charlotte musste sich an die bäuerliche Umgebung, die einfache Lebensweise und das Fehlen jeglichen Komforts, den sie aus der Stadt kannte – Heizung, warmes Wasser, wohnungseigene Toilette – gewöhnen. Sie lebte von nun an das Leben eines Bauernkindes, im Winter ging sie zur Schule, im Sommer arbeitete sie auf dem Feld und in der Landwirtschaft.

Außer dem Pfarrer, der über die tatsächlichen Hintergründe informiert war, glaubte jeder im Dorf, Charlotte sei das uneheliche Kind des ehemaligen Dienstmädchens. Dieses Gerücht hatte sich nach der Ankunft des Kindes schnell verbreitet und die Retterfamilie machte es sich als günstige Möglichkeit, die Existenz des Kindes zu erklären, gerne zu eigen. Die Schadenfreude der Dorfbevölkerung, dass die fromme Frau sich in der Stadt einen Fehltritt geleistet hatte, half, Charlottes Identität rasch zu festigen und sie als Mitglied der Dorfgemeinschaft zu akzeptieren. Sie bekam Lebensmittelkarten und erregte auch beim Ortsbauernführer keinerlei Skepsis. Dafür musste sie allerdings die gläubige Katholikin mimen, ging zur Kirche, kniete auf den «harten Kirchenbänken», lernte die Liturgie und richtiges Verhalten, um nicht aufzufallen. Ängstlich verfolgte die Bauernfamilie jegliches Gespräch, das Charlotte mit anderen Leuten führte. Immer hatten sie Angst, sie könne etwas verraten: «Die wußten ja nicht, daß ich viel klüger bin als die alle zusammen und gewußt habe, ich muß auf alles Acht geben. Interessanterweise tauchten nie Fragen auf, die waren so froh, der Haushälterin den Fehltritt nachweisen zu können, daß ihr Interesse befriedigt war.»

Wie jedes Bauernkind half Charlotte auf dem Feld, versorgte die Tiere, was ihr immer besondere Freude bereitete. Über die vielen bangen Stunden in Gedanken an ihren Vater und sein Schicksal, den sie glaubte nie wieder zu sehen, half ihr Kater Muschi hinweg, den sie abgöttisch liebte. Die Tiere wurden zu ihren Freunden, mit denen sie sich unterhielt. Charlotte war kein «U-Boot», sondern lebte unter falscher Identität ein vermeintlich normales Leben und durfte nicht zeigen, welche Sorgen sie sich um ihren Vater machte, von dem sie bis nach Kriegsende kein Lebenszeichen mehr erhielt. Charlottes Sorgen wurden in der Retterfamilie, die absolute Gegner der Nationalsozialisten waren, durchaus thematisiert und alle Rückschläge der deutschen Kriegführung wurden als Hoffnungsschimmer für die Rückkehr des Vaters gewertet.

Einer der wesentlichen Beweggründe, warum die Familie Charlotte Unterschlupf gewährt hatte, war ihre tiefe Religiosität, aus der heraus sie glaubte, durch ihre gute Tat die beiden Söhne, die sich an der Front befanden, beschützen zu können. Nach Kriegsende lehnte sie alle Initiativen von Charlotte Knobloch ab, sie in Jerusalem bei der Gedenkstätte Yad Vashem als «Gerechte unter den Völkern» ehren zu lassen bzw. sie für das Bundesverdienstkreuz vorzuschlagen. Sie hätten ihren Lohn bekommen, so ihre Argumentation, denn die Söhne seien zurückgekommen. Außerdem wollten sie jegliches öffentliches Aufsehen vermeiden, da sie mehrmals von Rechtsradikalen wegen ihrer Hilfe bedroht worden waren. Deshalb nennt Charlotte Knobloch auch den Namen des Ortes nicht, in dem sich diese Rettungsgeschichte ereignet hat. Im August 2002 starb ihre Retterin, die Presse berichtete von der Anwesenheit Charlotte Knoblochs bei der Beerdigung. Aus Angst bat die Familie, die inzwischen in der Öffentlichkeit bekannte prominente Repräsentantin der Juden in Deutschland, nicht mehr zu kommen.

Als der Krieg zu Ende war, versuchte die Familie Kontakt mit Charlottes Onkel in Amerika aufzunehmen, plötzlich traf jedoch die Nachricht ein, dass Fritz Neuland überlebt hatte und sich in einem Krankenhaus befand. Er hatte Zwangsarbeit in einem Rüstungsbetrieb bei München geleistet, dem ein Lager angeschlossen war, in dem sich vorwiegend sowjetische Kriegsgefangene befanden. Als er 1945 mit einem der letzten Transporte deportiert werden sollte, gelang es Neuland, sich mit Hilfe der Kriegsgefangenen zu retten und bei den Freunden in Gauting, die schon einmal im November 1938 geholfen hatten, unterzutauchen und sich auf dem Speicher zu verstecken. Durch die Bedingungen während der Zwangsarbeit hatte Neuland sein Augenlicht fast gänzlich eingebüßt, so dass er ärztlich behandelt werden musste. Gemeinsam mit zwei Bekannten, die ein Auto organisieren konnten, fuhr er eines Tages nach Mittelfranken, um seine Tochter zu suchen. Charlotte war gerade bei der Feldarbeit auf einem Wagen mit zwei angespannten Kühen, um die Felder mit Mist zu düngen. Sie hörte ein Auto kommen und versuchte das Leittier, das äußerst sensibel auf jegliche Geräusche reagierte, zu beruhigen. Plötzlich stieg ein Mann aus, den sie bald als ihren Vater erkannte. Trotzdem die Freude des Wiedersehens groß war, wollte sie nicht mit nach München, wo sie ihre Tiere und die Landwirtschaft vermissen würde und sich wieder an die Großstadt gewöhnen müsste: «Hätte man mir gesagt, ich kann dort (bei der Bauernfamilie) bleiben, wäre ich wahrscheinlich der glücklichste Mensch gewesen. Ich ahnte, daß ich mich in der anderen Welt lange nicht zurecht finden würde, mit Gleichaltrigen konnte ich mich ja gar nicht messen. Ich war so froh, daß mein Vater zunächst ohne mich zurückfuhr.«

Ein paar Wochen später holt Fritz Neuland seine Tochter dann nach München, wo sie zunächst Privatunterricht in verschiedenen Fächern erhielt. Sie sollte anschließend eine Aufnahmeprüfung für die Riemerschmid-Handelsschule machen, die ihr völlig misslang. Nur der vorgeschriebene Aufsatz, der zufällig zum Thema Tiere gestellt war, scheint so brillant gewesen zu sein, dass die Lehrer sich entschlossen, sie trotzdem zu nehmen, weil sie Charlottes verborgene Fähigkeiten erkannten. Sie konnte ihre Defizite bald aufholen und absolvierte die Schule schließlich mit einem recht guten Abschluss.

1948 lernte Charlotte Neuland 16-jährig in München ihren späteren Mann, Samuel Knobloch kennen, einen Überlebenden des Holocaust aus Krakau, der nach Australien auswandern wollte. Als die beiden sich 1951 entschlossen zu heiraten, ließen sie sich für die Emigration in die USA registrieren. Die Ausbildung für den erforderlichen Berufsnachweis musste Charlotte noch absolvieren. Sie lernte bei der jüdischen Hilfsorganisation ORT in München, die in entsprechenden Berufsausbildungskursen auf die Auswanderung vorbereitete, Damenschneiderei. Nach dem Abschluss erhielt das Ehepaar in St. Louis/Missouri einen Arbeitskontrakt, durchlief anschließend alle Stationen für die Auswanderung, dann aber kündigte sich ein Baby an und sämtliche Pläne mussten zunächst verschoben werden. Es folgten noch zwei weitere Kinder und die Auswanderungspläne wurden schließlich aufgegeben. Charlottes Vater arbeitete wieder als Anwalt und engagierte sich beim Wiederaufbau der Israelitischen Kultusgemeinde München. Die Tochter half ihm bei Büroarbeiten. Auch in die Tätigkeit des Vaters in der IKG konnte sie Einblick nehmen. Dies half ihr später, als sie in seine Fußstapfen trat.

Nach dem Tod Fritz Neulands folgte 1970 Hans Lamm als Präsident der Israelitischen Kultusgemeinde München, Charlotte Knobloch übernahm das Amt nach Lamms Tod 1985. Bereits seit 1981 gehörte sie dem Vorstand der Gemeinde an. Das Ergebnis der

Wahl 1985 kam für sie völlig überraschend. Die Frage, ob sie die Wahl annehmen würde, wurde ihr telefonisch nach Israel übermittelt, wo sie sich zu Besuch bei ihrer Tochter aufhielt. Sie wollte nicht zustimmen, bevor nicht der Rabbiner eingewilligt hatte: «Ich bin doch eine Frau.» Für das religiöse Oberhaupt der Gemeinde schien die Frage des Geschlechts keine Rolle zu spielen. Die Tatsache, dass Charlotte Knobloch als Frau der damals zweitgrößten jüdischen Gemeinde Deutschlands vorstand, bereitete nach ihrer Aussage auch weiterhin keine Probleme. Trotz des hohen Anteils orthodoxer Juden in der Münchner Gemeinde, die durch die Nachkriegszuwanderung jüdischer Überlebender aus Polen, den jüdischen «Displaced Persons», bis in die 80er-Jahre zu 60 Prozent von Juden osteuropäischer Herkunft geprägt war, vertrauen die Gemeindemitglieder dieser engagierten Frau nun schon seit mehr als 17 Jahren die Führung der Israelitischen Kultusgemeinde München an. 1996 wurde sie als erste Frau zur Vizepräsidentin des Zentralrats der Juden in Deutschland gewählt. Sie selbst bezeichnet sich allerdings als naiv, dass sie hatte glauben können, eine Frau könne auch Präsidentin des Zentralrats werden. Als sie nach dem Tod von Ignatz Bubis, für den sie die Trauerrede vor der versammelten bundesdeutschen Politikprominenz hielt, ihre Kandidatur als Nachfolgerin ankündigte, musste sie erkennen, dass die Zeit dazu noch nicht reif ist oder möglicherweise sogar nie sein wird. In einer Kampfabstimmung im Dezember 2000 unterlag sie dem bisherigen Vizepräsidenten Paul Spiegel. Zum ersten Mal stand die Wahl des Präsidenten des Zentralrats auch im Mittelpunkt des Medieninteresses. Wie aus der Berichterstattung um politische Ämter bekannt, wurden familiäre Details der Kandidaten diskutiert und Charlotte Knoblochs jüdische Herkunft in Zweifel gezogen. Dennoch wurde sie erneut zur Vizepräsidentin des Zentralrats gewählt. In einem Interview mit der Bild am Sonntag sagte Charlotte Knobloch: «Mit den Vorteilen eines Mannes hätte ich vielleicht größere Chancen gehabt. Ich bin der Meinung, dass Frauen größere Fähigkeiten haben, in führenden Ämtern ihren Mann zu stehen. Sie haben mehr Fingerspitzengefühl.»[6]

Neben ihren Verpflichtungen im Zentralrat engagiert sich Charlotte Knobloch in München für den Neubau eines Gemeinde- und

Kulturzentrums in der Stadtmitte am Jakobsplatz. Die Präsidentin der Münchner Kultusgemeinde möchte damit ermöglichen, wieder «Juden zum Anfassen» erleben zu können und vielleicht dazu beizutragen, Vorurteile abzubauen. Die Bedrohung der jüdischen Bevölkerung durch verbale, aber auch tätliche antisemitische Übergriffe ist ihr ein ebenso wichtiges Anliegen. Solchen Anschlägen ist auch sie selbst ausgesetzt, wenn, wie schon häufiger passiert, die Reifen ihres Autos zerstochen werden oder drohende Telefonanrufe die Gemeinde erreichen. Im letzten Jahr erhielt sie einen besonders perfiden antisemitischen Brief, in dem sie mit psychopathischen Mordphantasien bedroht wurde. Wenn auch nicht solche, so gehören doch antisemitische Briefe und Drohungen zum Alltag der in der Öffentlichkeit präsenten Vertreterin des Judentums in Deutschland. Mit solchen Herausforderungen und dem zunehmenden Antisemitismus seit der zweiten Intifada, der nicht nur das altbekannte Gesicht der Rechtsextremen zeigt, sondern auch bei Teilen der Linken, in den Reihen der Globalisierungsgegner und nicht zuletzt in der bürgerlichen Mitte mehr denn je präsent ist, wird sich Charlotte Knobloch auch weiterhin konfrontiert sehen und sich dabei oft auf sich allein gestellt fühlen.

Anhang

Anmerkungen

Wolfgang Benz | JUDEN IM UNTERGUND UND IHRE HELFER

1 Joachim Scholtyseck, Die Firma Robert Bosch und ihre Hilfe für Juden, in: Michael Kißener (Hrsg.), Widerstand gegen die Judenverfolgung, Konstanz 1996, S. 155–226.
2 Manfred Wieninger/Christiane M. Pabst, Feldwebel Anton Schmid: Retter in Wilna, in: Wolfgang Benz/Mona Körte (Hrsg.), Rettung im Holocaust. Bedingungen und Erfahrungen des Überlebens, Berlin 2001, S. 187–205.
3 Vgl. den Beitrag von Mona Körte, Herzensfragen, in diesem Band.
4 Dr. Hermann Pineas war Neurologe, Herta Pineas war im Jüdischen Wohlfahrtsamt und im Jüdischen Frauenbund engagiert. Beide überlebten und haben unmittelbar nach ihrer Befreiung Berichte über ihr zweijähriges Leben in der Illegalität verfasst, die höchsten Quellenwert haben. Vgl. Wolfgang Benz, Die Rettung des Ehepaares Pineas, in: ders. (Hrsg.), Die Juden in Deutschland 1933–1945. Leben unter nationalsozialistischer Herrschaft, München 1993, S. 675–684.
5 Wolf Gruner, Die Fabrik-Aktion und die Ereignisse in der Berliner Rosenstraße. Fakten und Fiktionen um den 27. Februar 1943, in: Jahrbuch für Antisemitismusforschung 11 (2002), S. 137–177.
6 Beschrieben sind die Aktivitäten des Retterpaares Donata und Eberhard Helmrich im Buch der Tochter: Cornelia Schmalz-Jacobsen, Zwei Bäume in Jerusalem, Hamburg 2002; s.a. den Beitrag in diesem Band.
7 Schmalz-Jacobsen, Zwei Bäume, S. 110.
8 Bernd Schmalhausen, Berthold Beitz im Dritten Reich. Mensch in unmenschlicher Zeit, Essen 1991.
9 Bernt Schiller, Raoul Wallenberg. Das Ende einer Legende, Berlin 1993; Heiner Lichtenstein, Raoul Wallenberg, Retter von hunderttausend Juden. Ein Opfer Himmlers und Stalins, Köln 1982.
10 Nina Gladitz-Perez-Lorenzo, Der Fall Giogio Perlasca, in: Dachauer Hefte 7 (1991), S. 129–143; Enrico Deaglio, Die Banalität des Guten. Die Geschichte des Hochstaplers Giorgio Perlasca, der 5200 Juden das Leben rettete, Frankfurt a. M. 1993.
11 Hillel Levine, In Search of Sugihara: The Elusive Japanese Diplomat who risked his life to rescue 10 000 Jews from the Holocaust, New York 1996.
12 Theo Tschuy, Carl Lutz und die Juden von Budapest, Zürich 1995.
13 Stefan Keller, Grüningers Fall. Geschichten von Flucht und Hilfe, Zürich 1993.
14 Wolfgang Benz/Claudia Curio/Andrea Hammel (Hrsg.), Die Kindertransporte 1938/39. Rettung und Integration, Frankfurt a. M. 2003.

15 Klaus Voigt, Villa Emma. Jüdische Kinder auf der Flucht 1940–1945, Berlin 2002.
16 Helga Krohn (Hrsg.), Vor den Nazis gerettet. Eine Hilfsaktion für Frankfurter Kinder 1939/40, Sigmaringen 1995.
17 Ohne das organisatorische und finanzielle Engagement von James Armand de Rothschild in London, dessen Beziehungen zur britischen Regierung die Palästina-Zertifikate ermöglichten, wäre die Rettung der 35 Knaben und 16 Mädchen vom Röderbergweg ebenso wenig möglich gewesen wie die Ausreise der Waisen aus einem anderen Heim, aus dem 21 Jungen im März 1939 in England eintrafen.
18 Christine Lenger, Die Cedar Boys - Frankfurter Kinder in Waddesdon Manor, ebd. S. 83–124.
19 Jack Jacobs, Ein Freund in Not. Das Jüdische Arbeiterkomitee in New York und die Flüchtlinge aus den deutschsprachigen Ländern 1933–1934, Bonn 1993; Varian Fry, Auslieferung auf Verlangen. Die Rettung deutscher Emigranten in Marseille 1940/41, hrsg. von Wolfgang D. Elfe und Jan Hans, München 1986.
20 Vgl. den Beitrag von Claudia Schoppmann, Fluchtziel Schweiz, in diesem Band; s.a. Franco Battel, «Wo es hell ist, dort ist die Schweiz». Flüchtlinge und Fluchthilfe an der Schaffhauser Grenze zur Zeit des Nationalsozialismus, Zürich 2000.
21 Vgl. den Beitrag von Dennis Riffel, Flucht über das Meer, in diesem Band. Siehe auch Wolfgang Benz, Illegale Einwanderung nach Palästina, in: Exilforschung. Ein Internationales Jahrbuch 19 (2001), S. 128–144.
22 Vgl. den Beitrag von Mona Körte, Herzensfragen, in diesem Band.
23 Wolfgang Benz/Mona Körte (Hrsg.), Rettung im Holocaust. Bedingungen und Erfahrungen des Überlebens, Berlin 2001 (Solidarität und Hilfe für Juden während der NS-Zeit, Bd. 4).
24 Christoph Weiss (Hrsg.), «Der Gute Deutsche». Dokumente zur Diskussion um Steven Spielbergs «Schindlers Liste» in Deutschland, St. Ingbert 1995.
25 Hans Rosenthal, Zwei Leben in Deutschland, Bergisch Gladbach 1980.
26 Inge Deutschkron, Ich trug den gelben Stern, Köln 1978.
27 Vgl. Beitrag von Doris Tausendfreund, «Jüdische Fahnder», in diesem Band.
28 Jizchak Schwersenz, Edith Wolff, Jüdische Jugend im Untergrund. Eine zionistische Gruppe in Deutschland während des Zweiten Weltkrieges, in: Bulletin des Leo Baeck Instituts 12 (1969), S. 58 f.
29 Larry Orbach, Vivien Orbach-Smith, Soaring Underground, Autobiographie, Berlin 1998.
30 Anita Lasker-Wallfisch, Ihr sollt die Wahrheit erben. Breslau – Auschwitz – Bergen-Belsen, Bonn 1997.
31 Peter Schneider, «Und wenn wir nur eine Stunde gewinnen...»: Wie ein jüdischer Musiker die Nazi-Jahre überlebte, Berlin 2001.
32 W. Berent. Erlebnisse der Charlotte Josephy in Deutschland unter nationalsozialistischer Herrschaft. Wiener Library P III d, Nr. 26 (Mikrofilm im Zentrum für Antisemitismusforschung, Technische Universität Berlin).

ANMERKUNGEN

33 Ilse Rewald, Berliner, die uns halfen, die Hitlerdiktatur zu überleben, Berlin 1975, S. 8f.
34 Bericht Ludwig Collm, 22.3.1959, Wiener Library P III d, Nr. 1081 (Mikrofilm im Zentrum für Antisemitismusforschung, Technische Universität Berlin).
35 Hans Rosenthal, Zwei Leben in Deutschland, Bergisch-Gladbach 1980, S.79 f.
36 Michael Degen, Nicht alle waren Mörder. Eine Kindheit in Berlin, München 1999.
37 Die Rettung des jüdischen Ehepaars Krakauer, in: Paul Sauer, Die Schicksal der jüdischen Bürger Baden-Württembergs während der nationalsozialistischen Verfolgungszeit 1933-1945, Stuttgart 1969, S. 440f.
38 Ursula Büttner/Martin Greschat, Die verlassenen Kinder der Kirche. Der Umgang mit Christen jüdischer Herkunft im «Dritten Reich», Göttingen 1998; Ursula Büttner, Die anderen Christen. Ihr Einsatz für verfolgte Juden und «Nichtarier» im nationalsozialistischen Deutschland, in: Beate Kosmala/Claudia Schoppmann (Hrsg.), Überleben im Untergrund. Hilfe für Juden in Deutschland 1941–1945, Berlin 2002, S. 127–150.
39 Bericht «Untergetaucht – an der Oberfläche 1941-1945», Wiener Library P III d, Nr. 119.
40 Hans Hirschel, Erlebnisbericht, Wiener Library P III d, Nr. 385.
41 Ruth Andreas-Friedrich, Der Schattenmann, Berlin 1947, S. 214 f.
42 Inge Deutschkron, Bericht einer jungen jüdischen Sozialistin über ihr illegales Leben in Berlin während des Krieges, Wiener Library P III d, Nr. 192; s.a. Inge Deutschkron, Ich trug den gelben Stern, S. 73f.
43 Inge Deutschkron, Berliner Juden im Untergrund, Berlin 1980; dies., Sie blieben im Schatten. Ein Denkmal für «Stille Helden», Berlin 1996; dies./Lukas Ruegenberg, Papa Weidt, Kevelaer 1999; dies., Ein Todesurteil und vier Leben, in: Inge Deutschkron, Wolfgang Benz, Stille Helden. Zeugnisse von Zivilcourage im Dritten Reich, Frankfurt a. M. 2002; dies., Daffke... Die vier Leben der Inge Deutschkron. 70 Jahre erlebte Politik, hrsg. von Wolfgang Kolneder, Berlin 1994.
44 Cioma Schönhaus, Der Weg ins Leben. Am Sonntag, dem 3. Oktober 1943, 11.00 Uhr, Manuskript im Zentrum für Antisemitismusforschung.
45 Vgl. Beate Kosmala, Mißglückte Hilfe und ihre Folgen: Die Ahndung der «Judenbegünstigung» durch NS-Verfolgungsbehörden, in: dies./Claudia Schoppman (Hrsg.), Überleben im Untergrund. Hilfe für Juden in Deutschland 1941–1945, Berlin 2002, S. 211.
46 Beate Kosmala verweist auf den Fall einer Berliner Krankenschwester, deren Todesurteil seit Günter Weisenborns Buch Der lautlose Aufstand (Hamburg 1953) immer wieder zitiert wird, sowie auf die Urteile des Volksgerichtshofs gegen Robert Havemann, Georg Groscurth, Herbert Richter und Paul Rentsch, ebenda, S. 218.
47 Erica Fischer, Aimeé & Jaguar. Eine Liebesgeschichte. Berlin 1943, Köln 1994.
48 Alexander Ramati, Der Assisi Untergrund: Assisi und die Nazibesetzung nach dem Bericht von Pater Rufino Niccacci, Frankfurt a. M., Berlin 1986.

49 Vgl. Wolfgang Benz, Mythos Anne Frank, in: ders., Bilder vom Juden. Studien zum alltäglichen Antisemitismus, München 2001.
50 Kurt R. Grossmann, Die Unbesungenen Helden, Berlin 1957.
51 In den sechziger Jahren folgten dem Buch Grossmanns folgende Darstellungen: Michael Horbach, Wenige: Zeugnisse der Menschlichkeit 1933–1945, München 1964; Heinz David Leuner, Als Mitleid ein Verbrechen war. Deutschlands stille Helden 1939–1945, Wiesbaden 1967.
52 Dennis Riffel, «Unbesungene Helden»: Der Umgang mit «Rettung» im Nachkriegsdeutschland, in: Beate Kosmala/Claudia Schoppmann (Hrsg.), Überleben im Untergrund. Hilfe für Juden in Deutschland 1941–1945, Berlin 2002, S. 317–334.
53 Pearl M. and Samuel P. Oliner, The Altruistic Personality. Rescuers of Jews in Nazi Europe. New York 1988; s.a. Eva Fogelman, «Wir waren keine Helden». Lebensretter im Angesicht des Holocaust. Motive, Geschichten, Hintergründe. Frankfurt am Main und New York 1995.
54 Douglas K. Huneke, In Deutschland unerwünscht. Hermann Gräbe – Biographie eines Judenretters, Lüneburg 2002.
55 Mordecaì Paldiel, The path of the rigtheous. Gentile rescuers of Jews during the Holocaust, Hoboken NJ 1993.
56 Vgl. Christine Zahn, Von einem Quartier zum nächsten, in diesem Band.
57 Vgl. Wolfgang Benz, Gegenleistungen, in diesem Band.
58 Vgl. Isabel Enzenbach, Die Vermieterin, in diesem Band.
59 Marion Neiss, «Herr Obersturmbannführer läßt daran erinnern, daß die Rate noch nicht da ist», in diesem Band.
60 Vgl. Karin Friedrich, «Er ist gemein zu unseren Freunden...», in diesem Band.
61 Solidarität und Hilfe. Rettungsversuche für Juden vor der Verfolgung und Vernichtung unter nationalsozialistischer Herrschaft, hrsg. im Auftrag des Zentrums für Antisemitismusforschung von Wolfgang Benz, Berlin 1996f., sieben Bände, darunter die Regionalstudien: Wolfgang Benz/Juliane Wetzel (Hrsg.), Solidarität und Hilfe für Juden während der NS-Zeit.
Bd. 1: Polen, Rumänien, Griechenland, Luxemburg, Norwegen, Schweiz, Berlin 1996;
Bd. 2: Ukraine, Frankreich, Böhmen und Mähren, Österreich, Lettland, Litauen, Estland, Berlin 1998;
Bd. 3: Dänemark, Niederlande, Spanien, Portugal, Ungarn, Albanien, Weißrußland, Berlin 1999;
Bd. 7: Italien, Bulgarien, Kroatien, Serbien, Slowakei, Belgien, Berlin 2003.
62 Beate Kosmala, Rettung von Juden im nationalsozialistischen Deutschland 1933–1945. Ein Forschungsprojekt am Zentrum für Antisemitismusforschung der Technischen Universität Berlin, in: Jahrbuch der historischen Forschung in der Bundesrepublik Deutschland 1998, München 1999, S. 36–44; Marie-Luise Kreuter, Rettung von Juden im nationalsozialistischen Deutschland. Ein Dokumentationsprojekt am Zentrum für Antisemitismusforschung der Technischen Universität Berlin, in: Zeitschrift für Geschichtswissenschaft 46 (1998), S. 445–449.

63 Vgl. Dennis Riffel, Datenbanken in der Geschichtswissenschaft. Das Projekt «Rettung von Juden im nationalsozialistischen Deutschland 1933–1945», in: Zeitschrift für Geschichtswissenschaft 50 (2002), H. 5, S. 436–446.

MARION WEISS | BERLIN WIELANDSTRASSE 18

1 Otto Jogmin gab 1985 und 1988 einer Arbeitsgruppe am Zentrum für Antisemitismusforschung der TU Berlin mehrere Interviews. Die wiedergegebenen Schilderungen in diesem Beitrag wurden sprachlich leicht geglättet.
2 Blockwart umgangssprachlich für Blockleiter. Blockleiter war die Bezeichnung für Parteifunktionäre der untersten Ebene, deren Hauptaufgabe darin bestand, die Mitgliedsbeiträge der Parteigenossen einzusammeln, für die Teilnahme der Bewohner ihres Blocks an politischen Kundgebungen und Feierstunden zu sorgen und für den Eintritt in NS-Organisationen zu werben. Darüber hinaus meldeten sie Vorgänge politisch-polizeilichen Charakters und die Verbreitung die Partei schädigender Gerüchte an die entsprechenden Behörden.
3 Eva Wulff wurde von mir 1988 interviewt und bestätigte die Erzählungen Otto Jogmins. Eva Wulff ist es zu verdanken, dass die beiden Meldebücher des Hauses erhalten sind. Sie liegen heute im Archiv des Zentrums für Antisemitismusforschung der TU Berlin.
4 Aufgrund seiner Erwerbslosigkeit und der geringen Arbeitslosenunterstützung von 19,20 DM pro Woche erhielt er eine monatliche Unterstützung vom 100,00 DM, auf die er allerdings keinen Rechtsanspruch hatte.

Cornelia Schmalz-Jacobsen | ZWEI HELFER OHNE EIGENNUTZ

1 Vgl. Cornelia Schmalz-Jacobsen, Zwei Bäume in Jerusalem, Hamburg 2002.

Marie-Luise Kreuter | «KÖNNEN WIR UNS NOCH IN DIE AUGEN SEHEN?»

1 So die Worte der Mutter in der Erinnerung des Sohnes, in: Gerda Gottschalk, Der letzte Weg, Konstanz 1991, S. 161, vgl. auch S. 165. Die Lebenserinnerungen von Gottschalk, die sie 1946 in einem internationalen Flüchtlingslager in Dänemark niederschrieb, enthalten auf den Seiten 145–168 einen Beitrag von Stephan H. Pfürtner sowie ein Vorwort von Josef Gülden, die beide an ihrer Rettung beteiligt waren. Vgl. auch die jüngst erschienene Lebenserinnerungen Pfürtners. Stephan H. Pfürtner, Nicht ohne Hoffnung. Erlebte Geschichte 1922 bis 1945, Stuttgart, Berlin, Köln 2001, hier S. 514 bis 548 sowie S. 85f.
2 Vgl. Pfürtner, in: Else Pelke, Der Lübecker Christenprozeß 1943. Mit einem Nachwort von Stephanus Pfürtner OP, Mainz ²1963, S. 246. Bundesarchiv Koblenz (im folgenden: BAK), B122/38570, Bundesminister der Finanzen, Vermerk vom 12.05.1978.

3 BAK, B 106/38881, Bl.16–17, hier Bl.16, Eidesstattliche Erklärung Stephanus H. Pfürtner OP vom 20.08.1957.
4 Gerda Gottschalk hat unterschiedliche Angaben zu ihrer Religionszugehörigkeit vor 1937 gemacht. Einer der Gründe mag darin liegen, dass die praktische Ausübung der jüdischen Religion in ihrer Kindheit eine geringe Rolle spielte und die jüdische Religionszugehörigkeit gleichzeitig auf den Widerstand ihrer Mutter stieß. Vgl. BAK, B 106/38881, Bl.18–20, hier Bl.18, Eidesstattliche Versicherung Gerda Gottschalk vom 11.11.1957. Vgl. auch ebenda, Bl.21–24, hier Bl.22, beeidete Aussage von Annemarie Antonie von Jan vom 03.12.1957.
5 Hiervon zeugt auch das Tagebuch von Dora Hansen, das Gerda Gottschalk in ihren Schuhen aus dem Lager schmuggelte. Dora Hansen, eine ältere Dame, wie Gottschalk aus Leipzig und katholisch konvertiert, hatte ihr die Tagebuchblätter als Vermächtnis für ihre Kinder anvertraut, bevor sie abtransportiert wurde. Eine gekürzte Fassung des Tagebuchs ist abgedruckt in: Gottschalk, Der letzte Weg, S. 128–139. Eine Kopie des transkribierten Originals befindet sich im ZfA. Vgl. Gottschalk, Der letzte Weg, S. 63–100.
6 So Maria Pfürtner in der Erinnerung ihres Sohnes. Vgl. Pfürtner, in: Gottschalk, Der letzte Weg, S. 165.
7 Pfürtner, in: Gottschalk, Der letzte Weg, S. 167, vgl. auch S. 166 sowie Pfürtners Ausführungen zur Gehorsamspflicht und dem Recht auf Widerstand, in: Pelke, Der Lübecker Christenprozeß, S. 236ff.; ders., Nicht ohne Hoffnung, S. 530ff.
8 Vgl. Gottschalk, Der letzte Weg, S. 115f.; BAK, B 106/38881, Bl.34, Brief Gerda Gottschalk an den Deutschen Koordinierungsrat der Gesellschaft für Christlich-Jüdische Zusammenarbeit E.V. vom 25.04.1973; vgl. ebenda, Bl.35, Brief Olrik Breckoff an Gerda Gottschalk vom 02.04.1973. Ob die Flucht von Ida Levithan wirklich erfolgreich war, geht aus den Akten allerdings nicht hervor. Vgl. Anm. 9.
9 Vgl. Pfürtner, Nicht ohne Hoffnung, S. 538, vgl. auch S. 537 u. S. 535f. BAK, B 106/38881, Bl.8, Brief Gerda Gottschalk an den Deutschen Koordinierungsrat für Christlich-Jüdische Zusammenarbeit vom 21.06.1972.
10 BAK, B 122/38570. Bemühungen, für Stephan Pfürtner auch eine Ehrung in Yad Vashem zu erreichen, verliefen negativ. Vgl. Brief von Gerda Gottschalk an die Autorin vom 07.09.1997.
11 Vgl. den Suchbrief von Ulrich W. Sahm vom 28.06.1989; ders., in: Generalanzeiger Bonn vom 02.03.1990, Augsburger Allgemeine vom 05.04.1990, Das Parlament vom 18.05.1990. Der Name des Mädchens findet sich unterschiedlich geschrieben, z.B. als Mitezka.
12 Josef Gülden hat zahlreiche religiöse und theologische Schriften verfasst. Seit 1940 war er Mitglied der deutschen Liturgischen Kommission; vgl. Stachel, Josef Gülden zum Gedächtnis, in: Hirschberg. Monatszeitschrift des Bundes Neudeutschland, Jg.46 (1993) H.3, S. 169f., Bernd-Lutz Lange, Davidstern und Weihnachtsbaum. Erinnerungen von Überlebenden, Leipzig 1992, S. 93ff. Gülden starb 1993.

13 Vgl. Brief von Pfarrer Clemens Rosner vom 17.12.1997 an die Autorin; Lange, Davidstern, S. 88f., Stachel, Josef Gülden, S. 169. Zu den versteckten Frauen gehörte eine Jüdin mit zwei kleinen Kindern, die im Keller des kirchlichen Hauses in der Dieskaustr. 297 lebte und von der im selben Haus wohnenden Helene Jaskola versorgt wurde. Der Ehemann der Untergetauchten desertierte gegen Ende des Krieges und konnte später mit Frau und Kindern in die USA emigrieren. (Mein Versuch, mit Frau Jaskola in Kontakt zu kommen, scheiterte. Sie lehnte ab.) Es wird auch von einer jüdischen Ärztin berichtet, die Gunkel versteckte und der er den Pass einer Berliner Katholikin besorgte. Die Ärztin nahm sich das Leben, der Pass wurde entdeckt. Theo Gunkel starb 1972. Vgl. den Nachruf, in der Kirchenzeitung für die Bistümer der DDR: Tag des Herrn, Jg. 1972. Zur Geschichte des Leipziger Oratoriums und seiner Protagonisten, vgl. Andreas Poschmann, Das Leipziger Oratorium. Liturgie als Mitte einer lebendigen Gemeinde, Leipzig 2001.

14 Vgl. den diesen Aspekt zusammenfassenden Beitrag von Ursula Büttner, Die anderen Christen. Ihr Einsatz für verfolgte Juden und «Nichtarier» im nationalsozialistischen Deutschland, in: Solidarität und Hilfe, Bd.5, S. 127 bis 150. Hier finden sich auch die Literaturhinweise zu Arbeiten, die mit soziologischen und sozialpsychologischen Kategorien versuchen, zu generalisierenden Aussagen über das Verhalten von Retter/innen zu gelangen.

15 Strandmädchen. Erzählung von Péer Gottschalk (unveröffentlicht, Kopie im ZfA). Die Erzählung knüpft an reale Begebenheiten an. Insgesamt fällt auf, dass Gerda Gottschalk Begegnungen mit Wehrmachtssoldaten positiv erlebte. Vgl. Gerda Gottschalk, Der letzte Weg, S. 40, 46, 68f., 82f. Gerda Gottschalk erfuhr nachträglich, dass Dora Hansen mit allen Passagieren eines Schiffes 1945 ertrunken ist. Vgl. den handschriftlichen Vermerk von Josef Gülden am Ende der maschinenschriftlichen Abschrift von Dora Hansens Tagebuchblättern.

Beate Kosmala | ZUFLUCHT IN POTSDAM

1 Christa-Maria Lyckhage, Guds vanmakt och Hitlers makt [Gottes Ohnmacht und Hitlers Macht], in: Göteborgsposten, 13. Januar 1969. Aus dem Schwedischen übersetzt von ders.]
2 Klaus Arlt, Chronologie der Synagogengemeinde Potsdam nach 1903, in: Robert Kaelter, Geschichte der jüdischen Gemeinde zu Potsdam, hrsg. von Julius H. Schoeps und Hermann Simon, Berlin 1993, S. 228–252, hier S. 244.
3 Alle persönlichen Angaben sowie zahlreiche Zitate stammen aus Briefen von Christa-Maria Lyckhage aus dem Jahr 2002 an die Autorin. Unter quellenkritischen Gesichtspunkten sind sie mit der gebotenen Einfühlung zu lesen. Die Erinnerung an Details ist nach so vielen Jahren zuweilen ungenau und von Wahrnehmungen der Gegenwart beeinflusst.
4 Zur Überlebensgeschichte von Konrad Latte vgl. Peter Schneider, «Und wenn wir nur eine Stunde gewinnen...». Wie ein jüdischer Musiker die Nazi-Jahre überlebte, Berlin 2000.

5 Die Rekonstruktion ist großenteils der unveröffentlichten Transkription eines Gesprächs entnommen: Dieter Heimlich, Gespräche mit Charlotte Holzer, Gesprächsprotokolle 1966/67, 257 S. Ich danke Regina Scheer (Berlin), die mir den Text überließ.
6 Rivka Elkan, «Das Jüdische Krankenhaus muss erhalten bleiben!» Das Jüdische Krankenhaus in Berlin zwischen 1938 und 1945, Berlin 1993.
7 Zur Herbert-Baum-Gruppe vgl. Michael Kreutzer, Die Suche nach einem Ausweg, der es ermöglicht, in Deutschland als Mensch zu leben. Zur Geschichte der Widerstandsgruppen um Herbert Baum, in: Wilfried Löhken/ Werner Vathke (Hrsg.), Juden im Widerstand. Drei Gruppen zwischen Überlebenskampf und politischer Aktion. Berlin 1939–1945, Berlin 1993, S. 95 bis 158. Konrad Kwiet/Helmut Eschwege, Selbstbehauptung und Widerstand. Deutsche Juden im Kampf um Existenz und Menschenwürde 1933–1945, Hamburg 1984. Siehe bes. S. 114–139.
8 Ruth Andreas-Friedrich, Der Schattenmann. Tagebuchaufzeichnungen 1938–1945, Frankfurt/Main 1986, S. 211.
9 Yad Vashem Archives, Sign. 02–696 (WL P.III.f. No. 917).
10 Brief von Christa-Maria Lyckhage.
11 Günther Brandt wurde 1981 für seine Hilfe für verfolgte Juden von Yad Vashem als «Gerechter» geehrt. Yad Vashem, Department of the Righteous, Sign. ger 1867.
12 Ursula Teichmann wird im Zusammenhang mit ihrer Hilfe für Familie Latte bei Peter Schneider, «Und wenn wir nur eine Stunde gewinnen», auf S. 71 und 76 f. erwähnt.

Andreas Mix | Hilfe im katholischen Milieu

1 Der Darstellung liegen die Entschädigungsakten von Annie Kraus im Entschädigungsamt Berlin (künftig Entschädigungsakte) und die Akten «Unbesungene Helden (künftig UH-Akte), ebenfalls im Entschädigungsamt Berlin, (derzeit im Archiv des Zentrums für Antisemitismusforschung) zugrunde.
2 Entschädigungsakte Reg.-Nr. 1690476. Annie Kraus. Bl. B 65–68.
3 UH-Akte 934 Margarete Kühnel. Bl. 10.
4 Kraus übersetzte: Raissa Gertrud Maritain: Der Engel der Schule, Salzburg 1935. Réginald Garrigou-Lagrange, Der Sinn für das Geheimnis und das Hell-Dunkle des Geistes, Paderborn, Wien, Zürich 1937.
5 Entschädigungsakte Reg.-Nr. 1690476. Annie Kraus. Bl. B 61.
6 Ebenda Bl. M 5., C 6. UH-Akte 934 Margarete Kühnel. Bl. 3 f.
7 Entschädigungsakte Reg.-Nr. 1690476 Annie Kraus. Bl. D 3. Aussage Annie Kraus am 8. März 1953.
8 Lagi Ballestrem-Solf, Tea party, in: Eric H. Boehm (Hg.), We survived. Fourteen histories of the hidden and hunted of Nazi Germany, Santa Barbara 1966, S. 130–149. Irmgard von der Lühe, Elisabeth von Thadden. Ein Schicksal in unserer Zeit, Düsseldorf, Köln 1966. Heinz David Leuner, Als Mitleid ein Verbrechen war. Deutschlands stille Helden, Wiesbaden 1967, S. 165.

ANMERKUNGEN 323

9 Hugo Stehkämper, Protest, Opposition und Widerstand im Umkreis der (untergegangenen) Zentrumspartei, in: Der Widerstand gegen den Nationalsozialismus. Die deutsche Gesellschaft und der Widerstand gegen Hitler, hg. von Jürgen Schmädeke und Peter Steinbach, München, Zürich 1986[2], S. 893. Hermann Graml, Solf-Kreis, in: Lexikon des deutschen Widerstandes, hg. von Wolfgang Benz und Walter H. Pehle, Frankfurt a. M. 1994, S. 298 bis 300. Knut Hansen, Albrecht Graf von Bernstorff. Diplomat und Bankier zwischen Kaiserreich und Nationalsozialismus, Frankfurt a. M., Berlin, Bern, New York, Paris, Wien 1996, S. 252 f., 255.
10 Entschädigungsakte Reg.-Nr. 1690476 Annie Kraus. Bl. C 21. Gräfin Ballestrem am 20. September 1954. UH-Akte 934 Margarete Kühnel. Bl. 5.
11 Ebenda
12 Ebenda Bl. 5. Priester unter Hitlers Terror. Eine biographische und statistische Erhebung, im Auftrag der Deutschen Bischofskonferenz unter Mitwirkung der Diözesanarchive, bearbeitet von Ulrich von Hehl, Mainz 1984, Sp. 251 f. Ger van Roon, Wilhelm Staehle. Ein Leben auf der Grenze 1877–1945, München 1969, S. 31–34, 41 f. Erxleben führte Staehle in den «Solf-Kreis» ein.
13 UH-Akte 934 Margarete Kühnel. Bl. 5.
14 Entschädigungsakte 1690476 Annie Kraus. Bl. C 15. Maria Helfferich am 1. September 1952.
15 Ebenda Bl. C 3, 5–7, 11 f., 15. Maria Helfferich am 11. September 1952, Martha Reimann am 28. August 1952, Gertrud Kaulitz am 8. September 1952, Sophia Hauser, Maria George am 12. Juni 1946, Hanna Solf am 27. Juni 1946, Maria Helfferich am 1. September 1952.
16 Marianne Möhring, Täter des Wortes. Max Josef Metzger. Leben und Wirken, Meitingen, Freising 1966. Klaus Drobisch, Wider den Krieg. Dokumentarbericht über Leben und Sterben des katholischen Geistlichen Dr. Max Josef Metzger, Berlin (O) 1970, S. 7–94. Franz Posset, Krieg und Christentum. Katholische Friedensbewegung zwischen dem Ersten und Zweiten Weltkrieg unter besonderer Berücksichtigung des Werkes von Max Josef Metzger, Meitingen, Freiburg 1978.
17 UH-Akte 934 Margarete Kühnel. Bl. 3, 7. Entschädigungsakte 1690476 Annie Kraus. Bl. C 5, C 7. Martha Reimann am 28. August 1952, Sophia Hauser.
18 UH-Akte 934 Margarete Kühnel. Bl. 6 f. Archiv des Christkönigs-Institut M 13.3.1. Nachruf von Martha Reimann auf Annie Kraus vom 16. April 1991.
19 UH-Akte 934 Margarete Kühnel. Bl. 7.
20 Ebenda Bl. 7. Kurt R. Grossmann, Die unbesungenen Helden. Menschen in Deutschlands dunklen Tagen, Berlin 1957, S. 81–85. Werner Oehme, Märtyrer der evangelischen Christenheit 1933–1945. Neunundzwanzig Lebensbilder, Berlin 1985[3], S. 121–125.
21 UH-Akte 934 Margarete Kühnel. Bl. 3, 7. Entschädigungsakte Reg.-Nr. 1690476 Annie Kraus. Bl. C 2, C 11. Maria George am 6. September 1952 und am 12. Juni 1946.
22 UH-Akte 934 Margarete Kühnel Bl. 3, 7. Entschädigungsakte Reg.-Nr.

324 Anhang

1690476 Annie Kraus. Bl. C 3, C 15. Maria Helfferich am 11. September 1952 und 1. September 1952.
23 UH-Akte 934 Margarete Kühnel Bl. 3, 7. Entschädigungsakte Reg.-Nr. 1690476 Annie Kraus. Bl. C 6. Gertrud Kaulitz am 8. September 1952. UH-Akte 1475 Gertrud Kaulitz. Bl. 52.
24 Priester unter Hitlers Terror. Sp. 68f.
25 Archiv Christkönigs-Institut M 6.8.4. Metzger an Fischer am 7. Mai 1943. Fischer an Metzger am 12. Mai 1943.
26 Entschädigungsakte Reg.-Nr. 1690476 Annie Kraus. Bl. C 4, C 14. Martha Reimann am 28. August 1952, Anton Fischer am 26. Juni 1946. Martha-Gertrudis Reimann, Vater Paulus. Erinnerungen und Erlebnisse aus der dritten Gefangenschaftszeit. In: Max Josef Metzger, Auf dem Weg zu einem Friedenskonzil. Herausgegeben von Rupert Fenneburg und Rainer Öhlschläger. Stuttgart 1987, S. 64 f.
27 Entschädigungsakte Reg.-Nr. 1690476 Annie Kraus. Bl. C 8, C 22 u.36. Otto Rieseberg am 1. September 1952, Therese Fritz am 18. September 1954, Alois Rief am 10. November 1954.
28 Ebenda Bl. C 5, C 8. Gertrud Reimann am 28. August 1952, Otto Rieseberg am 1. September 1952.
29 Drobisch, Krieg, S. 79–86. Reimann, Vater Paulus. S. 66–74.
30 Annemarie Weiß, Streiflichter aus der dritten und letzten Gefangenschaft des Priesters Dr. Max Josef Metzger, in: Hugo Otto, Annemarie Weiß, Martha-Gertrudis Reimann, Dr. Max Josef Metzger. Beiträge zum Gedenken, Freiburg 1986, S. 229 f. Reimann, Vater Paulus. S. 65. Die Hintergründe für ihre Verhaftung und Freilassung sind unbekannt.
31 Max Josef Metzger: Christuszeuge in einer zerrissenen Welt. Briefe und Dokumente aus der Gefangenenschaft 1934–1944. Neuausgabe herausgegeben und eingeleitet von Klaus Kienzler, Freiburg, Basel, Wien 1991, S. 249–253, 289 f. Hansen, Bernstorff, S. 263 f.
32 Das «Friedensmemorandum», die Anklage und das Urteil gegen Metzger sind abgedruckt in: Drobisch, Krieg, S. 113 f., 150–159.
33 Von der Lühe, Thadden, S. 261. Ballestrem-Solf, Tea party, S. 145–148. Hansen, Bernstorff, S. 265–272.
34 Annie Kraus, Fülle und Verrat der Zeit. Zum Begriff der existenziellen Situation, Salzburg 1948. Dies., Über die Dummheit, Frankfurt a. M. 1948.
35 «Dem hochwürdigen Herrn Pfarrer Anton Fischer in Durach in tiefer Verehrung und Dankbarkeit.» in: Dies., Die Vierte Bitte, Frankfurt a. M. 1948, S. 1.
36 Entschädigungsakte Reg.-Nr. 1690476 Annie Kraus Bl. M 5, B 47 f.
37 Ebenda Bl. C 15. Maria Helfferich am 1. September 1952. UH-Akte 934 Margarete Kühnel. Bl. 8.
38 Ebenda Bl. 5.
39 Ebenda Bl. 5 f.
40 Ebenda Bl. 10.
41 Carl Schmitt, Glossarium. Aufzeichnungen der Jahre 1947–1951, herausgegeben von Eberhard Freiherr von Medem, Berlin 1991, S. 205.

ANMERKUNGEN 325

42 Annie Kraus, Vom Wesen und Ursprung der Dummheit, Köln, Olten 1961. Dies., Über den Hochmut, Frankfurt a. M. 1966. Das Mysterium des Todes, Frankfurt a. M. 1955. Christkönigs-Institut Archiv M 13.3.1. Nachruf von Martha Reimann auf Annie Kraus vom 16. April 1991 vom Informationsdienst des Christkönigs-Institut. Entschädigungsakte Reg.-Nr. 169476. Annie Kraus. Bl. M 90.
43 Dies., Der Begriff der Dummheit bei Thomas von Aquin und seine Spiegelung in Sprache und Kultur, Münster 1971.
44 Dies., Tu das, so wirst du leben!, Meitingen, Freising 1969. Dies., Zeit der Liebe, Meitingen, Freising 1970.
45 UH-Akte 934 Margarete Kühnel. Bl. 3 f., 43. UH-Akte 1475. Margarete Kaulitz. Bl. 52.

Christina Herkommer | RETTUNG IM BORDELL

1 Die folgenden Angaben stammen aus einem handschriftlichen Lebenslauf Charlotte Erxlebens, der ihrem im Juni 1959 gestellten Antrag auf Ehrung im Rahmen der Aktion «Unbesungene Helden» des Berliner Senats beiliegt (vgl. UH 157).
2 1986 wurde von Marion Neiss, Mitarbeiterin am Zentrum für Antisemitismusforschung der Technischen Universität Berlin, ein Interview mit Steffi Ronau-Walter geführt. Das Interview liegt als Transkript vor.
3 In anderen Quellen wird das polnische Konzentrationslager Trawniki als Ort genannt, an den Fritz Walter deportiert wurde (vgl. Bundesarchiv Koblenz (Hrsg.) (1986): Gedenkbuch. Opfer der Verfolgung der Juden unter der nationalsozialistischen Gewaltherrschaft in Deutschland 1933–1945, Koblenz, S. 1544).

Dennis Riffel | FLUCHT ÜBER DAS MEER

1 Näheres über die Initiative «Unbesungene Helden» des Berliner Senats in: Dennis Riffel, «Unbesungene Helden»: Der Umgang mit «Rettung» im Nachkriegsdeutschland, in: Beate Kosmala / Claudia Schoppmann (Hrsg.), Überleben im Untergrund. Hilfe für Juden in Deutschland 1941–1945, Berlin 2002, S. 317–334.
2 Die Erlebnisse des Ehepaares Pietsch werden im Folgenden aus drei verschiedenen Quellen rekonstruiert: den Entschädigungsakten Gustav und Gertrude Pietsch, der Akte Unbesungene Helden (UH) 606 und der Ehrungsakte Pietsch. Die beiden letztgenannten Quellen sind Teil eines Bestandes, der dem Zentrum für Antisemitismusforschung vom Entschädigungsamt Berlin und der Senatsverwaltung für Inneres zur Auswertung zur Verfügung gestellt wurde.
3 Marek Andrzejewski, Opposition und Widerstand in Danzig, Bonn 1994, S. 58.
4 Dieter Schenk, Hitlers Mann in Danzig. Albert Forster und die NS-Verbrechen in Danzig-Westpreußen, Bonn 2000, S. 48–55.

5 Rüdiger Ruhnau, Freie Stadt Danzig 1919–1939, Berg am See 1979, S. 132.
6 Ernst Sodeikat, Der Nationalsozialismus und die Danziger Opposition, in: Vierteljahreshefte für Zeitgeschichte 14 (1966), S. 146, und Ruhnau, Freie Stadt Danzig, S. 133.
7 Sodeikat, Der Nationalsozialismus und die Danziger Opposition, S. 157.
8 Andrzejewski, Opposition und Widerstand in Danzig, S. 103–105.
9 Siehe dazu: Sodeikat, Nationalsozialismus und Danziger Opposition, S. 167, und Andrzejewski, Opposition und Widerstand in Danzig, S. 159.
10 Ernst Sodeikat, Die Verfolgung und der Widerstand der Juden in der Freien Stadt Danzig von 1933 bis 1945, in: Bulletin des Leo Baeck Instituts, 30 (1965), S. 133.
11 Erwin Lichtenstein, Die Juden der Freien Stadt Danzig unter der Herrschaft des Nationalsozialismus, Tübingen 1973, S. 64–67.
12 Sodeikat, Verfolgung und Widerstand der Juden, S. 76–77 und S.147.

Mona Körte | HERZENSFRAGEN

1 Das «Jodenregister» war eine erste antijüdische Maßnahme, um einen amtlichen Überblick über die Gesamtzahl der in Belgien lebenden Juden zu ermitteln.
2 Zu trauriger Berühmtheit gelangten diese und andere Karteien auch als Grundlage der Wiedergutmachungsverhandlungen für die Opfer. Gemäß den Forderungen des Reichsfinanzministeriums sollten für die beschlagnahmten Möbel Quittungen mit Taxwert ausgestellt werden, auch diese Papiersammlung diente späteren Wiedergutmachungsansprüchen.
3 Die bei Sylvain Brachfeld in seinem Buch Ze hebben het overleeft, Brüssel 1997, S. 269 abgedruckte Liste führt 136 Namen katholischer und anderer Institutionen in Belgien auf, die Juden während des Krieges gerettet haben.
4 Vgl. Mark Van den Wijngaert, Les Catholiques Belges et les Juifs durant l'Occupation Allemande 1940–1944, In: Les Juifs de Belgique. De l'Immigration au Genocide 1925/1945, S. 121–127.
5 In Jane Marks Buch The Hidden Children. The Secret Survivors of the Holocaust, New York 1993, berichten viele Überlebende von der Wucht unwillkürlicher Erinnerungen.
6 Vgl. dazu Daniel L. Schacter, Wir sind Erinnerung. Gedächtnis und Persönlichkeit, Reinbek bei Hamburg 2001.
7 Serge Klarsfeld und Maxime Steinberg (Hg.), Die Endlösung der Judenfrage in Belgien. Dokumente, New York 1980, S. 30f.
8 Nechama Tec, A Historical Perspective: Tracing the History of the Hidden-Child Experience, in: Marks, The Hidden Children, S. 287.
9 «Sah' zwei Bären, Brote schmieren. Oh, das war ein Wunder!»
10 Die Bedeutung des Herzens zeigt sich noch an ihrer Ordenstracht. Lange Zeit ließ ihre Haube das Gesicht in Form eines Herzens frei.

Isabel Enzenbach | Die Vermieterin

1 Der Brief und die Recherchen des Entschädigungsamtes sind in der Akte «Unbesungene Helden» 1453 (Archiv des Zentrums für Antisemitismusforschung, TU Berlin) enthalten. Ich danke Klaus Peter Wagner herzlich für seine ausführlichen Informationen, die er mir im Januar 2003 zur Verfügung stellte. In der Ehrungsakte Irene Klebers findet sich auch eine Erklärung, in der sie der Veröffentlichung ihres Namens zustimmt. Hildegard v. Giese dagegen ist ein Pseudonym. Die so bezeichnete wurde zu Lebzeiten nicht gefragt, ob ihr Name veröffentlicht werden kann. Der Brief Irene Klebers an das Entschädigungsamt ist unter quellenkritischen Gesichtspunkten besonders zu beachten. Wie neuere Forschungen zu Erinnerung und Gedächtnis gezeigt haben (hier besonders die Arbeiten von Daniel Schacter), wird die Vergangenheit entsprechend dem aktuellen Anlass immer wieder neu «zusammengesetzt». So ist auch Frau Klebers Brief eher ein Dokument ihrer Vergangenheitsbewältigung, als ein Bericht über den Verlauf der Geschichte.

Marion Neiss | «Herr Obersturmbannführer lässt daran erinnern»

1 Der Name wurde auf ausdrücklichen Wunsch der Interviewten geändert. Das Interview liegt als Manuskript im Archiv des Zentrums für Antisemitismusforschung der Technischen Universität Berlin.
2 Kladow ist ein Villenvorort im Berliner Süden.
3 An anderer Stelle bezeichnet Frau von Schöhler ihn als Obersturmbannführer.
4 Glienicke ist ein Villenvorort im Südwesten Berlins.

Claudia Schoppmann | Fluchtziel Schweiz

1 Bericht Luise Meier, Assistance to Jews escaping from Germany, 1955, Yad Vashem, Wiener Library Nr. 193, Bl. 15.
2 Erst ab Juli 1944, zwei Jahre nachdem die politisch Verantwortlichen in der Schweiz vom Massenmord erfahren hatten, wurde jüdischen Flüchtlingen generell Aufnahme gewährt. Von den 55000 Zivilflüchtlingen, die zwischen 1933 und 1945 in die Schweiz gelangten, stammten nur 2592 aus Deutschland (davon waren 1404 jüdischer Herkunft). Siehe Kurt Schilde, Grenzüberschreitende Flucht und Fluchthilfe (1941–1945): Ereignisse, Interessen und Motive, in: Beate Kosmala/Claudia Schoppmann (Hrsg.): Überleben im Untergrund. Hilfe für Juden in Deutschland 1941–1945, Berlin 2002, S. 151 bis 165.
3 22 sind namentlich bekannt, darunter: Alfred und Rosa Schindler, 7.6.1943 (=Datum des Grenzübertritts); Elisabeth Goldschmidt, 4.7.1943; Ruth Michaelis, 9.10.1943; Ernst Schwerin und Gerd Ehrlich, 10.10.1943 (G. Ehrlich, Mein Leben in Nazi-Deutschland, unveröff. MS 1945/88, ZfA); Else und Mar-

got Murzynski, 30.10.1943; Hannchen Stein, 21.11.1943; Heinz und Lucie Schacher, 26.12.1943; Lotte und Walter Heskel, 17.4.1944; Elsbeth Rosenfeld, 20.4.1944 (Elsbeth Behrend-Rosenfeld, Ich stand nicht allein. Erlebnisse einer Jüdin in Deutschland 1933 bis 1944, Hamburg 1949). Siehe Franco Battel, «Wo es hell ist, dort ist die Schweiz». Flüchtlinge und Fluchthilfe an der Schaffhauser Grenze zur Zeit des Nationalsozialismus, Zürich 2001, S. 210.
4 Bericht Frau C. (=Curth), My narrow escape to Switzerland, Yad Vashem 02/1072, Bl. 3.
5 Bericht Herta Mamelok (=verwitwete Perls), Unsere Flucht aus Berlin, Yad Vashem 02/176, Bl. 1.
6 Lotte Strauss, Über den grünen Hügel. Erinnerungen an Deutschland, Berlin 1997, S. 136; Jizchak Schwersenz, Die versteckte Gruppe. Ein jüdischer Lehrer erinnert sich an Deutschland, 4. Aufl. Berlin 2000, S. 154. – Eberhard Meier, aus Stalingrad entkommen, geriet später in amerikanische Kriegsgefangenschaft. Die beiden anderen Söhne, Norbert und Rudolf, fielen als Soldaten im Krieg; letzterer war seit 1934 Mitglied der Leibstandarte SS Adolf Hitler. Personalakte R. Meier, Bundesarchiv Berlin; Auskunft von Eberhard Meier jun., 6. und 30.1.2003.
7 Entschädigungsakte Willy Vorwalder, Landesamt für Besoldung und Versorgung Baden-Württemberg, Fellbach, EF 1987, Bl. 31.
8 L. Strauss, Hügel, S. 167.
9 Berliner Adreßbücher 1936–1943. Alexander von Kuk, einem ehemaligen Bewohner der Taubertstr. 5, verdanke ich wichtige Hinweise auf die Situation im Haus (Briefe v. 21.5.2001, 22.11.2002).
10 Entschädigungsakte Luise Meier, Staatsarchiv Münster, Regierung Arnsberg 29702, Schreiben v. 28.7.1954.
11 Brief v. 14.4.1960, im Nachlaß von L. Meier, den mir Eberhard Meier freundlicherweise zur Verfügung stellte.
12 Battel, Flüchtlinge, S. 336; Bericht Ernst Ludwig Ehrlich, Report on his illegal life by one of the three surviving graduates of the last course of the Lehranstalt für die Wissenschaft des Judentums in Berlin, Yad Vashem 02/1067.
13 Entschädigungsakte Mathilde Staberock, Landesamt für Besoldung und Versorgung Baden-Württemberg, Fellbach, EF 11678, Bl. 20.
14 Bericht Lotte Heskel, Our underground life in Berlin during the war, Yad Vashem 02/557.
15 Zu Schwersenz' Fluchtweg siehe: Alfred G. Frei/Regina Grabherr/Andreas Weiss: «Grund der Arretierung: Obdachlosigkeit, Flucht aus Deutschland». Jüdische Flucht von Hitler-Deutschland in die Schweiz, in: Alfred G. Frei/ Jens Runge (Hrsg.), Erinnern, Bedenken, Lernen. Das Schicksal von Juden, Zwangsarbeitern und Kriegsgefangenen zwischen Hochrhein und Bodensee in den Jahren 1933 bis 1945, Sigmaringen 1990, S. 229–240.
16 Ermittlungsverfahren der Oberstaatsanwaltschaft beim Sondergericht Freiburg, Bundesarchiv Berlin, R 3001, IVg 10a 4492/44g, Bl. 1, 3.
17 In diesem Fall, der ebenfalls von Berlin aus in die Schweiz führte, wurden Franz Heckendorf und drei weitere Männer vom Sondergericht Freiburg

nach ihrer Festnahme im Februar 1943 zu hohen Zuchthaus- und Geldstrafen verurteilt. Das Gericht war der Meinung, daß die Angeklagten aus Gewinnsucht gehandelt hatten. Battel, Flüchtlinge, S. 197–199.
18 Herbert A. Strauss, Über dem Abgrund. Eine jüdische Jugend in Deutschland 1918–1943, Berlin 1999, S. 311.
19 Entschädigungsakte Meier, Brief v. 3.6.1946.
20 Entschädigungsakte Josef Höfler, Landesamt für Besoldung und Versorgung Baden-Württemberg, Fellbach, EF 50.

Wolfgang Benz | GEGENLEISTUNGEN

1 Die Darstellung folgt dem Bericht «Illegal überlebt mit Hilfe der Bekenntnis-Kirche. Aus Aufzeichnungen der verstorbenen Lilly Neumark, Berlin». Der Bericht befindet sich im Archiv der Wiener Library London bzw. Tel Aviv unter der Signatur P.III.d.No.726, eine Kopie befindet sich auch im Archiv des Leo Baeck Institute New York. Ursprünglich war der Text im Kurt-Tucholsky-Archiv in Rottach-Egern aufbewahrt worden, von dort sind Kopien nach New York und London gelangt. Das Tucholsky-Archiv gehört jetzt zu den Beständen des Deutschen Literaturarchivs Marbach a.N. Lilly Neumarks Bericht ist dort aber nicht mehr auffindbar, auch in der Kurt-Tucholsky-Forschungsstelle an der Universität Oldenburg waren Nachforschungen zum Bericht und zur Person der Verfasserin vergeblich. Ich danke Ingrid Belke und Ingrid Kußmaul in Marbach und Antje Bonitz in Oldenburg herzlich für ihre Recherchen.
2 Das hat die Zuständigen im Archiv der Wiener Library London bei der Katalogisierung des Berichts zu folgender Notiz bewogen: «The author does not seem to appreciate that the persons whom she criticizes so severely took a great risk in hiding a Jewess, and her observation should be taken with some degree of caution.»
3 Der Brief befindet sich wie alle im folgenden zitierten Schriftstücke im Bundesarchiv Koblenz bzw. in Kopie im Archiv des Zentrums für Antisemitismusforschung der TU Berlin.

Christine Zahn | VON EINEM QUARTIER ZUM NÄCHSTEN

1 Edith Rosenthal, Handschriftliche Erinnerungen (Fragment), Privatbesitz.
2 Ruth Danziger wurde bei Kriegsende von den Russen aufgegriffen und erschossen.
3 Da die schriftlichen Aufzeichnungen Edith Rosenthals leider fragmentarisch geblieben sind, basieren diese Informationen auf der Entschädigungsakte von Edith Rosenthal sowie auf den Mitteilungen ihrer Familie.

Doris Tausendfreund | «JÜDISCHE FAHNDER»

1 Bericht Else Seelenfreund v. 26. und 31.7.1944, in: Staatsanwaltschaft des Landgerichts Berlin (StA LG), Strafsache gegen den Leiter der Gestapoleitstelle Berlin Otto Bovensiepen u.a., 1 JS 9/65, ZH 145, Bl. 7f. Die Akten des Verfahrens sind inzwischen an das Landesarchiv Berlin (LAB) abgegeben worden.
2 Zeugenaussage Johanna Heym v. 14.6.1966, in: StA LG Berlin, Strafsache gegen Bovensiepen u.a., Bd. XIX, Bl. 129f.
3 Polizeiliche Aussage Eva Ronsfeld v. 25.4.1956, in: StA LG Berlin, Strafsache gegen Stella Kübler-Isaaksohn, (500) 1 PKs 1/57 (42/72), Bd. I, Bl. 74.
4 Undatierter Bericht Harry Schnapp, in: StA LG Berlin, Strafsache gegen Bovensiepen u.a., ZH 139, Bl. 13.
5 Schreiben Dr. Iwan Katz v. 26.12.1947, (Strafsache gegen Abrahamsohn, (510) 1 PKls 7/52 (47/52)), in: StA LG Berlin, Strafsache gegen Bovensiepen u.a., Bd. XLVIII, Bl. 124. Von den Verfahrensakten zu Günther Abrahamsohn sind nur Kopien in der Strafsache gegen Otto Bovensiepen u.a., erhalten. Die eigentlichen Akten zu Abrahamsohns Verfahren sind im Archiv der Staatsanwaltschaft des Landgerichts Berlin (StA LG) nicht auffindbar. Abrahamsohn wurde am 10. Mai 1952 zu einer Gefängnisstrafe von fünf Monaten verurteilt. Er legte Revision ein, und am 15. Oktober 1952 wurde das Urteil aufgehoben und das Verfahren eingestellt.
6 Herta Zowe, in: Horst Helas, Juden in Berlin-Mitte. Biografien-Orte-Begegnungen, Berlin 2000, S. 242.
7 Salomon Schott war bereits mehrmals aus der Haft entflohen. Diesmal war er aus Auschwitz entkommen. Als er mit seiner Verlobten eines Abends ausging, wurde er von Behrendt erkannt und beobachtet. Vgl. Klaus Scheurenberg, Überleben. Und andere Geschichten aus der Verfolgungszeit des Naziregimes, Berlin 1990, S.49.
8 Aussage Fritz Danziger v. 3.3.1952, in: Entschädigungsbehörde Berlin, Entschädigungsakte Fritz Danziger, Nr. 1502, o.Pag.; Bericht Harry Schnapp, in: StA LG Berlin, Strafsache gegen Bovensiepen u.a., Bd. V, Bl. 42; Aussage Moritz Mandelkern v. 3.9.1946 vor dem Hauptausschuss «Opfer des Faschismus», in: LAB, «OdF-Akte» Selma Stargardter, C Rep. 118–01 Nr. (A) 31555.
9 Vgl. den Vermerk zu einem Telefongespräch mit Margarete Gottschalk v. 18.4.1956 (Rückseite Bl. 35) sowie die Bescheinigung von Fritz Gottschalk v. 12.3.1956 (Bl. 133); Zeugenaussage Robert Zeiler v. 5.6.1956 (Rückseite Bl. 195); Zeugenaussage Hertha Eichelhardt v. 17.4.1956 (Bl. 34) sowie v. 26.4.1956 (Bl. 80–81), in: StA LG Berlin, Strafsache gegen Stella Kübler.
10 Zeugenaussage Konrad Friedländer v. 10.9.1956, Bd. II, Bl. 74–75.
11 Zeugenaussage Alexander Rotholz v. 12.12.1947, in: StA LG Berlin, Strafsache gegen Bovensiepen u.a., Bd. XLVIII, Bl. 110.
12 Aussage von Stella Kübler-Isaaksohn v. 13.3.1946, Bundesarchiv Berlin (BAB), K 147, J 31, Bl. 12.

13 Zeugenaussage Hertha Flügge v. 15.5.1948, in: StA LG Berlin, Strafsache gegen Bovensiepen u.a., Bd. XLVIII, Bl. 127–128.
14 Schreiben Werner Gerth v. 14.3.1949 (Bl.141f) sowie seine Aussage v. 18.3.1949, Bl. 143f; Vgl. auch Urteil Günther Abrahamsohn v. 29.5.1952 (Bl. 173), in: StA LG Berlin, Strafsache gegen Bovensiepen u.a., Bd. XLVIII. Gerd Ramm versteckte eine Vielzahl jüdischer Verfolgter, darunter Konrad Friedländer, Karl-Heinz Gutkind, Heinz Jacobius sowie Marion Eisenstädt. Archiv des Zentrums für Antisemitismusforschung der TU-Berlin (ZfA), Akte «Unbesungene Helden», Nr. 907.
15 Zeugenaussage Otto Weidt v. 19.12.1947, in: StA LG Berlin, Strafsache gegen Bovensiepen u.a., Bd. XLVIII, Bl. 121.
16 Zeugenaussage Kurt Loewenthal v. 6.5.1949, Bl. 147.
17 Zeugenaussage Heinz Jacobius v. 6.5.1949, Bl. 149.
18 Aussage Günther Abrahamsohn v. 1.11.1947, Bl. 105 sowie Zeugenaussage von Margarete Hertz geb. Roesnick v. 17.9.1948, Bl. 139.
19 Vgl. Urteil Günther Abrahamsohn v. 29.5.1952, Bl. 172.
20 Ruth Andreas-Friedrich, Der Schattenmann. Tagebuchaufzeichnungen 1938–1945, Frankfurt am Main 1986 (zuerst Berlin 1947), S. 202.
21 Aussage Günther Abrahamsohn v. 1.11.1947, in: StA LG Berlin, Strafsache gegen Bovensiepen u.a., Bd. XLVIII, Bl. 104.
22 Zeugenaussage Konrad Friedländer v. 6.5.1949, Bl. 150; Urteil Günther Abrahamsohn v. 29.5.1952, Bl. 172.
23 Zeugenaussage Dr. Hermann Abrahamsohn v. 20.10.1950, Bl. 161–162; Urteil Günther Abrahamsohn v. 29.5.1952, Bl. 172.
24 Zeugenaussage Erik Blumenfeld v. 14. 6.1948, Bl. 133.
25 Aussage Günther Abrahamsohn v. 1.11.1947, Bl. 106.
26 Zeugenaussage Alexander Rotholz v. 12.12.1947, Bl. 110.
27 Zeugenaussage Eli Emil Wachtel v. 17.12.1947, Bl. 119. Wachtel hatte zunächst Abrahamsohn für diesen Greifer gehalten, was sich nach einer Gegenüberstellung während der Hauptverhandlung im Jahre 1952 als falsch erwies. Wahrscheinlicher ist, dass es sich bei dem Fahnder um Rolf Isaaksohn handelte, da dieser mit seinem «italienischen Erscheinungsbild» der Beschreibung des Zeugen entsprach und die geschilderte Handlung Isaaksohns sonstiger Vorgehensweise glich.
28 Zeugenaussage Kurt Loewenthal v. 6.5.1949, Bl. 147f.
29 Zeugenaussage Dr. Iwan Katz v. 26.12.1947, Bl. 125.
30 Aussage Günther Abrahamsohn v. 1.11.1947, Bl. 106. Dobberke widersetzte sich dem Befehl, die Insassen des Sammellagers zu liquidieren. Siehe auch Gad Beck, Und Gad ging zu David. Die Erinnerungen des Gad Beck, München 1997 (zuerst Berlin 1995), S. 218.

Frank Görlich | DER DRUCKEREIBESITZER THEODOR GÖRNER

1 Beide Dokumente befinden sich im Besitz von Theodor Görners Tochter Johanna Nörper und seiner Enkelin Gertrud Staeck, denen ich für ihre Unterstützung und die Erlaubnis zur Einsichtnahme in den Nachlass Görners zu danken habe. Soweit nicht anders angegeben, beziehe ich mich im folgenden auf die genannte Liste der Betreuten (einschließlich des Nachtrages) sowie auf einen 38-seitigen Bericht von Görners Tochter vom 20.7.1978, einige weitere Fragmente zur Familiengeschichte bzw. zur Druckerei und drei undatierte Lebensläufe, die Johanna Nörper über ihren Vater angefertigt hat.
2 Die Zitate stammen aus einem Brief, den Theodor Görner im Zusammenhang mit seiner Ehrung als «Gerechter unter den Völkern» am 1.3.1967 an Inge Deutschkron richtete. Ehrungsakte Görner, Yad Vashem.
3 Die beim Berliner Entschädigungsamt für Görner angelegte Akte trägt die Nummer 32 (UH 32).
4 Inge Deutschkron, Ich trug den gelben Stern, Köln 1978. Deutschkron verarbeitete ihre Erlebnisse auch in dem Theaterstück «Ich heiße Sara», in dem Theodor Görner ebenfalls vorkommt.
5 Vgl. den Beitrag von Luise Duda, Anna Lemme, Katja Schiecke und Vera Wojtkiewicz (ehem. John Lennon Gymnasium Berlin) zum Schülerwettbewerb Deutsche Geschichte um den Preis des Bundespräsidenten, «Theodor Görner – Ein Sehender unter Blinden, ein Gerechter unter Gleichgültigen», von 1997. Eine unter der Leitung von Katja Fausser erstellte Zusammenfassung ist zusammen mit einem zusätzlichen, von Sabine Heise geführten Interview mit Johanna Nörper und Gertrud Staeck erschienen in: Johannes Rau (Hrsg.), Hilfe für Verfolgte in der NS-Zeit. Jugendliche forschen vor Ort. Ein Lesebuch, Hamburg 2002. S. 21–50. Die Arbeit beruhte wesentlich auf der Mitwirkung der Angehörigen Theodor Görners sowie der von Regine Scheer und Barbara Schieb. Vgl. Regine Scheer, Unbesungene Helden, Wochenpost 42/1988; dies.: Im Revier 16, in: Die Hackeschen Höfe – Geschichte und Geschichten einer Lebenswelt in der Mitte Berlins, hrsg. von der Gesellschaft Hackesche Höfe e.V., Berlin 1993. Von Barbara Schieb wurde der Ausstellungsordner «Otto Weidt, Theodor Görner und der Helferkreis um die Schwedische Viktoriagemeinde» in der Berliner Gedenkstätte Deutscher Widerstand zusammengestellt, in dem einige Dokumente aus Görners Nachlass reproduziert sind.
6 Schreiben des Vollzugsrates der Berliner Arbeiter- und Soldatenräte an den Arbeiter- und Soldatenrat der Gemeinde Berlin-Britz vom 14.11.1918, in: Gerhard Engel u.a. (Hrsg.), Groß-Berliner Arbeiter- und Soldatenräte in der Revolution 1918/19: Dokumente der Vollversammlungen und des Vollzugsrates; vom Ausbruch der Revolution bis zum 1. Reichsrätekongreß, Berlin 1993, S. 61f.
7 Undatierte Postkarte, auf der Franke Görner für die Unterstützung seiner Familie während seiner Zeit im Militärgewahrsam dankt; Nachlass Görner.

ANMERKUNGEN 333

8 Entlassungsschein der «Gefängnis-Expedition»; Liebknecht an den Schutzhaftgefangenen Görner, 19.3.1919. Nachlass Görner.
9 Gäbel (als Leiter des Hilfsausschusses für die Opfer des Faschismus im Berliner Amt für Sozialwesen) an Görner, 30.5.1945; Nachlass Görner. Als KPD-Stadtrat in Berlin spielte Gäbel Ende der 20er eine unrühmliche Rolle in dem Bestechungsskandal um die Kaufleute Sklarek, weshalb er 1929 aus der Partei ausgeschlossen wurde und 1932/33 längere Zeit in Haft war.
10 Vollmacht vom 15.3.1920; Nachlass Görner. Mitunterzeichner war der Politiker Brühl, ebenfalls USPD.
11 Karl O. Paetel, Versuchung oder Chance. Zur Geschichte des Nationalbolschewismus, Göttingen 1963, S. 33.
12 Erklärung Jacob Schlörs vom 6.5.1946, Nachlass Görner. Zu Schlör und den anderen im Folgenden genannten Angehörigen des Widerstands vgl. die Kurzbiographien in: Theodor Bergmann, «Gegen den Strom». Die Geschichte der KPDO, Hamburg 2001, S. 404f u. 523f. und: Ursel Hochmuth, Illegale KPD und Bewegung «Freies Deutschland» in Berlin und Brandenburg 1942–1945. Biographien und Zeugnisse aus der Widerstandsorganisation um Saefkow, Jacob und Bästlein, Berlin 1998, S. 128, 131f., 195 u. 224. Außerdem: Hans-Rainer Sandvoß, Widerstand in Prenzlauer Berg und Weißensee, Berlin 2000, S. 72–87, 311.
13 Eidesstattliche Erklärung Ilse Lewins vom 15.8.1945, Nachlass Görner.
14 Vgl. die Eintragungen und die nachträglichen Notizen Theodor Görners auf einem Formular des Polizeipräsidenten von Berlin, das auf den 23.12.1935 datiert ist. Nachlass Görner.
15 Die Hilfe für Cohn und seinen Sohn erwähnte Baiers Tochter, Sandvoß, Prenzlauer Berg, S. 311. An die hier genannten weiteren Einzelheiten erinnert sich Baiers Schwiegertochter, die im Zuge der Recherchen zu diesem Aufsatz dankenswerterweise von ihrem Sohn Uwe Baier befragt wurde.
16 Brief Leopold Danzigers an den Berliner Senator für Inneres vom 15.1.1958, UH 32, Bl. 17–21.
17 Vgl. Heinz Knobloch, Der beherzte Reviervorsteher. Ungewöhnliche Zivilcourage am Hackeschen Markt, 2. erw. Auflage Berlin 1993; Scheer, Revier 16, S.77f.; dies., Unbesungene Helden.
18 Undatierte Erklärung von Inge Deutschkron, Ehrungsakte Görner, Yad Vashem.
19 Brief Görners an Walter M. Hayek vom 16.10.1962. Hayek gehörte offenbar auch zu Görners Schützlingen, ist auf seiner Liste jedoch nicht verzeichnet. Er bezeichnete Görner als den «einen Gerechten», den es «in diesem Sodom» (dem Dritten Reich) gegeben habe. Seinen eigenen Angaben zufolge war er nach Prag entkommen und «flüchtete» nach dem Krieg von dort nach Israel. Vgl. den Brief an Görner vom 19.5.1950. Beide Dokumente befinden sich in Görners Nachlass.
20 Das Foto und Görners Notizen befinden sich in seinem Nachlass.
21 Eidesstattliche Versicherung von Charlotte Danziger vom 14.12.1945, Nachlass Görner.

334 Anhang

22 Danziger an den Berliner Senator für Inneres, 15.1.1958.
23 Hilfe für Verfolgte, S. 46 u. 48.
24 Brief von Alexandra N. (Sinaida Zuckermann) an den Berliner Senator für Inneres, vom 2.3.1959, UH 32, Bl. 31f. Frau Eckstein war vermutlich mit dem Rechtsanwalt Dr. Curt Eckstein verwandt, der 1943 während eines Aufenthaltes im Jüdischen Krankenhaus von Görner betreut wurde, nachdem er in dem «Arbeitserziehungslager» Großbeeren misshandelt worden war. Vgl. sein Dankschreiben vom 30.6.1943 – dem Mann musste der Zeigefinger der rechten Hand amputiert werden – sowie Görners Notizen im Nachlass.
25 Görner an Nitzsche, 29.3.1944, Nachlass Görner.
26 Lt. Görners Liste und den Erläuterungen in seinem Brief an Inge Deutschkron vom 1.3.1967 handelte es sich um 24 Polinnen, die in einer «Apparate bauenden Metallfirma» in der Frankfurter Straße in Berlin-Friedrichshain tätig waren, wo sie durch eine Angestellte, ein «Frl. Braase», «sehr gut betreut» worden seien.
27 Gestapo-Protokoll vom 8.8. 1944, Nachlass Görner.
28 Alexandra N. an Luise Duda, Briefe vom 24.1. u. 5.2. 1997 im Dokumentenanhang zum Schülerwettbewerbs-Beitrag.
29 Nörper an den Berliner Senator für Inneres, 1.12.1957, UH 32, Bl.1.
30 Erklärung Görners vom 27.9.1964 zur Begründung eines Anspruches auf Lastenausgleich, Nachlass Görner.
31 Görner an Hayek, 16.10.1962.
32 Danziger an den Berliner Senator für Inneres, 15.1.1958.
33 Görner an Deutschkron, 1.3.1967. In einer Nachricht an seine Ehefrau schrieb Görner aus der Gestapohaft am 17.7.1944: «Das Schicksal ist immer beim Guten, Gerechten und Philanthropen»; Nachlass Görner.
34 Hilfe für Verfolgte, S. 49f.; Nörper an den Berliner Senator für Inneres, 1.12.1957.

Peter Widmann | DIE KUNST DER FRECHHEIT

1 Vgl. das Kapitel «Mr. Pimpernell» bei Kurt R. Grossmann, Die unbesungenen Helden. Menschen in Deutschlands dunklen Tagen, Berlin 1957, S. 119 bis 126.
2 Gespräch des Autors mit Richard Marx, München, dem Schwiegersohn Franz Herdas, am 6. Februar 2003.
3 Andreas Heusler/Tobias Wagner, «Kristallnacht». Gewalt gegen die Münchner Juden im November 1938, München 1998, S. 33.
4 Transkript eines Gesprächs, das Beate Kosmala mit Richard Marx am 11. November 2002 in München führte, Archiv des Zentrums für Antisemitismusforschung der Technischen Universität Berlin.
5 Andreas Heusler, Fahrt in den Tod. Der Mord an den Münchner Juden in Kaunas (Litauen) am 25. November 1941, in: Stadtarchiv München (Hrsg.), «... verzogen, unbekannt wohin». Die erste Deportation von Münchner Juden im November 1941, Zürich 2000.

Beate Kosmala | ROBERT EISENSTÄDTS FLUCHT AUS DEM KZ MAJDANEK

1 Quellen dieser Rekonstruktion: Unveröffentlichtes Manuskript von Dr. Eugen Kahl (Berlin), «Erinnerungen an die Verfolgung der Juden in Frankfurt am Main», in: Archiv ZfA. Fragebogen Manfred Wolfsons vom August 1964, Nachlass Wolfson, in: Archiv ZfA. Interview der Autorin mit Dr. Eugen Kahl (Berlin). Dokumente des Schweizer Bundesarchivs mit einem Bericht von Robert Eisenstädt 1944.
2 Sie nannte sich in Frankfurt Müller, wie auch ihre Schwester Eva, und nach dem Zweiten Weltkrieg in den USA Miller.
3 Dazu: Emil Walter-Busch, Entstehungszusammenhang und Ergebnisse von Manfred Wolfsons Retterstudie (1945–1975), in:Beate Kosmala/Claudia Schoppmann, Überleben im Untergrund. Hilfe für Juden in Deutschland 1941–1945, Berlin 2002, S. 335–361.

Juliane Wetzel | KARRIERE NACH DER RETTUNG

1 Im Rahmen des Geschichtswettbewerbs des Bundespräsidenten interviewte die Klasse 10 b des Simon-Marius-Gymnasiums in Gunzenhausen im Mai 2002 Charlotte Knobloch zu ihrer Zeit im Versteck. Trotz einiger Ungenauigkeiten und unklarer Jahreszahlen haben die Schüler damit ein wichtiges Kapitel ihrer Regionalgeschichte erforscht.« ... und reden konnte ich nur mit den Tieren». Wie ein Mädchen vor dem Holocaust gerettet wurde, in: Johannes Rau (Hrsg.), Hilfe für Verfolgte in der NS-Zeit. Jugendliche forschen vor Ort, Hamburg 2002, S. 105–127.
2 Zitiert nach Ellen Presser, In München geboren. Aus München vertrieben. In München zu Hause? Erinnerungen und Erfahrungen der Münchner Jüdin Charlotte Knobloch, in: Jüdisches Leben in München, hrsg. v. der Landeshauptstadt München, München 1995, S. 237.
3 Barabara Picht, Jüdische Ärzte, Juristen und Künstler, in: Douglas Bokovoy, Stefan Meining (Hrsg.), Versagte Heimat. Jüdisches Leben in Münchens Isarvorstadt 1914–1945, München 1994, S. 271.
4 Koronczyk überlebte und wurde nach dem Krieg in einem Spruchkammerverfahren angeklagt, als Spitzel der Arisierungsstelle fungiert zu haben. Peter Hanke, Zur Geschichte der Juden in München zwischen 1933 und 1945, München 1967, S. 278.
5 Siehe Theresienstädter Gedenkbuch. Die Opfer der Judentransporte aus Deutschland nach Theresienstadt 1942–1945, hrsg. vom Institut Theresienstädter Initiative, Prag 2000, S. 301.
6 Welt am Sonntag online, 4.12.2000.

Literatur

Andreas-Friedrich, Ruth, Der Schattenmann. Tagebuchaufzeichnungen 1938 bis 1945, Frankfurt am Main 1947 (Neuausgabe Frankfurt am Main 1986).

Arntz, Hans-Dieter, Judenverfolgung und Fluchthilfe im deutsch-belgischen Grenzgebiet. Kreisgebiet Schleiden, Euskirchen, Monschau, Aachen und Eupen/Malmedy, Euskirchen 1990.

Ball-Kaduri, Kurt Jakob, Berlin wird judenfrei. Die Juden in den Jahren 1942/1943, in: Jahrbuch für die Geschichte Mittel- und Ostdeutschlands 22 (1973), S.196–241.

Bartoszewski, Władysław, Vergossenes Blut uns verbrüdert. Über die Hilfe für Juden in Polen während der Okkupation, Warschau 1970.

Bartoszewski, Władysław /Lewin, Zofia, Righteous Among the Nations. How Poles helped the Jews 1939–1945, London 1969.

Battel, Franco, «Wo es hell ist, dort ist die Schweiz». Flüchtlinge und Fluchthilfe an der Schaffhauser Grenze zur Zeit des Nationalsozialismus, Zürich 2000.

Bauer, Yehuda u.a. (Hrsg.), Jews and Christians during and after the Holocaust, Oxford 1989.

Baumann, Arnulf H. (Hrsg.), Ausgegrenzt. Schicksalswege «nichtarischer» Christen in der Hitlerzeit, Hannover 1992.

Bauminger, Ariel, The righteous, Jerusalem 1983.

Behar, Isaak, «Versprich mir, dass du am Leben bleibst». Ein jüdisches Schicksal, Berlin 2002.

Behrend, Rahel, Verfemt und verfolgt. Erlebnisse einer Jüdin im Nazi-Deutschland 1933–1944, Zürich 1945.

Behrend-Rosenfeld, Else R., Ich stand nicht allein. Erlebnisse einer Jüdin in Deutschland 1933–1944, Köln, Frankfurt am Main 1949. (Dritte Auflage 1979).

Ben Gershôm, Ezra, David. Aufzeichnungen eines Überlebenden, Frankfurt am Main 1993 (ursprünglich: König, Joel, Den Netzen entronnen, Göttingen 1967).

Benz, Wolfgang, Überleben im Untergrund 1943-1945, in: Ders. (Hrsg.), Die Juden in Deutschland 1933-1945, München 1988.

Benz, Wolfgang (Hrsg.), Das Exil der kleinen Leute. Alltagserfahrung deutscher Juden in der Emigration, München 1991.

Benz, Wolfgang/Wetzel, Juliane (Hrsg.), Solidarität und Hilfe für Juden während der NS-Zeit, Regionalstudien,
Band 1: Polen, Rumänien, Griechenland, Luxemburg, Norwegen, Schweiz, Berlin 1996;

Anhang

Band 2: Ukraine, Frankreich, Böhmen und Mähren, Österreich, Lettland, Litauen, Estland, Berlin 1998;
Band 3: Dänemark, Niederlande, Spanien, Portugal, Ungarn, Albanien, Weißrußland, Berlin 1999;
Band 4: Italien, Belgien, Slowakei, Bulgarien, Kroatien, Serbien, Berlin 2003.
Benz, Wolfgang/Körte, Mona (Hrsg.), Rettung im Holocaust. Bedingungen und Erfahrungen des Überlebens, Berlin 2001.
Block, Gay/Drucker, Malka, Rescuers. Portraits of Moral Courage in the Holocaust, New York 1992.
Borgstedt, Angela, Jüdischer Widerstand – «Judenretter». Ein Literaturbericht, in: Michael Kißener (Hrsg.), Widerstand gegen die Judenverfolgung. Portraits des Widerstands, Konstanz 1996, S. 285–341.
Bornstein, Heini, Insel Schweiz. Hilfs- und Rettungsaktionen sozialistisch-zionistischer Jugendorganisationen 1939–1946, Zürich 2000.
Borries, Achim von, Stille Helfer. 350 Jahre Quäker, Berlin 1995.
Bosch, Michael/Niess, Wolfgang (Hrsg.), Der Widerstand im deutschen Südwesten 1933–1945, Stuttgart u.a. 1984.
Brandt, Leon, Menschen ohne Schatten. Juden zwischen Untergang und Untergrund 1938 bis 1945, Berlin 1984.
Bronowski, Alexander, Es waren so wenige. Retter im Holocaust, Stuttgart 1991.
Büttner, Ursula/Greschat, Martin, Die verlassenen Kinder der Kirche. Der Umgang mit Christen jüdischer Herkunft im «Dritten Reich», Göttingen 1998.
Büttner, Ursula, Die anderen Christen. Ihr Einsatz für verfolgte Juden und «Nichtarier» im nationalsozialistischen Deutschland, in: Kosmala, Beate/ Schoppmann, Claudia (Hrsg.), Überleben im Untergrund. Hilfe für Juden in Deutschland 1941–1945, Berlin 2002, S. 127–150.
Carr, Joseph J., Christian heroes of the Holocaust. The righteous gentiles, o. O. 1984.
Cesarani, David, Genocide and rescue. The Holocaust in Hungary 1944, Oxford 1997.
Degen, Michael, Nicht alle waren Mörder. Eine Kindheit in Berlin, München 1999.
Deutschkron, Inge, Berliner Juden im Untergrund, Berlin 1980.
Deutschkron, Inge, Ich trug den gelben Stern, Köln 1978.
Deutschkron, Inge, Sie blieben im Schatten. Ein Denkmal für «Stille Helden», Berlin 1996.
Dieckhoff, Alain, Rescapés du génocide. L´action Musy: une opération de sauvetage de juifs européens en 1944–1945, Bâle 1995.
Dietz, Edith, Den Nazis entronnen. Die Flucht eines jüdischen Mädchens in die Schweiz. Autobiographischer Bericht 1933–1942, Frankfurt am Main 1990.
Eck, Nathan, The Rescue of Jews with the aid of passports and citizenship papers of Latin American States, in: Yad Vashem Studies I (1957), S.125–152.
Edelheit, Abraham J., The Yishuv in the shadows of the Holocaust. Zionist politics and rescue aliya 1933–39, Boulder 1996.

Engelking, Barbara/Paulson, Gunnar, Holocaust and Memory, London 2001.
Enzenbach, Isabel, Zur Problematik des Begriffes «Retter», in: Kosmala, Beate/ Schoppmann, Claudia (Hrsg.), Überleben im Untergrund. Hilfe für Juden in Deutschland 1941–1945, Berlin 2002, S. 241–256.
Feingold, Henry L., The politics of rescue. The Roosevelt administration and the Holocaust 1938-1945, New Brunswick 1970.
Fischer, Erica, Aimeé & Jaguar. Eine Liebesgeschichte. Berlin 1943, Köln 1994.
Fogelman, Eva, The Rescuers. A Socio-psychological study of Altruistic Behavior during the Nazi-Era, New York 1987.
Fogelman, Eva, «Wir waren keine Helden». Lebensretter im Angesicht des Holocaust. Motive, Geschichten, Hintergründe, Frankfurt a. M./New York 1995.
Friedenson, Joseph, Heroine of rescue. The incredible story of Recha Sternbuch, who saved thousands from the Holocaust, New York 1984.
Friedrich, Karin, Zeitfunken. Biographie einer Familie, München 2000.
Gerlach, Wolfgang, Als die Zeugen schwiegen. Bekennende Kirche und die Juden, Berlin 1987.
Ginzel, Günther Bernd (Hrsg.), Mut zur Menschlichkeit, Hilfe für Verfolgte während der NS-Zeit, Köln 1993.
Ginzel, Günther Bernd u.a. (Hrsg.), «...das durfte keiner wissen!». Hilfe für Verfolgte im Rheinland von 1933 bis 1945. Gespräche, Dokumente, Texte, Köln 1995.
Gottschalk, Gerda, Der letzte Weg, Konstanz 1991.
Grießinger, Andreas (Hrsg.), Grenzgänger am Bodensee, Konstanz 2000.
Gross, Leonhard, Versteckt. Wie Juden in Berlin die Nazizeit überlebten, Reinbek 1983.
Grossmann, Kurt, Die unbesungenen Helden. Menschen in Deutschlands dunklen Tagen, Berlin 1957 (zweite veränderte Auflage 1961).
Haim, Avni, The war and the possibilities of rescue, New York 1992.
Halter, Marek, Auf der Suche nach den 36 Gerechten. Gespräche mit den wahren Helden dieses Jahrhunderts, München 1997.
Hammerschmidt, Wolfgang, Spurensuche. Zur Geschichte der jüdischen Familie Hammerschmidt in Cottbus, Gießen 1996.
Heibert, Frank (Hrsg.), Und Gad ging zu David. Die Erinnerungen des Gad Beck 1923 bis 1945, Berlin 1995.
Hellmann, Peter, When courage was stronger than fear. Remarkable stories of Christians who saved Jews from the Holocaust, New York 1999.
Henry, Frances, Heroes and Helpers in Nazi Germany. Who aided Jews?, in: Humboldt Journal of Social Relations, Vol. 13, Nr. 1–2.
Herman-Friede, Eugen, Für Freudensprünge keine Zeit. Erinnerungen an Illegalität und Aufbegehren 1942–1948, Berlin 1991.
Herzberg, Wolfgang, Überleben heißt erinnern. Lebensgeschichten deutscher Juden, Berlin/ Weimar 1990.
Hildebrandt, Jörg (Hrsg.), Bevollmächtigt zum Brückenbau. Heinrich Grüber – Judenfreund und Trümmerpropst. Erinnerungen, Predigten, Berichte, Briefe, Leipzig 1991.

Hillel, Levine, In search of Sugihara. The elusive Japanese diplomat who risked his life to rescue 10 000 Jews from the Holocaust, New York 1996.

Horbach, Michael, So überlebten sie den Holocaust. Zeugnisse der Menschlichkeit 1933–1945, München 1995 (ursprünglich: Wenige. Zeugnisse der Menschlichkeit 1933–1945, München 1964).

Horstmann, Sally, Kein Grund für Tränen. Aufzeichnungen aus dem Untergrund. Berlin 1943–1946, Berlin 1995.

Huneke, Douglas K., In Deutschland unerwünscht. Hermann Gräbe. Biographie eines Judenretters, Lüneburg 2002.

Hütter, Joachim u.a. (Hrsg.), Tradition und Neubeginn. Internationale Forschungen zur deutschen Geschichte im 20. Jahrhundert, Köln 1975.

Keim, Anton Maria (Hrsg.), Yad Vashem. Die Judenretter aus Deutschland, Jerusalem 1984.

Keller, Stefan, Grüningers Fall. Geschichten von Flucht und Hilfe, Zürich 1994.

Keneally, Thomas, Schindlers Liste, München 1994.

Keval, Susanna, Widerstand und Selbstbehauptung in Frankfurt am Main 1933–1945, Frankfurt am Main/New York 1988.

Kirschgens, Stefan, Wege durch das Niemandsland. Dokumentation und Analyse der Hilfe für Flüchtlinge im deutsch-belgisch-niederländischen Grenzland in den Jahren 1933 bis 1945, Köln 1998.

Kißener, Michael (Hrsg.), Widerstand gegen die Judenverfolgung. Portraits des Widerstands, Konstanz 1996.

Klingemann, Ute/Falter, Jürgen W, Hilfe für Juden während des Holocaust. Sozialpsychologische Merkmale der nichtjüdischen Helfer und Charakteristika der Situation, in: Günther Bernd Ginzel (Hrsg.), Mut zur Menschlichkeit. Hilfe für Verfolgte während der NS-Zeit, Köln 1993, S.115–147.

Knauft, Wolfgang, Unter Einsatz des Lebens. Das Hilfswerk beim Bischöflichen Ordinariat Berlin für katholische «Nichtarier» 1938–1945, Berlin 1988.

Kosmala, Beate, Der Judenmord in Nemirov (Ukraine) und die Rettungstätigkeit von Willi Ahrem, in: Wolfram Wette (Hrsg.), Zivilcourage. Empörte, Helfer und Retter aus Wehrmacht, Polizei und SS, Frankfurt am Main 2003.

Kosmala, Beate, Solidarität und Hilfe für den jüdischen Ullstein-Redakteur Wilhelm Meyer und seine Frau Susanne (1939-1945), in: 125 Jahre Ullstein. Presse- und Verlagsgeschichte im Zeichen der Eule, Berlin 2002, S. 82–88.

Kosmala, Beate, «Kaltblütigkeit und ein bisschen Mut» – Helene Leroi, Wirtschaftswissenschaftlerin und Sozialistin, in: Aubrey Pomerance (Hrsg.), Jüdische Zwangsarbeiter bei Ehrich & Graetz, Berlin-Treptow, Köln 2003.

Kosmala, Beate/Ludewig-Kedmi, Revital, Verbotene Hilfe. Deutsche Retterinnen und Retter während des Holocaust, Zürich 2003.

Kosmala, Beate/Schoppmann, Claudia (Hrsg.), Überleben im Untergrund. Hilfe für Juden in Deutschland, Berlin 2002.

Krakauer, Max, Lichter im Dunkel. Flucht und Rettung eines jüdischen Ehepaares im Dritten Reich, Stuttgart 1991.

Kranzler, David, The man, who stopped the trains to Auschwitz. George Mantello, El Salvador and Switzerlands finest hour, New York 2000.

LITERATUR

Kreuter, Marie-Luise, Rettung von Juden im nationalsozialistischen Deutschland 1933–1945. Ein Dokumentationsprojekt mit Datenbank am Zentrum für Antisemitismusforschung der Technischen Universität Berlin, in: Zeitschrift für Geschichtswissenschaft 46 (1998), H. 5, S. 445–449.

Krohn, Helga (Hrsg.), Vor den Nazis gerettet. Eine Hilfsaktion für Frankfurter Kinder 1939/40, Sigmaringen 1995.

Kron, Ferdinand, David kämpft. Vom jüdischen Widerstand gegen Hitler, Hamburg 1988.

Kwiet, Konrad/Eschwege, Helmut, Selbstbehauptung und Widerstand. Deutsche Juden im Kampf um Existenz und Menschenwürde, Hamburg 1984.

Laqueur, Walter, Jahre auf Abruf. Roman vom Überleben eines jüdischen Arztes im Berlin des Dritten Reiches, Bergisch Gladbach 1984.

Leuner, Heinz David, Als Mitleid ein Verbrechen war. Deutschlands stille Helden 1939–1945, Wiesbaden 1967.

Löhken, Wilfried/Vathke, Werner (Hrsg.), Juden im Widerstand, Berlin 1993.

London, Perry, The Rescuers. Motivational hypotheses about Christians who saved Jews from the Nazis, in: Jaqueline R. Macaulay/Leonhard Berkowitz (Hrsg.), Altruism and Helping Behavior. Social psychological studies of some antendecents and consequences, New York/London 1970, S. 241 bis 250.

Lovenheim, Barbara, Überleben im Verborgenen. Sieben Juden in Berlin, Berlin 2002.

Maltzan, Maria Gräfin von, Schlage die Trommel und fürchte dich nicht, Berlin/Frankfurt am Main 1986.

Marino, Andy, The american pimpernel. The man who saved the artists on Hitler´s death list, London 1999.

Marks, Jane, Die versteckten Kinder. Dokumente der Angst und Befreiung, Augsburg 1994.

Martin, Angela/Schoppmann, Claudia (Hrsg.), «Ich fürchte die Menschen mehr als die Bomben.» Aus den Tagebüchern von drei Berliner Frauen 1938–1946, Berlin 1996.

Meltzer, Milton, Zivilcourage. Die Geschichte tapferer Menschen, die Juden vor der Vernichtung bewahrten, Recklinghausen 1990.

Meyer, Beate, «Jüdische Mischlinge». Rassenpolitik und Verfolgungserfahrung 1933–1945, Hamburg 1999.

Meyer, Beate/Simon, Hermann (Hrsg.), Juden in Berlin 1938–1945, Berlin 2000.

Meyer, Winfried, Unternehmen Sieben. Eine Rettungsaktion für vom Holocaust Bedrohte aus dem Amt Ausland/Abwehr im Oberkommando der Wehrmacht, Frankfurt am Main 1993.

Mittag, Detlef, Kriegskinder 1945. Kindheit und Jugend um 1945. Zehn Überlebensgeschichten, Berlin 1995.

Müller, Christine-Ruth, Dietrich Bonhoeffers Kampf gegen die nationalsozialistische Verfolgung und Vernichtung der Juden, München 1990.

Oliner, Samuel P./Oliner, Pearl M., The Altruistic Personality. Rescuers of Jews in Nazi Europe, New York 1988.

Orbach, Larry/Orbach-Smith, Vivien, Soaring Underground. Autobiographie eines jüdischen Jugendlichen im Berliner Untergrund 1938–1945, Berlin 1998.
Paldiel, Mordecai, Es gab auch Gerechte. Retter und Rettung jüdischen Lebens im deutsch besetzten Europa 1939–1945, Konstanz 1999.
Paldiel, Mordecai, The path of the righteous. Gentile rescuers of Jews during the Holocaust, Hoboken 1993.
Paucker, Arnold, Deutsche Juden im Widerstand. Tatsachen und Probleme, Berlin 1999.
Paulson, Gunnar S., Hiding in Warsaw. The Jews on the «Aryan Side» in the polish Capital 1940–1945, Oxford 1998.
Paulson, Gunnar S., Secret City. The Hidden Jews of Warsaw 1940–1945, London 2002.
Perel, Sally, Ich war Hitlerjunge Salomon, Berlin 1992.
Rau, Johannes (Hrsg.), Hilfe für Verfolgte der NS-Zeit, Hamburg 2002.
Rautkallio, Hanna, Finland and the Holocaust. The rescue of Finland´s Jews, New York 1987.
Reutter, Lutz-Eugen, Katholische Kirche als Fluchthelfer im Dritten Reich. Die Betreuung von Auswanderern durch den St.-Raphaels-Verein, Recklinghausen/Hamburg 1971.
Rewald, Ilse, Berliner, die uns halfen, die Hitlerdiktatur zu überleben, Berlin 1975.
Riffel, Dennis, Datenbanken in der Geschichtswissenschaft. Das Projekt «Rettung von Juden im nationalsozialistischen Deutschland 1933-1945», in: Zeitschrift für Geschichtswissenschaft 50 (2002), H.5, S.436-446.
Riffel, Dennis, «Unbesungene Helden». Der Umgang mit «Rettung» im Nachkriegsdeutschland, in: Beate Kosmala/Claudia Schoppmann (Hrsg.), Überleben im Untergrund. Hilfe für Juden in Deutschland 1941–1945, Berlin 2002, S. 317–334.
Rittner, Carol/Myers, Sondra, The courage to care. Rescuers of Jews during the Holocaust, New York/London 1986.
Roseman, Mark, In einem unbewachten Augenblick. Eine Frau überlebt im Untergrund, Berlin 2002.
Rosenthal, Hans, Zwei Leben in Deutschland, Bergisch Gladbach 1980.
Rubinstein, W. D., The myth of rescue. Why the democracies could not have saved more Jews from the Nazis, London/New York 1997.
Runge, Irene (Hrsg.), Onkel Max ist jüdisch. Neun Gespräche mit Deutschen, die Juden halfen, Berlin 1991.
Sandvoß, Hans-Rainer, Widerstand in Mitte und Tiergarten, Berlin, 1994.
Schilde, Kurt, Versteckt in Tiergarten. Auf der Flucht vor den Nachbarn, Berlin 1995.
Schmalhausen, Bernd, Berthold Beitz im Dritten Reich. Mensch in unmenschlicher Zeit, Essen 1991.
Schmalz-Jacobsen, Cornelia, Zwei Bäume in Jerusalem, Hamburg 2002.
Schmitt, Hans A., Quakers and Nazis. Inner Light in Outer Darkness, Columbia/London 1997.

Schneider, Peter, «Und wenn wir nur eine Stunde gewinnen ...». Wie ein jüdischer Musiker die Nazi-Jahre überlebte, Berlin 2001.

Schwersenz, Jizchak, Die versteckte Gruppe. Ein jüdischer Lehrer erinnert sich an Deutschland, Berlin 1988.

Schwersenz, Jizchak/Wolff, Edith, Jüdische Jugend im Untergrund. Eine zionistische Gruppe in Deutschland während des Zweiten Weltkrieges, Tel Aviv 1969.

Shatzkes, Pamela, Holocaust and rescue: impotent or indifferent? Anglo-Jewry 1938–1945, New York 2002.

Silver, Eric, Sie waren stille Helden. Frauen und Männer, die Juden vor den Nazis retteten, München/Wien 1994.

Smith, Steven Trent, The rescue. A true story of courage and survival in World War II, New York 2001.

Spiegel, Marga, Retter in der Nacht. Wie eine jüdische Familie überlebte, Münster 1999.

Spuhler, Gregor (Hrsg.), Die Schweiz und die Flüchtlinge zur Zeit des Nationalsozialismus. Unabhängige Expertenkommission Schweiz – Zweiter Weltkrieg, Bern 1999.

Stein, André, Versteckt und vergessen. Kinder des Holocaust, Wien 1995.

Straeten, Herbert, Andere Deutsche unter Hitler. Zeitberichte über Retter vor dem Holocaust, Mainz 1997.

Strauss, Herbert A., Über dem Abgrund. Eine jüdische Jugend in Deutschland 1918–1943, Frankfurt am Main 1997.

Strauss, Lotte, Über den grünen Hügel. Erinnerungen an Deutschland, Berlin 1997.

Sznajder, Lipman, Wladek war ein falscher Name. Die wahre Geschichte eines dreizehnjährigen Jungen, München 1991.

Tec, Nechama, When light pierced the darkness. Christian rescue of Jews in Nazi-Occupied Poland, New York 1986.

Todorov, Tzvetan, La fragilité du bien. Le sauvetage des juifs bulgares, Paris 1999.

Trautwein, Dieter, Oskar Schindler ... immer neue Geschichten. Begegnungen mit dem Retter von mehr als 1200 Juden, Frankfurt am Main 2000.

Voigt, Klaus, Villa Emma. Jüdische Kinder auf der Flucht 1940–1945, Berlin 2002.

Wagner, Meir, The righteous of Switzerland. Heroes of the Holocaust, Hoboken 2001.

Walczak, Ryszard u.a., Those who Helped. Polish Rescuers of Jews during the Holocaust, 3 Bde., Warschau 1993–1997.

Weinzierl, Erika, Zu wenig Gerechte. Österreicher und Judenverfolgung 1938 bis 1945, Graz 1986.

Wette, Wolfram (Hrsg.), Retter in Uniform. Handlungsspielräume im Vernichtungskrieg der Wehrmacht, Frankfurt am Main 2002.

Winkler, Dieter, Heinrich Grüber – Protestierender Christ. Berlin-Kaulsdorf (1934–1945), Berlin 1993.

Wirth, Günter, Heinrich Grüber, Berlin (Ost) 1987.
Wolfson, Manfred, Zum Widerstand gegen Hitler. Umriß eines Gruppenporträits deutscher Retter von Juden, in: Joachim Hütter u.a. (Hrsg.), Tradition und Neubeginn. Internationale Forschungen zur deutschen Geschichte im 20. Jahrhundert, Köln u. a. 1975, S. 391–407.
Zuccotti, Susan, The Italiens and the Holocaust. Persecution, rescue and survival, New York 1987.
Zuroff, Efraim, The response of Orthodox Jewry in the United States to the Holocaust. The activities of the Vaad ha-Hatzala Rescue-Commitee, 1939 bis 1945, New York 2000.

BILDNACHWEIS

Cornelia Schmalz-Jacobsen, Berlin: S. 68, 69, 71, 77, 80, 81
Zentrum für Antisemitismusforschung, Berlin: S. 52, 55, 56, 59
Gerda Gottschalk: S. 90
Christa-Maria Lyckhage, Frölunda: S. 114, 115, 130
Karin Friedrich, München: S. 98, 101, 102
Heinrich Iffland: S. 99, 109
Berliner Zeitung: S. 163
Mona Körte, Berlin: S. 168
Gertrud Eisele: S. 209
Familie Rosenthal: S. 231
Beate Kosmala, Berlin: S. 289, 290, 293, 296, 297

Die Autoren

ISABEL ENZENBACH, M.A., bis März 2002 Mitarbeiterin des Projekts «Rettung von Juden im nationalsozialistischen Deutschland» am Zentrum für Antisemitismusforschung der Technischen Universität Berlin. Dissertationsprojekt: «Unterricht zu Jüdischer Geschichte, Glauben und Kultur. Zwischen Multikulturalismus und Holocaust-Education». Visiting Educator am Ontario Institute for Studies in Education/University of Toronto.

KARIN FRIEDRICH, geb. 1925, lebte bis 1951 in Berlin und war seit ihrem 15. Lebensjahr aktiv bei der «Gruppe Onkel Emil», die verfolgten Juden half, die Nazizeit zu überleben. Später 39 Jahre Reporterin und Redakteurin für Soziales bei der «Süddeutschen Zeitung», München. Autorin der Bücher: «Wege ins Gelobte Land», Metropol Verlag Berlin, «Zeitfunken», Verlag C.H. Beck, München. Heute tätig u.a. bei der «Weiße Rose Stiftung» und dem Helferkreis «Miteinander leben–Pro Asyl».

FRANK GÖRLICH, geb. 1963, Studium der Geschichte und Soziologie in Berlin, 1997–2002 Mitarbeiter des Projektes «Rettung von Juden im nationalsozialistischen Deutschland» des Zentrums für Antisemitismusforschung an der Technischen Universität Berlin, Tätigkeit als freier Autor.

CHRISTINA HERKOMMER, Diplom Soziologin, wissenschaftliche Mitarbeiterin am Institut für Soziologie der Freien Universität Berlin mit Dissertationsprojekt zur «Machttheorie Mathilde Vaertings im Spiegel zeitgenössischer und neuerer soziologischer Theorien der Macht und Herrschaft». Bis Sommer 2002 am Zentrum für Antisemitismusforschung an der Technischen Universität Berlin im Forschungsprojekt zur «Rettung von Juden im nationalsozialistischen Deutschland» beschäftigt.

MONA KÖRTE, Dr. phil., Literaturwissenschaftlerin, seit 1999 wissenschaftliche Assistentin am Zentrum für Antisemitismusforschung an der Technischen Universität Berlin. Veröffentlichungen zu Kinderliteratur, zu deutsch-jüdischer Autobiographik, zur «Holocaustliteratur», zu literarischen Mythen im Vergleich, zu Fragestellungen im Grenzfeld von Literaturwissenschaft und Antisemitismusforschung.

BEATE KOSMALA, Dr. phil., Studium der Geschichte, Germanistik und Politikwissenschaft, Gymnasiallehrerin, Publikationen zum Komplex Polen, Juden und Deutsche. Seit 1997 wissenschaftliche Mitarbeiterin am Zentrum für Antisemitismusforschung der Technischen Universität Berlin im Forschungsprojekt «Rettung von Juden im nationalsozialistischen Deutschland», von Herbst 2000 bis Frühjahr 2001 Fellow am International Institute for Holocaust Research in Vad Vashem / Jerusalem.

Die Autoren

MARIE-LUISE KREUTER, Dr. phil., Historikerin, 1997–1999 wissenschaftliche Mitarbeiterin am Zentrum für Antisemitismusforschung der Technischen Universität Berlin; Forschungsschwerpunkte: Exil und Emigration, «Rettung von Juden im nationalsozialistischen Deutschland», Geschichte und Gegenwart Äthiopiens.

ANDREAS MIX, geb. 1974, M.A., Historiker, von Frühjahr 2001 bis 2002 Mitarbeiter am Forschungsprojekt «Rettung von Juden im nationalsozialistischen Deutschland» des Zentrums für Antisemitismusforschung der Technischen Universität Berlin, dort z.Zt. Dissertationsprojekt über das KL Warschau.

MARION NEISS, Dr. phil., studierte Geschichte und Judaistik in Berlin und Tel Aviv. Sie ist wissenschaftliche Mitarbeiterin am Zentrum für Antisemitismusforschung der Technischen Universität Berlin und promovierte mit dem Thema «Presse im Transit. Jiddische Zeitungen und Zeitschriften in Berlin 1919 bis 1925.»

DENNIS RIFFEL, M.A., Historiker, Mitarbeiter am Zentrum für Antisemitismusforschung der Technischen Universität Berlin im Forschungsprojekt «Rettung von Juden im nationalsozialistischen Deutschland 1933–1945». Z. Zt. Dissertationsprojekt: «Die Ehrungsinitiative ‹Unbesungene Helden› des Berliner Senats in den Jahren 1958 bis 1966.

CORNELIA SCHMALZ-JACOBSEN, Studium in Berlin, Perugia und Rom (Gesang), daneben diverse Dolmetscher- und Übersetzer-Tätigkeiten, seit 1962 freie Journalistin bei Rundfunk, TV, Zeitungen und Zeitschriften, seit 1968 Mitglied der FDP, 1972–April 1985 Stadträtin in München, 1985–1989 Senatorin für Jugend und Familie (und Frauen) in Berlin, Oktober 1988–November 1991 Generalsekretärin der FDP, 1990–1998 Mitglied des Deutschen Bundestages, November 1991–November 1998 Beauftragte der Bundesregierung für Ausländerfragen. Diverse Veröffentlichungen – zuletzt: «Zwei Bäume in Jerusalem» beim Verlag Hoffmann und Campe, Hamburg.

CLAUDIA SCHOPPMANN, geb. 1958, Dr. phil., studierte Germanistik und Geschichte in Münster und Berlin. Wissenschaftliche Mitarbeiterin am Forschungsprojekt «Rettung von Juden im nationalsozialistischen Deutschland» des Zentrums für Antisemitismusforschung der Technischen Universität Berlin. Veröffentlichungen u.a. zur NS-Zeit, zur Geschlechter- und Exilforschung.

DORIS TAUSENDFREUND, geb. 1970, Diplom Kommunikationswirtin und Historikerin, M.A.; derzeit Arbeit an einer Dissertation mit dem Titel: «Die Verfolgung ‹illegal› lebender Juden in den Jahren 1943–1945 in Berlin und Wien durch den jüdischen Fahndungsdienst» am Zentrum für Antisemitismusforschung der Technischen Universität Berlin.

JULIANE WETZEL, geb. 1957, seit 1991 wissenschaftliche Angestellte am Zentrum für Antisemitismusforschung der Technischen Universität Berlin. Zahlreiche Veröffentlichungen zur nationalsozialistischen Judenverfolgung und zur Nachkriegsgeschichte der Juden in Deutschland sowie zum Rechtsextremismus.

PETER WIDMANN, geb. 1968, Dr. phil., studierte nach einer Ausbildung zum Rundfunkredakteur Politikwissenschaft an der Freien Universität Berlin. Er ist wissenschaftlicher Mitarbeiter am Zentrum für Antisemitismusforschung der Technischen Universität Berlin.

CHRISTINE ZAHN, Literatur- und Musikhistorikerin, langjährige konzeptionelle und wissenschaftliche Mitarbeit für Ausstellungen zur deutsch-jüdischen Geschichte, zuletzt im Jüdischen Museum Berlin. Veröffentlichungen zur NS-Zeit und Musikgeschichte.

Michael Brenner/Anthony Kauders/Gideon Reuveni/
Nils Römer (Hrsg.)
Jüdische Geschichte lesen
Texte der jüdischen Geschichtsschreibung im 19. und 20. Jahrhundert
2003. Etwa 450 Seiten. Broschiert

Michael Brenner/David N. Myers (Hrsg.)
Jüdische Geschichtsschreibung heute
Themen, Positionen, Kontroversen
Ein Schloss Elmau-Symposion
2002. 308 Seiten. Broschiert

Dan Diner
Gedächtniszeiten
Über jüdische und andere Geschichten
2003. 293 Seiten. Broschiert

Marion Kaplan/Robert Liberles/Steven M. Lowenstein/
Trude Maurer
Geschichte des jüdischen Alltags in Deutschland
vom 17. Jahrhundert bis 1945
2003. 638 Seiten mit 20 Abbildungen. Leinen

Arno Herzig
Jüdische Geschichte in Deutschland
Von den Anfängen bis zur Gegenwart
2., durchgesehene und aktualisierte Auflage. 2002. 327 Seiten.
Paperback
Beck'sche Reihe Band 1196

Verlag C.H.Beck

Susanne Galley
DAS JÜDISCHE JAHR
FESTE, GEDENK- UND FEIERTAGE
2003. 208 Seiten mit 10 Abbildungen. Paperback
Beck'sche Reihe Band 1523

Bernat Rosner/Fritz Tubach
EINE UNGEWÖHNLICHE FREUNDSCHAFT
ZWEI LEBEN IM SCHATTEN DES HOLOCAUST
Aus dem Amerikanischen von Sylvia Höfer
In Zusammenarbeit mit Sally Patterson Tubach
2002. 310 Seiten mit 22 Abbildungen auf 16 Tafeln. Gebunden

Ernestine Schlant
DIE SPRACHE DES SCHWEIGENS
DIE DEUTSCHE LITERATUR UND DER HOLOCAUST
Aus dem Englischen von Holger Fliessbach
2001. 336 Seiten mit 1 Abbildung. Leinen

Volkhard Knigge/Norbert Frei (Hrsg.)
VERBRECHEN ERINNERN
DIE AUSEINANDERSETZUNG MIT HOLOCAUST UND VÖLKERMORD
2002. XII, 450 Seiten mit 15 Abbildungen. Klappenbroschur

Wolfgang Benz
GESCHICHTE DES DRITTEN REICHES
2000. 288 Seiten mit 150 Abbildungen, davon 30 in Farbe und 2 farbigen Karten. Gebunden

Verlag C.H.Beck